기본 개념과 핵심 원리로 배우는

C++ 프로그래밍

김화수 지음

지은이 김화수(金花秀) flower_excel@naver.com

서울대학교에서 컴퓨터공학을 전공했다. SMIT에서 2002 부산 아시안게임 국제 송출 CG프로그램을 개발했고, 네이버에 입사해 P2P 네트워크, 검색광고 시스템, 네이버 클라우드를 개발했으며, 현재 SK텔레콤에서 클라우드 플랫폼(CLOUDBERRY) 개발을 담당하고 있다. 일반 서적과 웹에서는 쉽게 접할 수 없는 프로그래밍 정보를 제공하기 위해 '성남현인의 프로그래밍 원리' 블로그를 운영하고 있으며, 저서로는 『Fundamental C++ 프로그래밍 원리』(혜지원, 2015)가 있다. 2015~2017 Microsoft Visual C++ MVP(Most Valuable Professional)이다.

기본 개념과 핵심 원리로 배우는 C++ 프로그래밍

초판발행 2017년 12월 22일
3쇄발행 2021년 01월 25일

지은이 김화수 / **펴낸이** 전태호
펴낸곳 한빛아카데미(주) / **주소** 서울시 서대문구 연희로2길 62 한빛아카데미(주) 2층
전화 02-336-7112 / **팩스** 02-336-7199
등록 2013년 1월 14일 제2017-000063호 / **ISBN** 979-11-5664-364-7 93000

책임편집 변소현 / **기획** 김성무 / **편집** 백지선 / **진행** 김성무
디자인 표지 이선영 내지 강은영 / **전산편집** 이소연
영업 이윤형, 길진철, 김태진, 김성삼, 이정훈, 임현기, 이성훈, 김주성 / **영업기획** 김호철, 주희

이 책에 대한 의견이나 오탈자 및 잘못된 내용에 대한 수정 정보는 아래 이메일로 알려주십시오.
잘못된 책은 구입하신 서점에서 교환해 드립니다. 책값은 뒤표지에 표시되어 있습니다.

홈페이지 www.hanbit.co.kr / 이메일 question@hanbit.co.kr

Published by HANBIT Academy, Inc. Printed in Korea

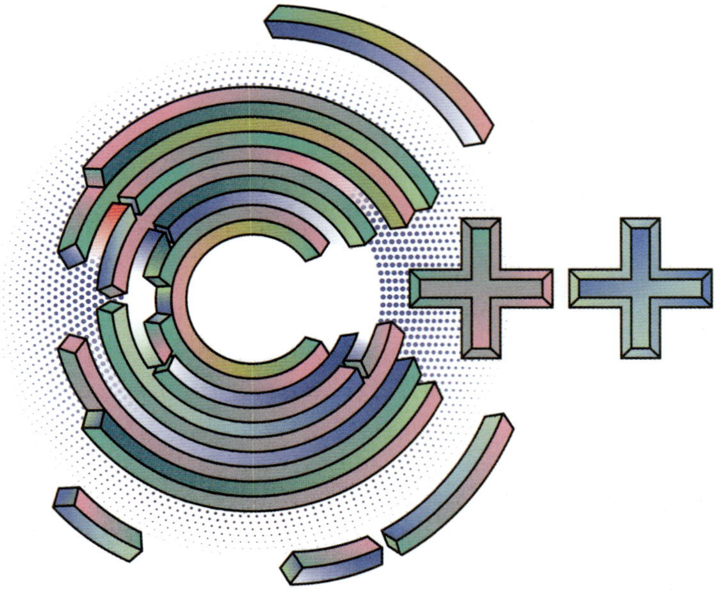

기본 개념과 핵심 원리로 배우는

C++ 프로그래밍

김화수 지음

한빛아카데미
Hanbit Academy, Inc.

C++를 통해 프로그래밍의 기본 개념과 컴퓨터 동작 원리를 제대로 배울 수 있는 입문서!

발전의 중심이 하드웨어에서 소프트웨어로 급속히 이동하여 누구나 소프트웨어를 손쉽게 다룰 수 있는 시대에 접어들었다. 이는 소프트웨어를 모르고서는 문맹 취급을 받을 수도 있음을 의미한다. 소프트웨어 교육을 강조하는 세계적인 추세에 발맞추어 이제 우리나라도 소프트웨어 코딩 교육을 의무화하기에 이르렀고, 이런 이유로 다양한 목적에 의해서 소프트웨어에 입문하려는 사람이 많아지고 있다. 단순 호기심일 수도 있고, 현재의 업무에 소프트웨어를 접목해보려는 경우도 있으며, 전문 개발자가 되기 위한 첫걸음일 수도 있다. 목적에 따라서 처음 배우는 프로그래밍 언어는 개인마다 다를 수 있으나 전문 개발자가 되기 위해서 처음 배워야 할 언어는 단연 C와 C++이다.

고급 어셈블리라고 불릴 정도로 기계 지향적인 특징을 지닌 C 언어를 비롯하여, 객체 지향 프로그래밍에서 시작하여 현대적인 프로그래밍 패러다임에 맞추어 끊임없이 발전하고 있는 C++까지 C/C++를 제대로 배운다면 컴퓨터의 기본 동작 원리부터 시스템에 대한 깊이 있는 이해, 최신 프로그래밍의 큰 흐름을 따라잡는 데 전혀 어려움이 없을 것이다. 이와 같은 C/C++의 특징으로 인하여 많은 대학들은 프로그래밍 입문 과정으로 C/C++를 선택하고 있다.

이 책은 전문적인 개발자의 길로 들어서기 위한 입문자와 C/C++ 기본 개념과 핵심 원리를 제대로 배우길 원하는 초·중급 개발자들을 위하여 쓰여졌다. 따라서 다음과 같은 면에 초점을 두고 집필하였다.

- 입문자가 쉽게 이해할 수 있도록 비유를 통해서 상세하고 자세하게 설명한다.
- 설명을 뒷받침하기 위하여 쉽고 간결한 예제들을 제시하였다.
- 필요할 경우 C/C++ 언어에 국한하지 않고, 프로그래밍 기본 개념과 컴퓨터 동작 원리도 소개한다.
- 최대한 논리적이고 명확하게 서술하여 중급 이상의 내용도 쉽게 익힐 수 있는 토대를 제공한다.
- 각 단원별로 중요한 부분은 연습 문제와 프로그래밍 문제로 제시하여 학습 효과를 증진시킨다.

소프트웨어 분야 종사자들의 위상은 과거보다 높아졌으며 점점 더 나아지고 있다. 그러나 반대로 생각하면 점점 더 치열한 경쟁이 일어날 것이고, 이 분야에서 앞서 나가길 원하는 사람에게는 더 높은 수준의 지식과 경험이 요구될 것이다. 이 책을 통해서 소프트웨어의 전반적인 기본기를 충실히 다질 수 있고, 소프트웨어 중심 세상에서 경쟁력을 갖추는 데 많은 도움을 받을 수 있을 것이라고 확신한다.

마지막으로 집필 제의부터 출간 마무리까지 많은 수고를 해주신 김성무 대리님과 출판 전 과정에 많은 노력을 아끼지 않은 한빛아카데미(주) 편집진에게 감사의 마음을 전하고, 집필 기간 많은 시간을 함께하지 못한 아내와 아이들에게도 미안함과 고마움을 전한다.

저자 **김화수(金花秀)**

C++를 사용하는 방법을 배우면서 컴퓨터의 동작 원리까지 이해할 수 있는 『C++ 프로그래밍』

최근 프로그래밍 언어가 인간의 논리적 사고를 표현하기 위한 도구로써 널리 사용되는 것은 매우 고무적인 일이다. 프로그래밍 언어의 표현법을 이용하여 논리를 서술하는 방법을 익히는 것은 교육적으로도 매우 긍정적인 측면이다. 하지만 프로그래밍의 본질은 컴퓨터를 통해 주어진 문제를 해결하는 것이고, 더불어 프로그래밍 언어는 컴퓨터가 좀 더 효율적으로 동작할 수 있도록 논리를 기술하는 방법을 제공해야 한다.

1983년 비야네 스트롭스트룹Bjarne Stroustrup이 C++를 처음으로 출시한 후, 많은 시간이 지났다. 1998년 C++98이라는 표준 규격이 제정된 것을 시작으로 그간 수차례에 걸쳐 표준에 대해 수정과 보완 작업이 이루어졌다. 최근에는 C++ 표준화 기구 의장인 허브 서터Herb Sutter가 C++17의 규격이 최종 확정되었음을 발표하기도 하였다. 표준안이 개정될 때마다 복잡한 문제를 더욱 간결하게 나타낼 수 있도록 언어의 표현력은 강화되었고, 라이브러리도 더욱 풍성해졌다. 혜성처럼 등장하였다가도 사라져버린 수많은 언어를 생각할 때, C++는 상대적으로 유구한 역사 속에서 발전을 거듭하고 있는 언어라 할 수 있다. 그 변화 속에서도 비야네 스트롭스트룹의 선언이라 해도 과언이 아닌 두 가지 약속은 여전히 지켜지고 있다. 첫째는 간단하면서 하드웨어에 직접 대응되는A Simple and direct mapping to hardware 언어로 C++를 유지할 것이며, 둘째는 추상화를 위해 오버헤드를 허용하지 않겠다Zero-overhead abstraction mechanism는 것이다. 이처럼 변화를 빠르게 수용하면서도 원칙을 함께 지켜나가려는 노력은 존중받아 마땅하다.

그런데도 C++는 많은 이들에게 배우기 어렵다는 인식이 있으며, C++의 개념만 과도하게 부풀려진 부분도 없지 않다. 이러한 문제는 C++가 C로부터 많은 부분을 차용했다는 역사적 사실에서 기인한다. C++를 단순히 C의 확장으로 인식하는 사람들에게는 C++가 사용자 정의 타입user-define type을 사용할 수 있는 C 이상으로 보이지 않으며, 이러한 관점으로 쓰인 교육 서적이 너무 많다는 것이 일차적인 문제이다. 다른 한 측면에서는 프로그래밍 언어의 추상성만을 고려한 나머지 프로그래밍 언어의 본질적인 목적을 도외시하거나 망각하는 데 있다. 컴퓨터는 0과 1만을 다루는 수학적, 공학적 토대 위에 이론가들이 연구한 그간의 연구 성과가 결합된 복잡한 기기임을 인정하지 않을 수 없다. 따라서 우리가 컴퓨터를 최대한 효율적으로 활용하려면 프로그래밍 언어에 익숙해짐과 동시에 컴퓨터의 동작 원리와 이론적 배경을 함께 익히고 배워야 한다.

바로 이런 측면에서 이 책은 그 가치를 발현한다. 1+(−1)은 왜 0으로 계산되는가? 실수는 왜 오차를 가질 수밖에 없는가? 포인터 연산이라는 것은 왜 그리 복잡하게만 보이는가? 실상 이러한 문제는 컴퓨터의 동작 원리를 이해하면 손쉽게 그 해답을 얻을 수 있다.

저자는 이 책을 통해서 C++의 언어적인 측면만을 단순히 나열하지 않는다. C++의 문법적인 특성에 대한 친절한 설명과 직접 입력해보고 그 결과를 확인해볼 수 있는 다양한 예제와 함께 C++ 내부에 숨어 있는 동작 원리를 함께 설명함으로써 독자들이 그 본질에 좀 더 다가갈 수 있도록 이끌어주고 있다. 이미 오랜 시간의 실무 경험을 가진 현업 개발자가 후학들에게 이러한 내용을 설명하기 위해 노력하고 있다는 점은 결국 원리를 바르게 익힌 사람이 손재주에 능한 사람을 능가한다는 것을 알고 있기 때문일 것이다.

C++의 사용법과 더불어 컴퓨터의 동작 원리에 한걸음 더 다가가고 싶은 독자라면 이 책을 읽어볼 것을 추천한다.

김명신(Microsoft 수석 에반젤리스트)

▪ 강의 보조 자료

한빛아카데미 홈페이지에서 '교수회원'으로 가입한 분은 인증 후 교수용 강의 보조 자료를 제공받으실 수 있습니다. 한빛아카데미 홈페이지 상단의 〈교수전용공간〉 메뉴를 클릭해주세요.

http://www.hanbit.co.kr/academy

(일반 독자에게는 연습문제 해답을 제공하지 않습니다.)

▪ 실습 환경과 예제 소스

실습 환경 윈도우 7 이후, Visual Studio 2017 Community 버전 이상

예제 소스와 PDF 17, 18장 http://www.hanbit.co.kr/src/4364

▪ 다루는 내용

입문자를 위한 기초

- 1장 C++ 시작하기

프로그래밍 기본 개념

- 2장 타입
- 3장 연산자
- 4장 제어문
- 5장 포인터
- 6장 배열
- 7장 구조체
- 8장 함수

객체 지향 프로그래밍

- 9장 클래스
- 10장 생성자와 소멸자
- 11장 클래스 연산자
- 12장 상속
- 13장 타입 변환
- 14장 메모리 할당과 해제
- 15장 기억 부류
- 16장 가상 함수와 추상 클래스

고급 프로그래밍

- 17장 함수 포인터
- 18장 템플릿

* 17, 18장은 PDF 제공

▪ 본문 구성

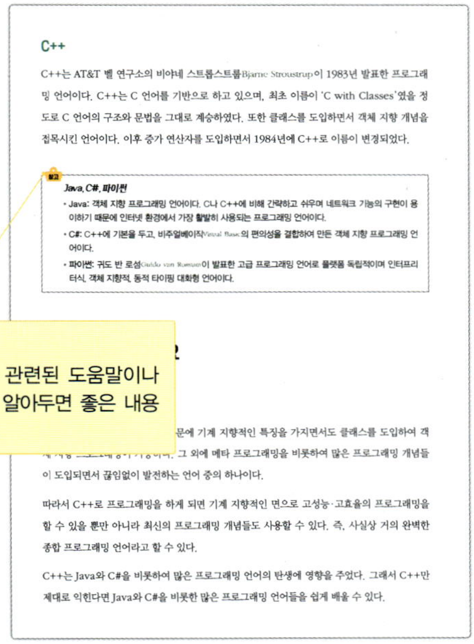

C++

C++는 AT&T 벨 연구소의 비야네 스트롭스트룹Bjarne Stroustrup이 1983년 발표한 프로그래밍 언어이다. C++는 C 언어를 기반으로 하고 있으며, 최초 이름이 'C with Classes'였을 정도로 C 언어의 구조와 문법을 그대로 계승하였다. 또한 클래스를 도입하면서 객체 지향 개념을 접목시킨 언어이다. 이후 증가 연산자를 도입하면서 1984년에 C++로 이름이 변경되었다.

Java, C#, 파이썬

- Java: 객체 지향 프로그래밍 언어이다. C나 C++에 비해 간략하고 쉬우며 네트워크 기능의 구현이 용이하기 때문에 인터넷 환경에서 가장 활발히 사용되는 프로그래밍 언어이다.
- C#: C++에 기본을 두고, 비주얼베이직Visual Basic의 편의성을 결합하여 만든 객체 지향 프로그래밍 언어이다.
- 파이썬: 귀도 반 로섬Guido van Rossum이 발표한 고급 프로그래밍 언어로 플랫폼 독립적이며 인터프리터식, 객체 지향적, 동적 타이핑 대화형 언어이다.

…문에 기계 지향적인 특징을 가지면서도 클래스를 도입하여 객… 그 외에 메타 프로그래밍을 비롯하여 많은 프로그래밍 개념들이 도입되면서 끊임없이 발전하는 언어 중의 하나이다.

따라서 C++로 프로그래밍을 하게 되면 기계 지향적인 면으로 고성능·고효율의 프로그래밍을 할 수 있을 뿐만 아니라 최신의 프로그래밍 개념들도 사용할 수 있다. 즉, 사실상 거의 완벽한 종합 프로그래밍 언어라고 할 수 있다.

C++는 Java와 C#을 비롯하여 많은 프로그래밍 언어의 탄생에 영향을 주었다. 그래서 C++만 제대로 익힌다면 Java와 C#을 비롯한 많은 프로그래밍 언어들을 쉽게 배울 수 있다.

참고
본문과 관련된 도움말이나 참고로 알아두면 좋은 내용입니다.

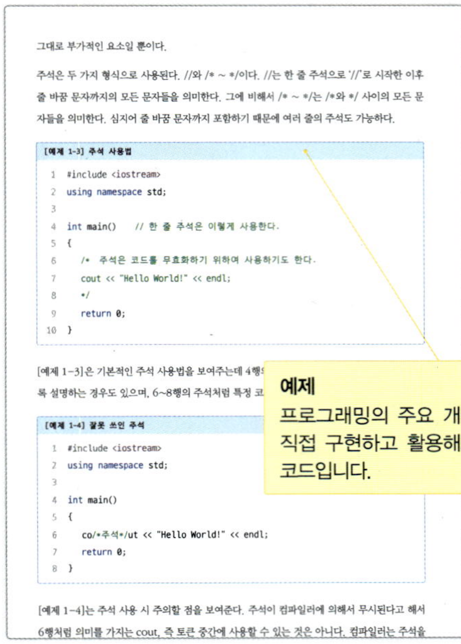

그대로 부가적인 요소일 뿐이다.

주석은 두 가지 형식으로 사용된다. //와 /* ~ */이다. //는 한 줄 주석으로 '//'로 시작한 이후 줄 바꿈 문자까지의 모든 문자들을 의미한다. 그에 비해서 /* ~ */는 /*와 */ 사이의 모든 문자들을 의미한다. 심지어 줄 바꿈 문자까지 포함하기 때문에 여러 줄의 주석도 가능하다.

[예제 1-3] 주석 사용법

```
#include <iostream>
using namespace std;

int main()    // 한 줄 주석은 이렇게 사용한다.
{
    /* 주석은 코드를 무효화하기 위하여 사용하기도 한다.
    cout << "Hello World!" << endl;
    */
    return 0;
}
```

[예제 1-3]은 기본적인 주석 사용법을 보여주는데 4행… 록 설명하는 경우도 있으며, 6~8행의 주석처럼 특정 코…

[예제 1-4] 잘못 쓰인 주석

```
#include <iostream>
using namespace std;

int main()
{
    co/*주석*/ut << "Hello World!" << endl;
    return 0;
}
```

[예제 1-4]는 주석 사용 시 주의할 점을 보여준다. 주석이 컴파일러에 의해서 무시된다고 해서 6행처럼 의미를 가지는 cout, 즉 토큰 중간에 사용할 수 있는 것은 아니다. 컴파일러는 주석을

예제
프로그래밍의 주요 개념을 직접 구현하고 활용해보는 코드입니다.

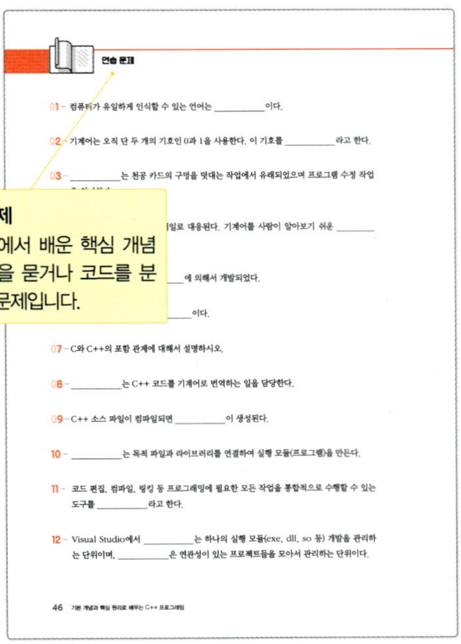

연습 문제

01 – 컴퓨터가 유일하게 인식할 수 있는 언어는 ________이다.

02 – 기계어는 오직 단 두 개의 기호인 0과 1을 사용한다. 이 기호를 ________라고 한다.

03 – ________는 천공 카드의 구멍을 뚫대는 작업에서 유래되었으며 프로그램 수정 작업…

07 – C와 C++의 포함 관계에 대해서 설명하시오.

08 – ________는 C++ 코드를 기계어로 번역하는 일을 담당한다.

09 – C++ 소스 파일이 컴파일되면 ________이 생성된다.

10 – ________는 목적 파일과 라이브러리를 연결하여 실행 모듈(프로그램)을 만든다.

11 – 코드 편집, 컴파일, 링킹 등 프로그래밍에 필요한 모든 작업을 통합적으로 수행할 수 있는 도구를 ________라고 한다.

12 – Visual Studio에서 ________는 하나의 실행 모듈(exe, dll, so 등) 개발을 관리하는 단위이며, ________은 연관성이 있는 프로젝트들을 모아서 관리하는 단위이다.

46 기본 개념과 핵심 원리로 배우는 C++ 프로그래밍

연습 문제
해당 장에서 배운 핵심 개념과 문법을 묻거나 코드를 분석하는 문제입니다.

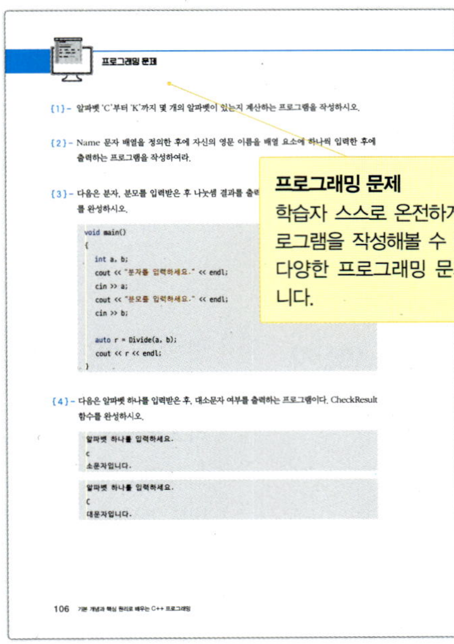

프로그래밍 문제

{1} – 알파벳 'C'부터 'K'까지 몇 개의 알파벳이 있는지 계산하는 프로그램을 작성하시오.

{2} – Name 문자 배열을 정의한 후에 자신의 영문 이름을 배열 요소에 하나씩 입력한 후에 출력하는 프로그램을 작성하여라.

{3} – 다음은 분자, 분모를 입력받은 후 나눗셈 결과를 출력… 를 완성하시오.

```
void main()
{
    int a, b;
    cout << "분자를 입력하세요." << endl;
    cin >> a;
    cout << "분모를 입력하세요." << endl;
    cin >> b;

    auto r = Divide(a, b);
    cout << r << endl;
}
```

{4} – 다음은 알파벳 하나를 입력받은 후, 대소문자 여부를 출력하는 프로그램이다. CheckResult 함수를 완성하시오.

```
알파벳 하나를 입력하세요.
c
소문자입니다.
```

```
알파벳 하나를 입력하세요.
C
대문자입니다.
```

106 기본 개념과 핵심 원리로 배우는 C++ 프로그래밍

프로그래밍 문제
학습자 스스로 온전하게 프로그램을 작성해볼 수 있는 다양한 프로그래밍 문제입니다.

머리말과 추천사 · 4
이 책의 사용 설명서 · 8

Chapter 01
C++ 시작하기

01 프로그래밍 언어 · 18
02 C++의 개요 · 21
03 비주얼 스튜디오 설치 · 23
04 C++에서 알아야 할 요소 · 29
++ 연습 문제 · 46
++ 프로그래밍 문제 · 49

Chapter 02
타입

01 컴퓨터 처리 · 52
02 정수 타입 · 53
03 부동소수점 타입 · 58
04 문자 타입 · 67
05 문자열 · 72
06 파생 타입 · 76
07 타입 표기 · 80
08 typedef · 87
09 const · 90
10 auto · 97
++ 연습 문제 · 103
++ 프로그래밍 문제 · 106

Chapter 03
연산자

01 연산자의 개요 · 110
02 산술 연산자 · 111
03 비교 연산자 · 114
04 논리 연산자 · 115
05 비트 연산자 · 117
06 기타 연산자 · 124
++ 연습 문제 · 131
++ 프로그래밍 문제 · 135

Chapter 04

제어문

01 조건문 · 138
02 반복문 · 147
03 goto · 156
++ 연습 문제 · 159
++ 프로그래밍 문제 · 162

Chapter 05

포인터

01 이름과 주소 · 166
02 포인터의 개념 · 168
03 포인터 사용 · 171
04 포인터 연산자 · 174
05 void 포인터 · 182
06 이중 포인터 · 184
07 참조 타입 · 187
++ 연습 문제 · 191
++ 프로그래밍 문제 · 194

Chapter 06

배열

01 배열의 개요 · 198
02 배열명 · 200
03 배열 정의와 초기화 · 203
04 다차원 배열 · 205
05 배열과 포인터 · 209
06 배열 인자 · 215
07 배열의 크기 · 220
++ 연습 문제 · 222
++ 프로그래밍 문제 · 225

Chapter 07

구조체

01 구조체의 개요 · 228
02 구조체 변수 정의 · 229
03 구조체 연산자 · 232
04 구조체 메모리 구조 · 237
05 구조체 인자 · 243
06 공용체 · 246
++ 연습 문제 · 248
++ 프로그래밍 문제 · 251

Chapter 08

함수

01 함수의 개요 · 254
02 함수 선언 · 257
03 함수 인자 · 262
04 가변 인자 함수 · 269
05 함수 중복 정의 · 277
++ 연습 문제 · 287
++ 프로그래밍 문제 · 291

Chapter 09

클래스

01 객체 지향 프로그래밍의 등장 · 296
02 객체 지향 프로그래밍의 요소와 특징 · 298
03 클래스와 객체 지향 프로그래밍 · 300
04 C++ 구조체 · 305
05 클래스 멤버 데이터 · 307
06 클래스 멤버 함수 · 311
07 클래스 메모리 구조 · 325
++ 연습 문제 · 334
++ 프로그래밍 문제 · 339

Chapter 10

생성자와 소멸자

01 생성자와 소멸자의 개념 · 342
02 생성자와 소멸자의 호출 순서 · 346
03 복사 생성자 · 351
04 타입 변환 생성자 · 361
05 초기화 리스트 · 368
++ 연습 문제 · 377
++ 프로그래밍 문제 · 383

Chapter 11

클래스 연산자

01 클래스 객체의 연산 · 388
02 연산자 중복 정의 · 390
03 연산자 함수 · 392
04 연산자 중복 정의의 제약 · 399
05 특이한 연산자 중복 정의 · 403
06 복사 대입 연산자 · 408
++ 연습 문제 · 415
++ 프로그래밍 문제 · 418

Chapter 12

상속

01 자식(파생) 클래스 · 422
02 접근 지정자 · 425
03 상속되지 않는 함수 · 435
04 다중 상속 · 438
05 가상 상속 · 441
++ 연습 문제 · 446
++ 프로그래밍 문제 · 450

Chapter 13

타입 변환

01 타입 변환의 개요 · 454
02 타입 변환의 분류 · 458
03 클래스 타입 변환 · 462
04 타입 변환 연산자 · 476
05 C++ 타입 변환 연산자 · 478
++ 연습 문제 · 486
++ 프로그래밍 문제 · 489

Chapter 14

메모리 할당과 해제

01 가상 메모리 · 494
02 동적 메모리 할당과 해제 · 499
03 메모리 할당과 해제 연산자 함수 · 515
++ 연습 문제 · 522
++ 프로그래밍 문제 · 524

Chapter 15

기억 부류

01 자동 기억 부류 · 528
02 전역 기억 부류 · 532
03 정적 기억 부류 · 541
04 스레드 지역 기억 부류 · 548
05 변수의 초기화 · 554
++ 연습 문제 · 561
++ 프로그래밍 문제 · 565

Chapter 16

가상 함수와 추상 클래스

01 다형성 · 568
02 함수 호출 바인딩 · 573
03 가상 함수와 동적 바인딩 · 577
04 가상 함수 테이블 · 582
05 가상 함수 호출 방식 · 588
06 생성자와 소멸자 · 591
07 순수 가상 함수 · 599
++ 연습 문제 · 609
++ 프로그래밍 문제 · 614

참고 문헌과 참고 사이트 · 618
찾아보기 · 619

PDF 제공

http://www.hanbit.co.kr/src/4364

Chapter 17

함수 포인터

01 함수 포인터의 개요 · 628
02 전역 함수 포인터 · 630
03 멤버 함수 포인터 · 636
04 함수 포인터의 활용 · 643
05 함수 포인터의 크기 · 646
++ 연습 문제 · 649
++ 프로그래밍 문제 · 651

Chapter 18

템플릿

01 템플릿의 개요 · 654
02 함수 템플릿 · 655
03 클래스 템플릿 · 665
04 가변 인자 템플릿 · 674
++ 연습 문제 · 680
++ 프로그래밍 문제 · 682

Chapter 01

C++ 시작하기

C++를 제대로 배우기 위해서는 준비 작업이 필요하다.
먼저 역사를 알아야 이해의 폭을 넓힐 수 있으며,
충분한 실습을 하기 위해서는 최적의 실습 환경을 마련해놓아야 한다.
또한 C++는 일종의 언어이므로 언어를 구성하는 기본적인 문법들과
약속된 기호를 알아야만 한다. 이번 장을 통해서 충분한 준비를 해보자.

1 프로그래밍 언어

2 C++의 개요

3 비주얼 스튜디오 설치

4 C++에서 알아야 할 요소

++ 연습 문제

++ 프로그래밍 문제

1 프로그래밍 언어

1.1 프로그래밍의 개념

베토벤의 교향곡 '운명'과 같은 작품은 아닐지라도 누구나 간단한 작곡은 할 수 있다. 만약 자신이 작곡하려는 곡에 현악기, 관악기, 타악기 등의 다양한 악기들이 사용된다고 가정했을 때 꼭 해당 악기를 직접 연주하지 못하더라도 상관없다. 결국 악보를 만드는 것만으로 작품이 완성되기 때문이다. 만들어진 곡은 오케스트라를 통해서 실제 귀에 들리는 음악으로 연주된다. 오케스트라는 악보에 따라서 다양한 악기들을 연주하여 비로소 실제의 음악을 만들어낸다.

컴퓨터의 프로그램도 악보와 비슷한 원리이다. 악보 연주 과정에서 오케스트라의 역할을 수행하는 것이 바로 '컴퓨터'이다. 컴퓨터는 다양한 실행을 할 수 있는데, 이것은 마치 오케스트라가 악기를 연주하며 다양한 소리를 조합해내는 것과 같다. 결국 프로그램은 컴퓨터가 어떻게 실행해야 하는지 지시하는 악보와 같은 것이다.

악보를 작성하는 것이 '작곡'이라면 프로그램을 만드는 것은 '프로그래밍'이다. 작곡을 하기 위해서 악보 기호부터 익히듯이 프로그래밍을 하기 위해서는 프로그래밍 언어부터 익혀야 한다.

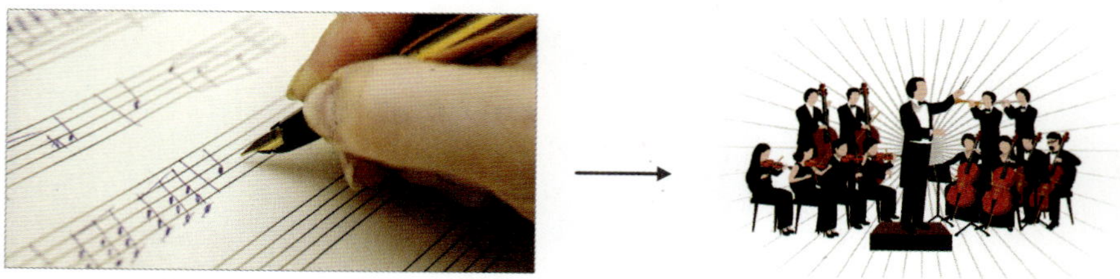

(a) 악보 연주의 과정

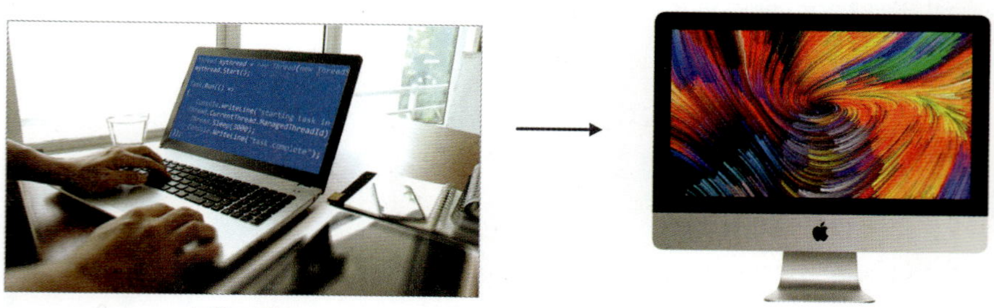

(b) 프로그래밍 언어의 실행 과정

[그림 1-1] 작곡과 프로그래밍 비교

1.2 기계어와 프로그래밍 언어

오케스트라 단원이라면 음악 기호로 쓰인 악보를 바로 이해할 수 있을 것이다. 마찬가지로 컴퓨터는 컴퓨터가 이해할 수 있는 언어로 작성된 프로그램을 이해할 수 있는데, 이렇게 컴퓨터가 이해할 수 있는 언어를 '기계어machine language'라고 한다.

기계어

악보가 음표, 쉼표, 빠르기표, 나타냄표, 셈여림표, 창법, 생략기호 등으로 이루어져 쓰이듯이 기계어도 기계어를 위한 기호가 사용된다. 음악만 해도 많은 기호가 있지만 다행스럽게도 기계어는 오직 기호 두 개만 사용한다. 바로 0과 1이며 이를 비트bit라고 부른다.

기계어가 0과 1만 표현하는 비트를 사용하는 이유는 컴퓨터가 애초에 0과 1만을 인식할 수 있기 때문이다. 그렇다면 0과 1만을 가지고 프로그래밍을 해야 할까? 컴퓨터가 처음 만들어진 초창기에는 실제로 프로그래머가 0과 1만을 가지고 프로그래밍을 했었다. 펀치 카드에 구멍을 내서 0과 1을 표시하였는데, 이 펀치 카드가 곧 프로그램이 된 것이다. 사실 펀치 카드는 너무 비효율적이었다. 프로그래밍 과정에서 실수로 다른 곳에 구멍을 내기도 했는데, 그럴 경우 테이프로 구멍을 덧대는patch 작업을 하였다. 여기서 '패치'가 프로그램 수정 작업을 의미하는 용어가 되었다. 그뿐 아니라 기계어는 그 자체로 무척 어려웠다. 한글만 해도 자음과 모음이 24자이고 알파벳만 해도 26자인데 오직 0과 1로 이루어진 기계어 코드를 보는 것은 곤혹스러운 일이었다. 결국 펀치 카드를 대신해줄 프로그래밍 언어를 만들게 된 것이다.

프로그래밍 언어

최근 인공지능이 유행하면서 구글이나 네이버는 자체 번역기를 내놓고 있다. 번역기를 이용할 경우 우리말을 외국어로 쉽게 옮길 수 있는데, 프로그래밍 언어의 개념도 비슷하다. 사람이 쉽게 사용할 수 있는 프로그래밍 언어를 만들고 번역기의 도움을 받아서 기계어로 변환하는 것이다.

사람이 사용하는 언어가 한국어 외에도 영어, 일어, 중국어, 독어 등 다양하게 있듯이, 프로그래밍 언어도 다양한 종류가 있다. 발전 순서로 따지면 어셈블리어, C, C++, Java, C#, 파이썬Python 등이 있으며 지금 이 순간에도 신종 프로그래밍 언어들이 만들어지고 소멸하고 있다. 잘 찾아보면 이름도 들어보지 못한 프로그래밍 언어도 많다.

(a) 기계어

(b) 프로그래밍 언어

[그림 1-2] 기계어와 프로그래밍 언어

1.3 프로그래밍 언어의 종류

이 책의 주제인 C++와 밀접한 연관이 있는 몇몇 프로그래밍 언어에 대해서 간단히 살펴보자.

어셈블리어

어셈블리어assembly language는 기계어에 일대일로 대응되는 언어로 0과 1로 표현되는 기계어를 사람이 알아보기 쉽게 연상 기호mnemonic를 사용해서 표현하는 것이다. 사람에게는 기계어보다 더 친숙하지만, 사람이 사용하기는 어려운 면이 있어서 광범위하게 사용되지는 않는다. 그러나 최고의 성능과 최적의 효율이 필요한 경우에는 아직도 어셈블리어를 이용한다.

C

컴퓨터 운영체제인 유닉스Unix는 초창기 어셈블리어로 개발되었다. 그러나 기계에 종속성이 있는 어셈블리어의 특성으로 인하여 기계 독립적이고 범용적인 유닉스를 개발하는 과정은 어려운 일이었다. 그래서 좀 더 쉽게 유닉스를 개발하기 위하여 데니스 리치Dennis Ritchie가 1972년 C 언어를 개발하였다. C 언어는 기계 독립적으로 이식성도 있으면서 어셈블리어만큼 성능을 낼 수 있기 때문에 고급 어셈블리어로 부르기도 한다. 그만큼 기계 지향적인 언어이므로 대부분의 운영체제 커널이 C 언어로 구현되었다.

C++

C++는 AT&T 벨 연구소의 비야네 스트롭스트룹Bjarne Stroustrup이 1983년 발표한 프로그래밍 언어이다. C++는 C 언어를 기반으로 하고 있으며, 최초 이름이 'C with Classes'였을 정도로 C 언어의 구조와 문법을 그대로 계승하였다. 또한 클래스를 도입하면서 객체 지향 개념을 접목시킨 언어이다. 이후 증가 연산자를 도입하면서 1984년에 C++로 이름이 변경되었다.

참고

Java, C#, 파이썬

- **Java:** 객체 지향 프로그래밍 언어이다. C나 C++에 비해 간략하고 쉬우며 네트워크 기능의 구현이 용이하기 때문에 인터넷 환경에서 가장 활발히 사용되는 프로그래밍 언어이다.
- **C#:** C++에 기본을 두고, 비주얼베이직Visual Basic의 편의성을 결합하여 만든 객체 지향 프로그래밍 언어이다.
- **파이썬:** 귀도 반 로섬Guido van Rossum이 발표한 고급 프로그래밍 언어로 플랫폼 독립적이며 인터프리터식, 객체 지향적, 동적 타이핑 대화형 언어이다.

2. C++의 개요

2.1 C++의 특징

C++는 C 언어를 계승하였기 때문에 기계 지향적인 특징을 가지면서도 클래스를 도입하여 객체 지향 프로그래밍이 가능하다. 그 외에 메타 프로그래밍을 비롯하여 많은 프로그래밍 개념들이 도입되면서 끊임없이 발전하는 언어 중의 하나이다.

따라서 C++로 프로그래밍을 하게 되면 기계 지향적인 면으로 고성능·고효율의 프로그래밍을 할 수 있을 뿐만 아니라 최신의 프로그래밍 개념들도 사용할 수 있다. 즉, 사실상 거의 완벽한 종합 프로그래밍 언어라고 할 수 있다.

C++는 Java와 C#을 비롯하여 많은 프로그래밍 언어의 탄생에 영향을 주었다. 그래서 C++만 제대로 익힌다면 Java와 C#을 비롯한 많은 프로그래밍 언어들을 쉽게 배울 수 있다.

참고

C와 C++의 관계

초기의 C++는 C 언어를 위한 상위 호환 언어였다. 즉, C++ 코드가 변환기를 통해서 C 언어로 변환된 뒤에 사용되는 식이었다. 따라서 최초에는 C 언어가 C++의 부분 집합이었다. 그러나 C 언어 독자 표준이 확립됨과 동시에 C++도 자체적인 표준이 제정되면서 둘의 관계는 완전한 포함 관계에서 벗어나게 된다. 그러나 두 언어가 상호 영향을 주면서 사실상 C++가 C 언어를 포함하는 방향으로 변화하고 있다. 아직도 두 언어 사이에는 몇몇 차이점이 존재하지만 사실상 C++가 C 언어를 포함한다고 봐도 무방하다.

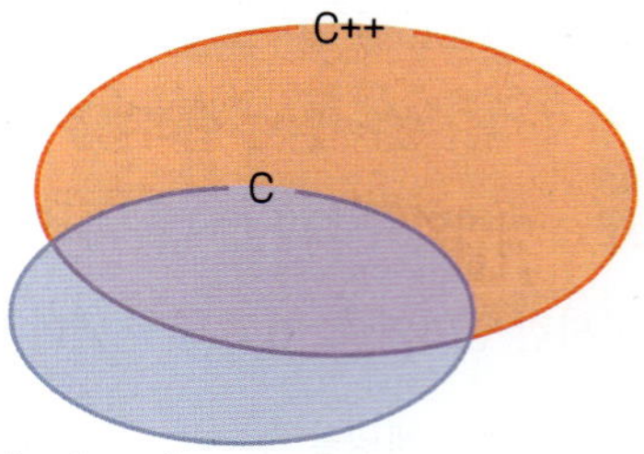

[그림 1-3] C & C++

2.2 C++ 프로그래밍을 위한 도구

작곡을 위해 악보를 작성할 때도 최소한의 도구가 필요하다. 일단 오선지(악보를 그리기 위한 다섯 개의 선이 그려져 있는 서식)가 필수이며, 쓰기 편한 연필과 지우개도 필요할 것이다. 경우에 따라서는 직접 음을 듣기 위하여 악기가 필요할 수 있다. C++ 프로그래밍을 위해서도 기본적인 도구가 필요하다. 이를 위한 기본적인 도구에 어떤 것들이 있는지 살펴보자.

코드 편집기

먼저 코드 편집기가 필요하다. 비유를 한다면 오선지와 같다고 할 수 있다. 그렇다고 아무 코드 편집기를 사용하는 것은 좋지 않다. 단순하게는 윈도우 메모장으로도 C++ 프로그래밍을 할 수 있으나 금세 어려움을 느낄 것이다. 전용 코드 편집기의 경우 키워드별로 색을 입히기도 하고, 철자가 틀린 것도 쉽게 알려준다. 또한 자동 완성 기능은 모든 키워드를 타이핑할 필요가 없도록 만들어준다. 즉, 코드 편집기가 좋을수록 눈과 손이 편해진다.

컴파일러와 링커

C++ 프로그래밍에 있어서 가장 필요한 도구는 바로 컴파일러compiler와 링커linker이다. 컴파일러는 일종의 번역기라고 할 수 있는데, C++ 코드를 기계어로 번역하는 역할을 한다.

링커는 컴파일러가 만들어낸 결과물인 목적 파일과 기본으로 제공되는 라이브러리를 연결하여 하나의 실행 모듈(프로그램)로 만들어낸다. 앞에서 살펴본 컴파일러는 오직 C++ 소스 파일 단위로 번역해서 목적 파일을 만들어내는데, 프로그램은 다수의 C++ 소스 파일로 이루어지는 경우가 대부분이므로 컴파일 후에는 목적 파일도 다수가 된다. 즉, 다수의 목적 파일과 라이브러리를 합하여 최종적인 프로그램을 생성한다.

2.3 통합 개발 환경

C++ 프로그래밍을 위해서는 코드 편집기를 비롯해서 컴파일러와 링커가 필요한데 무엇을 어떻게 구해야 하는지 감이 오지 않을 것이다. 그러나 걱정할 필요는 없다. 바로 통합 개발 환경IDE, Integrated Development Environment이 있기 때문이다. 통합 개발 환경이란 프로그래밍에 필요한 모든 도구들을 모아 놓은 종합 툴을 말한다. 따라서 코드 편집부터 컴파일, 링크까지 한 번에 수행할 수 있다.

통합 개발 환경도 여러 종류가 있으나 대표적인 것으로는 마이크로소프트의 비주얼 스튜디오Visual Studio가 있다. 물론 오픈 소스로 제공되는 이클립스Eclipse도 있으나 C++ 프로그래밍을 할 때는 비주얼 스튜디오가 가장 많은 기능과 편안함을 제공해준다. 처음부터 비주얼 스튜디오가 Windows C++ 개발에 특화되어 발전해왔기 때문이다.

3 비주얼 스튜디오 설치

3.1 비주얼 스튜디오 소개

이 책에서는 C++ 실습을 위하여 통합 개발 환경인 비주얼 스튜디오를 사용한다. 비주얼 스튜디오는 다양한 제품이 존재하며 몇 년에 한 번씩 버전이 업그레이드된다. 가장 최신 버전은 비주얼 스튜디오 2017Visual Studio 2017이다. 비주얼 스튜디오 2017은 제품별로 나뉘는데, 상업용으로는 'Enterprise', 'Professional'이 있으며, 교육이나 소규모 개발을 지원하기 위하여 학생이나 개인 개발자에게는 무료 제품인 'Community' 버전도 제공한다. 따라서 이 책은 'Visual Studio Community 2017'을 이용하여 실습을 진행한다. 무료 제품이라서 기능이 떨어지는 것이 아닐까 걱정할 수 있는데, 실습을 포함하여 제품 개발에도 전혀 지장이 없는 수준이니 걱정할 필요가 없다.

3.2 Visual Studio Community 2017 설치

이미 Visual Studio Community 2017이 설치되었거나, 다른 제품Enterprise, Professional을 이용하고 있다면 이번 절은 건너뛰어도 상관없다. 다운로드를 받아서 설치하는 것에 어려움을 겪는 경우라면 다음 설명을 참고하면서 따라해보자.

1 홈페이지 접속하기 마이크로소프트 홈페이지(https://www.microsoft.com/ko-kr)에 접속하여 [제품]-[개발자 및 IT 전문가용]-[Visual Studio]를 선택한다. 직접 받을 수 있는 주소는 https://www.visualstudio.com/ko/thank-you-downloading-visual-studio/?sku=community&rel15#이다.

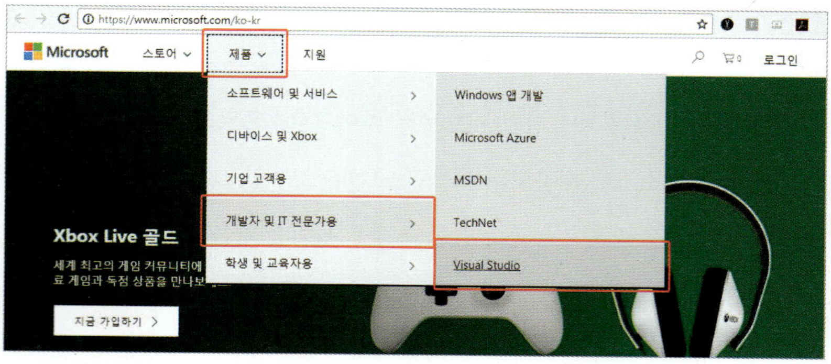

2 설치 파일 다운로드하기 전환된 화면에서 [Visual Studio 다운로드]-[Community 2017]을 선택하여 설치 파일을 다운로드한다.

3 설치 파일 실행하기 설치 파일을 실행하면 다음과 같은 화면이 열린다. 여기에서 [C++를 사용한 데스크톱 개발]에 체크하고, [설치]를 누른다. 실습 PC의 네트워크 환경에 따라서 시간이 걸릴 수도 있다. 설치가 완료되면 재부팅한다.

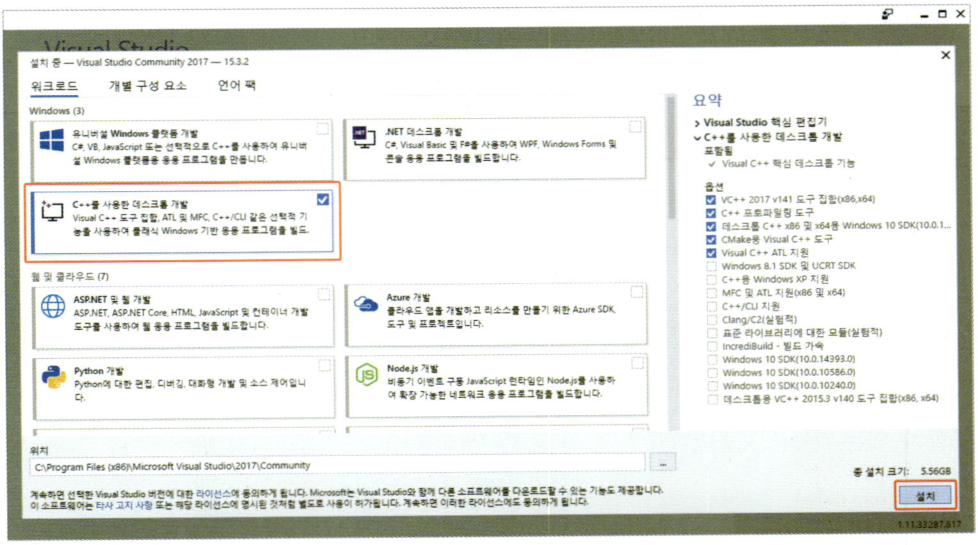

4 비주얼 스튜디오 실행하기 재부팅 후에 Visual Studio 2017을 실행한다. 다음은 Visual Studio 2017의 최초 실행 화면의 모습이다. Visual Studio 2017은 마이크로소프트 계정이 있어야만 사용할 수 있으므로 마이크로소프트 계정을 새로 만들도록 한다.

5 개발 설정 변경 로그인한 후에 설정 화면이 나타나는데, C++ 실습을 위하여 개발 설정은 'Visual C++'로 선택하고, [Visual Studio 시작]을 누른다.

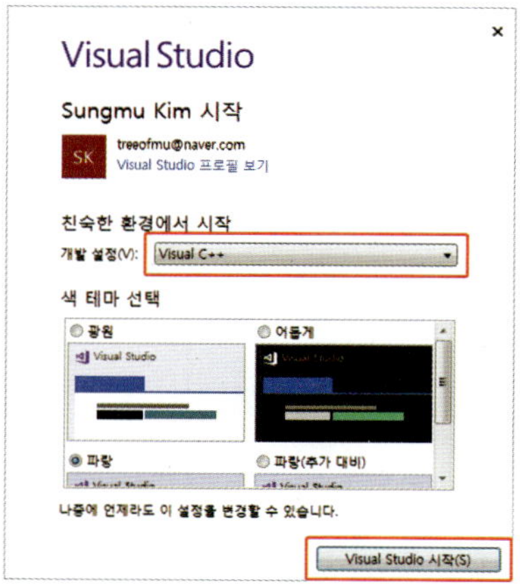

6 Visual Studio 2017 메인 화면 Visual Studio 2017이 실행되면 화면 왼쪽에 '솔루션 탐색기'가 보이는데, 솔루션 탐색기는 실습을 위하여 사용할 소스와 헤더 파일을 보여주고 쉽게 접근할 수 있는 기능을 제공한다.

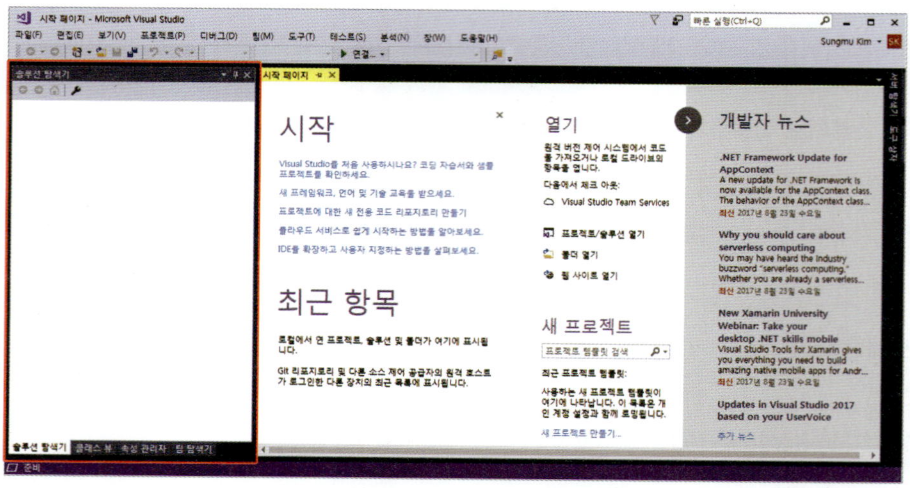

3.3 솔루션 및 프로젝트 만들기

베토벤 교향곡 5번인 '운명'은 4개의 악장으로 이루어져 있다. 각 악장이 하나의 곡이라고 생각하면 된다. 즉, 4개의 곡이 모여서 운명 교향곡이 되는 것이다. 프로그램 개발도 개념적으로는 교향곡과 같은 맥락으로 관리된다. 가령 통합 개별 환경인 비주얼 스튜디오는 여러 개의 프로그램으로 이루어져 있다. 코드 편집기, 컴파일러, 링커, 전처리기 등 프로그래밍과 연관된 개별적인 프로그램들이 모인 것이다.

Visual Studio 2017에서는 소프트웨어 개발의 관리를 쉽게 하도록 프로젝트와 솔루션을 제공한다. 프로젝트는 하나의 실행 모듈(exe, dll, so 등) 개발을 관리하는 단위이며, 솔루션은 연관성이 있는 프로젝트들을 모아서 관리하는 단위이다. 즉, 개별 프로그램의 개발을 관리하는 프로젝트는 하나의 곡에 해당하는 악장에 비유할 수 있고, 프로젝트들을 관리하는 솔루션은 교향곡에 비유할 수 있다. 따라서 C++ 실습을 위해서는 Visual Studio 2017에서 기본적으로 솔루션을 하나 만들어야 하고 그 안에 실습 프로그램을 위한 프로젝트를 추가해야 한다. 먼저 솔루션을 만들어보자.

1 **프로젝트 추가하기 1** [파일]–[새로 만들기]–[프로젝트]를 선택하면 [새 프로젝트] 대화상자가 열린다. 여기에서 [Visual C++]–[Windows 데스크톱]–[Windows 데스크톱 마법사]를 선택하여 프로젝트의 이름을 만들고 저장 위치를 지정한 후 [확인]을 클릭한다.

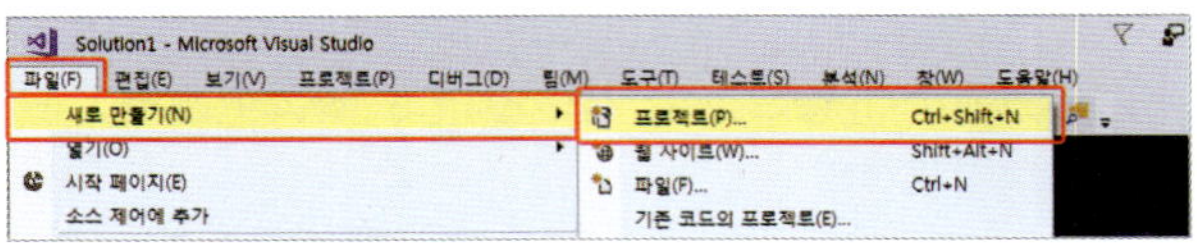

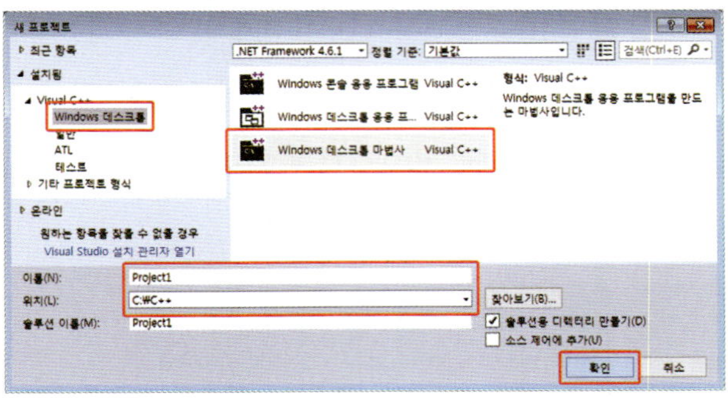

2 **프로젝트 추가하기 2** [Windows 데스크톱 프로젝트] 창이 열리면 응용 프로그램 종류는 '콘솔 응용 프로그램(.exe)'을 선택한다. 추가 옵션에서 '빈 프로젝트'를 체크한 후, [확인]을 클릭하면 프로젝트가 추가된다. 프로젝트가 추가되면 [솔루션 탐색기]에 [솔루션 'Solution1' (1개 프로젝트)]이 생성된다.

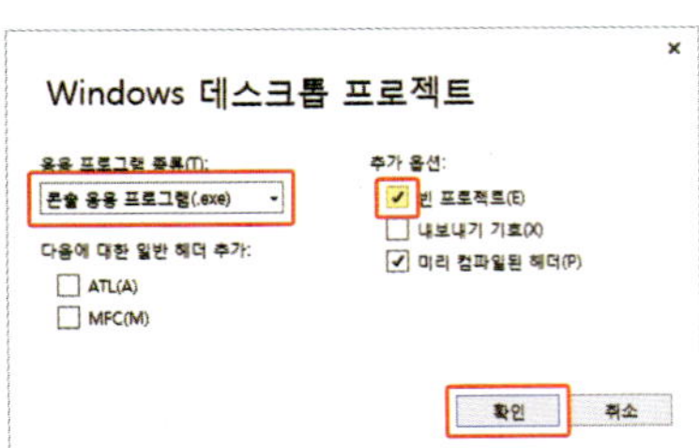

3 프로젝트 파일 확인하기 1 이번에는 윈도우 탐색기를 살펴보자. 프로젝트가 저장된 폴더를 보면 'Project1' 폴더가 있고, 그 안에는 'Project1.sln' 파일이 있다. Visual Studio 2017을 종료한 후에도 언제든지 'Project1.sln' 파일을 실행하면 해당 솔루션에 대한 Visual Studio 2017 개발 환경이 준비된다.

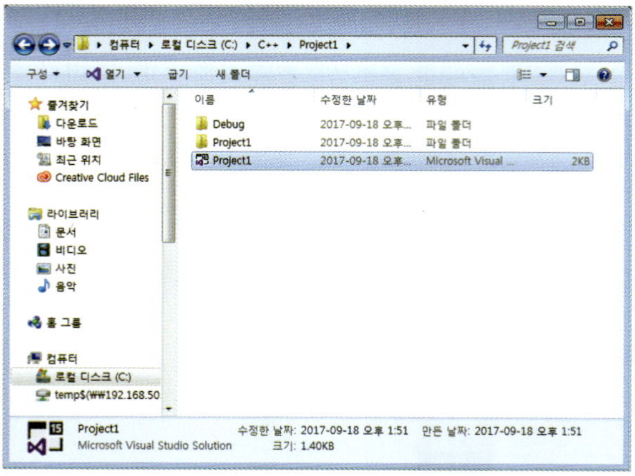

4 프로젝트 파일 확인하기 2 솔루션 탐색기를 보면 [솔루션 'Solution1' (1개 프로젝트)]아래에 'Project1' 프로젝트가 생성된 것을 확인할 수 있다. 또한, 윈도우 탐색기를 살펴보면 솔루션 경로에 'Project1' 폴더가 생성되어 있으며, 해당 폴더 안에는 'Project1.vcxproj' 프로젝트 파일이 생성되어 있다.

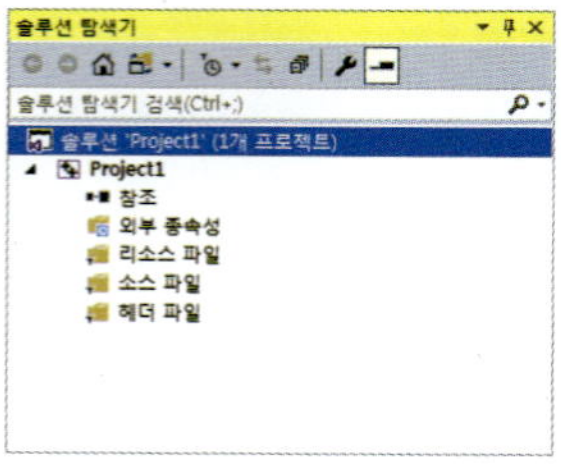

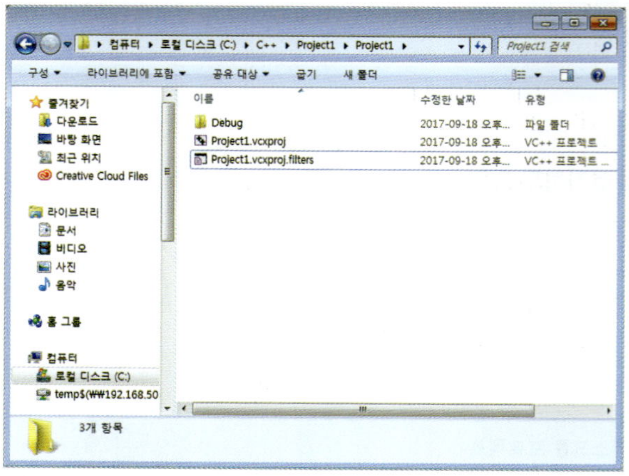

4. C++에서 알아야 할 요소

4.1 소스와 헤더

작곡을 위해서 오선지에 음표를 그려넣듯이 프로그래밍을 위해서는 코드를 파일에 기록해야 한다. 프로그램 코드가 기록되는 파일은 여러 종류가 있지만, C++ 프로그래밍에서 꼭 알아야 할 것은 소스 파일source file과 헤더 파일header file이다. 일반적으로 소스 파일은 확장자가 'cpp'이고, 헤더 파일은 확장자가 'h'이다. 그러나 헤더 파일의 경우 반드시 확장자가 '*.h'인 것은 아니며 확장자가 없는 헤더 파일도 존재한다.

대부분의 코드는 소스 파일에 기록된다. 그렇다면 헤더 파일은 무엇일까? 소스 파일이 영어 신문이라고 한다면 헤더 파일은 영어 사전이라고 생각하면 쉽다. 영어 신문을 읽을 때 모르는 단어나 숙어가 나올 경우 대충은 의미 파악을 하더라도 정확한 뜻을 파악하기 위해서는 사전을 찾아봐야 한다. C++ 프로그래밍도 마찬가지이다. 컴파일러가 소스 파일에 적힌 코드를 정확하게 해석하기 위해서는 사전에 해당되는 헤더 파일의 내용이 필요하다. 소스와 헤더 파일의 실제 관계에 대해서는 예제를 통해서 살펴보자.

소스 파일(*.cpp)

비주얼 스튜디오의 프로젝트에 소스 파일을 추가하는 방법부터 살펴보자.

1 Visual Studio 2017을 실행하고 메뉴에서 [파일]–[열기]–[프로젝트/솔루션]을 선택한 후, 기존에 만들었던 'Project1.sln'을 연다.

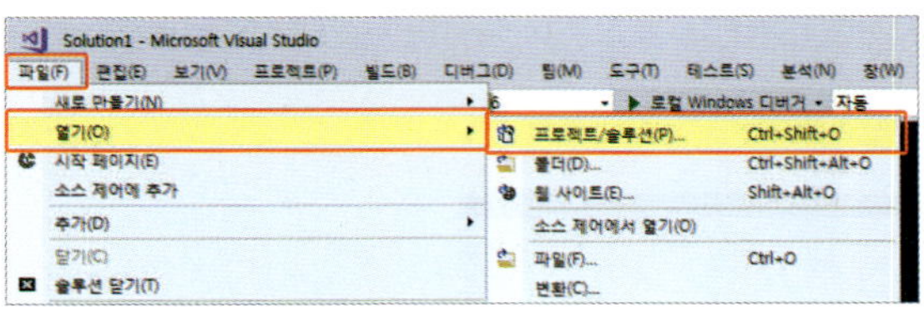

> **참고**
> 더 쉬운 방법은 [파일]–[최근에 사용한 프로젝트 및 솔루션]에 이미 추가된 'Project.sln'을 열어도 된다. 또는 윈도우 탐색기의 솔루션 폴더에서 'Project1.sln'을 직접 실행해도 된다.

2 솔루션 'Project1.sln'이 나타난다. 프로젝트 밑에는 여러 개의 폴더가 보이는데 그중에서 [소스 파일]에 우클릭한 후, [추가]–[새 항목]을 선택한다.

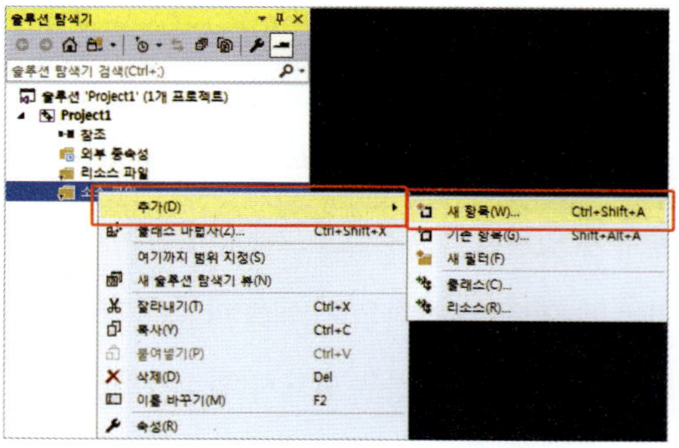

3 [새 항목 추가] 대화상자에서 [C++ 파일(.cpp)]를 선택하고 아래쪽에는 추가할 소스 파일 이름을 'Main.cpp'로 입력한다. 위치는 기본으로 설정된 경로를 사용하면 되고, [추가] 버튼을 클릭한다.

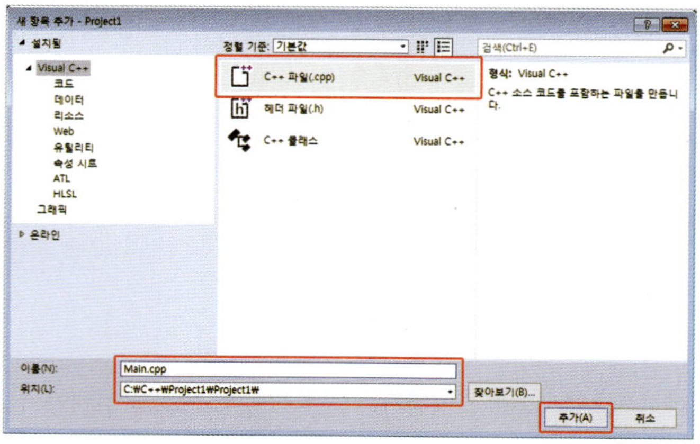

4 솔루션 탐색기의 [소스 파일] 밑에 'Main.cpp'를 확인할 수 있고, Main.cpp 탭과 함께 편집기가 생성된다. 바로 이곳에 C++ 코드를 입력할 것이다.

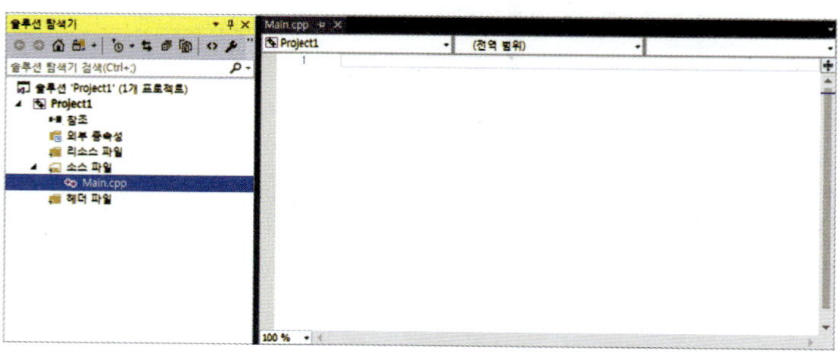

[예제 1-1]처럼 코드를 입력한다. 실제 입력된 코드를 실행하는 방법은 메뉴에서 [디버그]-[디버그 하지 않고 시작]을 누르면 되며, 단축키는 Ctrl+F5이다. '빌드하시겠습니까?'라고 묻는 창이 뜨는데 [예]를 클릭한다. 순조롭게 진행되었다면 콘솔 창에 결과가 출력된다.

[예제 1-1] Main.cpp

```
1  #include <iostream>
2  using namespace std;
3
4  int main()
5  {
6      cout << "Hello World!" << endl;
7      return 0;
8  }
```

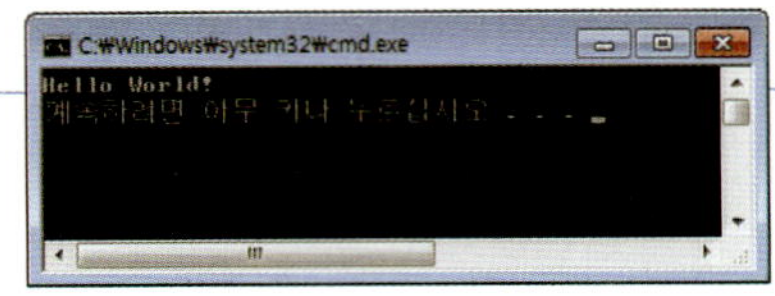

만약 제대로 실행되지 않는다면 오류가 발생한 것이다. 가령 6행의 endl을 end로 변경한 후에 실행할 경우 출력 창에 다음 오류가 나타난다.

```
이항 '<<': 오른쪽 피연산자로 'overloaded-function' 형식을 사용하는 연산자가 없거나 허용되는 변환이 없습니다.
```

오류를 분석하는 것은 많은 경험이 필요하지만 오류 발생 위치를 알려주고 적절한 이유를 보여주므로 오타 정도는 쉽게 고칠 수 있다.

헤더 파일(*.h)

[예제 1-1]의 1행은 다음과 같다.

```
#include <iostream>
```

여기서 iostream이 바로 헤더 파일이다. 헤더 파일은 개발자가 직접 작성하기도 하지만, 이미 만들어져서 기본으로 제공되기도 한다. C++는 기본으로 많은 헤더 파일을 제공하고 있다. iostream을 참조하라는 명령이 바로 #include이다. 그렇다면 왜 Main.cpp가 iostream을 참조하는 것일까? 1행을 삭제한 뒤에 다시 실행하면 다음과 같은 오류가 발생한다.

```
error C2065: 'cout': 선언되지 않은 식별자입니다.
error C2065: 'endl': 선언되지 않은 식별자입니다.
```

오류를 통해서 알 수 있듯이 iostream이 없을 경우 C++ 컴파일러는 cout, endl이 무엇을 의미하는지 알지 못한다. 따라서 #include를 통해서 iostream을 참조하라고 지시하면 컴파일러는 cout, endl을 알게 된다. 실제로 1행의 iostream에서 우클릭 후 '〈iostream〉 문서 열기'를 선택할 경우 iostream에서 cout과 endl이 기록된 것을 확인할 수 있다.

iostream은 콘솔 입출력 관련된 내용이 기록되어 있다. 보통 iostream처럼 미리 제공되는 헤더 파일을 '표준 헤더'라고 하며 Visual Studio 2017이 설치될 때 특정한 경로에 저장된다. 이때 괄호 〈〉를 이용하면 헤더 파일을 참조할 때 특정한 경로를 검색하라는 의미가 된다. 물론 이런 규칙이 절대적인 것은 아니다. 〈iostream〉 대신에 "iostream"을 사용해도 된다. 괄호 〈〉를 사용하지 않아도 Visual Studio 2017이 알아서 표준 헤더 경로를 검색하기 때문이다. 그러나 일반적으로 표준 헤더 파일의 경우 괄호 〈〉를 이용하고, 사용자가 직접 만든 헤더 파일은 큰따옴표 " "를 이용하여 구분하기도 한다.

아직 소스와 헤더 파일의 내용은 정확히 이해하지 못하겠지만 걱정할 필요는 없다. 프로그램 코드가 소스와 헤더 파일에 나뉘어 쓰이고 헤더 파일의 목적을 아는 것이 중요하기 때문이다.

```
#include <iostream>
using namespace std;
```

iostream 헤더 파일의 std라는 네임스페이스를 사용하겠다는 의미이다.

4.2 토큰

소스 파일이나 헤더 파일의 코드를 컴파일러가 번역할 때 많은 과정을 거치는데 그중 하나가 코드를 컴퓨터가 이해 가능한 단어 단위로 자르는 것이다. 이것을 프로그래밍 용어로는 구문 분석 parsing이라고 하는데, 사람이 문장을 이해하는 것과 별반 다르지 않다.

```
I have to go to school by 7 o'clock.
```

위의 문장을 이해하기 위해서는 먼저 단어 단위로 자르는 것이 필요하다. (I, have, to, go, to, school, by, 7, o'clock) 그러면 각각의 단어들을 조합하여 의미를 파악하고 전체적인 맥락을 이해할 수 있다.

컴파일러가 번역하는 것도 크게 다르지 않다. 코드를 의미가 있는 단어 단위로 자르는데 이때 의미가 있는 단어를 바로 토큰token이라고 한다. 인간이 사용하는 언어의 단어가 여러 품사(명사, 동사, 형용사, 부사 등)로 나누어지듯이 토큰도 여러 분류로 나누어진다. 영어 문장이 '주어+동사', '주어+동사+목적어' 등의 형식이 있듯이 프로그램을 이루는 토큰들도 일정한 형식으로 모여야 제대로 번역할 수 있다.

결국 컴파일러가 하는 일은 소스와 헤더 파일의 코드를 토큰으로 나눈 후에 형식을 파악하면서 의미에 맞게 적절히 기계어나 어셈블리어로 변환시키는 것이다. 토큰은 각각의 성격에 따라 키워드, 식별자, 상수, 문자열, 연산자, 문장 부호로 분류된다.

키워드

키워드keyword는 이미 정해진 예약어이다. 영어 단어 I, have, to, go, school 등이 이미 뜻이 정해져 있듯이, C++ 코드를 구성하는 토큰에서 이미 의미가 정해진 것을 나타낸다. 키워드는 예약되어 있기에 다른 용도의 토큰으로 사용될 수는 없다. 가령 double은 부동소수점 타입을 나타내는 키워드인데 이것을 변수나 함수 이름으로 사용할 수 없다.

C++ 키워드는 상당히 많다. 또한 C++가 발전함에 따라서 키워드가 증가되기도 한다. 모든 키워드를 외우려고 할 필요는 없으며 코드를 작성하면서 자연스럽게 익히면 된다.

식별자

식별자identifier란 어떤 대상을 유일하게 구별하기 위한 이름이다. 따라서 변수, 함수, 클래스를 구분하기 위하여 붙여진 이름이라고 할 수 있다. 대한민국 사람의 이름은 한글로 표현 가능해야 한다. 마찬가지로 식별자(이름)도 규칙이 있다.

1. 알파벳, 숫자, 밑줄(_)의 조합으로 만들어진다. 단, 첫 문자로 숫자가 올 수는 없다. 즉, 'xyz7'은 식별자가 되지만, '7xyz'는 식별자가 될 수 없다.

2. 대소문자를 구분한다. 즉, 'XYZ'와 'xyz'는 서로 다른 식별자이다.

상수

'age = 41'이라는 수식에서 age는 어떤 값이든 대입할 수 있다. 즉, age는 변할 수 있는 수이다. 그래서 age를 변수라고 한다. 반대로 41은 고정된 수이다. 수식에서 변하지 않는 수를 상수constant라고 하는데 변수의 반대되는 개념이라고 생각하면 된다. 원의 넓이를 구할 때는 반지름과 원주율(3.141592)을 사용한다. 반지름은 변할 수 있으나 원주율은 고정된 값이다. 따라서 원주율은 상수가 된다.

문자열

문자열string-literal은 큰따옴표로 묶여 있는 문자의 모음을 의미한다. 문자는 알파벳, 한글, 한자, 숫자 등 컴퓨터로 표현할 수 있는 글자를 나타낸다.

연산자

연산자Operator는 피연산자에 실행할 연산을 지정하는 기호이다. 대표적으로 수학의 사칙 연산자는 당연히 포함되며 프로그래밍에서만 사용되는 연산자도 존재한다. C++의 경우 클래스와 포인터, 참조 타입을 위한 연산자가 있다.

문장 부호

작문을 할 때도 문장 부호punctuator가 사용되듯이, 프로그래밍 코드도 문장 부호가 필요하다. 그러나 프로그래밍의 문장 부호는 일반 작문의 문장 부호와는 확연하게 다르다. 대표적으로 문장의 끝을 나타내는 경우 마침표(.)를 사용하지만 C++에서는 세미콜론(;)을 사용한다. 그 외에 함수를 표현하는 소괄호(( )), 블록의 시작과 끝을 나타내는 중괄호({ }) 등이 문장 부호이다. 문장 부호는 스스로가 토큰이 되면서 다른 토큰을 분리하는 기준이 된다.

토큰의 큰 분류를 살펴보았다. 결국 C++ 코드는 토큰들이 일정한 규칙에 맞게 조합된 것이라고 볼 수 있다.

4.3 식과 문

단어들만 나열한다고 작문이 되지 않듯이 토큰들이 모인다고 프로그래밍 코드가 되는 것은 아니다. 단어들이 모여서 문장이 되고 문장이 모여서 문단이 되듯이 토큰도 잘 조합되어야 한다. 프로그래밍 코드는 여러 가지 요소들로 구성되어 있는데, 가장 기본적인 요소가 바로 식expression과 문statement이다. 식과 문은 가볍게 보면 쉬울 수 있지만, 깊이 파고들면 한없이 어려워진다. 그렇지만 식과 문의 구성 원리를 잘 이해한다면 프로그래밍 문법을 간결하게 표현하고 활용할 수 있다.

식

식expression이란 하나의 값으로 도출되는 토큰의 조합이다. 즉, 아무리 많은 토큰이 복잡하게 조합되어 있어도 그것이 하나의 값으로 도출된다면 식이라고 할 수 있다.

간단하게 식이 무엇인지 예시를 보면서 감을 잡아보자(대괄호([ ]) 안이 식이다).

❶ [3.14]는 식이다. 일반 상수는 값이므로 식이 된다.

❷ [1 + 2]는 식이다. [1 + 2]는 세 개의 토큰(1, +, 2)으로 이루어져 있다. 결국 [1 + 2]는 3이라는 값으로 도출되기 때문에 식이 된다.

❸ [x]는 식이다. x라는 변수의 값이 도출된다.

❹ [x = 3]은 식이다. 보통 '대입식'이라고 부르는데 좌변에 우변이 대입되면서 우변의 값이 대입식의 도출 값이 된다. 즉, [x = 3]은 3이 도출되므로 식이다.

❺ [Add(1, 2)]는 식이다. 보통 반환을 하는 함수 호출은 반환 값이 도출되는 것이므로 식이라고 할 수 있다. 반면 반환을 하지 않는 함수 호출은 식이 되지 않는다.

식도 엄밀하게 따진다면 복잡해지는데 이 정도만 살펴보면 식이 무엇인지 충분히 감은 잡을 수 있을 것이다. 식이 중요한 이유는 제어문의 핵심 요소로 사용되기 때문이다.

문

문statement은 컴퓨터에게 어떤 동작이 수행되어야 함을 나타내는 토큰의 조합이다. 글에서 따진다면 하나의 문장이라고 생각하면 된다. 문은 여러 종류가 있다. 할당문, 호출문, 제어문(조건문, 분기문, 반복문), 그리고 문들이 블록을 통해서 조합되는 복합문 등이 있다. 예시를 통해서 살펴보자.

❶ [x = 3;]은 할당문이다. x라는 변수에 3을 대입하라는 명령이다.

❷ [Add(1, 2);]는 호출문이다. 함수 Add에 인자 1, 2를 전달하여 호출하라는 명령이다.

❸ if 문, for 문, while 문, switch 문은 제어문이다. 조건을 따져서 분기하거나 반복을 명령한다.

❹ [{int a; a = 3;}]은 복합문이다. 복합문은 여러 문을 중괄호 { }로 묶어 블록으로 조합한 복합적인 문장을 말한다.

대략 문이 무엇인지 알 수 있을 것이다. 눈여겨볼 점은 ❶, ❷의 경우 식의 끝에 세미콜론(;)을 붙여서 문을 만든다는 것이다. 일반적으로 식 끝에 세미콜론(;)을 붙이면 그 자체가 문이 되며 프로그래밍 용어로는 expression statement라고 한다. 우리말로 하면 '식문' 정도로 해석되는데 이 책에서는 앞으로 '단일식문'이라고 부르겠다.

식과 문에 대해서 살펴보았는데 이후 장부터는 식과 문의 개념을 사용해서 더 많은 프로그래밍 문법을 명확하고 간결하게 설명할 것이다.

4.4 main

프로그램의 중요 요소 중 하나가 바로 함수function이다. 함수 중에서도 가장 중요한 함수를 꼽는다면 바로 main이라고 할 수 있다. 왜냐하면 프로그램이 시작될 때 최초로 불리는 함수이기 때문이다. 윈도우 사용자라면 프로그램을 실행하기 위하여 보통 더블클릭을 하거나 Enter를 누르는데, 그때 윈도우는 프로그램을 메모리에 적재한 후에 해당 프로그램의 main 함수를 호출한다. main 함수가 모두 수행되고 반환return할 때가 바로 프로그램이 종료하는 순간이다. 즉, 프로그래밍이 실행 중이라는 것은 main 함수가 수행 중이라고 생각할 수 있다.

main 함수는 예약된 함수라고 할 수 있다. 가령 Start라는 함수를 만들고 컴퓨터가 프로그램을 시작할 때 가장 먼저 Start를 호출하라고 할 수 없다. 즉, 컴퓨터는 이미 예약되어 있는 main이라는 함수를 찾아서 가장 먼저 호출할 뿐이다. main은 특별히 예약된 함수이기 때문에 형식이 정해져 있다.

[예제 1-2] Main 형식

```cpp
int main()
{
}

int main(int argc, char** argv)
{
}

void main()
{
}
```

> **참고**
> main 함수는 프로그램 소스에 단 하나만 존재하는 것이 맞다. [예제 1-2]에서는 단지 main 함수의 형식이 세 가지임을 나타낸 것이다.

[예제 1-2]와 같이 main 함수의 형식은 하나만 있는 것은 아니다. 보통 표준 C++의 경우 첫 번째와 두 번째 형식을 사용하는데, VC++의 경우는 세 번째 형식도 사용한다.

세 번째 main은 조금 다른 점이 있다. 반환 타입이 int가 아니라 void이다. void는 뜻 자체가 '빈 공간'이란 의미로 반환 값이 없음을 나타낸다. 반대로 첫 번째, 두 번째 main의 경우는 반환 타입이 int이므로 명시적으로 main이 끝나는 시점에 return을 사용해서 값을 반환해야 한다.

main의 형식은 여러 가지가 있으나 가장 중요한 것은 프로그램 전체에 걸쳐서 main은 오직 하나만 있어야 한다는 것이다. 상식적인 이야기지만 main이 여러 개 있다면 프로그램 시작 시 어떤 main을 호출해야 할 지 알 수 없기 때문이다.

4.5 주석

주석comments은 소스 코드에 설명을 붙이거나 일부 코드를 무효화하려고 사용된다. 컴파일러는 주석을 무시하고 번역하기 때문에 컴파일 과정에 전혀 영향을 끼치지 못한다. 여기서 알 수 있는 것은 주석은 토큰이 아니라는 사실이다. 토큰은 프로그램 코드를 이루는 요소지만 주석은 말 그대로 부가적인 요소일 뿐이다.

주석은 두 가지 형식으로 사용된다. //와 /* ~ */이다. //는 한 줄 주석으로 '//'로 시작한 이후 줄 바꿈 문자까지의 모든 문자들을 의미한다. 그에 비해서 /* ~ */는 /*와 */ 사이의 모든 문자들을 의미한다. 심지어 줄 바꿈 문자까지 포함하기 때문에 여러 줄의 주석도 가능하다.

[예제 1-3] 주석 사용법

```
 1  #include <iostream>
 2  using namespace std;
 3
 4  int main()    // 한 줄 주석은 이렇게 사용한다.
 5  {
 6     /*  주석은 코드를 무효화하기 위하여 사용하기도 한다.
 7     cout << "Hello World!" << endl;
 8     */
 9     return 0;
10  }
```

[예제 1-3]은 기본적인 주석 사용법을 보여주는데 4행의 주석처럼 코드를 쉽게 이해할 수 있도록 설명하는 경우도 있으며, 6~8행의 주석처럼 특정 코드를 무효화시키는 역할도 한다.

[예제 1-4] 잘못 쓰인 주석

```
1  #include <iostream>
2  using namespace std;
3
4  int main()
5  {
6     co/*주석*/ut << "Hello World!" << endl;
7     return 0;
8  }
```

[예제 1-4]는 주석 사용 시 주의할 점을 보여준다. 주석이 컴파일러에 의해서 무시된다고 해서 6행처럼 의미를 가지는 cout, 즉 토큰 중간에 사용할 수 있는 것은 아니다. 컴파일러는 주석을

단일 공백 문자로 처리함으로써 무시하는 방법을 사용하므로 6행의 cout은 [co ut]으로 인식되기 때문에 컴파일 오류가 발생한다.

4.6 표준 입출력

예제 코드를 통해서 실습을 하려면 기본적인 입출력 방법을 알아야 한다. C++는 표준 입출력 스트림 객체인 cin, cout과 해당 객체에 사용되는 연산자인 끼워넣기(<<), 뽑아내기(>>) 등을 지원한다.

cout, <<

표준 출력 스트림 객체인 cout과 cout에 사용되는 끼워넣기(<<) 연산자이다. 데이터를 끼워넣기(<<) 연산자를 통해서 cout에 입력할 경우 차례대로 표준 출력(보통 콘솔)해준다.

[예제 1-5] cout

```
1  #include <iostream>
2  using namespace std;
3
4  void main()
5  {
6      int year = 2017;
7      cout << "Welcome to " << year << " C++" << endl;
8  }
```

```
Welcome to 2017 C++
```

> **참고** endl은 cout의 마지막 입력으로 주로 사용되는데 줄바꿈을 나타낸다.

[예제 1-5]의 7행처럼 cout에 끼워넣기(<<) 연산자를 통해서 데이터를 입력할 경우 콘솔에 차례대로 해당 데이터가 문자열로 출력되는 것을 확인할 수 있다. 출력할 데이터의 타입은 문자열, 숫자 등 다양하다.

cin, >>

표준 입력 스트림 객체인 cin과 cin에 사용되는 뽑아내기 (>>) 연산자이다. 콘솔로부터 키보드 입력을 받아서 원하는 변수에 데이터를 넣을 수 있다.

[예제 1-6] cin

```
1  #include <iostream>
2  using namespace std;
3
4  void main()
5  {
6     cout << "이름을 입력하세요?" << endl;
7
8     char name[256];
9     cin >> name;
10
11    cout << name << "님 C++ 세계에 오신 것을 환영합니다." << endl;
12 }
```

[예제 1-6]의 9행이 사용자의 키보드 입력을 받는 부분이다. 콘솔에서 이름을 입력할 경우 입력된 이름은 8행의 name에 저장되고, 11행에서 name을 cout을 통해서 다시 출력할 수 있다.

4.7 전처리기

오케스트라는 무대에서 악보를 보고 연주한다. 파이프오르간 곡이 적힌 악보를 들고 무대에 올랐는데, 하필 무대의 파이프오르간이 수리 중이었다. 그럼에도 연주회는 성공적으로 끝날 수 있었다. 왜냐하면 악보에 빨간 글씨로 다음과 같은 문구가 쓰여 있기 때문이었다.

> 〈주의〉 파이프오르간을 사용할 수 없는 경우는 이 악보의 마지막 페이지에 있는 피아노곡을 대신 연주하시오.

연주 전에 문구를 통해서 악보가 변경되듯이, C++ 소스 파일도 특별한 지시문에 의해서 기계어로 번역되기 전에 변경될 수 있다. 번역되기 전에 소스가 결정(수정)되는 작업이라 '전처리'라고 부르며 전처리기Preprocessor에 의해서 수행된다.

전처리 지시문

악보에서는 〈주의〉라는 구문으로 전처리를 지시하듯이 C++에서는 #으로 시작하는 지시문 directives에 의해서 전처리를 지시한다. #include, #define, #if~#else~#endif 등이 대표적인 전처리 지시문이다. 지금부터 각 지시문이 어떻게 동작하는지 살펴보자.

#include

헤더 파일에서 이미 살펴보았으며 대표적인 전처리 지시문이다. 소스 파일에 헤더 파일의 내용을 그대로 포함하는 기능을 수행한다. 헤더 파일에는 주로 소스 파일에서 사용하는 타입, 클래스, 변수, 함수와 관련된 정보가 수록된다. 만일 헤더 파일을 포함하지 않을 경우 모든 소스 파일 각각에 관련된 정보를 기록해야만 한다. 그럴 경우 소스 파일의 크기는 커지고 가독성과 효율성은 극도로 떨어지게 된다.

#define

#define은 매크로를 정의하는 지시문이다. #include는 헤더 파일을 소스 파일에 그대로 포함시킨 것에 비해서 #define은 소스 코드에 사용된 매크로를 전개하여 대체하는 역할을 수행한다. #define의 형식은 다음과 같이 두 종류가 있다.

1. **매크로 상수 정의:** #define identifier token-list
2. **매크로 함수 정의:** #define identifier(parameter-list) token-list

#define은 소스 코드에서 정의된 identifier가 나타날 때마다 token-list로 대체하도록 지시하는 역할을 한다. token-list는 토큰이 0개 이상 나열된 것이다. 만약 토큰이 없을 경우 대체는 일어나지 않으며 조건부 컴파일에 사용된다. 조건부 컴파일은 잠시 뒤에 알아볼 것이다. identifier가 token-list로 대체되는 것을 '매크로 전개'라고 부른다.

그런데 매크로 전개가 항상 일어나는 것은 아니다. identifier가 주석이나 문자열에 사용될 경우에는 매크로 전개가 되지 않으며, 오직 identifier가 토큰으로 사용되는 경우에만 매크로 전개가 일어난다.

[예제 1-7] 매크로 상수

```
1  #include <iostream>
2  using namespace std;
3
4  #define PI  3.141592
5
6  void main()
7  {
8     double d = PI;
9     cout << "PI is " << PI << endl;
10 }
```

```
PI is 3.141592
```

[예제 1-7]의 4행에서 PI라는 identifier가 3.141592로 정의된다. 소스에서는 8행, 9행에서 PI가 사용된다. 그러나 PI가 3.141592로 매크로 전개되는 경우는 8행뿐이다. 8행의 PI는 토큰(여기서는 대입되는 값)으로 사용된다. 반면 9행의 PI는 문자열에 포함되어 있으므로 토큰이 아니다. 다시 한번 강조하지만 매크로 전개는 오직 identifier가 토큰으로 사용될 때만 일어난다.

이번에는 매크로 함수를 살펴보자. 매크로 함수란 identifier가 마치 함수처럼 사용되는 것을 말한다.

[예제 1-8] 매크로 함수

```
#include <iostream>
using namespace std;

#define MULTIPLY(x, y)  x * y

void main()
{
   cout << MULTIPLY(1 + 1, 1 + 2) << endl;
   cout << MULTIPLY(1 + 1, 1 + 2) / MULTIPLY(1 + 1, 1 + 2) << endl;
}
```

```
4
7
```

[예제 1-8]의 MULTIPLY가 바로 매크로 함수이다. 두 인자를 받은 후 곱한 값으로 매크로 전개가 일어난다. 그러나 결과에서 볼 수 있듯이 매크로 함수가 제대로 정의되지 않았다. 제대로 매크로 전개가 일어났다면 [6, 1]이 출력되었어야 한다. 매크로 전개가 의도하지 않게 된 이유는 매크로 함수가 제대로 정의되지 못했기 때문이다. 매크로 함수는 기계적으로 전개되기 때문에 다음과 같은 과정을 거친다.

```
MULTIPLY(1 + 1, 1 + 2) → 1 + 1 * 1 + 2 → 1 + 1 + 2 → 4
MULTIPLY(1 + 1, 1 + 2) / MULTIPLY(1 + 1, 1 + 2) → 1 + 1 * 1 + 2 / 1 + 1 * 1 + 2 →
1 + 1 + 2 / 1 + 1 + 2 → 1 + 1 + 2 + 1 + 2 → 7
```

그렇다면 어떻게 해야 원하는 매크로 함수를 만들 수 있을까? 하나만 기억하자! 모든 인자와 매크로 정의를 괄호로 묶어주는 것이다. 소스의 매크로를 다음과 같이 바꾸고 다시 실행하면 올바른 결과를 얻을 수 있다. 왜 괄호가 필요한지는 매크로 전개를 해보면 알 수 있다.

```
#define MULTIPLY(x, y)  ((x) * (y))
```

#ifdef ~ #else ~ #endif

조건부 컴파일 지시문은 #define으로 정의된 매크로를 조건으로 소스 파일에 포함 여부를 결정한다.

[예제 1-9] 조건부 컴파일 지시문

```
#define PIPE_ORGAN

void main()
{
#ifdef PIPE_ORGAN
   PlayPipeOrgan();
#else
   PlayPiano();
#endif
}
```

[예제 1-9]는 조건부 컴파일 지시문의 기본적인 사용법을 보여준다. 먼저 1행에서 #define에 의해서 PIPE_ORGAN을 정의한다. 눈여겨볼 점은 token-list가 없다는 사실이다. 이럴 경우 매크로 PIPE_ORGAN은 매크로 전개에 사용되지는 못하지만 조건부 컴파일 지시문의 조건으로 사용될 수 있다.

5행의 #ifdef가 바로 PIPE_ORGAN이 정의 여부를 판별한다. 만일 정의되어 있을 경우 소스 파일에는 6행이 포함되며, 정의되어 있지 않을 경우 소스 파일에 8행이 포함된다. 나중에 제어문(특히 조건문)을 통해서 코드의 분기를 살펴보는데, 조건부 컴파일 지시문은 소스 파일이 번역되기 전에 소스 코드를 결정한다는 점에서 제어문과는 다르다. PIPE_ORGAN이 정의되지 않았을 때의 코드가 불필요하다면 7행, 8행은 생략 가능하다. 즉, #if ~ #endif만 사용 가능하다. 반대로 정의되지 않은 경우만 지시하고 싶을 경우에는 #ifdef 대신 #ifndef를 사용하면 된다.

미리 정의된 매크로

매크로는 보통 사용자가 정의하지만 기본적으로 미리 제공되는 매크로도 있다. 소스 파일명과 줄번호, 함수명을 나타내는 __FILE__, __LINE__, __FUNCTION__이 있으며, 시스템 플랫폼을 나타내는 _M_IX86, _M_X64도 있다. 그 외에 많은 매크로가 기본으로 제공된다.

[예제 1-10] 미리 정의된 매크로

```
#include <iostream>
using namespace std;

void PrintSystem()
{
    cout << __FILE__ << endl;
    cout << __LINE__ << endl;
    cout << __FUNCTION__ << endl;

#ifdef _M_X64
    cout << "64Bit x64 Windows!" << endl;
#else
    cout << "32Bit x86 Windows!" << endl;
```

```
14 #endif
15 }
```

[예제 1-10]의 실행 결과를 보면 미리 정의된 매크로의 의미를 대략적으로 이해할 수 있을 것이다. 10행의 _M_X64는 Visual Studio가 빌드하는 타깃 플랫폼이 64비트 x64일 때 정의된다.

지금까지 살펴본 전처리 지시문은 대표적인 것들이며 이외에도 수많은 지시문과 미리 정의된 매크로가 제공된다. 지금 모든 것을 알 필요는 없다. 모르는 것이 나오면 그때마다 검색해서 의미와 사용법을 익히면 된다.

연습 문제

01 - 컴퓨터가 유일하게 인식할 수 있는 언어는 ____________ 이다.

02 - 기계어는 오직 단 두 개의 기호인 0과 1을 사용한다. 이 기호를 ____________ 라고 한다.

03 - ____________ 는 천공 카드의 구멍을 덧대는 작업에서 유래되었으며 프로그램 수정 작업을 의미한다.

04 - 어셈블리어는 기계어에 일대일로 대응된다. 기계어를 사람이 알아보기 쉬운 __________ 을 사용해서 표현한다.

05 - C 언어는 1972년 ____________ 에 의해서 개발되었다.

06 - C++의 최초 이름은 ____________ 이다.

07 - C와 C++의 포함 관계에 대해서 설명하시오.

08 - ____________ 는 C++ 코드를 기계어로 번역하는 일을 담당한다.

09 - C++ 소스 파일이 컴파일되면 ____________ 이 생성된다.

10 - ____________ 는 목적 파일과 라이브러리를 연결하여 실행 모듈(프로그램)을 만든다.

11 - 코드 편집, 컴파일, 링킹 등 프로그래밍에 필요한 모든 작업을 통합적으로 수행할 수 있는 도구를 ____________ 라고 한다.

12 - Visual Studio에서 ____________ 는 하나의 실행 모듈(exe, dll, so 등) 개발을 관리하는 단위이며, ____________ 은 연관성이 있는 프로젝트들을 모아서 관리하는 단위이다.

13 – 프로그램 코드가 기록되는 파일은 크게 두 가지 종류가 있으며 __________ 파일과 __________ 파일이 있다.

14 – 헤더 파일을 소스 파일에 포함 및 참조시키는 명령은 __________이다.

15 – 표준 입출력에 관련된 내용이 기록되어 있으며 cout, endl 등을 참조하기 위하여 필요한 헤더 파일은 __________이다.

16 – 컴파일러가 코드를 의미 있는 최소 단위로 자르는 작업을 구문 분석이라고 한다. 이때 코드의 의미 있는 최소 단위를 __________이라 한다.

17 – 이미 예약되어 있어서 다른 용도로 사용할 수 없는 토큰을 __________라고 한다.

18 – 올바르지 못한 식별자를 고르시오.

① Coke ② 7up ③ Pocari ④ _Fanta

19 – 문자열은 __________로 묶여 있는 문자의 모음을 의미한다.

20 – 연산자는 __________에 실행할 연산을 나타내는 기호이다.

21 – 작문에서 문장의 끝을 나타내는 경우 마침표(.)를 사용하지만 C++에서는 __________을 사용한다.

22 – 하나의 값으로 도출되는 토큰의 모음을 __________이라 한다.

23 – 다음 중 식이 아닌 것은?

① 3 ② 3 + 4 ③ a = 4 ④ _for

24 – 식 x = 3의 끝에 ____________을 붙이면 문이 된다.

25 – 표준 C++ main 형식은 다음과 같다. 빈 칸에 올바른 타입을 채우시오.

```
_______ main()
{
}

_______ main(_______ argc, _______ argv)
{
}
```

26 – main은 프로그램 코드 전체에 단 하나만 있어야 한다. 그 이유를 작성하시오.

27 – 여러 줄의 주석은 ____________로 시작해서 ____________로 끝난다.

28 – 주석은 컴파일 과정에서 무시된다. 그럼에도 아래 코드가 제대로 컴파일되지 않는 이유는 무엇인가?

```
int main()
{
    cout << "Hello World!" << endl;
    ret/* Comment */urn 0;
}
```

29 – C++는 표준 입출력 스트림 객체인 ____________, ____________을 사용하여 콘솔에 입출력할 수 있다.

30 – ____________ 연산자는 cin과 함께 쓰이고, ____________ 연산자는 cout과 함께 사용된다.

프로그래밍 문제

{1} - 다음과 같이 출생 연도를 입력받아서 나이를 출력하는 프로그램을 작성하시오.

```
출생 연도를 입력하세요.
1977
2002 한일월드컵 당시 한국 나이는 26세입니다.
```

{2} - 다음과 같이 현재 실행되는 프로그램이 x86인지, x64인지를 출력하는 프로그램을 작성하시오(전처리기를 이용하여 미리 정의된 매크로 _M_X64를 이용하시오).

```
이 프로그램은 x86 프로그램입니다.
이 프로그램은 x64 프로그램입니다.
```

Chapter 02

타입

C++ 프로그래밍을 통하여 처리하거나 제어할 수 있는 대상의 종류는 다양하기 때문에 처리 가능한 것들을 분류하고 각각의 고유한 특성을 이해하는 것은 프로그래밍에 있어서 매우 중요하다.
이번 장에서 배우는 타입(Type)을 통해서
프로그래밍 대상을 분류하고 처리 방식이 결정되는데,
타입을 정확히 이해하는 것이 바로 프로그래밍의 시작이다.

1 컴퓨터 처리

2 정수 타입

3 부동소수점 타입

4 문자 타입

5 문자열

6 파생 타입

7 타입 표기

8 typedef

9 const

10 auto

++ 연습 문제

++ 프로그래밍 문제

1. 컴퓨터 처리

1.1 CPU와 비트열

컴퓨터는 반도체로 만들어진다. 반도체는 조건에 따라 도체 혹은 부도체가 된다. 즉, 전류가 흐르는 경우를 1, 흐르지 않는 경우를 0으로 약속하여 컴퓨터는 오직 0과 1만을 인식할 수 있다.

컴퓨터 CPU의 모양을 살펴보면 수많은 접점을 볼 수 있다. 어느 순간에 각각의 접점은 전기가 흐르거나 흐르지 않으면서 0과 1을 나타낸다. 접점들은 입력이나 출력으로 사용된다. 입력 접점이 m개 있고, 출력 접점이 n개라면 이론적으로 특정한 순간에 입력될 수 있는 상태의 수는 2^m이고, 출력 상태의 개수는 2^n이 된다. CPU의 회로는 특정한 비트열의 입력에 대하여 특정한 비트열이 출력되도록 미리 구성되어 있다.

프로그램은 수와 문자를 컴퓨터가 처리할 수 있도록 처리 대상을 비트열로 변환할 필요가 있다. 가령 1+2를 8비트 컴퓨터가 계산하기 위해서는 1이라는 숫자는 [0000,0001], 2라는 숫자는 [0000,0010]이라는 비트열로 변경하고, 더하라는 명령의 비트열까지 CPU의 입력 접점에 전기 신호로 보내면 CPU의 회로는 [0000,0011]이라는 비트열을 출력 접점에 전기 신호로 보낸다. [0000,0011]은 3으로 환원되어 모니터나 프린터에 찍히게 된다.

컴퓨터가 모든 것을 처리할 수 있는 만능 도구처럼 여겨지지만 사실은 제약이 많다. 컴퓨터는 대상을 비트열로 변경하여 처리하는데, 대상을 비트열로 대응시킬 수 없다면 컴퓨터로 처리할 수 없음을 의미한다. 실제로 컴퓨터가 처리할 수 없는 일은 많다. 정수는 비트열로 변환하기에 알맞다. 1, 2, 3과 같은 값은 각각을 비트열로 대응시킬 수 있다. 그러나 모든 수를 비트열로 대응시킬 수 있는 것은 아니다. 수는 무한히 커질 수 있으므로 무한정 비트열로 대응시킬 수 없다. 1/3과 같은 무한 소수도 완벽하게 비트열로 표현할 수 없다. 따라서 1/3과 같은 무한 소수는 오차를 감수하면서 비트열로 대응될 수 있는 비슷한 값(0.333333343)으로 대체되어 처리하기도 한다. 즉, 아주 큰 수나 소수에 대해서는 완벽하게 정확한 계산을 할 수 없다.

1.2 C++ 타입

C++ 프로그래밍은 주로 수와 문자를 많이 처리한다. 즉, 수와 문자가 처리 대상인 셈이다. 따라서 이미 수와 문자에 대해서 비트열로 대응되는 규칙이 정해져 있다.

어떤 속성을 나타내는 집합에 포함된 대상을 일정한 대응 규칙에 의해서 비트열로 표현하는 체계를 타입Type이라고 한다. 이미 C/C++의 경우 기본 타입primitive type이 정의되어 있어서 수와 문자를 쉽게 처리할 수 있다.

수를 다루기 위한 타입으로는 int, short, long, __int64, float, double 등이 있고, 문자를 다루기 위한 타입으로는 char, wchar_t 등이 있다. 기본 타입을 조합하여 새로운 타입을 만들어낼 수도 있으며 이미 제공되는 경우도 있다. 문자열의 경우는 문자들의 모임이기 때문에 문자들을 담을 수 있는 문자열 전용 파생 타입을 제공하며, 시간이나 날짜를 나타내는 구조체 타입도 제공한다.

이번 장에서는 C++ 프로그래밍에서 다루는 타입에 대해서 특징적인 것들을 알아볼 것이다. 이미 C 언어나 기타 프로그래밍 언어를 접해보았다면 어렵지 않게 여겨질 수도 있으나 의외로 놓치고 지나가는 것들이 있으므로 자세히 살펴보기 바란다.

2 정수 타입

초등학교 수학 교과 과정은 0, 1, 2, 3, ... 과 같은 수 체계부터 배우는 것으로 시작된다. 엄밀히 말하면 0을 포함하는 자연수이다. 학년이 좀 더 높아지면 드디어 −1, −2와 같은 음의 정수를 배우게 된다. 그리고 점차 다루는 수 체계는 넓어진다.

C++도 정수 체계를 그대로 기본 타입으로 제공한다. 바로 정수 타입이다. 정수 타입은 크게 두 가지로 나누어지는데 첫 번째는 앞에서 살펴본 것처럼 0을 포함하는 자연수 체계를 위한 '부호 없는 정수 타입'이며, 두 번째는 0, 자연수, 음의 정수를 아우르는 '부호 있는 정수 타입'이다.

2.1 부호 없는 정수

0을 포함한 자연수를 부호 없는 정수unsigned type라고 한다. 부호가 항상 양이기 때문에 unsigned로 표시한다. 부호 없는 정수 타입으로는 unsinged short, unsigned int, unsigned long, unsigned __int64 등이 있으며 공통점은 수가 비트열로 대응되는 규칙이 일정하다는 것이고, 차이점은 비트열의 비트 수가 다르다는 것이다. unsigned short의 경우 16비트만 사용하지만 unsigned __int64의 경우 64비트를 사용한다. 따라서 이런 차이로 인하여 각 타입은 장단점이 있다. 비트 수가 클수록 굉장히 큰 수를 표현할 수 있는 장점이 있지만 그만큼 메모리 공간을 많이 사용하는 단점이 있다.

수와 비트열의 대응 규칙은 일정하므로 간단하게 4비트열을 사용하여 설명하려고 한다. 4비트는 2^4으로 16가지 상태를 나타낼 수 있으며 수를 대응할 경우 0부터 15까지 표현할 수 있다.

[그림 2-1]은 부호 없는 정수 0~15가 4비트열로 대응되는 것을 보여준다. 무척 익숙함을 느낄 것이다. 왜냐하면 초등학교 교과 과정에서 배운 2진법과 그대로 일치하기 때문이다.

15	1111
14	1110
13	1101
12	1100
11	1011
10	1010
9	1001
8	1000
7	0111
6	0110
5	0101
4	0100
3	0011
2	0010
1	0001
0	0000

[그림 2-1] unsigned type: **4비트 표현**

그림에서는 지면 관계상 4비트만을 사용했지만, 각각의 타입은 많은 비트를 사용하여 수를 대응시킨다. unsigned short는 2바이트(16비트), unsigned int는 4바이트(32비트), unsigned __int64는 8바이트(64비트)를 사용한다. 당연히 비트 수가 많을수록 큰 수를 대응시킬 수 있다. 대응 범위는 [표 2-1]과 같다.

[표 2-1] 타입별 대응 범위

타입	범위
unsigned short	0~65,535
unsigned int	0~4,294,967,295
unsigned __int64	0~18,446,744,073,709,551,615

[표 2-1]에서 볼 수 있듯이 unsinged int의 경우 대략 42억까지 표현할 수 있다. 그러나 42억을 초과하는 숫자를 쉽게 찾아볼 수 있다. 우주 나이는 150억 년이 넘으며, 웬만한 대기업의 시가 총액은 몇 조를 넘어선다. 따라서 이런 값들을 처리하기 위해서는 unsigned __int64를 써

야 한다. 그렇다면 애초에 깔끔하게 unsigned __int64만 쓰고 싶을 수도 있다. 그러나 간단한 반복문을 위한 반복 횟수나 배열의 첨자로 unsigned __int64를 쓰는 것은 확실히 낭비가 심하다. C++를 하는 목적이 최고의 성능과 효율을 내기 위한 것이므로 타입별로 사용하는 것이 좋다.

2.2 음의 정수 표현

음의 정수를 2진법으로 표현해보자. 어떻게 해야 할까? 가장 간단한 방법은 양수 부분을 2진법으로 표현한 뒤에 앞에 – 기호를 붙이면 된다. 그러나 – 기호가 문제가 된다. 컴퓨터 처리를 위해서 – 기호도 비트열로 변환할 필요가 있기 때문이다. 따라서 부호(+, –)를 나타내기 위하여 가장 왼쪽 최상위 1비트를 사용하기로 하였다. 이것을 '부호 비트'라고 한다. 그러나 부호 비트를 사용할 경우 여러 가지 문제가 발생한다. 그 문제를 4비트열을 이용하여 살펴보자.

7	0111
6	0110
5	0101
4	0100
3	0011
2	0010
1	0001
0	0000
–0	1000
–1	1001
–2	1010
–3	1011
–4	1100
–5	1101
–6	1110
–7	1111

[그림 2–2] 부호 비트를 이용한 signed type: 4비트 표현

[그림 2–2]처럼 가장 왼쪽 비트를 부호 비트로 사용할 경우 –7~7까지 대응할 수 있다. 나쁘지 않은 것 같지만 단점이 있다. 0이 [+0, –0]과 같이 두 개의 비트열로 대응되는 점이다. 그로 인해서 수를 오직 15개 밖에 표현할 수 없다. 더 심각한 문제가 있는데 이런 대응 규칙을 사용할 경우 CPU의 가산 회로의 설계가 복잡해진다는 점이다. 회로가 복잡해지는 만큼 CPU의 성능은 떨어진다. 이런 단점으로 인해서 부호 비트를 사용한 대응법은 채택되지 않았다. 대신 더 좋은 방법이 고안되었는데 바로 '2의 보수'이다.

2.3 2의 보수

2의 보수2's complement를 배우기 전에 먼저 1의 보수부터 살펴보자. 어떤 수를 비트열로 나타냈을 때 각 비트를 반전시킨 것을 1의 보수라고 한다. 예를 들면 5라는 수를 4비트열로 표현할 경우 [0101]이 되는데 1의 보수는 [1010]이다. 그렇다면 2의 보수는 무엇일까? 1의 보수에 1을 더한 것을 나타낸다. 따라서 5의 2의 보수는 [0101]→[1010]→[1011]이 된다.

2의 보수를 사용하는 근본적인 이유는 2의 보수를 부호가 반대인 수로 사용하기 위해서이다. 예를 들어서 5는 [0101]이고 2의 보수는 [1011]인데 [1011]을 부호가 반대인 −5로 대응시킨다. 당연히 반대도 성립한다. −5는 [1011]이고 2의 보수는 [0101]이므로 5가 된다.

솔직히 위의 설명만 듣고는 왜 2의 보수를 사용하는지 전혀 감이 오지 않을 것이다. 필자 또한 한참이 지나서야 2의 보수가 왜 중요한지 알 수 있었다. 실제로 2의 보수는 이미 일상 생활에서도 쉽게 찾아볼 수 있다.

예를 들어, 자동차 주행거리 표시를 생각해보자. 최초에는 000,000km로 설정되어 있다. 물론 주행거리가 999,999km를 넘는 자동차는 없겠지만 정말 관리를 잘해서 최대치를 넘어서는 순간 다시 000,000km가 될 것이다. 즉, 999,999km는 000,000km보다 1km가 더 적음을 나타낸다. 필자가 자동차 주행거리 표시를 예로 든 이유는 2의 보수가 바로 이와 같은 표시 방식이기 때문이다.

4비트로 표현되는 2진수는 [0000]에서 시작하여 [1111]에 도달한 뒤에 다시 [0000]으로 돌아간다. 여기서 [1111]은 [0000]보다 1 작다고 생각할 수 있다. 그래서 2의 보수법은 [0000]을 0으로 대응시키고 다음 숫자인 [0001]은 1로 대응시킨다. 또한 [0000]의 바로 이전 숫자인 [1111]은 −1로 대응시킨다. 따라서 2의 보수법을 나타낸 대응표를 살펴보면 0과 −1이 가장 중심에 나타난다. 그러므로 4비트로 표현되는 2의 보수법은 −8~7까지 나타낼 수 있다. 눈여겨볼 점은 2의 보수법으로 인하여 음수의 경우 가장 왼쪽 비트가 항상 1이므로 자연스럽게 부호 비트로 사용된다. 즉, 가장 왼쪽 비트만 조사해도 양수인지 음수인지 판단할 수 있다.

[그림 2−3]을 통해서 몇 가지 중요한 점을 알 수 있다. 가장 작은 수는 부호 비트가 1이면서 나머지 비트는 모두 0인 것이고, −1은 모든 비트가 1이라는 사실이다.

	...
	1001
	1000
7	0111
6	0110
5	0101
4	0100
3	0011
2	0010
1	0001
0	0000
−1	1111
−2	1110
−3	1101
−4	1100
−5	1011
−6	1010
−7	1001
−8	1000
	0111
	0110
	...

2의 보수법 범위

[그림 2−3] 2의 보수: 4비트 표현

반대로 가장 큰 수는 부호 비트가 0이면서 나머지 비트는 모두 1인 것이다. 이것은 외워도 될 정도로 가치가 있다. C++ 프로그래밍에서 비트 연산을 하는 경우가 많은데 이런 사실을 알고 있을 경우 많은 도움이 되기 때문이다. 2의 보수를 이용하여 음수를 대응시키면 CPU의 가산 회로 설계도 단순해질 수 있다. 이런 이점으로 인하여 C/C++를 비롯하여 거의 모든 프로그래밍 언어는 부호 있는 정수 타입을 위하여 2의 보수를 사용한다.

2.4 부호 있는 정수

부호가 없는 타입 앞에는 unsigned 키워드가 앞에 붙는다. 따라서 부호가 있는 타입singed type은 부호를 강조하게 위하여 signed 키워드를 붙일 것 같지만 보통 signed는 생략한다. 따라서 부호 있는 타입은 short, int, long, __int64 등이 있다.

short, int, long, __int64의 차이는 무엇일까? 앞에서 살펴본 것처럼 비트 수가 다르다. 그런데 주의할 점이 있다. 각 타입에 따른 비트 수가 고정적이지 않다는 것이다. 타입의 비트 수는 시스템에 따라서 달라질 수 있다. 어떤 시스템에서는 int와 long이 모두 4바이트(32비트)이지만, 또 다른 시스템에서는 int와 long 모두 8바이트(64비트)일 수도 있다. 이런 차이로 인해서 C++의 호환성 문제가 발생할 소지가 있다.

이런 문제를 겪지 않기 위해서는 기본적인 지식을 알아야 한다. Windows나 Linux 계열에서 short는 2바이트, int는 4바이트, __int64long long는 8바이트이다. 참고로 Linux 계열은 __int64 대신 long long을 사용한다. 사실 이 정도만 알고 있어도 괜찮다. 그러나 long의 경우 문제가 된다. 32비트 Windows, Linux 시스템에서 long은 4바이트로 두 시스템에서 같지만, 64비트 경우 Windows에서 long은 여전히 4바이트이지만, Linux에서는 8바이트를 나타낸다. 따라서 long 타입을 사용하게 될 경우 64비트 Windows와 Linux의 코드 이식을 할 경우 호환성 문제가 발생할 수 있다. 그렇기 때문에 가능하면 정수형 타입으로 long을 사용하지 않는 것이 좋다.

3. 부동소수점 타입

컴퓨터는 정수만을 다루지 않는다. 중력 계수 9.8, 원주율 3.141592와 같은 실수도 다룰 수 있어야 한다. 따라서 실수real number를 비트열로 대응시키는 방법도 존재한다. 부호 있는 정수 타입을 나타내기 위하여 2의 보수법이 사용되듯이 실수를 나타내기 위해서 전기전자기술자협회IEEE는 IEEE754 표준을 정했다. 즉, IEEE754는 실수를 비트열로 대응시키는 방법을 나타낸다. IEEE754를 이해하는 것은 상당히 어려운 일이다. 물론 정확히 알고 있으면 프로그래밍에 많은 도움이 되므로 여기서는 가장 기본적인 것들을 소개한다.

3.1 고정소수점의 문제

'부동소수점浮動小數點'의 한자를 살펴보면 그 뜻이 소수점이 떠다닌다는 의미이다. 즉, 소수점 위치가 고정되어 있지 않음을 나타낸다. 따라서 반대되는 개념도 찾을 수 있는데, 그것이 바로 고정소수점이다. 말 그대로 소수점의 위치가 고정된 형태를 말한다. 소수점이 떠다닌다는 의미가 정확히 잘 와닿지 않을 수 있는데 예를 들어서 원주율 3.141592는 소수점의 위치를 옮기면 여러 가지 다른 방식으로 표현이 가능하다.

$[314592 \times 10^{-6}]$, $[314.592 \times 10^{-2}]$, $[0.0314592 \times 10^{2}]$

지수를 사용하면 하나의 실수를 소수점의 위치를 변경하면서 다양하게 표현할 수 있다. 그에 비해서 고정소수점은 지수를 사용하지 않기 때문에 늘 소수점의 위치는 정해져 있으며, 소수점 위치를 기준으로 정수부와 소수부가 나누어진다.

어떤 실수를 8비트열로 대응시킨다고 생각해보자. 가장 먼저 떠오르는 생각은 정수부와 소수부를 나누고 적당히 8비트를 나눠서 대응시키면 될 것이다. 어떻게 8비트를 나눠야 할까? 양수 음수를 구분하기 위해서 부호 비트 1비트가 필요하며, 나머지 7비트에서 5비트는 정수부에, 2비트는 소수부에 할당하면 적당할 것 같다. 그러나 여기서 문제가 발생한다. 정수부가 기껏 5비트이므로 표현할 수 있는 정수는 0~31만 가능하다. 따라서 8비트열이 표현할 수 있는 실수의 범위는 −32~32가 된다. 사실상 사용하기에는 너무 범위가 작다. 그렇다면 부동소수점은 어떨까?

부동소수점은 실수를 정규화하여 유효 숫자와 지수를 추출하여 저장한다. 실제 원주율에 적용해보자. 원주율을 고정소수점으로 나타내면 3.141592인데, 이것을 정규화하면 0.314592×10^1로 나타낼 수 있다(정규화란 정수부를 0으로 만들면서 소수점 바로 다음이 0이 아닌 수가 되도록 지수를 조정하는 작업이다). 따라서 정규화를 한 뒤에는 유효 숫자 3141592와 함께 지수 1을 추출하여 저장할 수 있다. 마찬가지로 8비트열로 대응시킬 경우 부호 비트 1비트와 유효 숫자를 위해서 5비트를 사용하고, 나머지 2비트는 지수 저장용으로 사용한다. 유효 숫자가 5비트이므로 0~31만 가능하다. 따라서 원주율의 유효 숫자 3141592 중에 오직 31만 저장되고, 지수부는 2비트이므로 지수는 [0, 1, 2, 3]이 될 수 있으므로 원주율은 0.31×10^1이란 가장 가까운 값으로 저장할 수 있다. 비록 오차가 발생하지만 범위는 고정소수점보다 훨씬 넓은 $-31 \times 10^3 \sim 31 \times 10^3$이 된다.

위의 예에서 알 수 있듯이 부동소수점을 비트열에 대응시킬 경우 고정소수점에 비해서 넓은 범위의 수를 저장할 수 있지만, 그만큼 오차가 커진다는 사실을 꼭 기억해야 한다.

3.2 소수의 2진수 변환

앞에서 부동소수점이 저장되는 기초 원리는 살펴보았으니 실제로 C++가 어떻게 실수를 부동소수점 타입으로 변환하는지 살펴보고, 실제 부동소수점 타입의 구조도 알아보자.

먼저 실수를 2진법으로 변환하는 법부터 알아야 한다. 초등학교 때 정수를 2진법으로 변환하는 것은 이미 배웠으나 소수를 2진법으로 변환하는 것은 배운 적이 없을 것이다. 이 기회에 교양을 넓힌다는 생각으로 알아보자.

10진법으로 표현되는 −5.375를 2진법으로 변환해보자. 먼저 부호, 정수, 소수로 나눈다. 부호는 음수이고, 정수 5는 2진수로 101이 된다. 소수 부분이 문제인데, 정수의 2진수 변환과 반대로 변환하면 된다. 정수를 2진수로 변환할 때는 2로 나누어서 나머지를 구했는데, 소수를 2진수로 변환할 때는 2를 곱해서 정수 부분을 얻는다. 0.375를 2진수로 변환하는 절차는 [그림 2-4]와 같다.

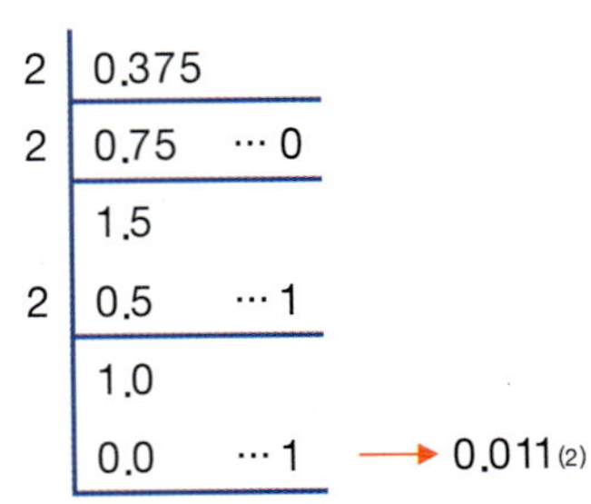

[그림 2-4] 소수 부분 2진법 변환

[그림 2-4]처럼 소수 부분에 2를 곱하면서 진행한다. 만일 2를 곱한 결과가 1을 넘을 경우 1을 뺀다. 각 단계에서 정수 부분(1 or 0)을 얻어내면 2진수가 된다. 위의 경우 최종 결과가 0.0이 나와서 멈추었지만, 보통 대부분의 실수는 순환

하면서 무한 반복된다. 이럴 경우는 적당한 개수의 유효 숫자를 얻어낸다. 결국 −5.375를 2진법으로 표현하면 $-101.011_{(2)}$이 된다.

3.3 부동소수점의 구조

이제 앞에서 구한 $-101.011_{(2)}$을 비트열로 대응해보자. 최대한 간단하게 확인하기 위하여 부동소수점 타입 중 크기가 4바이트(32비트)인 float로 저장한다.

부동소수점 타입으로 변환하기 전에 먼저 2진수를 정규화한다. $-101.011_{(2)}$은 정규화할 경우 -1.01011×2^2이 된다(2진법의 정규화는 10진법과 조금 다른데 정수부가 1이 되도록 지수를 조정하는 것을 말한다).

이제 앞에 방법처럼 [부호, 유효 숫자, 지수]를 추출해야 한다. 여기서 유효 숫자란 정규화 후의 소수부의 숫자를 말한다. 정수부는 항상 1이기 때문에 한 비트라도 아끼기 위하여 소수부의 숫자만을 유효 숫자로 취급한다. 따라서 [부호: 음수, 유효 숫자: 01011, 지수: 2]가 추출된다.

[그림 2-5]는 지금까지의 변환 과정을 요약해서 보여준다. 이제 남은 작업은 이미 정의된 부동소수점 타입 float의 구조에 맞게 [부호, 지수, 유효 숫자]를 잘 배치하는 것이다.

C++는 부동소수점 타입으로 float(32비트), double(64비트)을 기본으로 제공한다. [표 2-2]는 IEEE754에 정의된 부동소수점 타입의 구조를 나타낸 것이다.

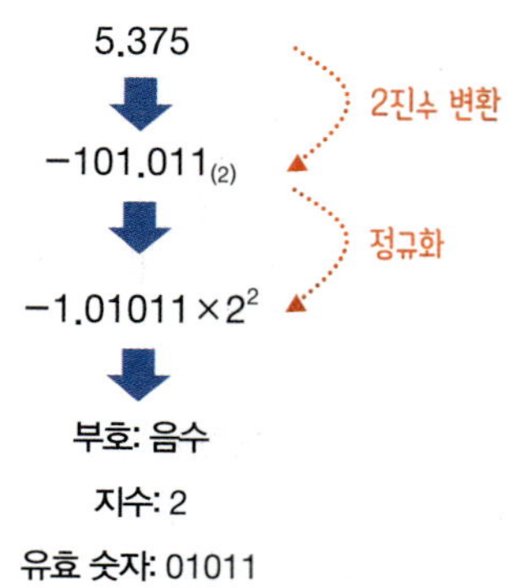

[그림 2-5] 실수 부동소수점 변환

[표 2-2] 부동소수점 타입의 구조

타입	부호(비트)	지수(비트)	유효 숫자(비트)	총합(비트)
float	1	8	23	32
double	1	11	52	64

[표 2-2]를 보면 부호 비트는 공통적으로 1비트임을 알 수 있다. 양수면 0, 음수면 1이 된다. float과 double의 다른 부분은 지수와 유효 숫자의 비트 수인데 double에 할당된 비트가 더 많다. 그래서 double이 float에 비해서 정밀도가 좋으며 표현할 수 있는 수의 범위도 훨씬 넓다.

정밀도가 좋다는 것은 실수를 표현하는 데 오차가 적다는 의미이다. 이미 앞에서 설명했듯이 부동소수점 타입은 모든 실수를 완벽하게 대응할 수 없기 때문에 대응이 가능한 가장 가까운 수를 대신 사용한다. 따라서 오차가 생길 수밖에 없는데 정밀도가 높으면 오차가 줄어든다. 표현할 수 있는 수의 범위가 넓다는 것은 지수의 비트가 늘어나기 때문인데 그로 인해서 절댓값이 큰 수거나 작은 수를 표현할 수 있는 의미이다. 비유를 하자면 float가 센티미터cm부터 미터m까지 잴 수 있다면, double은 밀리미터mm부터 킬로미터km까지 잴 수 있다는 의미이다.

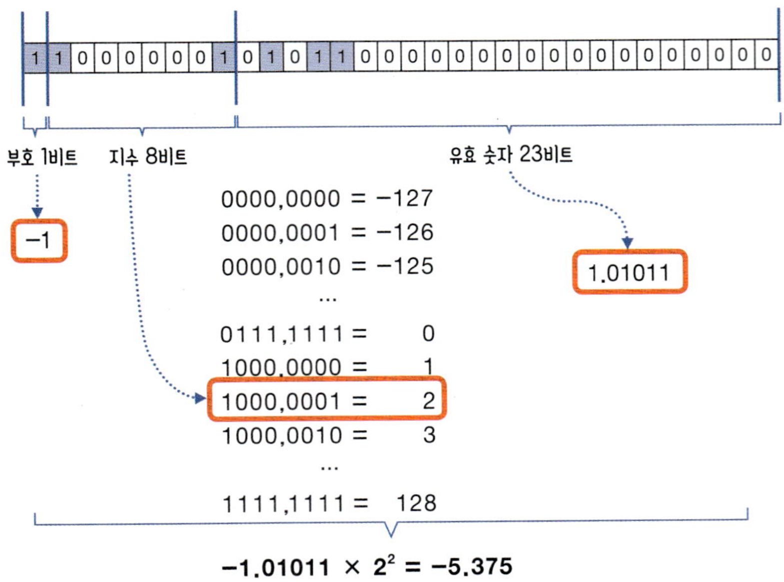

[그림 2-6] 실수 부동소수점 변환

[그림 2-6]은 실수 -5.375가 float로 어떻게 대응되는지 보여준다. -5.375는 부호가 음수이므로 맨 앞의 비트는 1로 채워지고, 유효 숫자인 01011은 float의 유효 숫자 23비트에 그대로 채워진다. 지수 비트는 조금 이해하기 어려운데, 지수 비트가 8이므로 총 256개의 지수를 표현할 수 있으므로 지수의 범위는 -127~128이 된다.

[그림 2-6]과 같이 지수 비트 [0000,0000]~[1111,1111]은 그대로 지수 -127~128로 대응된다. 그러므로 -5.375의 지수는 2이므로 지수 비트로 표현하면 [1000,0001]이 된다. 부동소수점 타입의 구조를 float를 통해서 살펴보았는데 상당히 복잡함을 알 수 있다.

최대한 쉽게 설명하려고 했으나 난이도가 높아서 이해하기가 쉽지는 않았을 것이다. 사실 부동소수점 타입에 대해 알아야 할 것이 더 있지만 이 책의 범위를 벗어나기 때문에 이 정도에서 설명을 마친다. 혹시라도 부동소수점 타입에 대해서 깊이 있게 알기를 원한다면 필자의 저서 『Fundamental C++ 프로그래밍 원리』(혜지원, 2015) 혹은 IEEE754를 참조하기 바란다.

3.4 부동소수점의 오차

부동소수점이 단지 정수가 아닌 실수를 표현하기 위하여 도입된 것으로 아는 사람들이 많은데, 분명 그런 목적도 있으나 다른 목적도 있다. 바로 아주 작은 수와 아주 큰 수를 표현하기 위한 것이다. 마치 수학에서 지수 개념이 발전한 것과 같다. 대신 이런 점으로 인해서 부동소수점은 오차가 발생할 수밖에 없다.

[예제 2-1] 부동소수점의 오차 1

```
#include <iostream>
using namespace std;

void main()
{
    cout << fixed;
    cout.precision(4);

    float f1 = 8388608.0;    // (1)
    cout << f1 << endl;

    float f2 = 8388608.5;    // (2)
    cout << f2 << endl;

    float f3 = 8388608.6;    // (3)
    cout << f3 << endl;

    float f4 = 8388609.0;    // (4)
    cout << f4 << endl;
}
```

```
8388608.0000   // (1)
8388608.0000   // (2)
8388609.0000   // (3)
8388609.0000   // (4)
```

[예제 2-1]은 부동소수점의 오차를 보여준다. 6행, 7행은 참고로 소수점 이하 네 자리를 보여주기 위한 옵션이다. 9행, 18행의 f1, f4는 입력된 값으로 출력된다. 그러나 12행, 15행의 f2, f3은 입력된 값의 소수점 이하가 사라지고 정수만 출력된다. 즉, 소수점 한 자리도 제대로 표현하지 못하는 것이다. 그렇다면 다음 [예제 2-2]를 살펴보자.

[예제 2-2] 부동소수점의 오차 2

```
#include <iostream>
using namespace std;

void main()
{
    cout << fixed;
    cout.precision(4);

    float f1 = 1.0;     // (1)
    cout << f1 << endl;

    float f2 = 1.5;     // (2)
    cout << f2 << endl;

    float f3 = 1.6;     // (3)
    cout << f3 << endl;

    float f4 = 2.0;     // (4)
    cout << f4 << endl;
}
```

```
1.0000   // (1)
1.5000   // (2)
1.6000   // (3)
2.0000   // (4)
```

[예제 2-2]는 [예제 2-1]과는 확연히 다른 결과를 보여준다. 입력된 모든 수가 제대로 출력되는 것이다. 그렇다면 왜 두 예제의 결과가 다른 것일까? 두 예제의 결과에서 차이가 나타나는 이유는 부동소수점 타입의 구조에 따른 것이다. 부동소수점은 절댓값이 작을수록 오차가 줄어들고 절댓값이 커질수록 오차가 급격히 증가한다. float의 구조에서 유효 숫자는 23비트이다. 그 의미는 만일 지수가 23 이상이면 float는 더 이상 소수 이하를 표현할 수 없음을 의미한다.

왜냐하면 소수점이 유효 숫자의 오른쪽으로 이동하면서 유효 숫자는 모두 정수만 나타내기 때문이다. 간단히 10진수로 예를 들어보자. 0.1234×10^m은 유효 숫자가 1234인데 지수 m이 4 이상이면 항상 정수만 된다.

다시 [예제 2-1]로 돌아가보자. 지수가 23이고 유효 숫자가 모두 0인 경우의 수가 바로 8,388,608이기 때문에 float는 그 이상의 수에 대해서 오직 정수만 나타낼 수 있다. 이런 식으로 지수를 늘려가면 재미있는 사실을 발견할 수 있다. 바로 절댓값이 커지면 커질수록 오차도 급격히 증가할 수밖에 없다는 것이다. 지수가 23 이상이면 소수점 이하를 표현할 수 없고, 지수가 24 이상이면 짝수 정수만을 표현한다. 즉, 홀수 정수는 표현할 수 없다. 지수가 25 이상이면 오직 4의 배수만을 표현할 수 있으며, 지수가 26 이상이면 8의 배수만 표현할 수 있다. 지수가 하나씩 올라갈수록 두 배씩 커지기 때문이다.

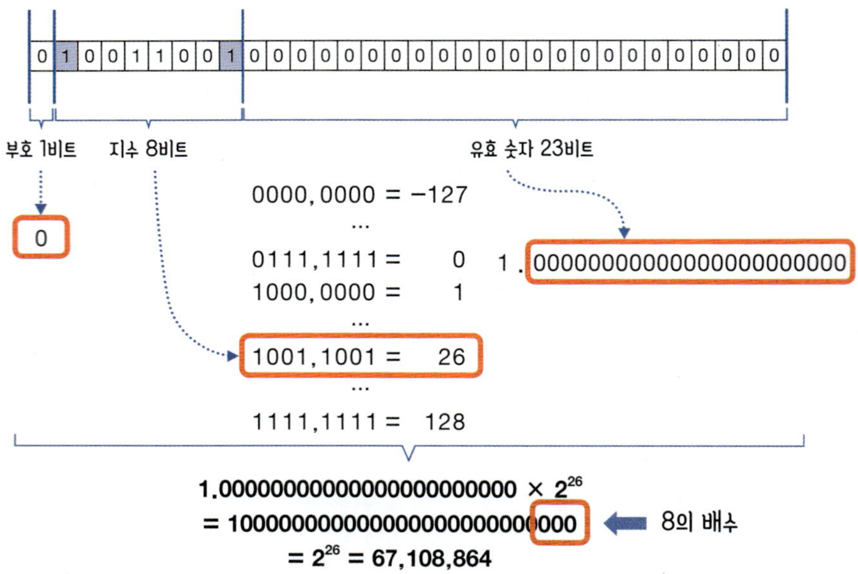

[그림 2-7] float: 8의 배수만 표현

[그림 2-7]은 지수가 26인 경우를 보여준다. 유효 숫자가 23비트이므로 지수가 26 이상이면 소수점을 오른쪽으로 이동할 경우 마지막에 0이 세 개 이상 붙게 된다. 2진수에서 마지막이 000으로 끝날 경우 8의 배수가 된다. 따라서 67,108,864 이상의 수를 float로 표현할 경우 오직 8의 배수만을 나타낼 수 있다. 즉, 67,108,864 다음으로 나타낼 수 있는 수는 8이 더 큰 67,108,872가 된다. [예제 2-3]은 실제 확인 코드이다.

[예제 2-3] float: 8의 배수만 표현

```cpp
#include <iostream>
using namespace std;

void main()
{
    cout << fixed;
    cout.precision(0);

    for(int i = 0; i < 9; i++)
    {
        float f = 67108864 + i;
        cout << f << endl;
    }
}
```

```
67108864
67108864
67108864
67108864
67108864
67108872
67108872
67108872
67108872
```

[예제 2-3]의 결과에서 확인할 수 있듯이 67,108,864~6,710,872까지 9개의 수를 float 변수에 저장한 후 출력할 경우 5번은 67,108,864가, 4번은 6,710,872가 출력되는 것을 알 수 있다. 즉, 입력된 값에 대해서 가장 근접한 8의 배수만 저장할 수 있다. 기껏 7천만도 안 되는 수인데도 이렇게 큰 오차가 발생한다. 따라서 정수에 관련된 계산을 정확하게 수행하기 위해서는 정수형 타입을 사용해야만 한다.

부동소수점 타입이 이런 구조로 설계된 이유는 인간이 수를 세는 방식을 따르기 때문이다. 사람 수를 세는 것을 생각해보자. 한 반에 있는 인원은 몇십 명 정도라고 정확히 말할 수 있다. 그러나 전교생을 말할 때는 몇백 명 정도라고 말한다. 전국에 있는 학생 수를 말할 때는 몇십만 단위로 말한다. 대한민국 인구는 5천만 명 정도이고, 세계 인구는 대략 70억 명 정도이다. 즉, 수가 커질수록 오차도 급격히 커지는 것이다.

3.5 정확한 계산을 위해 주의할 점

세계 인구를 논할 때 몇 명 단위로 따지는 것이 의미가 없듯이 부동소수점 타입을 이용해서 큰 숫자에 대해서 정밀 계산을 하는 것은 무척 위험하다. 따라서 정수를 대상으로 큰 수에 대해서 계산을 하려면 64비트 정수 타입인 __int64나 long long을 사용해야 한다.

[예제 2-4] float, __int64 비교

```
1  #include <iostream>
2  using namespace std;
3  
4  void main()
5  {
6      cout << fixed;
7      cout.precision(0);
8  
9      float f = 67108864 + 4;      // (1)
10     cout << f << endl;
11 
12     __int64 i64 = 67108864 + 4;   // (2)
13     cout << i64 << endl;
14 }
```

```
67108864
67108868
```

[예제 2-4]의 출력 결과에서 알 수 있듯이 9행의 float 변수 f는 잘못된 값이 저장된다. 그에 비해서 12행의 __int64 변수 i64는 올바른 값을 보여준다. 큰 정수의 계산을 위해서는 64비트 정수 타입을 사용해야 한다. 위의 결과에서 부동소수점 타입과 정수 타입은 절대 호환될 수 없음을 알 수 있다. 가끔 부동소수점이 정수를 완전히 포함하기 때문에 정수에서 부동소수점으로 타입 변환하는 것은 안전하다고 잘못 알고 있는 사람들이 적지 않다.

참고

부동소수점 + α

부동소수점은 절댓값이 아주 작은 수와 아주 큰 수를 표현하기 위하여 설계되었음을 알 수 있다. IEEE754는 부동소수점 타입이 좀 더 특별한 것을 표현할 수 있도록 정의하고 있다. 바로 무한Infinity과 NaNNot a Number이다. NaN은 DB를 비롯하여 기타 프로그래밍 언어에서 자주 사용되는 개념이다. 어떻게 무한과 NaN을 비트열로 대응시키는지 궁금할 수 있는데, 지수 비트가 모두 0이거나 모두 1인 경우에 한해서 특별한 대응 규칙을 정의하고 있다.

4 문자 타입

컴퓨터는 수 다음으로 문자를 많이 처리한다. 따라서 거의 모든 프로그래밍 언어는 문자 타입을 제공한다. 그러나 프로그래밍 언어가 개발되던 초창기 시절에 문자는 곧 알파벳이었다. 그래서 한글을 비롯해서 한자를 나타내는 문자 타입이 없었다. 그렇다고 컴퓨터로 한글이나 한자를 처리하지 못한 것은 아니다. 조합형 코드 방식을 통해서 한글이나 한자를 입출력할 수도 있었다. 다행스럽게도 지금은 전 세계의 문자를 표현할 수 있는 유니코드가 개발되어 있다. 그래서 많은 프로그래밍 언어가 유니코드를 기반으로 모든 문자를 표현할 수 있는 문자 타입을 제공한다.

C++가 기본으로 제공하는 문자 타입은 두 가지가 있다. 알파벳과 숫자 및 기호들을 나타내는 'char'와 유니코드 문자를 나타내는 'wchar_t'이다. 지금부터 각 타입의 특징을 살펴보자.

4.1 char

ASCII American Standard Code for Information Interchange는 알파벳, 숫자, 각종 기호에 번호를 붙인 것이다. 이렇게 대상에 번호를 붙이는 것을 인코딩이라고 하는데 아스키ASCII가 바로 문자 인코딩이다. 용어에서 알 수 있듯이 미국 표준이기 때문에 미국에서 사용하는 문자를 대상으로 한다. 당연히 한글이나 한자가 포함될 수 없다. [표 2-3]의 아스키 코드 표에서 확인할 수 있듯이 나열된 문자가 128개이다. 따라서 7비트면 충분히 대응이 가능하다. C++에서 첫 비트는 0으로 설정한 채 1바이트(8비트)를 아스키 코드에 대응시킨 char 문자 타입을 제공한다.

[표 2-3] 아스키(ASCII) 코드 표

10진수	ASCII	10진수	ASCII	10진수	ASCII	10진수	ASCII
0	NULL	32	SP	64	@	96	.
1	SOH	33	!	65	A	97	a
2	STX	34	“	66	B	98	b
3	ETX	35	#	67	C	99	c
4	EOT	36	$	68	D	100	d
5	ENQ	37	%	69	E	101	e
6	ACK	38	&	70	F	102	f
7	BEL	39	‘	71	G	103	g
8	BS	40	(	72	H	104	h
9	HT	41	)	73	I	105	i
10	LF	42	*	74	J	106	j
11	VT	43	+	75	K	107	k
12	FF	44	`	76	L	108	l
13	CR	45	–	77	M	109	m
14	SO	46	,	78	N	110	n
15	SI	47	/	79	O	111	o
16	DLE	48	2	80	P	112	p
17	DC1	49	1	81	Q	113	q
18	SC2	50	2	82	R	114	r
19	SC3	51	3	83	S	115	s
20	SC4	52	4	84	T	116	t
21	NAK	53	5	85	U	117	u
22	SYN	54	6	86	V	118	v
23	ETB	55	7	87	W	119	w
24	CAN	56	8	88	X	120	x
25	EM	57	9	89	Y	121	y
26	SUB	58	:	90	Z	122	z
27	ESC	59	;	91	[	123	{
28	FS	60	〈	92	\	124	|
29	GS	61	=	93	]	125	}
30	RS	62	〉	94	^	126	~
31	US	63	?	95	_	127	DEL

아스키 코드 표에서 알 수 있듯이 문자를 저장하는 방법은 간단하다. 각 문자에 해당하는 코드를 저장하면 된다. 따라서 char는 실제로 1바이트 크기의 부호 있는 정수 타입과 같다.

[예제 2-5] char 사용

```cpp
1  #include <iostream>
2  using namespace std;
3  
4  void main()
5  {
6      char c1 = 'A';
7      char c2 = 65;
8      char c3 = 'A' + 1;
9      char c4 = 66;
10 
11     cout << c1 << c2 << c3 << c4 << endl;
12 }
```

```
AABB
```

[예제 2-5]는 char가 정수 타입으로 사용되는 것을 보여준다. 따라서 6행처럼 문자 'A'를 대입할 수도 있으며, 7행처럼 숫자 65를 대입할 수도 있다.

앞에서 제시된 아스키 코드 표를 확인해보자. 문자 A의 코드가 65임을 알 수 있다. 따라서 c1과 c2는 둘 다 'A'이면서 65인 셈이다. char는 정수 타입이기 때문에 사칙 연산도 가능하다. 따라서 8행과 같은 문자와 숫자를 더하는 식도 가능하다. 사실 'A'라는 문자는 컴파일러에 의해서 65로 치환된다.

참고로 문자를 나타낼 때는 'A'처럼 작은따옴표로 문자 하나를 묶어야 한다. 만일 A라고만 쓸 경우 컴파일러는 A가 변수 이름이라고 착각하는데, A라는 변수는 없기 때문에 컴파일 오류가 발생한다.

4.2 유니코드

영문자와 숫자 기타 기호들에 코드를 부여한 것이 아스키이다. 마찬가지로 전 세계 모든 문자에 유일한 코드를 부여한 체계가 바로 유니코드Unicode이다. 유니코드에는 한글과 한자 외에도 수많은 나라와 민족의 문자들이 정의되어 있다. 그중에서 유니코드를 가장 많이 차지하는 것이 바로 한글이다. 그만큼 한글의 자음과 모음으로 조합하여 만들 수 있는 글자가 많다는 의미이다.

아스키 코드는 128개의 문자를 나타내기 때문에 1바이트 char로 모두 대응할 수 있다. 반면 유니코드의 경우 상당히 많은 문자가 있기 때문에 1바이트는 턱없이 부족하다. 따라서 유니코드를 대응시키는 여러 가지 방법이 개발되었는데 그런 방법을 통틀어서 UTF Unicode Transformation Format-N이라고 한다. N의 값에 따라서 UTF-8, UTF-16, UTF-32가 있다.

4.3 UTF-N

UTF-N은 문자 하나를 대응시키기 위하여 N비트의 배수 크기만큼 사용하는 것이다.

- **UTF-8:** 문자 코드에 따라서 한 글자가 8비트(1바이트), 16비트(2바이트), 24비트(3바이트), 32비트(4바이트)를 차지한다. 실제로 알파벳과 숫자는 아스키와 동일하게 1바이트를 사용하며, 유럽 지역의 문자는 2바이트를 사용한다. 아쉽게도 한글은 글자 하나가 3바이트에 대응된다.
- **UTF-16:** 문자 코드에 따라서 한 글자가 16비트(2바이트), 32비트(4바이트)를 차지한다. 따라서 알파벳과 숫자, 한글, 한자 모두 2바이트를 차지한다. 물론 현대에 사용되지 않는 옛 문자와 특별한 기호의 경우 4바이트를 쓰기도 하지만 일반적으로 사용되지 않는다.
- **UTF-32:** 모든 문자가 32비트(4바이트)를 차지한다. 그러나 공간을 너무 많이 차지하기 때문에 거의 사용되지 않는다.

현재 가장 많이 사용되는 유니코드 대응 방식은 UTF-8과 UTF-16이다. 각각 장단점이 있는데 한 쪽의 장점은 다른 쪽의 단점이 된다. UTF-8의 1바이트 문자는 아스키와 호환되며, 알파벳이 많이 사용된다면 메모리를 조금만 사용하기 때문에 인터넷 통신에 많이 사용된다. 그러나 한글 문화권의 경우 글자당 3바이트를 차지하므로 메모리 사용량은 좋지 않다. 반면 UTF-16은 한 글자가 2바이트이므로 길이를 구하거나 검색 및 변환을 할 때 성능이 좋다. 한글의 경우도 2바이트를 차지하므로 메모리 절약 면에서 UTF-8보다 더 낫다. Windows 시스템은 UTF-16을 사용하고 있다.

4.4 wchar_t

C++는 UTF-16, UTF-32로 대응되는 문자 타입 wchar_t를 기본으로 제공한다. 시스템에 따라서 wchar_t는 2바이트나 4바이트를 차지한다. Windows 시스템을 비롯하여 많은 시스템은 wchar_t가 2바이트이다.

char의 경우 문자 하나를 나타내기 위하여 작은따옴표로 묶는다. 즉, 'A'는 1바이트 아스키 문자를 나타낸다. 그에 비해서 wchar_t의 경우 문자 하나를 나타내려면 L 매크로와 작은따옴표를 같이 사용해야 한다. 즉, L'A'는 2바이트 유니코드 문자를 나타낸다.

4.5 Escape Sequence

문자 중에는 눈으로 볼 수 없는 것도 있으며 모양은 있으나 표기하기 어려운 경우도 있다. 탭이나 백스페이스는 마땅히 표시할 모양이 없다. 작은따옴표를 프로그래밍에서 표현하려면 작은따옴표 세 개를 붙여야 하는데 솔직히 애매모호하다. Enter 키를 누를 경우 문자 두 개가 입력되는데 Carriage Return과 Line Feed이다. 보통 CR, LF라고 표기한다.

위와 같은 문자를 표시하기 위해서 특별한 형식으로 정의한 문자를 Escape Sequence라고 하며 우리말로는 보통 '탈출 문자'라고 부른다. 탈출 문자는 백슬래시(\)를 조합하여 표기한다.

[표 2-4] 주요 Escape Sequence

Escape Sequence	아스키 코드	설명
\0	0	NULL
\b	8	Backspace
\t	9	Tab
\n	10	Line Feed(LF)
\r	13	Carriage Return(CR)
\"	34	큰따옴표
\'	39	작은따옴표
\\	92	Backslash

[표 2-4]는 주요 탈출 문자를 보여준다. 편집기에 Enter를 누를 경우 '\r\n'이 입력된다. 보통 약어로 CR, LF로 표기하기도 한다. 백슬래시의 경우 탈출 문자를 위하여 사용되므로 자기 자신을 나타내기 위하여 \\로 사용된다.

5 문자열

문자열은 문자들이 모여서 만들어진다. 문자열은 문자가 하나도 없는 것부터 문자가 하나만 있는 것, 수많은 문자로 이어진 것 등 길이가 천차만별이다. 따라서 고정된 크기의 비트열에 대응시킬 수가 없고, 수나 문자 타입처럼 고정된 크기의 타입이 존재할 수 없다. 대신 여러 가지 방식으로 문자열을 저장하는데 C++를 비롯하여 많은 프로그래밍 언어가 채택한 방식이 바로 NULL 종료 문자열이다.

5.1 NULL 종료 문자열

문자열은 말 그대로 문자들이 열을 지어서 모여 있는 것이다. 그래서 대부분의 프로그래밍 언어는 문자열을 나타내기 위하여 문자 배열을 이용한다. 특히 C++를 비롯하여 주요 프로그래밍 언어는 문자 배열의 끝에 문자열의 끝을 표기하기 위하여 NULL을 기록하는 방식을 사용하는데 이런 방식의 문자열을 'NULL 종료 문자열'이라고 한다. 왜 하필 NULL을 문자 배열 끝에 기록하는 것일까? 기록하지 않으면 어떤 일이 벌어지는지 살펴보자.

[예제 2-6] NULL 생략

```
#include <iostream>
using namespace std;

// 4-6
void main()
{
    char str[8];
    memset(str, 'A', 8);

    str[0] = 'C';
    str[1] = '+';
    str[2] = '+';
    //str[3] = '\0';

```

```
15      cout << str << endl;
16  }
```

```
C++AAAAA儆儆畵序憔A
```

[예제 2-6]의 7행에서 문자열을 저장하기 위한 char 문자 8개를 저장할 수 있는 배열 str을 정의했다. 8행에서는 memset을 이용하여 8개의 문자 공간에 'A'를 복사했다. 10행~12행은 str이라는 배열에 문자열 'C++'를 문자 하나씩 저장한다.

이제 출력 결과를 확인해보자. 결과를 보자마자 문자열 끝을 기록할 필요성이 느껴질 것이다. 만일 문자열의 끝을 기록하지 않을 경우 기존 메모리 공간에 남아 있는 값으로 인해서 제대로 문자열이 출력되지 않는다. 실제로 C++는 문자열을 다룰 때 배열을 읽으면서 NULL을 만날 경우 문자열의 끝이라고 판단하여 처리를 마친다. 마치 오타처럼 느껴지지만 출력 결과에는 A 뒤에도 깨진 문자가 출력된다. 실제로 str 배열 안에 NULL이 없기 때문에 str의 영역을 벗어나서까지 NULL을 찾으려고 했기 때문이다. 따라서 제대로 문자열을 마무리하려면 배열 마지막에 NULL을 대입하면 된다. 13행의 주석을 해제할 경우 제대로 된 출력 결과를 확인할 수 있다.

앞의 예제를 살펴보면서 문자열을 입력하기가 매우 까다롭다고 느꼈을 것이다. 한 문자마다 배열 요소 하나씩 대입하는 것이 여간 힘든 것도 아니고 코드상으로도 보기 좋지 않다. 그래서 C++는 쉽게 문자열을 대입하는 문법을 제공한다.

[예제 2-7] 문자열 대입

```
#include <iostream>
using namespace std;

void main()
{
    char str1[8] = "C++";
    char str2[] = "C++";

    char str3[8];
    //str3 = "C++";  // Error

    cout << str1 << endl << str2 << endl;
}
```

```
C++
C++
```

[예제 2-7]은 문자열을 배열에 저장하는 방식을 보여준다. 문자열은 큰따옴표로 묶어서 나타내는데 6행, 7행처럼 배열을 정의할 때 문자열을 대입할 수 있다. 배열에 문자열이 대입될 때는 배열의 끝에 NULL이 자동으로 대입된다.

6행의 배열 str1은 8개의 char 문자가 저장될 수 있다. 앞에서부터 'C', '+', '+'가 대입되고 바로 다음에 NULL이 대입된다. 7행의 배열 str2는 조금 생소하다. 배열에 첨자가 없다. 이럴 경우 자동으로 char 4칸 배열이 생성되면서 'C', '+', '+', NULL이 대입된다. 마지막으로 10행을 유심히 살펴보자. 주석을 해제하고 컴파일하면 오류가 발생한다. 배열은 오직 정의되는 순간에만 초기화(대입)할 수 있기 때문이다. 자세한 이유는 6장 '배열'에서 살펴보기로 한다.

5.2 유니코드 문자열

앞에서는 char 타입의 문자 배열을 다루었다. 당연히 wchar_t 타입의 문자 배열도 있다. 똑같이 문자 배열의 끝에는 NULL이 들어간다. NULL은 탈출 문자로 표기할 때 '\0'이었다. 마찬가지로 2바이트 NULL은 L'\0'이다.

[예제 2-8] 유니코드 문자열

```
1  #include <iostream>
2  using namespace std;
3
4  void main()
5  {
6     wchar_t str[] = L"C++";
7     wcout << str << endl;
8  }
```

```
C++
```

[예제 2-8]은 유니코드 문자열 사용법을 보여준다. char 문자열과 사용법이 거의 비슷하다. 6행처럼 char 대신 wchar_t를 사용하고, 문자열을 나타낼 때는 L 매크로와 함께 큰따옴표로 감싼다. 마지막으로 7행처럼 문자열을 출력하기 위하여 cout 대신 wcout을 사용한다.

5.3 한글 문자열

한글 문자열은 문자 배열로 어떻게 저장할까? 가장 좋은 방법은 유니코드 문자열을 사용하는 것이다. wchar_t의 배열을 이용하면 배열 요소 하나에 한글 한 자씩 저장할 수 있다. 그런데 생각해보자. 유니코드가 도입되기 전에도 컴퓨터는 한글을 처리했다. 그렇다면 한글 문자열은 어떻게 처리되는지 살펴보자.

[예제 2-9] 한글 문자열 구조

```
1  #include <iostream>
2  using namespace std;
3
4  void main()
5  {
6     char str[] = "대한민국";
7     int length = sizeof(str);
8     cout << str << length << endl;
9
10    wchar_t wstr[] = L"대한민국";
11    int wlength = sizeof(wstr);
12    wcout << str << wlength << endl;
13 }
```

```
대한민국9
대한민국10
```

[예제 2-9]는 char 배열과 wchar_t 배열을 이용하여 한글 문자열이 저장되는 방식을 보여준다. 6행에서 char 배열 str에 한글 문자열 "대한민국"이 저장된다. 이미 알고 있듯이 1바이트 char 타입에는 한글 하나가 저장될 수 없다. 따라서 한글 하나를 저장하기 위하여 char 두 개를 사용한다. 얼핏 보면 UTF-16과 비슷한 것 같지만 차이가 있다.

가령 한글과 히라가나(일본 문자)의 경우 각각 문자 하나를 2~3바이트에 대응시키는 방식이 개별적으로 존재한다. euc-kr, euc-jp가 바로 과거부터 사용되던 인코딩 방식이다. 문제는 euc-kr, euc-jp가 각각의 글자에 대해서 대응시키는 비트열이 서로 중복될 가능성이 있다는 것이다. 즉, 한글의 어떤 문자는 히라가나의 어떤 문자와 똑같은 비트열을 가지는 경우가 존재할 수 있다. 따라서 한글과 히라가나를 혼용하여 처리하는 경우 문제가 발생한다. 그에 비해서 UTF-16은 한글이나 히라가나 외에도 수많은 문화권의 문자까지 2바이트 비트열에 중복 없이 대응시키는 것이므로 문제가 발생하지 않는다.

다시 돌아와서 6행의 str에는 char 두 개씩 한글 하나씩 저장한다. 따라서 "대한민국"이 4글자이므로 char 8개가 필요하고 마지막 NULL 문자를 포함하면 총 9개의 char가 필요하다.

10행의 wchar_t 배열 wstr에는 유니코드 방식으로 한글 문자열이 저장된다. 따라서 NULL을 포함하여 총 5개의 wchar_t가 필요하다. wchar_t는 하나가 2바이트를 차지하므로 총 10바이트가 필요하다. 7행, 11행에는 sizeof라는 연산자가 사용되었는데 피연산자의 크기를 바이트 단위로 반환한다. 따라서 각각 배열 str과 wstr의 크기를 구할 수 있는데 출력 결과는 앞에서 설명한 것처럼 9, 10이 나온다.

6 파생 타입

지금까지 배운 int, __int64, char, wchar_t 등은 모두 C++의 기본 제공 타입이다. 이 타입을 사용하면 수와 문자를 쉽게 처리할 수 있다. 그런데 이 정도면 충분할까? 컴퓨터가 처리할 것은 많다. 날짜, 시간, 색깔, 음정 등 수많은 대상을 다룰 수 있는 타입이 필요하다. 그렇다고 해서 수많은 대상을 위한 타입을 기본으로 제공할 수도 없는 일이다. 따라서 C++는 파생 타입Derived Data Types을 제공한다. 파생 타입은 이미 알려진 타입들을 이용하여 새롭게 만들어진 타입이다. 대표적인 파생 타입은 배열, 클래스(구조체), 포인터가 있으며 사용자가 직접 파생 타입을 만들 수 있도록 typedef가 제공된다.

각각의 파생 타입은 개별적인 단원에서 자세히 살펴볼 것이고, 여기서는 기본적인 개념만 간략히 소개할 것이다. 그래야 바로 이어서 타입 표기 방법을 완전히 이해할 수 있기 때문이다.

6.1 배열

배열Array은 동일한 타입이 한 개 이상 일렬로 모인 집합 타입이다. [그림 2-8]은 int가 3개 일렬로 모인 배열을 보여준다. 배열을 이루는 동일한 타입의 영역을 요소element라고 부르는데 여기서는 요소의 개수가 3이 된다. 배열은 최초로 정의될 때 요소의 개수가 정해져야 한다. 즉, 요소의 개수는 상수여야 한다.

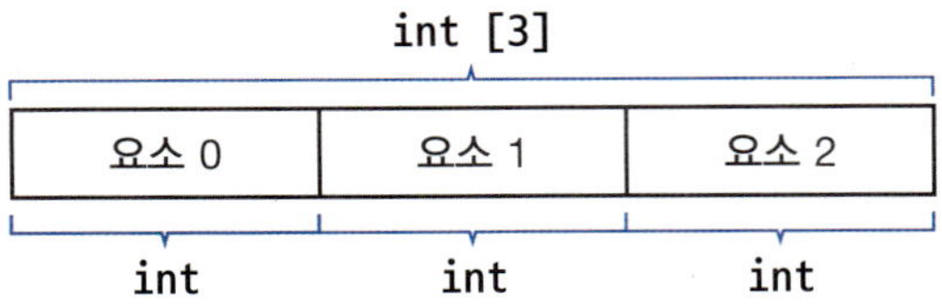

[그림 2-8] int 배열

6.2 포인터

정수 타입이 정수를 비트열에 대응시키는 체계라고 한다면, 포인터Pointer 타입은 메모리 영역의 주소를 비트열에 대응시키는 체계이다. 말이 너무 어려울 수 있는데 간단히 예를 들어보자.

[예제 2-10] 포인터

```
1  #include <iostream>
2  using namespace std;
3
4  void main()
5  {
6      int a = 3;
7      int* pa = &a;
8
9      cout << pa << endl << *pa << endl;
10 }
```

```
003AFA24
3
```

[예제 2-10]의 6행이 나타내는 의미는 메모리의 어느 곳에 4바이트 영역을 마련하고 해당 영역의 이름을 a라고 짓고, 그 영역에 2의 보수법을 이용하여 3을 나타내도록 비트열을 구성하라는 것이다.

만약 a가 나타내는 메모리 영역의 시작 주소를 Address라고 가정해보자. 이때 7행이 나타내는 의미는 pa라는 변수에 a의 주소 Address를 대입하라는 의미이다. 즉, pa는 변수 a의 주소를 담는 특수한 변수이며 변수의 값을 통해서 a를 가리킬 수 있으므로 포인터라고 불린다. 이때 pa의 타입을 포인터 타입이라고 한다. 포인터 타입을 나타낼 때는 간접(*) 연산자를 사용하는데 pa가 가리키는 대상이 int 변수이므로 pa의 타입은 int*로 나타낸다.

6.3 클래스

C++ 클래스Class(구조체)는 하나 이상의 타입을 모아놓은 집합 타입이다. 배열이 동일한 타입만 모아놓은 것과 차이가 있다. 배열의 동일 타입이 나타내는 영역 하나를 요소element라고 부르듯이, 클래스를 이루는 각각의 타입이 나타내는 영역을 멤버member라고 부른다. 배열의 요소와 클래스의 멤버는 차이가 있는데, 멤버는 이름을 갖기 때문에 이름을 통해서 구분이 가능하지만, 요소는 이름이 없기 때문에 오직 순서를 나타내는 첨자에 의해 구분된다는 점이다. 클래스를 정의하는 구문은 다음과 같다(참고로 클래스에는 멤버 함수도 포함될 수 있다. 여기서는 데이터 멤버 타입의 관점에서만 클래스를 소개한다. 실질적인 소개는 9장 '클래스'에서 이루어진다).

```
class [CLASS_NAME] : [상속 지정자] [PARENT_CLASS_NAME]
{
   [접근 지정자]
   타입1 멤버명1;
   타입2 멤버명2;
   ...
   [접근 지정자]
   타입# 멤버명#;
   타입# 멤버명#;
   ...
};
```

지금까지 파생 타입인 배열, 포인터, 클래스에 대해서 아주 간략하게 살펴보았다. 자세한 설명은 나중에 살펴볼 것이고, 각 파생 타입별 실제 사용 예제를 통해서 감을 익혀보자.

[예제 2-11] 파생 타입 사용

```
#include <iostream>
using namespace std;

class CPerson
{
public:
   char* m_Name;
```

```
8      int m_Age;
9
10     void print()
11     {
12        cout << "Name: " << m_Name << endl;
13        cout << "Age: " << m_Age << endl;
14     }
15  };
16
17  void main()
18  {
19     CPerson p[2];
20
21     p[0].m_Name = "Kim Do Hyung";
22     p[0].m_Age = 11;
23     p[0].print();
24
25     p[1].m_Name = "Kim Na In";
26     p[1].m_Age = 9;
27     p[1].print();
28  }
```

```
Name: Kim Do Hyung
Age: 11
Name: Kim Na In
Age: 9
```

[예제 2-11]은 클래스, 포인터, 배열을 두루 사용한 예제이다. 4~15행까지는 클래스를 정의하는 구문이다. 멤버로는 m_Name, m_Age가 있다. m_Age의 타입은 int이고, m_Name의 타입은 포인터 타입으로서 char*이다. 왜 포인터가 사용되는지는 잠시 후 살펴보자.

클래스 안에 print라는 함수가 포함되어 있는데, 함수도 일종의 타입으로 취급하므로 멤버가 될 수 있다. 19행에서 CPerson 타입이 두 개 모인 배열 p를 정의했다. 배열 p에는 요소 두 개가 있으며 각 요소의 타입이 CPerson이 된다. 각 요소는 첨자 [ ] 연산자를 통해서 접근될 수 있다. 21행, 25행에서 멤버 m_Name에 문자열을 대입한다. 큰따옴표로 묶은 문자열은 메모리의 어딘가를 char 배열의 형태로 차지한다. 따라서 타입이 char*인 m_Name에는 문자열이 차지하고 있는 메모리 영역의 주소가 대입된다.

7 타입 표기

아래 표기는 대부분의 C/C++ 교재에서 사용되는 변수, 배열, 포인터, 함수의 정의 방법이다.

```
TYPE Name;                      // 변수
TYPE ArrName[N];                // 배열
TYPE* pName;                    // 포인터
TYPE FuncName(ARGLIST);         // 함수
```

변수는 타입을 명기하고 한 칸(혹은 탭) 이상 띄우고 변수 이름을 써준다. 배열은 타입을 명기하고 한 칸(혹은 탭) 이상 띄우고 배열 이름을 적은 후 이어서 첨자([ ]) 연산자를 요소의 개수와 함께 써준다. 포인터는 타입을 명기하면서 바로 뒤에 간접(*) 연산자를 붙이고, 포인터 이름을 써준다. 함수는 반환 타입을 명기하고 함수 이름을 적은 후 괄호로 묶은 인자열을 적는다. 이 정도만 알고 있어도 C/C++ 코드의 90%는 이해할 수 있지만, 늘 10%가 발목을 잡는다.

[예제 2-12] C++ 타입 표기

```
1  int (*func(double))[2][3];
2  int (*(*pfunc)(double))[2][3];
```

[예제 2-12]와 같은 표기가 바로 10%에 해당하는 구문이다. 웬만큼 C/C++에 익숙한 개발자라고 해도 쉽게 이해하기 어려운 타입을 나타낸다. 1행의 func는 인자의 타입이 double이고, 요소 타입이 int인 2차원 배열([2][3])을 가리키는 포인터를 반환하는 함수이고, 2행의 pfunc는 1행의 func와 같은 타입의 함수를 가리키는 함수 포인터이다.

갑자기 C++를 그만 배우고 싶다는 생각이 들지 않는가? 사실 너무나 당연한 반응이다. 왜냐하면 너무 어렵기 때문이다. 위의 표기가 어려운 이유는 타입 표기 규칙을 제대로 알지 못하기 때문이다. 지금부터 제대로 된 타입 표기 규칙을 알아보자. 규칙을 알게 된 후에는 약간의 연습을 통해서 저런 복잡한 타입도 이해할 수 있게 될 것이다.

7.1 이름 자리

기존에는 타입을 표기할 때 타입의 키워드 자체만 중요시했다. 즉, char, int, long, float, double 등 키워드 그 자체에 의미를 두었다. 그러나 타입을 생각할 때는 키워드뿐만 아니라 '이름 자리'까지 고려해야 한다. '이름 자리'란 무엇일까? 타입의 객체가 선언될 때 객체의 이름이 표기되는 자리이다. 이름 자리는 [NP]Name Place로 표기한다.

```
char [NP]
int [NP]
...
double [NP]
```

위에서 볼 수 있듯이 기본 타입으로 제공되는 char, int, __int64, float, double 등의 이름 자리는 항상 타입 키워드 바로 오른쪽에 위치한다. 이름 자리의 위치는 매우 중요하다. 몇몇 타입의 경우에는 이름 자리의 위치가 변경되기 때문이다. 즉, 지금 기억해야 할 것은 기본적으로 제공되는 원시 타입의 이름 자리는 타입 키워드 바로 오른쪽이라는 사실이다.

> **참고**
> 이름 자리 [NP]는 개념적인 것으로 실제 타입을 표기할 때는 생략된다.

7.2 타입 파생 규칙

앞에서 이름 자리 [NP] 개념을 제시한 이유는 기준 타입을 통해서 새로운 타입이 파생될 때 [NP] 기준으로 몇몇 기호가 덧붙여지면서 표기되기 때문이다. 간단한 예로서 int 요소가 3개인 배열은 int [3]으로 나타내는데 이것은 배열 요소의 타입인 int를 기준으로 int의 이름 자리 [NP] 바로 뒤에 [3]을 붙이면서 파생된다. 지금부터 각각의 파생 타입의 표기 규칙을 살펴보자.

배열 타입 파생

배열의 요소 타입 T를 기준으로 요소가 N개인 배열 타입을 파생하려면 타입 T의 이름 자리 [NP] 바로 뒤에 첨자([N]) 연산자를 붙인다. 파생된 배열 타입의 이름 자리는 그대로 유지된다.

int 요소 3개인 배열 타입을 파생시켜보자.

1. 배열의 요소 타입 int를 기준으로 한다. → int [NP]
2. 첨자([3]) 연산자를 이름 자리 [NP] 바로 뒤에 붙인다. → int [NP][3]

❸ [NP]를 생략하여 최종 타입 표기를 한다. → int [3]

위의 규칙으로 얻어진 배열 타입 int [3]의 이름 자리는 int와 [3] 사이에 그대로 유지된다. 이번에는 2차원 배열에 응용해보자.

```
int arr[2][3];
```

위의 정의문에서 arr은 무엇을 나타낼까? 일반적으로 2행 3열 행렬 모양의 2차원 배열로 이해하는 경우도 있으나 아쉽게도 컴퓨터 메모리는 1차원으로만 이루어진다. 즉, 비유를 한다면 1층짜리 단독 주택들이 줄지어 있는 것이지 아파트는 아니다.

참고로 C/C++에서 배열은 오직 동일한 타입이 일렬로 모인 1차원 형태만 존재한다. 2차원 이상 다차원 배열이라는 개념은 편의상 부르는 것일 뿐 2차원 이상 다차원 배열을 나타내는 타입은 존재하지 않는다. 따라서 흔히 2차원 배열이라 불리는 것은 배열 타입이 일렬로 모인 것으로 배열의 배열일 뿐이다. 따라서 배열 arr은 int 요소 3개가 모인 배열 자체가 두 개 모인 배열을 나타낸다. 그러나 이것을 반대로 해석해서 int 요소 2개가 모인 배열 자체가 세 개 모인 배열로 이해해서는 안 된다. 즉, 그림으로 나타내면 [그림 2-9]와 같다.

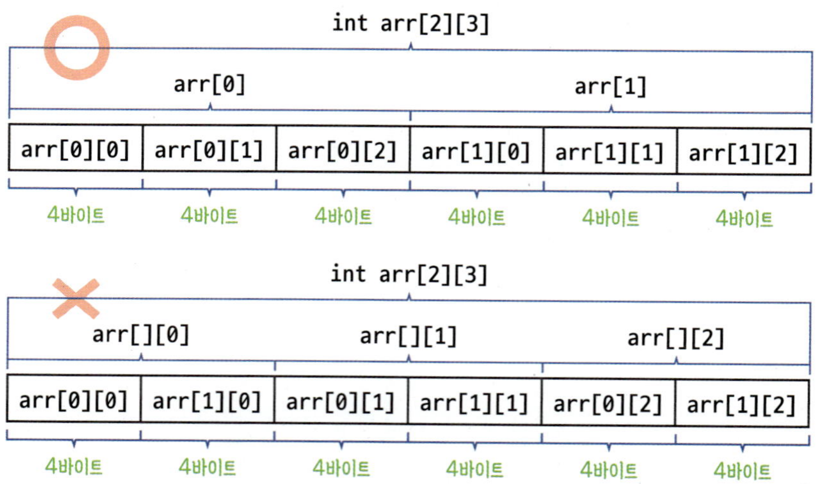

[그림 2-9] int arr[2][3] 구조

[그림 2-9]는 배열 arr의 메모리 구조를 보여주는데, 위의 그림은 옳고 아래 그림은 틀린 것이다. 그런데 2차원 배열의 표기에 대해서는 한번 생각해볼 문제가 있다. char 요소 다섯 개가 모인 배열 carr을 정의해보자.

```
char carr[5];
```

위의 배열이 일곱 개 모인 배열을 정의해보자. 단순하게 생각하면 char carr[5][7];처럼 첨자 [7]을 바로 뒤에 붙이는 것이 합리적으로 보인다. 그러나 이미 알려진 대로 char carr[7][5];처럼 첨자 [7]을 첨자 [5] 앞에 붙이는 것이 옳다. 그렇다면 왜 후자와 같은 표기 규칙이 정해진 것일까? 앞에서 살펴본 배열 타입 파생 규칙을 적용하면 쉽게 알 수 있다.

❶ 배열 요소의 타입 char를 기준으로 한다. → char [NP]

❷ 첨자([5]) 연산자를 이름 자리 [NP] 바로 뒤에 붙인다. → char [NP][5]

❸ 첨자([7]) 연산자를 이름 자리 [NP] 바로 뒤에 붙인다. → char [NP][7][5]

❹ [NP]를 생략하여 최종 타입 표기를 한다. → char [7][5]

위의 규칙으로 얻어진 배열의 타입은 char [7][5]로 표기된다. 역시 2차원 배열 타입의 이름 자리는 char와 [7][5] 사이에 그대로 유지된다.

포인터 타입 파생

포인터가 가리키는 타입 T를 기준으로 포인터 타입을 파생하려면 타입 T의 이름 자리 [NP] 바로 앞에 간접(*) 연산자를 붙인다. 간접(*) 연산자의 결합 순위가 떨어질 경우 간접(*) 연산자와 이름 자리 [NP]를 괄호로 묶어준다. 파생된 포인터 타입의 이름 자리는 그대로 유지된다.

int 타입 객체를 가리키는 포인터 타입을 파생시켜보자.

❶ 포인터가 가리키는 타입 int를 기준으로 한다. → int [NP]

❷ 간접(*) 연산자를 이름 자리 [NP] 바로 앞에 붙인다. → int *[NP];

❸ [NP]를 생략하여 최종 타입 표기를 한다. → int *

위의 규칙으로 얻어진 포인터 타입은 int *로 표기된다. int와 *는 붙여도 상관없다. 따라서 int*로 표기할 수도 있다. 여기서 응용해보겠다. int 요소 3개가 모인 배열을 가리키는 포인터 타입을 정의해보자.

❶ 배열 요소 타입 int를 기준으로 한다. → int [NP]

❷ 첨자([3]) 연산자를 이름 자리 [NP] 바로 뒤에 붙인다. → int [NP][3]

③ 간접(*) 연산자를 이름 자리 [NP] 바로 앞에 붙인다. 결합 우선순위를 고려하여 간접(*) 연산자와 이름 자리 [NP]를 괄호로 묶는다. → int (*[NP])[3]

④ [NP]를 생략하여 최종 타입 표기를 한다. → int (*)[3]

③에서 포인터 타입으로 파생할 때 주의할 점이 있다. 간접(*) 연산자는 첨자([3]) 연산자보다 결합 우선순위가 낮으므로 간접(*) 연산자와 이름 자리 [NP]를 괄호로 묶어야 한다. 만일 괄호로 묶지 않을 경우 int*[3]이 되어서 int 타입을 가리키는 포인터 요소가 3개 모인 배열로 잘못 파생된다.

함수 타입 파생

함수는 반환 타입 T를 기준으로 이름 자리 [NP] 바로 뒤에 (인자 리스트)를 붙인다. 파생된 함수 타입의 이름 자리는 그대로 유지된다. C++의 함수는 전역 함수와 클래스 멤버 함수가 있다. 클래스 멤버 함수로 파생될 경우 추가로 이름 자리 [NP] 앞에 클래스명과 범위 연산자 [CLASS_NAME::]를 붙인다.

반환 타입이 int이고 인자 타입이 double인 함수 타입을 파생시켜보자.

① 반환 타입 int를 기준으로 한다. → int [NP]

② 이름 자리 [NP] 바로 뒤에 (인자 리스트)를 붙인다. → int [NP](double)

③ [NP]를 생략하여 최종 타입 표기를 한다. → int (double)

함수의 타입은 int (double)로 표기된다. 물론 여전히 이름 자리 [NP]는 int와 (double) 사이에 존재한다. 이제 3가지 주요 타입 파생 규칙을 알아보았으니 종합적으로 응용해보자. 앞에서 제시된 복잡한 타입을 유도해보겠다. 먼저 int 타입 요소가 3개인 배열 자체가 2개 모인 배열을 가리키는 포인터를 반환하는 함수를 정의해보자. 단 함수의 인자 타입은 double이다.

① 배열의 요소 타입 int를 기준으로 한다. → int [NP]

② 첨자([3]) 연산자를 이름 자리 [NP] 바로 뒤에 붙인다. → int [NP][3]

③ 첨자([2]) 연산자를 이름 자리 [NP] 바로 뒤에 붙인다. → int [NP][2][3]

④ 간접(*) 연산자를 이름 자리 [NP] 바로 앞에 붙인다. 결합 우선순위를 고려하여 간접(*) 연산자와 이름 자리 [NP]를 괄호로 묶는다. → int (*[NP])[2][3]

⑤ 이름 자리 [NP] 바로 뒤에 (인자 리스트)를 붙인다. → int (*[NP](double))[2][3]

❻ [NP]를 생략하여 최종 타입 표기를 한다. → int (*(double))[2][3]

따라서 구하고자 하는 함수 타입은 int (*(double))[2][3]이 된다. 여기서 한 번 더 응용하여 앞에서 구한 함수를 가리키는 포인터 타입을 표기해보겠다.

❶ 배열의 요소 타입 int를 기준으로 한다. → int [NP]
❷ 첨자([3]) 연산자를 이름 자리 [NP] 바로 뒤에 붙인다. → int [NP][3]
❸ 첨자([2]) 연산자를 이름 자리 [NP] 바로 뒤에 붙인다. → int [NP][2][3]
❹ 간접(*) 연산자를 이름 자리 [NP] 바로 앞에 붙인다. 결합 우선순위를 고려하여 간접(*) 연산자와 이름 자리 [NP]를 괄호로 묶는다. → int (*[NP])[2][3]
❺ 이름 자리 [NP] 바로 뒤에 (인자 리스트)를 붙인다. → int (*[NP](double))[2][3]
❻ 간접(*) 연산자를 이름 자리 [NP] 바로 앞에 붙인다. 결합 우선순위를 고려하여 간접(*) 연산자와 이름 자리 [NP]를 괄호로 묶는다. → int (*(*[NP])(double))[2][3]
❼ [NP]를 생략하여 최종 타입 표기를 한다. → int (*(*)(double))[2][3]

따라서 구하고자 하는 함수 포인터 타입은 int (*(*)(double))[2][3]이 된다.

타입 객체 정의

타입의 객체를 정의하는 것은 타입의 크기만큼 메모리의 영역을 할당한 후에 해당 영역에 이름을 붙여주는 것이다. 타입 객체를 정의하는 구문은 상당히 쉽다. 타입의 이름 자리 [NP]에 객체의 이름을 써주는 것이 끝이다(정의 구문이므로 끝에 세미콜론(;)을 붙인다. 함수인 경우 함수 본체를 정의해야 하므로 블록을 추가한다).

int 변수 a를 정의해보면,

❶ int를 기준으로 한다. → int [NP]
❷ 이름 자리 [NP] 대신에 변수 이름 a를 써주고 세미콜론을 붙인다. → int a;

int 요소 3개가 모인 배열 자체가 2개 모인 배열 arr을 정의해보면,

❶ 배열의 요소 타입 int를 기준으로 한다. → int [NP]
❷ 첨자([3]) 연산자를 이름 자리 [NP] 바로 뒤에 붙인다. → int [NP][3]
❸ 첨자([2]) 연산자를 이름 자리 [NP] 바로 뒤에 붙인다. → int [NP][2][3]

❹ 이름 자리 [NP] 대신에 배열 이름 arr을 써주고 세미콜론을 붙인다. → int arr[2][3];

[예제 2-13] 타입 테스트

```
1  #include <iostream>
2  using namespace std;
3
4  int g_Arr[2][3];
5
6  int (*func(int arg))[2][3]
7  {
8     for (int i = 0; i < 2; i++)
9     {
10       for (int j = 0; j < 3; j++)
11       {
12          g_Arr[i][j] = arg;
13       }
14    }
15
16    return &g_Arr;
17 }
18
19 void main()
20 {
21    cout << (*func(7))[0][0] << endl;
22    cout << (*func(7))[1][2] << endl;
23 }
```

```
7
7
```

[예제 2-13]은 지금까지 알아본 타입 파생 규칙을 종합적으로 이용한 예제이다. 6~17행의 함수 정의는 함수처럼 보이지 않았으나 이제는 인자 타입이 int이고, 2차원 배열 int [2][3]을 가리키는 포인터를 반환하는 함수라는 것을 알 수 있다. 함수 본체의 내용은 인자 arg의 값을 2차원 전역 배열 g_Arr의 모든 요소에 채운 후에 g_Arr을 나타내는 주소 &g_Arr을 반환한다. 여기서 &g_Arr의 타입이 바로 int [2][3]을 가리키는 포인터 타입이다. 22행, 23행은 6행에서 정

의된 함수 func에 인자 7을 넣어서 호출하여 얻은 2차원 배열의 포인터에 간접(*) 연산자를 적용하여 다시 2차원 배열로 바꾼 후 첨자 연산자를 통해서 처음과 끝 요소의 값을 출력한다.

7.3 타입 표기 정리

이번 절은 매우 중요한 부분이므로 정리 겸 요약이 필수이다. 이후 장에서 설명할 파생 타입뿐 아니라 계속해서 사용되기 때문에 반드시 기억하고 있어야 한다.

1. 기본 제공되는 원시 타입의 이름 자리 [NP]는 타입 키워드 바로 오른쪽에 있다.
2. 배열 요소 타입을 기준으로 [NP] 오른쪽에 첨자 연산자를 쓰면 배열 타입이 파생된다.
3. 포인터가 가리키는 타입을 기준으로 [NP] 왼쪽에 간접(*) 연산자를 쓰면 포인터 타입이 파생된다(단, 우선순위를 고려하여 간접(*) 연산자와 [NP]를 괄호로 묶을 필요가 있다).
4. 함수의 반환 타입을 기준으로 [NP] 오른쪽에 (인자 리스트)를 쓰면 함수 타입이 파생된다.
5. typedef를 통해서 새롭게 정의된 타입 키워드의 이름 자리 [NP]는 원시 타입처럼 키워드 바로 오른쪽에 있다(이 부분은 미리 설명했지만 바로 다음 절을 살펴보면 이해할 수 있다).

8 typedef

8.1 타입 정의 방법

타입 파생 규칙을 이용하면 원하는 어떤 타입이든 파생시켜서 표기할 수 있고, 해당 타입의 객체도 정의할 수 있게 되었다. 그러나 여전히 복잡한 타입에 대해서는 익숙해지는 것이 어려운 것도 사실이다. 다행스럽게도 복잡한 타입에 새로운 이름을 붙여서 좀 더 쉽게 정의할 수 있는 방법이 제공된다. 바로 typedef를 사용하는 것이다.

typedef의 사용법은 무척 간단하다. 이미 앞에서 알아본 타입의 이름 자리 [NP]만 이용하면 된다. typedef를 이용한 타입 정의는 다음과 같다.

1. 원하는 타입을 표기한 후에 이름 자리 [NP]를 새로운 타입 이름으로 교체한다.
2. 가장 앞에 typedef를 붙이고 마지막에는 세미콜론(;)을 붙인다.

여기서 typedef의 중요한 점이 있다. typedef를 통해서 새롭게 정의된 타입의 이름 자리 [NP]는 기본 제공되는 원시 타입처럼 타입 키워드 바로 뒤에 오는 것이다.

int 요소 3개인 배열 자체가 2개 모인 배열 타입을 INT_ARR_23이라고 정의해보면,

❶ 배열 요소의 타입 int를 기준으로 한다. → int [NP]
❷ 첨자([3]) 연산자를 이름 자리 [NP] 바로 뒤에 붙인다. → int [NP][3]
❸ 첨자([2]) 연산자를 이름 자리 [NP] 바로 뒤에 붙인다. → int [NP][2][3]
❹ 이름 자리 [NP]를 INT_ARR_23으로 교체한다. → int INT_ARR_23[2][3]
❺ 맨 앞에 typedef를 붙이고 마지막에 세미콜론(;)을 붙인다.
→ typedef int INT_ARR_23[2][3];

2차원 배열 타입인 int [2][3]이 새로운 타입 이름인 INT_ARR_23으로 정의되었다. INT_ARR_23의 이름 자리 [NP]는 INT_ARR_23 바로 뒤가 된다. 따라서 INT_ARR_23 객체 arr을 정의하는 방법은 다음과 같다.

❶ 객체의 타입 INT_ARR_23을 기준으로 한다. → INT_ARR_23 [NP]
❷ 이름 자리 [NP] 대신에 객체 이름 arr을 써주고 세미콜론을 붙인다. → INT_ARR_23 arr;

타입 파생 규칙과 함께 typedef 사용법까지 알아보았다. 이제 이전 예제 코드를 좀 더 보기 쉽게 바꿔보자.

[예제 2-14] typedef를 이용한 2차원 배열 포인터 반환 함수

```
#include <iostream>
using namespace std;

typedef int(*ARRAY2D_POINTER)[2][3];

int g_Arr[2][3];

ARRAY2D_POINTER func(int arg)
{
    for (int i = 0; i < 2; i++)
    {
```

```
12          for (int j = 0; j < 3; j++)
13          {
14             g_Arr[i][j] = arg;
15          }
16       }
17
18       return &g_Arr;
19    }
20
21    void main()
22    {
23       cout << (*func(7))[0][0] << endl;
24       cout << (*func(7))[1][2] << endl;
25    }
```

```
7
7
```

[예제 2-14]의 4행은 [예제 2-13]의 타입 int (*)[2][3]을 typedef를 통하여 ARRAY2D_POINTER라고 새롭게 이름 짓고 적용한 코드이다. 8행은 반환 타입이 ARRAY2D_POINTER인 함수 func를 정의한다.

❶ 함수의 반환 타입 ARRAY2D_POINTER를 기준으로 한다. → ARRAY2D_POINTER [NP]

❷ 이름 자리 [NP] 바로 뒤에 (인자 리스트)를 붙인다. → ARRAY2D_POINTER [NP](int arg)

❸ 이름 자리 [NP] 대신 함수 이름 func를 쓰고 함수 본체를 붙인다.

→ ARRAY2D_POINTER func(int arg) { ... }

8.2 유효 범위

typedef는 유효 범위가 있다. 소스 파일에 정의했을 경우 정의된 이후부터 소스 파일 끝까지 새롭게 정의된 타입을 사용할 수 있지만 함수 안에서 정의했을 경우 새롭게 정의된 타입은 오직 해당 함수 안에서만 사용할 수 있다.

[예제 2-15] typedef 유효 범위

```
1   typedef int GLOBAL_INT;
2
3   void Func()
4   {
5       typedef int LOCAL_INT;
6       LOCAL_INT i;    // OK
7   }
8
9   GLOBAL_INT g1;    // OK
10  LOCAL_INT g2;    // Error
11
12  void main()
13  {
14      GLOBAL_INT a1;    // OK
15      LOCAL_INT a2;    // Error
16  }
```

[예제 2-15]는 typedef의 유효 범위를 전역과 지역으로 나누어서 보여준다. 1행의 GLOBAL_INT는 전역 정의이며, 5행의 LOCAL_INT는 지역 정의이다. 전역 정의인 GLOBAL_INT는 어디서나 사용 가능하다. 그러나 지역 정의인 LOCAL_INT는 오직 6행과 같이 자신이 정의된 함수 안에서만 사용될 수 있다. 전역이나 다른 함수에서 사용할 경우 컴파일 오류가 발생한다. 이런 이유 때문에 typedef는 주로 전역 정의로 많이 사용된다.

9 const

9.1 변수 초기화

const 한정자를 살펴보기 전에 변수의 초기화에 대해서 알아보자.

[예제 2-16] 변수 초기화

```
1  #include <iostream>
2  using namespace std;
3
4  int ga;    // 0 초기화
5  int gb = 1;    // 1 초기화
6
7  void main()
8  {
9      int a;    // 미정의 값 초기화
10     int b = 2;    // 2 초기화
11
12     cout << ga << endl;
13     cout << gb << endl;
14     cout << a << endl;
15     cout << b << endl;
16 }
```

```
0
1
-858993460
2
```

[예제 2-16]을 실행하면 디버그 오류창이 뜰 수 있다. 그때는 [무시] 버튼을 누르면 실행 결과를 확인할 수 있다. 출력의 세 번째에 이상한 숫자가 나왔는데, 개인마다 다른 값이 나올 수 있다. 지금부터 왜 이런 결과들이 나오게 되었는지 간단히 확인해보자.

4행, 5행, 9행, 10행과 같이 변수가 정의되는 순간 변수는 초기화가 이루어진다. 초기화란 변수가 값을 갖게 되는 것을 의미한다. 초기화는 변수의 기억 부류에 따라 차이가 발생하는데, 4행의 전역 변수의 경우 기본 초깃값이 0이 되지만, 9행의 지역 변수의 경우 기본 초깃값 자체가 존재하지 않고 지역 변수가 점유하는 메모리 영역의 원래 값이 그대로 사용되기 때문에 사용자 PC 환경과 시점에 따라 어떤 값으로 초기화될지는 알 수가 없다. 보통 이런 값을 미정의 값 혹은 쓰레기 값이라고 한다. 해당 소스를 실행할 때 디버그 오류창이 나타날 수 있는데, 미정의 값을 참조할 때 의도되지 않았음을 경고하기 위함이다.

전역 변수는 기본 초깃값이 0이고, 지역 변수의 경우 기본 초깃값이 미정의 값이라고 할 수 있는데, 정의되는 순간 특정 값으로 초기화를 할 수 있는 방법이 제공된다. 바로 5행, 10행처럼 변수 정의문에 값을 할당해주면 된다. const에서 변수의 초기화를 살펴본 이유는 const가 한정된 변수는 초기화되어 있어야 하기 때문이다.

9.2 변수 상수화

const 한정자는 변수를 상수화시키는 역할을 한다.

[예제 2-17] const

```
1  void main()
2  {
3     const int c1 = 1;
4     int const c2 = 2;
5  }
```

[예제 2-17]은 const 사용 예를 보여준다. 3행, 4행의 변수 c1, c2에는 const 한정자가 붙어 있다(const와 int의 위치는 바뀌어도 상관없다). 따라서 c1, c2는 변수임에도 불구하고 상수가 된다. 변수이면서 상수가 된다는 의미는 변수의 고유 성질인 대입이 더 이상 가능하지 않음을 나타낸다. 즉, const가 한정된 변수에는 값을 대입할 수 없다.

[예제 2-18] const 컴파일 오류

```
const int gc1;    // Error
const int gc2 = 1;

void main()
{
   const int c1;    // Error
   c1 = 1;    // Error

   const int c2 = 1;    // OK
}
```

[예제 2-18]의 1행, 6행, 7행에서 컴파일 오류가 발생한다. 바로 const 한정자로 인한 것이다. 먼저 6행에서 const 한정자로 인해서 변수 c1은 상수화되었다. 따라서 7행처럼 c1에 값을 대입할 수 없다. 그렇다면 1행, 7행에서는 왜 오류가 발생했을까? const 변수는 대입을 통하여 값을 변경시킬 수가 없다. 즉, const 변수는 정의되는 순간의 초깃값이 항상 유지된다. 따라서 초깃값이 무척 중요하며 2행, 9행처럼 직접 특정한 값으로 초기화를 해야만 한다.

const 한정자의 특징을 간단히 정리하자. 변수에 const가 한정될 경우 해당 변수는 상수화된다. 그로 인해서 상수화된 변수에는 더 이상 대입을 통해서 값을 변경할 수 없으므로 반드시 특정한 값으로 초기화가 필요하다.

9.3 const 한정 규칙

앞에서 타입 파생 규칙을 살펴본 것을 기억해보자. const 한정자 역시 위치에 따라 변수의 속성이 달라진다. 다행히 const 한정자의 규칙은 무척 간단하다. 타입을 표기할 때는 각 타입의 이름 자리 [NP]를 고려해야 한다. [NP]는 곧 변수의 이름이 된다. const는 변수에 상수 속성을 한정하는 것이기 때문에 [NP] 바로 왼쪽에 붙는다. 실제로 몇 가지 예제를 통해서 확인해보자.

먼저, int 변수 a에 const를 한정해보면,

❶ int 변수 a를 정의한다. → int a;

❷ 이름 자리 [NP] 앞에 const를 붙인다. → int const a;

❸ 타입명과 인접한 const의 순서는 바꿀 수 있다. → const int a;

int 요소 세 개가 모인 배열 arr을 한정해본다. 여기서 중요하게 알아야 할 사실이 있다. 배열은 그 자체가 상수 객체이다. 따라서 const 한정자를 붙일 수가 없다. 그렇다면 머릿속에 떠오른 const int arr[3]은 정확하게 무엇을 의미하는 것일까? 바로 int 타입 상수가 세 개가 모인 배열을 의미한다.

다음으로 int 타입 상수 3개가 모인 배열 arr을 정의해보자.

❶ 배열의 요소 타입 int를 기준으로 한다. → int [NP]

❷ 이름 자리 [NP] 앞에 const를 붙인다. → int const [NP]

❸ 첨자([3]) 연산자를 이름 자리 [NP] 바로 뒤에 붙인다. → int const [NP][3]

❹ 타입명과 인접한 const의 순서는 바꿀 수 있다. → const int [NP][3]

❺ 이름 자리 [NP]를 arr로 변경하고 세미콜론을 붙인다. → const int arr[3];

[예제 2-19] const 배열

```
1  void main()
2  {
3      const int arr1[3];    // Error
4
5      const int arr2[3] = {1, 2, 3};    // OK
6      arr2[0] = 7;    // Error
7  }
```

[예제 2-19]를 통해서 const 배열을 확실히 이해해보자. 3행, 5행의 배열은 요소가 const 한정된 배열을 나타낸다. 중요한 점은 요소에 const가 한정되어 있기 때문에 배열의 각 요소가 특정한 값으로 초기화가 이루어져야 한다는 사실이다. 따라서 3행처럼 요소의 초기화가 없는 배열은 허용되지 않는다. 요소에 const가 한정되었다는 의미는 각 요소에 대입을 통하여 값을 변경할 수 없음을 의미한다. 따라서 6행처럼 대입 연산자를 사용하는 것도 컴파일 오류를 발생시킨다.

이번에는 const와 포인터의 관계를 살펴보자. 두 가지 경우를 살펴보아야 한다. 포인터가 가리키는 대상에 const 한정을 하는 경우와 포인터 자체에 const 한정을 하는 경우이다. 먼저 전자를 살펴보자. 포인터 cp가 가리키는 대상 int 객체에 const를 한정해보자.

❶ 포인터의 대상 타입 int를 기준으로 한다. → int [NP]

❷ 이름 자리 [NP] 앞에 const를 붙인다. → int const [NP]

❸ 간접(*) 연산자를 이름 자리 [NP] 바로 앞에 붙인다. → int const * [NP]

❹ 타입명과 인접한 const의 순서는 바꿀 수 있다. → const int * [NP]

❺ 이름 자리 [NP]를 cp로 변경하고 세미콜론을 붙인다. → const int * cp;

[예제 2-20] 포인터가 가리키는 대상에 const 한정된 경우

```
void main()
{
    int a;
```

```
4
5       const int* cp;    // OK
6       cp = &a;
7       *cp = 1;    // Error
8
9       a = 2;    // OK
10  }
```

[예제 2-20]은 const 한정된 대상을 가리키는 포인터를 보여준다. 5행은 초기화가 없지만 아무 문제가 없다. 포인터 cp에 const가 한정된 것이 아니라 cp가 가리키는 대상에 const가 한정되었기 때문이다. 따라서 4행과 같이 const가 한정된 대상을 나타내는 *cp에는 대입 연산자를 사용하여 값을 변경할 수 없다.

여기서 주의할 점이 있다. 3행의 변수 a에는 const가 한정되지 않았다. 그럼에도 포인터 cp는 변수 a를 가리키고 있다. cp는 오직 const 한정된 대상만을 가리켜야 하지 않을까? 여기서 주의할 점은 cp가 가리키는 대상이 이미 const가 한정되었어야 하는 것이 아니라 cp가 가리키는 대상에 const를 한정한다는 의미이다. 즉, 과거가 아니라 현재부터 const 한정을 한다는 의미이다. 마지막으로 주의할 점이 있다. 9행처럼 a에 2를 대입해도 아무 문제가 없다. const가 한정하는 대상은 메모리 영역 자체가 아니라 이름을 기반으로 하기 때문이다. 즉, const는 변수명 a에 한정된 것이 아니라 간접(*) 연산자가 사용된 *cp에 한정되는 것이기 때문에 오직 *cp를 통해서 값을 바꾸는 것만이 제한된다.

이번에는 두 번째 경우인 포인터에 const가 한정된 경우를 살펴본다. int 객체를 가리키는 포인터 cp에 const를 한정해보자.

❶ 포인터의 대상 타입 int를 기준으로 한다. → int [NP]

❷ 간접(*) 연산자를 이름 자리 [NP] 바로 앞에 붙인다. → int * [NP]

❸ 이름 자리 [NP] 앞에 const를 붙인다. → int * const [NP]

❹ 이름 자리 [NP]를 cp로 변경하고 세미콜론을 붙인다. → int * const cp;

여기서 주의할 점은 int와 const의 순서를 바꿀 수 없다는 점이다. 오직 const가 타입명과 인접하고 있을 때만 순서를 바꿀 수 있는데, int와 const 사이에 간접(*) 연산자가 있으므로 바꿀 수 없다.

[예제 2-21] const 한정된 포인터

```
1 void main()
2 {
3     int a;
4 
5     int * const cp;    // Error
6     int * const cp = &a;    // OK
7     *cp = 1;    // OK
8 }
```

[예제 2-21]이 바로 const 한정된 포인터를 보여준다. 포인터에 const가 한정되었기 때문에 반드시 특정한 값으로 초기화가 이루어져야 한다. 따라서 5행처럼 특정 값 초기화가 없을 경우 오류가 발생한다. 7행은 당연히 허용되는데 포인터 자체에 const가 한정된 것이지 포인터가 가리키는 대상은 const가 한정된 것은 아니기 때문이다.

[예제 2-22] const 한정된 포인터가 가리키는 대상에 const 한정된 경우

```
void main()
{
    int a;

    const int * const ccp;    // Error
    const int * const ccp = &a;    // OK
    *ccp = 1;    // Error
}
```

[예제 2-22]는 포인터와 포인터가 가리키는 대상 모두에 const가 한정된 경우를 보여준다. 실제 이렇게 사용되는 경우는 무척 드문 일이지만 원칙적으로는 가능함을 보여주기 위한 예제이다. 포인터 ccp는 자기 자신과 자신이 가리키는 대상 모두에게 const가 한정되었으므로 ccp는 특정 값으로 초기화가 반드시 필요하고, *cpp에는 대입을 통한 값 변경을 할 수 없다.

10 auto

10.1 자동 변수 지정자 auto

C 컴파일러와 C++ 컴파일러 중 구버전에서 auto 키워드는 자동 변수를 의미한다. 자동 변수란 지역 변수와 같아서 함수 안에서 정의되는 변수이며 함수 호출 시 생성되고 함수 반환 시에 소멸되는 변수를 말한다. 따라서 auto 키워드는 생략해도 무방했다. auto가 거의 쓰이지 않자 최신 C++ 규약에서는 auto를 새로운 용도로 사용하기로 결정했다.

[예제 2-23] auto

```
void main()
{
    auto int a = 1;
}
```

[예제 2-23]을 컴파일하면 오류가 발생한다. 그러나 이 코드는 구형 컴파일러를 포함하고 있는 Visual Studio 2005에서 컴파일할 경우 아무 문제가 없는 코드이다. auto가 새로운 의미를 갖게 된 것은 C++0x이고, 새로운 auto가 지원되는 컴파일러 버전은 Visual Studio 2010부터이다.

10.2 C++0x auto

auto는 컴파일 타임에 자동으로 적절한 타입으로 추론되는 키워드이다.

[예제 2-24] auto의 변환

```
#include <iostream>
using namespace std;

void main()
{
    auto a = 1;    // auto -> int
```

```
    cout << a << endl;
}
```

[예제 2-24]의 auto는 컴파일 타임에 가장 적절한 타입인 int로 추론된다. 따라서 auto는 int로 변경된다. auto를 int로 추론한 근거는 변수 a에 대입되는 값이 1이고 1은 일반적으로 정수 타입으로 볼 수 있기 때문이다.

[예제 2-25] auto 추론 실패

```
1  void main()
2  {
3     auto a;   // Compile Error
4     a = 1;
5  }
```

[예제 2-25]는 3행에서 컴파일 오류가 발생한다. 3행에서 auto를 어떤 타입으로 추론해야 할지 모르기 때문이다. 하지만 코드에서 볼 수 있듯이 4행에서 a에 1이 대입되기 때문에 auto를 int라고 추론하는 것이 가능해 보인다. 그러나 현재 컴파일러가 아직 그 정도까지는 이르지 못했다. 컴파일러가 좀 더 발전한다면 위의 경우도 추론할 수 있을 것이다. 결론은 현재 상황에서 auto가 타입을 추론하기 위해서는 정의 즉시 초기화가 필요하며, 초기화가 없을 경우 타입 추론을 할 수 없다.

[예제 2-26] auto 추론

```
#include <iostream>
using namespace std;

double Divide(int a, int b)
{
    return (double)a / b;
}

void main()
{
    auto r = Divide(1, 2);   // auto -> double
```

```
12      cout << r << endl;
13  }
```

[예제 2-26]에서도 11행 r이 Divide(1, 2)의 반환 값으로 초기화되기 때문에 auto를 추론할 수 있다. 함수 Divide의 반환 타입이 double이므로 auto는 double로 추론된다.

두 예제에서 알 수 있듯이 현재의 컴파일러에서 auto가 추론될 수 있는 조건은 변수 정의 시 초기화가 이루어지는 경우이다. 따라서 초기화와 상관없는 경우 auto 추론을 할 수 없다. 일반적으로 클래스의 멤버 변수와 함수의 매개 변수는 초기화를 할 수 없으므로 auto를 사용할 수 없다. 즉, 아래와 같이 사용할 수 없다.

[예제 2-27] 매개 변수의 auto 추론 실패

```
double Divide(auto a, auto b)    // Compile Error
{
    return (double)a / b;
}
```

10.3 auto 추론 가능 타입

auto는 초기화 값의 타입으로 추론되지만 초기화 값의 타입에 const 한정자가 있어도 const는 무시되며, 초기화 값이 참조 타입일지라도 일반 타입으로 추론된다.

[예제 2-28] auto 비참조 타입 추론

```
#include <iostream>
using namespace std;

const int Add(int a, int b)
{
    return a + b;
}

int& GetRef(int& arg)
{
```

```
11      return arg;
12  }
13
14  void main()
15  {
16      auto s = Add(1, 2);    // auto -> int
17      s = 7;
18      cout << s << endl;
19
20      int a = 1;
21
22      auto r1 = GetRef(a);    // auto -> int
23      r1++;
24      cout << a << endl;
25
26      auto& r2 = GetRef(a);    // auto& -> int&
27      r2++;
28      cout << a << endl;
29  }
```

```
7
1
2
```

[예제 2-28]을 살펴보자. 4행의 함수 Add의 반환 타입은 int이고 const 한정자가 붙어 있다. 그러나 16행의 auto는 const int로 추론되지 않고 int로 추론된다. 따라서 17행처럼 s의 값을 변경할 수 있다. 9행의 함수 GetRef의 반환 타입은 참조 타입인 int&이다. 그러나 22행의 auto는 int&로 추론되지 않고 int로 추론된다. 만일 참조 타입으로 추론되도록 만들고 싶다면 26행처럼 auto&를 사용한다. 이때 auto는 int로 추론되기 때문에 auto&는 int&로 추론된다.

왜 const와 참조 타입은 auto로 추론할 수 없는 것일까? 애초에 일반 타입의 변수도 초기화 값으로 const 한정되거나 참조 타입 반환 값을 받는 경우가 많기 때문이다. 즉, 다음 [예제 2-29]와 같이 사용하는 경우도 많기 때문에 일반 타입으로 추론하는 것이 더 자연스럽다.

[예제 2-29] auto 비참조 타입 추론

```
void main()
{
    int s = Add(1, 2);

    int a = 1;
    int r = GetRef(a);
}
```

10.4 auto 사용의 장점

auto는 컴파일 타임에 자동으로 타입이 추론되기 때문에 무척 편하게 사용할 수 있다. 특히 타입의 이름이 길 경우 타이핑을 줄여주는 효과를 준다.

[예제 2-30] 타이핑을 줄여주는 auto

```
#include <iostream>
#include <vector>
using namespace std;

void main()
{
    vector<int> v = { 1, 2, 3 };

    int Sum = 0;

    // auto -> vector<int>::iterator
    for(auto it = v.begin(); it != v.end(); it++)
    {
        Sum += *it;
    }

    cout << Sum << endl;
}
```

```
6
```

[예제 2-30]은 auto가 많이 사용되는 경우를 보여준다. 아직 STL에 대해서 배우지 않았으나 STL은 기본으로 제공되는 C++ 라이브러리로서 많은 자료구조와 알고리즘을 제공한다. [예제 2-30]에서는 STL 컨테이너의 하나인 vector를 사용했다. 일반적으로 auto는 vector와 같은 STL 컨테이너와 함께 자주 사용되는데, STL 컨테이너의 반복자 타입의 이름이 생각보다 길기 때문이다. auto를 사용하지 않는다면 반복자 it을 정의하기 위하여 vector〈int〉의 반복자 타입인 vector〈int〉::iterator를 it 앞에 써야 한다.

사실 이 정도만 해도 굉장히 양호한 편인데 정말 복잡한 컨테이너의 경우 auto를 사용하지 않아서 코드를 분간하기가 어려울 정도로 길 수 있다. 예제 코드에서는 초기화 식인 v.begin()의 반환 타입을 통해서 auto 추론이 가능하다.

01 – ___________는 조건에 따라서 도체 혹은 부도체가 된다. 컴퓨터는 전류가 흐르는 경우를 ___________, 흐르지 않는 경우를 ___________으로 약속하여 처리한다.

02 – 특정한 집합에 포함된 대상을 일정한 대응 규칙에 의해서 비트열로 표현하는 체계를 ___________이라고 한다.

03 – C/C++는 수와 문자를 쉽게 처리하기 위하여 기본 타입을 제공한다. 기본 타입을 다섯 개 이상 나열하시오.

04 – C++는 정수 타입을 ___________의 존재 여부에 따라서 크게 두 가지로 나눈다.

05 – unsigned short는 2바이트를 사용한다. unsigned short가 표현할 수 있는 정수의 범위를 나타내어라.

06 – 어떤 수를 2진법의 비트열로 나타냈을 때, 각 비트를 반전시킨 것을 ___________라고 한다. 2의 보수는 1의 보수에 ___________을 더한 것이다.

07 – −8을 2의 보수법에 의해서 1바이트 비트열로 나타내어라.

08 – 실수를 비트열로 나타내기 위하여 전기전자기술자협회(IEEE)가 정한 표준은 무엇인가?

09 – −5.375를 2진법으로 나타내어라.

10 – 09번 문제의 답을 정규화하여 부호, 지수, 유효 숫자를 말해보시오.

11 – int와 float는 크기가 4바이트로 같지만 float의 표현 범위가 훨씬 넓다. 대신 int에 비하여 어떤 점이 단점이 될 수 있는지 말해보시오.

12 – 정수 타입을 부동소수점 타입으로 변환할 경우 주의점은 무엇인가?

13 – C++는 알파벳, 숫자 및 기호들을 1바이트로 표현하는 char 타입과 유니코드 문자를 나타내는 ______________ 타입을 제공한다.

14 – UTF–8과 UTF–16을 서로 비교하여 각각의 장단점을 말해보시오.

15 – Escape Sequence 중 연결이 잘못된 것을 고르시오.

① \b - Bell

② \t - Tab

③ \n - Line Feed

④ \r - Carriage Return

16 – NULL 종료 문자열을 설명하시오.

17 – 다음 코드에서 잘못된 부분을 찾아내고 이유를 설명하시오.

```
void main()
{
    char str1[8] = "C++";
    char str2[] = "C++";
    char str3[8];
    str3 = "C++";
}
```

18 – int 요소가 네 개인 배열이 3개 모인 타입을 파생하시오.

19 – int 요소 네 개가 모인 배열을 가리키는 포인터 타입을 파생하시오.

20 – int 요소 4개가 모인 배열을 가리키는 포인터를 반환하는 함수를 파생하시오(함수의 매개 변수는 없다).

21 – int 요소 3개인 배열이 2개 모인 배열 타입을 typedef를 이용하여 사용자 정의 타입으로 INT_ARR_23으로 만드시오.

22 – 다음 함수에서 잘못된 부분을 찾은 후 고치시오.

```
void main()
{
   const int ci;
   ci = 1;
}
```

23 – const int *와 int * const의 차이를 설명하시오. 추가적으로 const int * const도 설명하시오.

24 – 다음 구문에서 auto는 어떤 타입으로 추론되는가?

```
void main()
{
   auto a = 1;
   cout << a << endl;
}
```

프로그래밍 문제

{1} - 알파벳 'C'부터 'K'까지 몇 개의 알파벳이 있는지 계산하는 프로그램을 작성하시오.

{2} - Name 문자 배열을 정의한 후에 자신의 영문 이름을 배열 요소에 하나씩 입력한 후에 출력하는 프로그램을 작성하시오.

{3} - 다음은 분자, 분모를 입력받은 후 나눗셈 결과를 출력하는 프로그램이다. Divide 함수를 완성하시오.

```
void main()
{
   int a, b;
   cout << "분자를 입력하세요." << endl;
   cin >> a;
   cout << "분모를 입력하세요." << endl;
   cin >> b;

   auto r = Divide(a, b);
   cout << r << endl;
}
```

{4} - 다음은 알파벳 하나를 입력받은 후, 대소문자 여부를 출력하는 프로그램이다. CheckResult 함수를 완성하시오.

```
알파벳 하나를 입력하세요.
c
소문자입니다.
```

```
알파벳 하나를 입력하세요.
C
대문자입니다.
```

```
알파벳 하나를 입력하세요.
+
알파벳이 아닙니다.
```

```
void main()
{
    char c;
    cout << "알파벳 하나를 입력하세요." << endl;
    cin >> c;

    CheckResult(c);
}
```

Chapter 03

연산자

C++는 프로그래밍 언어이지만 동시에 수식을 다룬다는 점에서 수학과 비슷하다. 수학의 수식에 많은 기호와 연산자들이 등장하듯이 C++도 프로그래밍을 하는 데 필수적인 연산자들을 가지고 있다. 타입을 통해서 대상을 분류했다면 연산자를 통해서 대상에 변화를 주는 것은 프로그래밍의 과정이다.

1 연산자의 개요

2 산술 연산자

3 비교 연산자

4 논리 연산자

5 비트 연산자

6 기타 연산자

++ 연습 문제

++ 프로그래밍 문제

1 연산자의 개요

1.1 연산자의 개념

연산자는 피연산자에 적용되어 값을 도출하기 위한 연산 기호이다. 피연산자에 연산자가 적용되는 것은 값을 도출하기 때문에 그 자체가 하나의 식이 된다. 또한 식 자체가 피연산자가 될 수 있다. 따라서 식에 연산자가 적용된 것 역시 식이 된다. 간단하게 + 연산자를 생각해보자. + 연산자는 두 개의 피연산자를 취한 후 더한 값을 도출하라는 기호이다. 즉, '1+2'는 3을 도출하는 하나의 식이 된다.

C++는 사칙 연산에 해당하는 수학의 연산자를 포함해서 프로그래밍에 필요한 많은 연산자들을 제공하고 있다.

1.2 연산자의 분류

연산자는 기능별, 형태별로 분류할 수 있다. 연산자를 분류하는 것이 그렇게 중요한 것은 아니지만, 그럼에도 연산자를 분류하는 것은 공통된 속성을 통해서 개별 연산자의 특성을 쉽게 파악하기 위해서이다.

기능별 분류

연산자는 공통된 기능에 따라서 분류할 수 있다. 사칙 연산자(+, −, *, /)와 같이 셈을 위한 산술 연산자가 있으며 값의 대소와 상등을 비교하기 위한 비교 연산자가 있다. 조건을 조합하여 참 거짓을 따지는 논리 연산자도 있다.

프로그래밍에 특화된 연산자도 있다. 비트를 피연산자로 취하는 비트 연산자가 있으며, C++의 파생 타입인 배열, 포인터, 클래스 사용을 위한 연산자도 추가로 제공된다.

형태별 분류

연산자는 피연산자의 수로 분류하기도 한다. 피연산자가 하나일 경우 '단항 연산자'라고 부르고, 두 개일 경우 '이항 연산자'로 부른다.

C++의 연산자는 대부분이 단항 혹은 이항 연산자인데, 독특하게도 피연산자가 세 개인 삼항 연산자도 있다.

지금까지 연산자가 대략적으로 어떻게 분류되는지 살펴보았는데 기능별 분류를 기준으로 자세한 설명을 할 것이다. 사칙 연산처럼 너무 당연한 내용은 과감히 생략하겠다.

2 산술 연산자

2.1 대입 연산자

```
a = b: a에 b를 대입하고 b를 반환한다.
```

대입 연산자(기본 할당 연산자)는 수학의 기호와는 다른 의미로 쓰인다. 예시를 보면 수학에서는 a와 b가 같다는 의미이지만 C++에서는 a에 b를 대입한다는 의미이다. a = b 자체는 하나의 식으로서 값을 나타내는데 그 값은 바로 b이다. 따라서 a = b = 1은 가능한 식이다. 기본 할당 연산자는 우측에서부터 적용되는데 a = (b = 1)로 표현될 수 있고, b = 1 대입식이 1을 나타내므로 (b = 1)은 곧 1이 된다. 즉, a = 1이 되면서 a = 1 대입식은 다시 1을 나타낸다.

2.2 나머지 연산자

```
a % b: a를 b로 나눈 나머지를 반환한다.
```

나머지 연산자는 프로그래밍에서 상당히 많이 쓰이는 연산자이다. 가령 a가 짝수인지 확인하는 조건식은 a % 2 == 0이다.

2.3 증감 연산자

a를 1 증가시키는 식은 a = a + 1이고, 1 감소시키는 식은 a = a − 1이다. C++에서는 이런 식을 축약할 수 있는 연산자를 제공하는데 증감 연산자인 ++, −−이다. ++, −−는 형식에 따라 변수의 앞뒤에 사용할 수 있다. 즉, a를 1 증가시키는 식은 ++a, a++이고, 1 감소시키는 식

은 --a, a--이다.

++, --의 형식은 위치에 따라서 전위형과 후위형으로 나뉘며 큰 차이가 있다.

- **전위형:** ++a, --a 증감 연산자가 피연산자 앞에 있다.
- **후위형:** a++, a-- 증감 연산자가 피연산자 뒤에 있다.

[예제 3-1] 전위형과 후위형

```
#include <iostream>
using namespace std;

void main()
{
    int a, b;

    a = 1;
    cout << ++a << endl;   // 2

    a = 1;
    b = ++a;
    cout << b << endl;   // 2

    a = 1;
    cout << a++ << endl;   // 1

    a = 1;
    b = a++;
    cout << b << endl;   // 1

    a = 1;
    ++a;
    cout << a << endl;   // 2

    a = 1;
```

```
27     a++;
28     cout << a << endl;   // 2
29 }
```

```
2
2
1
1
2
2
```

[예제 3-1]은 전위형과 후위형의 분명한 차이를 보여준다. 9행, 12행의 전위형은 수식이나 함수의 인자로 사용될 경우 먼저 a를 1 증가시킨 후 a를 반환한다. 따라서 2가 출력된다. 그에 비해서 16행, 19행의 후위형은 a를 먼저 반환한 후에 a를 1 증가시킨다. 따라서 1이 출력된다. 그러나 23행, 27행과 같이 전우형, 후위형이 단독으로 사용될 경우 a는 1 증가되므로 모두 2가 출력된다.

[예제 3-2] 전위형과 후위형

```
1  void main()
2  {
3     int a = 0;
4     ++a = 1;   // OK: l-value
5     a++ = 1;   // Error: r-value
6  }
```

[예제 3-2]는 전위형과 후위형의 가장 큰 차이를 보여준다. 바로 l-value와 r-value인데 l-value라는 값이 대입될 수 있는 변수라고 할 수 있으며, r-value는 값이 대입될 수 없는 상수라고 할 수 있다. 4행은 a를 1 증가시킨 후 l-value인 a 변수에 1이 대입될 수 있다. 그러나 5행의 후위형은 a의 값인 0을 반환하고 a를 1 증가시키는데, 0은 상수로서 r-value이고 1을 대입할 수 없으므로 컴파일 오류가 발생한다.

3 비교 연산자

비교 연산자는 피연산자 두 개를 취한다. 피연산자의 값에 따라 비교 연산식은 0이나 1로 평가된다. 가령 두 번째 연산식인 [a != b]의 경우 a와 b가 같은 경우 거짓이므로 0으로 평가되고, a와 b가 다른 경우 참이므로 1로 평가된다.

[표 3-1] 비교 연산자

비교 연산식	a와 b가 같다.	a가 b보다 크다.	a가 b보다 작다.
a == b	1	0	0
a != b	0	1	1
a > b	0	1	0
a < b	0	0	1
a >= b	1	1	0
a <= b	1	0	1

비교 연산식은 주로 조건문의 조건식에 사용되는데 오타가 날 경우 오작동이 일어날 수 있다.

[예제 3-3] 비교 연산자와 대입 연산자

```
#include <iostream>
using namespace std;

void main()
{
   int a = 0;

   if(a = 1)
   {
      cout << "a == 1" << endl;
   }
   else
   {
      cout << "a != 1" << endl;
   }
}
```

```
a == 1
```

[예제 3-3]을 보면 [a != 1]이 출력된다고 착각할 수 있다. 문법 자체는 아무 문제가 없기 때문에 오류를 발견하고 수정하기는 굉장히 어렵다. 출력으로 [a == 1]이 나오는 이유는 8행의 (a = 1)이 대입 식이라서 반환 값이 1이므로 참으로 평가되기 때문이다.

4 논리 연산자

4.1 NOT(!)

[표 3-2] 논리 부정

a	!a
0	1
0 아님	0

[예제 3-4] 이중 부정

```
1  #include <iostream>
2  using namespace std;
3
4  void main()
5  {
6      int a = 3;
7      cout << !!a << endl;    // 1
8  }
```

```
1
```

[예제 3-4]는 주의를 기울여야 한다. 7행의 !!a는 부정의 부정이므로 a가 되어야 할 것 같지만, [표 3-2]에서 볼 수 있듯이 0이 아닌 값의 부정은 0이 되고, 0의 부정은 1이 되므로 최초 a는 3이지만, !!a는 1이 된다.

4.2 AND(&&)

[표 3-3] 논리 곱

a	b	a && b
0	0	0
0	0 아님	0
0 아님	0	0
0 아님	0 아님	1

a가 0이라면 b의 값에 상관없이 a && b는 항상 0이다. 이 경우 프로그램은 b를 계산할 시도조차 하지 않는다. 이런 전략을 short circuit이라고 하는데 쓸데없이 b를 계산하여 시간을 낭비하지 않겠다는 의미이다.

[예제 3-5] && Short-Circuit

```
1  #include <iostream>
2  using namespace std;
3
4  int Func()
5  {
6     cout << "Func" << endl;
7     return 1;
8  }
9
10 void main()
11 {
12    if(0 && Func())
13    {
14       cout << "main" << endl;
15    }
16 }
```

[예제 3-5]는 어떤 것도 출력하지 않는다. 12행의 if 조건식 (0 && Func( ))에서 short-circuit이 작용하여 함수 Func가 호출될 필요가 없기 때문이다. 만일 short-circuit이 작용되지 않는다면 [Func]가 출력되었을 것이다.

4.3 OR(||)

[표 3-4] 논리 합

a	b	a || b
0	0	0
0	0 아님	1
0 아님	0	1
0 아님	0 아님	1

AND(&&)와 마찬가지로 OR(||)도 short-circuit이 작동한다. a가 0이 아니면 b의 결과에 상관없이 a || b는 항상 1이 되기 때문에 b를 계산할 필요는 없다.

5 비트 연산자

비트 연산자는 피연산자로 정수나 정수 변수를 취한 후 피연산자가 나타내는 비트열의 모든 비트에 대해서 연산을 수행한다. 비트 연산자는 피연산자의 수에 따라서 단항, 이항 연산자로 구분된다.

5.1 반전 연산자(~)

[예제 3-5] 반전 연산자와 NOT 연산자 비교

```
#include <iostream>
using namespace std;

void main()
{
    cout << ~0 << endl;
    cout << !0 << endl;
}
```

```
-1
1
```

[예제 3-6]은 비트 연산자인 반전 연산자와 논리 연산자인 NOT 연산자를 비교한다. 비슷한 성질을 지니지만 동작 방식이 확연히 다르다. 비트 연산자는 오직 정수나 정수 타입 변수에만 적용할 수 있다(char는 1바이트 부호 없는 정수 타입이므로 적용 가능하다).

[그림 3-1]에서 확인할 수 있듯이 반전 연산자는 0을 나타내는 비트열 모두에 작용하여 모든 비트를 1로 만들기 때문에 2의 보수법에 의해서 −1이 되고, NOT 연산자는 0이라는 값을 1로 바꾸기 때문에 오직 오른쪽 1비트만 1로 변경한다.

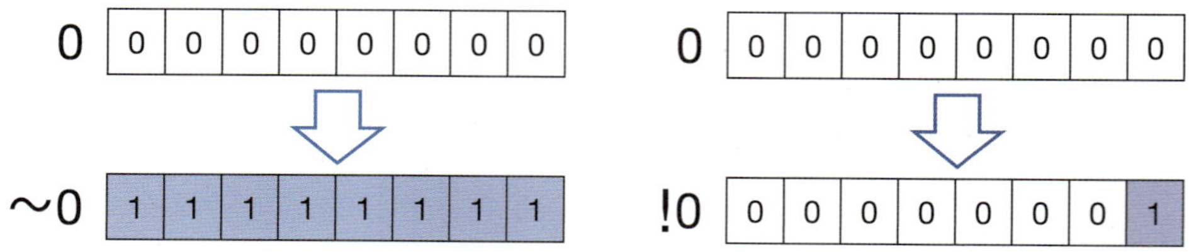

[그림 3-1] 비트 반전 연산자와 NOT 연산자

5.2 비트 곱(&), 합(|), 차(^) 연산자

[표 3-5]는 피연산자 두 개의 1비트 a, b에 대하여 비트 연산자의 결과를 보여준다. 비트 곱, 합은 쉽게 이해할 수 있을 것이고, 비트 차XOR는 두 비트가 서로 다를 때 1이 되고, 두 비트가 같을 때는 0이 된다. 32비트(4바이트) 변수 x와 y를 피연산자로 비트 연산을 한다면 32개 각각의 비트에 대해서 위의 표와 같은 연산이 수행된다.

[표 3-5] 비트 곱, 합, 차

a	b	a & b	a | b	a ^ b
0	0	0	0	0
0	1	0	1	1
1	0	0	1	1
1	1	1	1	0

비트 차XOR는 재미있는 성질을 가지고 있다. [표 3-5]에서도 확인할 수 있듯이 (a ^ b) ^ b = a가 되고, 반대로 (a ^ b) ^ a = b가 된다. 즉, 어떤 변수에 특정 값으로 XOR을 적용하고, 다시 특정 값으로 XOR을 적용하면 원래 변수를 복원할 수 있다. 이런 성질을 이용해서 한때 코딩 테스트로 임시 변수를 사용하지 않고 두 변수를 교환swap하는 문제가 유행한 적이 있다.

[예제 3-7] 임시 변수 없는 swap

```
#include <iostream>
using namespace std;

void main()
{
    int a = 3;
    int b = 7;

    a = a ^ b;
    b = a ^ b;
    a = a ^ b;
    cout << a << " " << b << endl;
}
```

```
7 3
```

[예제 3-7]은 임시 변수를 사용하지 않고, 두 변수 a와 b를 교환하는 것을 보여준다. 바로 비트 차XOR 연산자의 성질을 이용하기 때문에 가능한 일이다. 이 문제의 단점은 정수 타입 변수만 가능하다는 점이다. 왜냐하면 비트 연산자는 정수나 정수 타입에만 적용 가능하기 때문이다. 즉, 부동소수점 타입 변수에는 사용할 수 없는 기법이다. 하지만 굳이 하려고 한다면 못할 것은 없다.

[예제 3-8] 임시 변수 없는 swap - float

```
#include <iostream>
using namespace std;

void main()
{
    float a = 3.7;
    float b = 7.3;

    *(int*)&a = *(int*)&a ^ *(int*)&b;
    *(int*)&b = *(int*)&a ^ *(int*)&b;
    *(int*)&a = *(int*)&a ^ *(int*)&b;
    cout << a << " " << b << endl;
}
```

```
7.3 3.7
```

[예제 3-8]은 부동소수점 타입 변수도 임시 변수 없는 교환swap이 가능함을 보여준다. 포인터와 타입 변환을 제대로 배우지 않았으므로 설명은 생략한다.

5.3 비트 이동 연산자(<<, >>)

비트 이동Shift 연산자는 정수나 정수 타입 변수를 첫 번째 피연산자로 취한 후 피연산자의 비트열 전체를 왼쪽이나 오른쪽으로 두 번째 피연산자만큼 이동시키는 연산자이다. 비트열 전체를 이동시키기 때문에 밀려나는 비트도 있고 새로 채워지는 비트도 있다.

연산자의 모양도 상당히 직관적이다. <<는 비트열을 왼쪽으로 이동시키고, >>는 비트열을 오른쪽으로 이동시킨다. 크게 어렵지 않은 연산자이지만 주의할 점도 있다.

[예제 3-9] Shift Operator

```
1  #include <iostream>
2  using namespace std;
3
4  void main()
5  {
6     char c = 1;
7
8     c = c << 7;
9     cout << +c << endl;
10
11    c = c >> 7;
12    cout << +c << endl;
13 }
```

```
-128
-1
```

[예제 3-9]는 char 타입 변수에 비트 이동 연산자를 적용한 후의 결과를 보여준다. 9행, 12행의 c 앞에 +를 붙인 것은 문자가 아닌 숫자로 출력하기 위해서이다. 앞에서 설명했듯이 char는 아스키 문자 타입이기도 하지만 1바이트 크기의 부호 있는 정수 타입이기도 하다. 즉, −128~127까지 256개의 정수를 표현할 수 있다.

먼저 6행에서 char 타입 변수 c에 1을 대입한다. 비트열로 나타내면 [0000,0001]이 된다. 8행에서 7만큼 왼쪽으로 비트 이동을 시킨다. 따라서 c의 비트열은 [1000,0000]이 된다(왼쪽으로 비트 이동 시 오른쪽에 채워지는 비트 값은 0이다). 부호 있는 정수이기 때문에 c의 비트열에 2의 보수법을 적용하면 −128이 출력된다.

이제 11행을 살펴보자. c의 비트열은 [1000,0000]이므로 7만큼 오른쪽으로 비트 이동을 하면 비트열은 어떻게 변할까? 다시 처음처럼 [0000,0001]이 된다고 생각할 수도 있으나 실제로는 [1111,1111]이 된다. 2의 보수법을 적용하면 −1이 출력된다.

왜 이런 현상이 발생하는 것일까? 비트 이동 연산자의 부호 유지 정책 때문이다. 일반적으로 비트열은 이진법을 따르기 때문에 왼쪽으로 한 칸 이동하면 원래 값의 두 배가 되고, 오른쪽으로 한 칸 이동하면 원래 값의 절반이 된다. 당연히 원래 값의 부호를 유지하면서 두 배가 되거나 절반이 되길 기대한다. 따라서 −128을 오른쪽으로 7만큼 비트 이동을 시켜서 그 값이 1이 된다면 부호가 유지되지 않으므로 기대에 어긋난다. 따라서 비트 이동 시 부호를 유지하기 위하여 비트 이동은 왼쪽과 오른쪽 각각 다른 규칙이 적용된다.

- **<< N:** 비트열을 N만큼 왼쪽으로 이동시킨다. 가장 왼쪽의 넘치는 N개의 비트들은 버리고, 오른쪽에 새로 생기는 N개의 비트들은 모두 0으로 채운다.
- **>> N:** 비트열을 N만큼 오른쪽으로 이동시킨다. 가장 오른쪽의 넘치는 N개의 비트들은 버리고, 왼쪽에 새로 생기는 N개의 비트들은 부호 비트가 존재할 경우 부호 비트로 채우고, 부호 비트가 존재하지 않을 경우 0으로 채운다.

<< 연산자는 이해하기가 쉽지만, >> 연산자는 설명이 무척 어렵다. 그래서 부연하면 오른쪽 이동으로 인해서 왼쪽에 새로 생기는 N개의 비트들에 한해서 부호 비트가 존재하는 타입(즉, 부호 있는 정수)이라면 해당 부호 비트에 채워진 값(0 혹은 1)을 그대로 채우고, 부호 비트가 없는 타입(즉, 부호 없는 정수)이라면 0으로 채우라는 것이다. [예제 3-10]을 통해서 확인해보자. 먼저 부호 있는 정수 타입이다.

[예제 3-10] 부호 있는 정수 >> 연산자 적용

```
#include <iostream>
using namespace std;

void main()
{
    char c;   // signed type
```

```

    c = 2;    // [0000,0010]  2
    c = c >> 1;    // [0000,0001]  1
    cout << +c << endl;

    c = -126;    // [1000,0010] -126
    c = c >> 1;    // [1100,0001]  -63
    cout << +c << endl;
}
```

```
1
-63
```

[예제 3-10]은 부호 있는 정수 타입으로 char를 선택했다. 비트열을 확인할 수 있도록 주석에 비트열을 표시했다. 부호 비트는 비트열의 가장 왼쪽 1비트를 의미하며 0이면 양수, 1이면 음수를 나타낸다. 오른쪽 비트 이동 연산 후에 부호 비트의 값(0 혹은 1)이 그대로 가장 왼쪽에 채워지는 것을 확인할 수 있다. 따라서 2는 1이 되고, −126은 −63이 되면서 부호가 유지된다.

이번에는 부호 없는 정수 타입의 오른쪽 비트 이동 연산을 살펴보자.

[예제 3-11] 부호 없는 정수 >> 연산자 적용

```
#include <iostream>
using namespace std;

void main()
{
    unsigned char uc;    // unsigned type

    uc = 2;    // [0000,0010]  2
    uc = uc >> 1;    // [0000,0001]  1
    cout << +uc << endl;

    uc = 130;    // [1000,0010]  130
    uc = uc >> 1;    // [0100,0001]  65
    cout << +uc << endl;
}
```

```
1
65
```

[예제 3-11]은 부호 없는 정수 타입으로 unsigned char를 선택했다. 비트열을 확인할 수 있도록 주석에 비트열을 표시했다. 부호 없는 정수 타입은 부호 비트가 없다. 즉, 비트열의 가장 왼쪽 1비트는 부호와 상관이 없다. 따라서 오른쪽 비트 이동 연산 후에는 가장 왼쪽 비트에 0이 채워진다. 따라서 2는 1이 되고, 130은 65가 된다.

간략히 정리하면 비트 이동 연산은 부호를 유지하면서 방향에 따라 원래 값의 두 배나 절반이 되도록 만드는 것을 목적으로 한다. 실제로 소스에 두 배 곱셈이나 절반 나눗셈이 존재할 경우 컴파일된 어셈블리에는 비트 이동 연산이 사용되어 성능 향상을 꾀한다.

여기서 주의할 점이 있다. 비트 이동 연산은 오직 정수 타입에만 적용할 수 있다. 앞에서 IEEE754 부동소수점 타입의 구조를 알아봤듯이 부동소수점 값이나 변수에는 비트 이동 연산을 한다고 원래 값의 두 배 혹은 절반이 되지 않는다. 따라서 부동소수점 타입인 float, double의 경우 비트 이동 연산을 지원하지 않으며 강제로 시도할 경우 컴파일 오류가 발생한다.

추가적으로 C++의 경쟁 언어인 Java의 경우 오른쪽 비트 연산자로 >>>를 지원한다. 이 연산자는 오른쪽으로 비트 이동을 한 후에 왼쪽에 추가되는 비트에 대해서 무조건 0을 채운다. 아쉽지만 C++에서 >>> 연산자는 아직 지원되지 않는다.

참고

그 밖의 연산자

1. **복합 할당 연산자:** 복합 할당 연산자는 기본 할당 연산자와 다른 산술 연산자를 조합한 연산자이다. 전혀 어렵지 않기에 아래 표의 실제 의미를 살펴보고 이해하면 된다.

[표 3-6] 복합 할당 연산자

연산자	실제 의미	연산자	실제 의미
a += b	a = a + b	a &= b	a = a & b
a -= b	a = a - b	a |= b	a = a | b
a *= b	a = a * b	a ^= b	a = a ^ b
a /= b	a = a / b	a <<= b	a = a << b
a %= b	a = a % b	a >>= b	a = a >> b

2. **포인터와 클래스 멤버 연산자:** 포인터와 클래스 멤버에 관련된 연산자도 제공된다. 간접(*) 연산자, 주소(&) 연산자, 첨자([ ]) 연산자, 간접 멤버(->) 연산자, 직접 멤버(.) 연산자가 있으며 이들 연산자는 각각 포인터와 클래스에서 상세히 살펴볼 것이다.
3. **저장소 연산자:** 연산자 new, new[ ], delete, delete[ ]는 C++에 도입된 연산자이다. 즉, C 언어에는 존재하지 않는다. new, new[ ]를 통해서 저장소(보통 힙)에서 동적으로 메모리를 할당 받고, delete, delete[ ]를 통해서 할당 받은 메모리를 해제할 수 있다. new, new[ ], delete, delete[ ]는 다른 장에서 상세히 살펴볼 것이다.

6 기타 연산자

6.1 삼항 연산자

```
조건식 ? 식1 : 식2
```

삼항 연산자는 피연산자가 세 개인 희귀한 연산자이다. 피연산자로 식이 세 개가 사용된다. 모두 식이기 때문에 하나의 값으로 도출된다. 여기서 조건식이란 특별한 것이 아니다. 단지 식일 뿐인데 참, 거짓을 결정하는 조건으로 사용된다는 의미이다. 식은 값을 나타내는데 그 값이 0이 아닌 경우 참으로 평가되고, 0인 경우 거짓으로 평가된다.

[조건식 ? 식1 : 식2] 이 문장도 하나의 식이다. 삼항 연산식이 도출하는 값은 조건식이 참일 경우 식1이 되고, 거짓일 경우 식2가 된다.

[예제 3-12] 삼항 연산자를 이용한 NOT 구현

```
1  #include <iostream>
2  using namespace std;
3
4  int NOT(int arg)
5  {
6      return arg ? 0 : 1;
7  }
8
9  void main()
10 {
11     cout << NOT(3) << " " << NOT(0) << endl;
12 }
```

```
0 1
```

[예제 3-12]는 삼항 연산자를 이용해서 논리 연산자인 NOT을 함수로 구현해본 것이다. 6행처럼 인자 arg가 0이 아닌 경우(참)에는 0을 반환하고, arg가 0인 경우(거짓)에는 1을 반환하면 된다.

6.2 sizeof

```
sizeof(타입 이름)
sizeof(변수 이름)
sizeof(배열 이름)
```

sizeof는 피연산자의 메모리 크기를 바이트 단위로 반환한다. 피연산자가 타입일 경우 타입의 크기를 도출하고, 변수나 배열 이름일 경우 해당 객체가 실제 차지하는 메모리 영역의 크기를 도출한다.

[예제 3-13] sizeof

```cpp
#include <iostream>
using namespace std;

void main()
{
    cout << sizeof(char) << endl;   // 1
    cout << sizeof(int) << endl;   // 4
    cout << sizeof(double) << endl;   // 8

    char c;
    int i;
    double d;
    int arr[4];

    cout << sizeof(c) << endl;   // 1
    cout << sizeof(i) << endl;   // 4
    cout << sizeof(i) << endl;   // 4
    cout << sizeof(arr) << endl;   // 16
}
```

```
1
4
8
1
4
4
16
```

[예제 3-13]은 sizeof를 사용해서 여러 타입과 변수와 배열의 크기를 보여준다. 주의할 점은 13행, 18행이다. sizeof의 피연산자로 배열명이 사용될 경우 배열 요소의 개수가 아니라 배열 전체의 크기가 나온다. 따라서 배열 arr의 요소 개수는 4이지만 각각 4바이트를 차지하므로 전체 크기는 16이 나온다.

6.3 범위 연산자

```
이름 :: 식별자
```

C++에는 이름 공간이라 부르는 namespace와 클래스가 도입되었다. 따라서 일반 전역 객체와 이름 공간과 클래스에 속한 객체를 구분하기 위하여 범위를 한정하는 연산자이다. 콜론(:) 두 개를 사용하고 왼쪽에는 이름 공간이나 클래스 이름을 넣고, 오른쪽에는 식별자를 넣는다. 이름 공간과 클래스를 알아볼 때 다시 한번 살펴보겠다.

6.4 타입 변환 연산자

식의 도출 값을 TYPE 타입으로 강제 변환한다. 아래 두 형식 모두 같은 변환인데 ❷번 형식은 C++에서 도입되었다.

❶ (TYPE)식

❷ TYPE(식)

"대한민국"이라는 문자열을 숫자로 변환한다고 생각해보자. 참 말도 안 되는 이야기이다. 따라서 타입 변환 자체가 왜 필요한지 의문이 들 수 있다. 그러나 말도 안 되는 변환도 있으나 그럭저럭 용인할 수 있는 변환도 있긴 하다. 가령 정수 타입 3은 부동소수점 타입 3.0으로 변환할 수 있다. 반대로 부동소수점 타입 원주율 3.141592는 정수 타입 3으로 변환할 수 있다. 즉, 타입 간의 변환이 나름 의미를 가질 때에 한해서 타입 변환이 허용된다.

서로 변환이 가능한 타입 사이에서는 암묵적으로 변환이 이루어진다.

[예제 3-14] 암묵적 타입 변환

```
1  #include <iostream>
2  using namespace std;
3
4  void main()
5  {
6      cout << fixed;
7      cout.precision(0);
8
9      int i = 3.141592;    // 3
10     float f = 67108870;    // 6710872
11
12     cout << i << " " << f << endl;
13 }
```

```
3 67108872
```

[예제 3-14]는 암묵적 타입 변환을 보여준다. 이미 앞에서 살펴봤듯이 정수 타입과 부동소수점 타입 사이에는 필요한 경우 암묵적 변환이 이루어진다.

9행을 보면, 정수 변수 i에 부동소수점 수인 3.141592가 대입된다. 이때 암묵적으로 변환이 이루어져서 i에는 3이 대입된다.

10행을 보면, 이번에는 부동소수점 타입 float 변수 f에 67,108,870을 대입하려고 한다. 이때도 역시 암묵적 변환이 이루어져서 f에 값이 대입된다. 하지만 대입된 값이 조금 달라진다. IEEE745의 float 구조상 67,108,870을 나타낼 수 없기 때문이다. 따라서 f는 가장 근접한 수인 67,108,872를 나타낸다. 혹시 67,108,870이 67,108,872로 나타난 것이 이해가 되지 않을 경우 2장 '타입'을 다시 한번 살펴보기 바란다.

여기까지 봤을 때 캐스트 연산자가 불필요한 것처럼 보인다. 변환이 암묵적으로 이루어지므로 사용하지 않아도 될 것처럼 보이는 것이다. 그러나 반드시 캐스트 연산자를 사용해야 하는 경우가 있다(참고로 캐스트 연산은 '명시적 변환'이라고 한다).

[예제 3-15] 명시적 타입 변환

```
1  #include <iostream>
2  using namespace std;
3
4  void main()
5  {
6     cout << 1 / 2 << endl;
7     cout << (double)1 / 2 << endl;
8  }
```

```
0
0.5
```

[예제 3-15]의 출력을 확인해보면, 기대한 값은 둘 다 0.5가 나와야 한다. 첫 번째 출력이 0이 나온 이유는 CPU가 정수를 나누는 방식에 기인한다. CPU는 두 정수를 피연산자로 취하는 나누기(/) 연산에 대해서 몫과 나머지를 구한다. 예를 들어서 9를 2로 나누면 몫은 4가 되고 나머지는 1이 되는데, 그중에서 몫인 4를 반환한다. 따라서 정확한 계산 결과를 얻기 위해서는 다른 방식이 필요하다. 다행스럽게도 CPU는 피연산자 중에 하나라도 부동소수점 타입이면 실제 나눗셈 결과를 반환한다. 그래서 7행처럼 정수 1에 캐스트 연산자인 (double)을 적용하여 부동소수점 타입인 1.0을 만들면 제대로 된 출력을 얻을 수 있다.

❸ static_cast〈TYPE〉(식)

❹ dynamin_cast〈TYPE〉(식)

❺ const_cast〈TYPE〉(식)

❻ reinterpret_cast〈TYPE〉(식)

❸~❻번 타입 변환 연산자는 C 언어에는 없던 것이고, C++에서 새롭게 추가된 연산자들이다. 이 연산자들은 클래스 타입과 많은 관련이 있으므로 클래스를 설명할 때 자세히 살펴보겠다.

참고

연산자 우선순위

수학 연산자에서 곱셈과 나눗셈은 덧셈과 뺄셈보다 우선순위가 높다. 마찬가지로 C++ 연산자들 사이에도 우선순위가 있다. [표 3-7]은 연산자의 우선순위를 보여준다. 연산자가 상당히 많아서 외우는 것이 부담스러울 수도 있다. 그러나 수학에서 연산의 우선순위를 변경하거나 명확하게 표시하기 위하여 괄호로 묶듯이 C++ 연산자도 괄호로 묶으면 우선순위가 높아진다.

[표 3-7] 연산자의 우선순위와 결합 방향

순위	연산자	결합 방향
1	::	없음
2	후위형++, 후위형−−, [ ], −>, 직접 멤버., static_cast, const_cast, dynamic_cast, reinterpret_cast	왼쪽에서 오른쪽
3	전위형++, 전위형−−, 부호+, 부호−, !, ~, 참조&, 간접*, sizeof, (TYPE), new, new[ ], delete, delete[ ]	오른쪽에서 왼쪽
4	곱하기*, /, %	왼쪽에서 오른쪽
5	더하기+, 빼기−	왼쪽에서 오른쪽
6	<<, >>	왼쪽에서 오른쪽
7	<, <=, >=, >	왼쪽에서 오른쪽
8	==, !=	왼쪽에서 오른쪽
9	비트&	왼쪽에서 오른쪽
10	^	왼쪽에서 오른쪽
11	|	왼쪽에서 오른쪽
12	&&	왼쪽에서 오른쪽
13	||	왼쪽에서 오른쪽
14	삼항 ?:	오른쪽에서 왼쪽
15	=, +=, −=, *=, /=, %=, <<=, >>=, &=, ^=, |=	오른쪽에서 왼쪽

[표 3-7]의 오른쪽은 연산자의 결합 방향을 보여준다. 결합 방향은 연산자들이 같은 우선순위에 있을 경우 연산자의 적용 방향을 알려준다. 대부분의 연산자는 왼쪽에서 오른쪽으로 적용된다. 반대로 오른쪽에서 왼쪽으로 적용되는 연산자는 단항 연산자이거나 (복합) 할당 연산자이다. 생각하기에 어려울 수 있으나 단항 연산자가 피연산자의 왼쪽에 있기 때문에 적용 방향은 상식적으로 이해할 수 있다. [예제 3-16]을 살펴보자.

[예제 3-16] 결합 방향

```
#include <iostream>
using namespace td;

void main()
{
```

```
 6     int a = 0;
 7     cout << ~ ! ++a << endl;    // -1
 8
 9     int b = a += 1;
10     cout << b << endl;    // 2
11 }
```

```
-1
2
```

[예제 3-16]은 단항 연산자와 복합 할당 연산자의 결합 방향을 보여준다. 7행에서 변수 a에 단항 연산자 세 개가 적용되는 것을 볼 수 있다. 상식적으로 피연산자인 변수 a를 기준으로 오른쪽에서 왼쪽으로 ++, !, ~를 적용해야 맞을 것이다. ++a에 의해서 a는 1이 되고, 1에 !을 적용하여 0이 되고, ~을 적용하면 모든 비트가 1로 설정되어서 −1이 된다. 여기서 착각하지 말아야 할 것은 a가 −1이 된 것이 아니라는 사실이다. a는 오직 전위형 ++에 의해서만 변경되었으며, 나머지 연산자는 a의 값에 대하여 적용되었다.

9행은 (복합) 할당 연산자 =, += 가 사용되었다. 앞에서 a는 1이 되었다. 상식적으로 먼저 a += 1을 처리한 후에 b = a를 처리한다. 따라서 결합 방향은 연산자의 모양을 통해서 자연스럽게 적용 방향을 계산하면 틀릴 일이 없다.

01 - 연산자는 ____________를 취해서 값을 도출하기 위하여 적용되는 연산을 나타내는 기호이다.

02 - 사칙 연산자(+, −, *, /)와 같이 셈을 위한 ____________ 연산자가 있으며 값의 대소와 상등을 비교하기 위한 ____________ 연산자가 있다. 조건을 조합하여 참 거짓을 따지는 ____________ 연산자도 있다.

03 - a = b 가 식인 이유를 말하시오. (어떤 값을 나타내는가?)

04 - 다음 프로그램의 출력 결과는 무엇인가?

```
void main()
{
    int a, b;

    a = 1;
    b = ++a;
    cout << b << endl;

    a = 1;
    b = a++;
    cout << b << endl;
}
```

05 - 다음 표의 빈 칸을 채우시오.

비교 연산식	a와 b가 같다.	a가 b보다 크다.	a가 b보다 작다.
a == b			
a != b			
a > b	0	1	0
a < b	0	0	1
a >= b			
a <= b			

06 – 다음의 출력 결과는 무엇인가?

```
void main()
{
    int a = 3;
    cout << !!a << endl;
}
```

07 – 다음의 출력 결과는 무엇인가?

```
void main()
{
    cout << ~0 << endl;
    cout << !0 << endl;
}
```

08 – 다음 표의 빈 칸을 채우시오.

a	b	a ^ b
0	0	
0	1	
1	0	
1	1	

09 – 다음은 비트 이동 연산의 특징을 설명한 글이다. 빈 칸에 적절한 단어를 채우시오.

❶ **≪ N:** 비트열을 N만큼 왼쪽으로 이동시킨다. 가장 왼쪽의 넘치는 N개의 비트들은 버리고, 오른쪽에 새로 생기는 N개의 비트들은 모두 ____________으로 채운다.

❷ **≫ N:** 비트열을 N만큼 오른쪽으로 이동시킨다. 가장 오른쪽의 넘치는 N개의 비트들은 버리고, 왼쪽에 새로 생기는 N개의 비트들은 ____________가 존재할 경우 ____________로 채우고, ____________가 존재하지 않을 경우 ____________으로 채운다.

10 – 다음 프로그램의 c1, c2의 비트열을 나타내시오.

```
void main()
{
   char c1 = 2;
   c1 = c1 >> 1;

   char c2 = -126;
   c2 = c2 >> 1;
}
```

11 – 다음의 출력 결과는 무엇인가?

```
void main()
{
   char c;
   int i;
   double d;
   int arr[4];

   cout << sizeof(c) << endl;
   cout << sizeof(i) << endl;
   cout << sizeof(d) << endl;
   cout << sizeof(arr) << endl;
}
```

12 – 다음의 출력 결과는 무엇인가?

```
void main()
{
   int a = 0;
   cout << ~ ! ++a << endl;
}
```

13 – 다음 구문은 0을 출력한다. 0.5가 출력되도록 코드를 수정하시오.

```
void main()
{
   cout << 1 / 2 << endl;
```

{1}- 삼항 연산자를 이용하여 입력받은 정수의 짝수, 홀수 여부를 출력하는 프로그램을 작성하시오.

{2}- XOR을 이용하여 정수 a와 b의 값을 교환하는 프로그램을 완성하시오.

```
void main()
{
    int a = 3;
    int b = 7;

// 코드 작성

    cout << a << " " << b << endl;
}
```

{3}- 삼항 연산자를 이용하여 NOT을 함수로 구현하여 다음 프로그램을 완성하시오.

```
void main()
{
    cout << NOT(0) << endl;
    cout << NOT(1) << endl;
}
```

{4}- 삼항 연산자를 이용하여 10,000보다 작은 정수를 입력받은 후 자리 수를 출력하는 프로그램을 작성하시오. (단, 723이 입력되면 3을 출력, 9872가 입력되면 4를 출력한다.)

Chapter 04

제어문

프로그램이 실행되면 main이 호출된 후 순서대로 코드가 실행되지만 경우에 따라 특정 코드를 반복하거나 조건에 따라 실행 흐름에 분기가 일어나야 한다. 이때 실행 흐름에 변화를 주는 구문을 제어문이라고 한다. 제어문에는 조건문(분기문)과 반복문이 있다.

1 조건문

2 반복문

3 goto

++ 연습 문제

++ 프로그래밍 문제

1 조건문

조건문은 조건식이 도출하는 값에 따라 분기를 한다. 조건문으로 사용되는 구문이 바로 if ~ else, switch ~ case이다.

1.1 if 문 형식 1

```
---------------------- // if 문 시작
if(조건식)
   명령문
---------------------- // if 문 끝
```

조건식은 하나의 값을 도출하는 식으로 참 거짓을 평가하는 데 사용된다. 조건식의 값이 0이면 거짓으로 평가되면서 if 문을 빠져나오고, 0이 아니면 참으로 평가되며 바로 아래 명령문을 수행한 후에 if 문을 빠져나간다.

명령문이란 C++ 기초에서 설명한 문statement이다. 가장 기본적인 문은 식에 세미콜론(;)을 붙여서 문장 형태로 만드는 것이다. 변수에 값을 할당하거나 함수를 호출하는 것 모두 문이라고 할 수 있다. 범위를 넓혀서 식은 아니더라도 변수, 배열, 함수의 선언도 문이라고 할 수 있다. 즉, 다음과 같은 문장들이 각각 문이라고 할 수 있다.

```
int a = 1;
c = a + b;
Add(1, 2);
```

세미콜론(;)으로 끝나는 문장 형태의 문도 있지만 여러 문이 모여서 만들어진 복합문도 있다. 복합문의 경우 중괄호 {}로 묶어 블록으로 표현한다. 즉, 다음의 블록과 같다.

```
{
   int a = 1;
   int b = 2;
   int c = Add(a, b);
}
```

if 문에 포함되는 명령문은 오직 하나만 올 수 있다. 두 개 이상의 명령문은 if 문에 포함될 수 없다.

[예제 4-1] if 명령문

```
1  #include <iostream>
2  using namespace std;
3
4  void main()
5  {
6      if(0)   // if 문 시작
7      cout << 1 << endl;   // if 문 끝
8      cout << 2 << endl;
9
10     cout << 3 << endl;
11 }
```

```
2
3
```

[예제 4-1]의 출력을 제대로 예상했다면 if 문의 설명은 건너뛰어도 상관없다. 그러나 다르게 생각했다면 다음 설명에 집중하자. 6행의 조건식은 0이다. 따라서 조건식이 거짓으로 평가되므로 if 문을 바로 탈출해서 명령문은 실행되지 않는다. 여기서 if 문의 명령문은 오직 7행의 [cout 〈〈 1 〈〈 endl;] 뿐이다. 8행은 if 문의 명령문이 될 수 없다. 왜냐하면 if 문의 명령문은 오직 하나만 가능하기 때문이다.

두 개 이상의 문장을 if 문의 명령문으로 만드는 방법이 있다. 바로 블록으로 묶어 하나의 복합문을 만드는 것이다. 즉, [예제 4-2]와 같다.

[예제 4-2] if 블록 명령문

```
#include <iostream>
using namespace std;

void main()
{
    if(0)   // if 문 시작
    {
```

```
 8        cout << 1 << endl;
 9        cout << 2 << endl;
10     }  // if 문 끝
11
12     cout << 3 << endl;
13  }
```

```
3
```

[예제 4-2]의 7~10행이 바로 블록이고 if 문의 명령문이 된다.

필자의 경우 if 문을 작성할 때 항상 명령문으로 블록을 사용한다. 물론 한 줄 자리 명령문을 블록으로 묶는 것이 낭비일 수도 있으나 그렇지 않을 경우 의외의 문제가 발생하는 경우를 많이 보았다. [예제 4-3]과 같은 경우이다.

[예제 4-3] if 단일 명령문 오류

```
 1  #include <iostream>
 2  using namespace std;
 3
 4  #define SWAP(a, b)  a ^= b; b ^= a; a ^= b;
 5  void main()
 6  {
 7     int a = 0;
 8     int b = 1;
 9
10     if(0)
11        SWAP(a, b);
12
13     cout << a << " " << b << endl;
14  }
```

```
1 1
```

[예제 4-3]을 보면 10행의 if 문 조건식은 0이므로 거짓이다. 따라서 11행의 SWAP은 실행될 수 없다. 따라서 출력 결과는 [0 1]이 되어야 한다. 그러나 실제 출력은 다르게 나온다. 11행의 SWAP은 4행에서 볼 수 있듯이 실제 함수가 아니라 매크로 함수이다. 매크로는 컴파일 시점에 실제 코드로 전개되므로 다음 코드로 변경된다.

[예제 4-4] if 매크로 명령문

```
1  #include <iostream>
2  using namespace std;
3
4  void main()
5  {
6     int a = 0;
7     int b = 1;
8
9     if(0)   // if 문 시작
10       a ^= b;   // if 문 끝
11       b ^= a;
12       a ^= b;
13
14    cout << a << " " << b << endl;
15 }
```

[예제 4-4]에서 볼 수 있듯이 if 문의 조건식과는 상관없이 11행, 12행이 실행된다. XOR은 서로 다른 비트일 때 1이고, 같은 비트이면 0이므로 a, b 둘 다 1이 된다.

매크로 함수를 일반 함수로 착각할 수 있기 때문에 if 문의 명령문으로 사용할 경우 의도하지 않은 결과가 나올 수 있다. 따라서 if 문의 명령문으로 항상 블록을 사용한다면 매크로 함수를 사용해도 문제가 발생하지 않는다.

1.2 if 문 형식 2

```
---------------------- // if 문 시작
if(조건식)
   명령문A
else
   명령문B
---------------------- // if 문 끝
```

if 문에서 else가 사용될 경우 반드시 if와 짝을 이루어야 한다. 조건식이 참이면 명령문 A를 실행한 후 if 문을 탈출하고, 조건식이 거짓이면 명령문 B를 실행한 후에 if 문을 탈출한다.

1.3 if 문 형식 2의 응용

```
---------------------- // if 문 시작
if (조건식1)
  명령문1
else if(조건식2)
  명령문2
. ..
else if(조건식N)
  명령문N
else
  명령문
---------------------- // if 문 끝
```

조건식1이 참이면 명령문1을 실행한 후 if 문을 탈출한다. 조건식1이 거짓이면 다음 else if의 조건식2를 평가하여 참이면 명령문2를 실행한 후 if 문을 탈출한다. 이런 식으로 조건식N까지 평가하여 모두 거짓일 경우 마지막 명령문을 실행한 후 if 문을 탈출한다.

else if는 다양한 조건식에 따라 분기가 많아질 경우 사용된다. else if를 새로운 if 문 형식으로 생각해도 무방하지만 엄밀히 말해서 if ~ else 형식의 변형일 뿐이다.

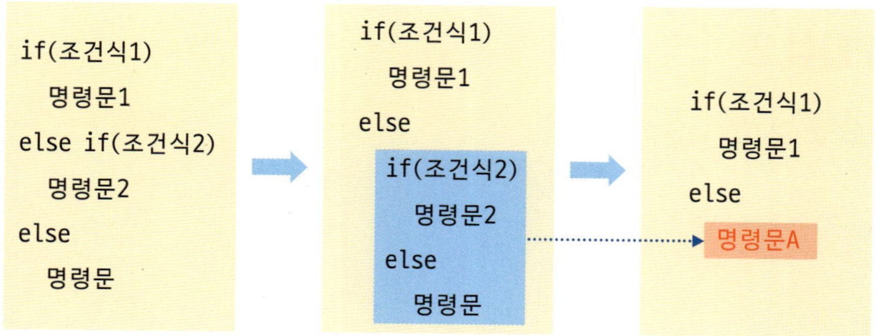

[그림 4-1] else if

[그림 4-1]은 else if 형식이 if ~ else 형식의 변형임을 보여준다. if 문도 하나의 문이므로

else에 대응되는 명령문이 될 수 있다. 따라서 가운데 그림의 사각형 if ~ else 문을 명령문A라고 할 경우 if ~ else 형식으로 환원된다.

1.4 switch case 문

```
---------------------- // switch 문 시작
switch(평가식)
{
case 값1:
      코드1
case 값2:
      코드2
...
case 값N:
      코드N
[default:        // default는 생략 가능
      코드]
}
---------------------- // switch 문 끝
```

switch는 평가식의 값이 case의 값과 일치하는 곳으로 점프한 뒤에 실행 코드를 수행한다. 얼핏 보기에는 else if 형식과 비슷하다고 생각할 수도 있으나 동작 방식은 전혀 다르기 때문에 주의가 필요하다.

if 문과의 대표적인 차이는 조건식과 평가식의 차이이다. 조건식은 0인지 아닌지에 따라 참, 거짓을 평가하여 분기 처리를 하지만, 평가식은 도출 값 자체를 case의 값과 비교하여 일치하는 경우에 해당 case로 점프할 뿐이다. 일치하는 값이 없을 경우에는 default로 점프한다.

또다른 차이는 if 문의 경우 분기 코드가 명령문 하나로 이루어지는데 비해서 switch의 분기 코드는 명령문이 하나여야 하는 제약이 없다. 즉, 명령문이 여러 개 있어도 상관없다.

마지막으로 switch 문에서 주의해야 할 점은 자동으로 switch 문을 탈출하지 않는다는 것이다. 특정한 코드만 처리하고 싶을 경우 break를 통해서 명시적으로 switch 문을 탈출해야 한다. 실제로 예제를 살펴보자.

[예제 4-5] switch 문

```cpp
1  #include <iostream>
2  using namespace std;
3
4  int Add(int a, int b)
5  {
6     return a + b;
7  }
8
9  void main()
10 {
11    int a, b;
12
13    switch(Add(1, 2))
14    {
15       case 0:
16       case 1:
17       case 2:
18       case 3:
19          a = 3;   // 할당문
20          b = 7;   // 할당문
21          if(1)   // if 문
22             cout << Add(a, b) << endl;
23       case 4:
24          a = 30;   // 할당문
25          b = 70;   // 할당문
26          if(1)   // if 문
27             cout << Add(a, b) << endl;
28    }
29 }
```

```
10
100
```

[예제 4-5]는 switch 문의 흐름을 보여준다. 13행의 switch의 평가식은 함수 Add의 호출식이다. 따라서 3이 도출된다. case의 값 중에서 3과 일치하는 경우는 18행의 case이므로 해당

부분으로 실행 흐름이 이동한다. 19~22행까지의 코드가 실행된다. 해당 코드는 세 개의 명령문으로 이루어진다. 결과로 10이 출력된다. 여기서 switch 문을 탈출할 것으로 생각할 수 있으나 그렇지 않다. 실행 흐름은 case 4로 이어져 24~27행까지의 코드가 실행되고 100이 출력된다.

여기서 의문이 들 수 있다. 만약 각각의 case에 해당하는 코드만 실행한 후에 switch 문을 탈출하고 싶다면 어떻게 해야 할까? 그런 필요에 의해서 break라는 명령이 제공된다. break는 자신을 포함하는 switch 문과 반복문을 탈출하게 한다. 따라서 탈출이 필요한 경우 코드에 break를 포함시키면 된다.

```
---------------------- // switch 문 시작
switch(평가식)
{
case 값1:
      코드1
      break;
case 값2:
      코드2
      break;

...
case 값N:
      코드N
      break;
[default:     // default는 생략 가능
      코드]
}
---------------------- // switch 문 끝
```

일반적으로 대부분의 switch 문은 위의 형식으로 사용된다. 각 case마다 실행될 코드를 작성하고 마지막에 break;를 추가한다. default의 코드에는 break 유무가 상관없으므로 보통 생략된다.

[예제 4-6] switch & break

```cpp
1  #include <iostream>
2  using namespace std;
3
4  void main()
5  {
6     switch(1)
7     {
8        case 0:
9        case 1:
10       case 2:
11       case 3:
12          cout << 3 << endl;
13          break;
14       case 4:
15          cout << 4 << endl;
16          break;
17    }
18 }
```

```
3
```

[예제 4-6]은 switch 문에서 break의 사용법을 보여준다. 6행에서 평가식은 1이므로 9행의 case 1로 실행 흐름이 이동한다. 실행 흐름은 아래로 이어져서 case 3에 이르게 되고 12행의 코드가 실행되면서 3이 출력된다. 그리고 13행의 break를 통해서 switch 문을 탈출한다. 따라서 15행의 코드는 실행되지 않는다.

마지막으로 case에 대해서 살펴보자. case는 레이블Label 역할을 한다. 레이블이란 코드의 위치를 나타내는 표지와 같은 역할을 한다. 따라서 프로그램이 만들어지는 당시에 정해져야 하며 변경할 수 없다. 따라서 case의 값으로 변수를 사용할 수 없다.

[예제 4-7] case 값

```cpp
#include <iostream>
using namespace std;

```

```
 4 void main()
 5 {
 6    int a = 3;
 7    switch(3)
 8    {
 9       case a:   // Error
10          cout << a << endl;
11    }
12 }
```

[예제 4-7]의 9행에서 볼 수 있듯이 변수 a를 case의 값으로 사용할 경우 컴파일 오류가 발생한다.

2. 반복문

C++는 특정 코드의 반복을 수행하기 위하여 반복문for, while, do ~ while을 제공한다.

2.1 for 문

```
---------------------- // for 문 시작
for(초기식; 조건식; 제어식)
      명령문
---------------------- // for 문 끝
```

- **초기식:** for 문이 실행될 때 최초 한 번만 계산되는 식이다. 보통 제어 변수를 초기화한다. 제어 변수에 대해서는 예제를 통해서 살펴본다.
- **조건식:** 명령문의 실행 여부를 결정한다. 조건식이 참이면 명령문이 실행되고, 거짓이면 for 문을 탈출한다. 조건식이 참인 동안 명령문은 반복적으로 실행된다.
- **제어식:** 명령문이 실행된 후에 다시 실행되기 전에 계산되는 식으로 보통 제어 변수를 변경하는 데 사용된다.
- **명령문:** for 문에서는 반복 실행될 명령문이 단 하나만 포함된다. 따라서 복수의 단일식문(식에 세미콜론을 붙인 문)을 반복하기 위해서는 명령문은 블록을 이용한 복합문이 되어야 한다.

for 문의 실행 흐름을 이해하는 것은 어렵지 않다. 실행 흐름이 최초 for 문에 들어서면 가장 먼저 초기식을 계산한다. 그런 다음 바로 조건식을 평가하여 참이면 명령문을 실행한 후에 다시 for 문으로 실행 흐름이 이동하고, 거짓이면 for 문을 탈출한다.

실행 흐름이 다시 for 문에 들어서면 더 이상 초기식은 계산되지 않고 제어식이 계산된다. 그 뒤에 다시 조건식을 평가하여 참인 경우 명령문이 수행되고, 거짓인 경우 for 문을 탈출한다.

간단히 정리하면 실행 흐름이 최초 for 문에 들어서면 초기식, 조건식이 계산되고, 두 번째 이후부터 for 문에 들어서면 제어식, 조건식이 계산된다. 그림으로 표현하면 [그림 4-2]와 같다.

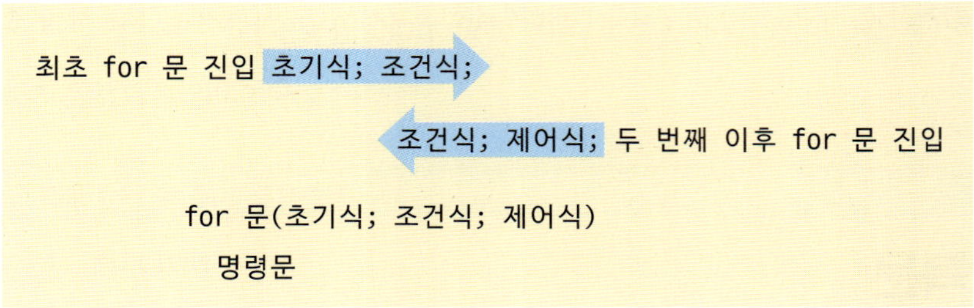

[그림 4-2] for 문 실행 흐름

[예제 4-8] for 문

```
1  #include <iostream>
2  using namespace std;
3
4  void main()
5  {
6     int Sum = 0;
7     for(int i = 0; i < 11; i++)
8        Sum += i;
9
10    cout << Sum << endl;
11 }
```

```
55
```

[예제 4-8]은 0부터 10까지의 합계를 for 문을 이용하여 구한 후 출력한다. 7행의 for 문에서 제어 변수는 i이다. 따라서 초기식에서 i를 0으로 초기화하고, 조건식에서 i가 11보다 작은지의

여부를 평가하고, 제어식에서는 i를 1 증가시킨다. 8행이 반복되는 명령문이다.

for 문 형식에서 초기식, 조건식, 제어식은 각각 생략될 수 있다. 즉 세미콜론(;)만 남길 수 있는데 이때 조건식이 생략될 경우 항상 참으로 평가된다. 앞의 예제를 초기식과 제어식을 생략한 채로 변경해보자.

[예제 4-9] 초기식, 제어식 생략

```
1  #include <iostream>
2  using namespace std;
3  
4  void main()
5  {
6     int Sum = 0;
7  
8     int i = 1;
9     for(; i < 11; )
10    {
11       Sum += i;
12       i++;
13    }
14 
15    cout << Sum << endl;
16 }
```

```
55
```

[예제 4-9]에서 변경된 부분은 세 군데이다. 8행처럼 제어 변수 i를 for 문 전에 초기화했고, 9행의 for 문에는 초기식과 제어식이 생략되었다. 대신 12행에서 제어 변수 i를 1 증가시킨다. 12행은 for 문의 명령문에 포함되어야 하므로 명령문은 블록을 이용하여 복합문으로 구성된다. 즉, 10~13행의 블록이 반복되는 명령문이다.

지금까지 초기식과 제어식이 생략되는 경우를 살펴보았다. 마찬가지로 조건식도 생략될 수 있다. 앞에서 설명했듯이 조건식이 생략될 경우 참으로 평가된다. 이는 for 문의 명령문이 무한 반복으로 실행됨을 의미한다. 그러나 시작이 있으면 끝이 있어야 하듯이 for 문의 명령문에는 for 문을 탈출할 수 있는 코드가 필요하며, 그런 목적을 위하여 break가 사용된다.

[예제 4-10] 초기식, 조건식, 제어식 생략 및 break

```
1  #include <iostream>
2  using namespace std;
3
4  void main()
5  {
6     int Sum = 0;
7     int i = 0;
8
9     for(;;)
10    {
11       Sum += i;
12       i++;
13
14       if(i > 10)
15          break;
16    }
17
18    cout << Sum << endl;
19 }
```

```
55
```

[예제 4-10]의 for 문의 조건식이 생략되었으므로 항상 참이고, 10~16행까지의 복합문은 무한 반복된다. 이때 14행의 if 문에 의해서 제어 변수 i가 10보다 클 경우 break;가 실행된다. break는 자신을 포함하는 switch 문과 반복문for, while, do~while을 탈출한다. if 문을 탈출하는 것이 아니라는 점에 주의하자.

2.2 while 문

```
---------------------- // while 문 시작
while(조건식)
     명령문
---------------------- // while 문 끝
```

while 문도 for 문과 같은 반복문이다. for 문과 비교할 때 조건식 하나만 있기에 구조가 간단하다. for 문의 조건식은 생략되면 참으로 평가되지만 while 문의 조건식은 생략될 수 없다. 대신 참을 나타내기 위하여 조건식으로 1이나 true를 사용한다. while 문은 for 문으로 완전하게 대체될 수 있다.

[그림 4-3]은 while 문이 for 문 으로 대체될 수 있음을 보여준다. 반대로 for 문은 while 문으로 대체될 수 있다. 앞의 for 문 예제를 while 문으로 변경해보자.

```
while(조건식)          for(;조건식;)
     명령문      =          명령문

while(1)               for(;;)
     명령문      =          명령문
```

[그림 4-3] while과 for의 호환

[예제 4-11] while 문

```
#include <iostream>
using namespace std;

void main()
{
    int Sum = 0;
    int i = 0;

    while(i < 11)
    {
        Sum += i;
        i++;
    }

    cout << Sum << endl;
}
```

```
55
```

2.3 do~while 문

```
----------------------       // do ~ while 문 시작
do
      명령문
while(조건식)
----------------------       // do ~ while 문 끝
```

최초 명령문이 실행되며 그 이후 조건식이 참일 때만 명령문이 반복된다. while 문과의 가장 큰 차이는 명령문이 조건식의 평가에 상관없이 한 번은 반드시 실행된다는 것이다.

[예제 4-12] do ~ while 문

```cpp
#include <iostream>
using namespace std;

void main()
{
   int Sum = 0;
   int i = 0;

   do
   {
      Sum += i;
      i++;
   }
   while(i < 11);

   cout << Sum << endl;
}
```

```
55
```

2.4 다중 반복

반복문이 반복문의 명령문으로 사용되면 2중 반복문을 만들 수 있다. 즉, 반복문 안에 반복문이 있는 구조이다. 이런 식으로 다중 반복문을 만들 수 있다. 거의 모든 책에서 다중 반복문의 예제로 사용되는 구구단을 출력해보자.

[예제 4-13]은 for 문을 이중으로 사용하여 구구단을 출력하는 코드이다. 이해하는 데 전혀 어렵지 않을 것이다.

[예제 4-13] 구구단

```
#include <iostream>
using namespace std;

void main()
{
   for(int i = 2; i < 10; i++)
   {
      for(int j = 1; j < 10; j++)
         cout << i << " * " << j << " = " << i * j << endl;
      cout << endl;
   }
}
```

```
2 * 1 = 2
2 * 2 = 4
2 * 2 = 6
…
…
…
9 * 7 = 63
9 * 8 = 72
9 * 9 = 81
```

다중 반복문에서 주의할 점이 있는데 바로 break의 동작 방식이다. break는 오직 자신을 포함한 switch 문과 반복문을 단 한 번 탈출한다. 즉, 중복으로 탈출하지 않는다.

[예제 4-14] 다중 반복 & break

```
1  #include <iostream>
2  using namespace std;
3
4  void main()
5  {
6     for(int i = 2; i < 10; i++)
7     {
8        int j = 1;
9        while(1)
10       {
11          cout << i << " * " << j << " = " << i * j << endl;
12          j++;
13
14          if(j > 9)
15             break;
16       }
17       cout << endl;
18    }
19 }
```

```
2 * 1 = 2
2 * 2 = 4
2 * 2 = 6
…
…
…
9 * 7 = 63
9 * 8 = 72
9 * 9 = 81
```

[예제 4-14]는 앞의 구구단 예제를 for, while 다중 반복문을 이용하여 변경한 코드이다. break를 사용하기 위하여 while 문의 조건식은 항상 참이 되도록 1로 설정하였다. 15행의 break는 자신을 포함하고 있는 while 문만을 탈출한다. 물론 for 문도 break를 포함하긴 하지만 for 문까지 탈출하지는 않는다. break는 가장 가깝게 자신을 포함하는 switch 문이나 반복문을 탈출한다. 만약 break가 자신을 포함하는 모든 반복문을 탈출한다면 구구단의 2단만 출력되었을 것이다.

2.5 continue

continue는 break와 마찬가지로 실행 흐름을 제어하는 명령이다. 차이가 있다면 continue

는 오직 반복문에서만 사용된다는 점이다. break는 반복문뿐만 아니라 switch 문에서도 사용된다.

continue는 반복문의 명령문 안에서 사용되는데 continue는 실행 흐름을 반복문의 조건식이 있는 곳으로 이동시킨다. continue가 실행 흐름을 어떻게 바꾸는지 그림으로 살펴보면 [그림 4-4]와 같다. continue 이전의 코드1은 실행되지만 continue 이후의 코드2는 실행되지 못한다.

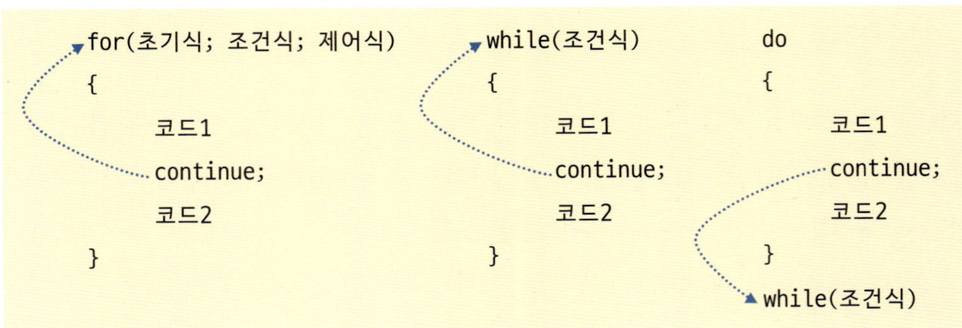

[그림 4-4] continue 실행 흐름 제어

[예제 4-15] continue

```
#include <iostream>
using namespace std;

void main()
{
   for(int i = 0; i < 10; i++)
   {
      if(i % 2 == 0)
         continue;

      cout << i << endl;
   }
}
```

```
1
3
5
7
9
```

[예제 4-15]는 0~9 중에서 홀수만 출력하는 코드이다. 8행의 if 문 조건식에서 제어 변수 i가 짝수인 경우 continue로 실행 흐름을 for 문 조건식으로 돌린다. 따라서 11행에서는 i가 홀수인 경우만 실행된다.

3 goto

```
goto LABEL;
```

goto는 실행 흐름을 LABEL 레이블Label이 지정된 코드로 이동시키는 제어 명령이다. 일반적으로 대부분의 프로그래밍 서적들은 goto를 사용하지 말 것을 권고한다. 판단은 각자의 몫이지만 goto가 정확히 무엇인지 알고 난 뒤에 결정해도 늦지 않는다.

[예제 4-16] goto

```
1  #include <iostream>
2  using namespace std;
3
4  void main()
5  {
6     goto TARGET;
7     cout << "Start" << endl;
8
9     TARGET:
10    cout << "Target" << endl;
11 }
```

```
Target
```

[예제 4-16]에서 7행은 절대 실행되지 않는다. 6행의 goto에 의해서 실행 흐름이 TARGET으로 이름 붙은 레이블로 이동하기 때문이다.

레이블Label은 프로그램 코드의 위치를 나타내는 일종의 표지와 같다. 보통 goto와 함께 사용되며 다른 코드에는 영향을 주지 않는다. 단, 레이블은 goto를 포함하는 함수 안에 있어야 한다. goto와 레이블이 서로 다른 함수에 있다면 컴파일 오류가 발생한다.

C++ 코드를 컴파일한 기계어를 어셈블리로 살펴보면, goto는 어셈블리 명령인 jmp로 변환된다. 주목할 점은 C++의 모든 반복문들 역시 jmp를 이용하여 구현된다는 것이다. 그 의미는 결국 모든 반복문들은 goto를 이용하여 대체할 수 있음을 나타낸다. 즉, 지금까지 for, while, do ~ while 등의 반복문을 배웠지만 사실 goto만 알아도 충분하다고 생각할 수도 있다. 그럼에도 많은 프로그래밍 서적을 비롯하여 마이크로소프트의 공식 개발자 사이트인 MSDN에서도 가급적 goto를 사용하지 말 것을 권고한다.

왜 goto를 사용하지 말라는 것일까? goto가 스파게티 코드를 양산할 수 있기 때문이다. 스파게티를 보면 면이 꼬여서 이 가닥이 저 가닥인지 구분할 수가 없다. 마찬가지로 코드에서 goto가 남발될 경우 실행 흐름을 파악하기가 어려워진다. 그래서 goto는 점차 사용 빈도가 떨어지고 찾아보기도 어렵게 되었다. 그러나 어떤 경우에는 goto가 코드를 더욱 간결하게 만들기도 한다. 가령 다중 반복문을 일괄 탈출 처리할 때가 그렇다.

[예제 4-17] if 블록 명령문

```
#include <iostream>
using namespace std;

void main()
{
   int Sum = 0;

   for(int i = 0; i < 100; i++)
   {
      for(int j = 0; j <= i; j++)
      {
         Sum += j;

         if(Sum > 1000)
         {
            cout << i << " : " << Sum << endl;
            goto EXIT;
         }
      }
```

```
20     }
21 
22 EXIT:
23     cout << "End" << endl;
24 }
```

```
18 : 1005
End
```

[예제 4-17]은 0부터 K까지 합을 나타내는 함수 f(K)에 대하여 f(0)부터 f(N)까지의 합이 처음으로 1000을 넘는 어떤 수 N을 찾는 코드이다. f(0), f(1), f(2), …, f(N)의 결과를 더하면서 14행에서 합이 1000을 넘을 경우 N과 합계를 출력한다. 원하는 값을 찾았으므로 더 이상 반복문을 수행할 필요가 없으니 탈출해야 한다. 이때 이중 for 문으로 구성되어 있기에 break를 사용할 경우 두 번에 걸쳐서 필요하다. 그러나 17행에서 보는 것처럼 goto 문을 이용하면 단 한 번에 이중 for 문 밖으로 이동할 수 있다. 실제로 필자는 소켓으로 네트워크 프로그래밍을 할 때 일괄 오류 처리를 위하여 goto를 사용한다. 즉, 무엇이든지 존재의 이유가 있듯이 goto도 그렇다. goto를 사용할지의 여부는 각자의 판단에 맡긴다.

01 – 프로그램 실행 흐름에 변화를 주는 구문을 ___________이라고 한다.

02 – if 문의 조건식은 ___________이면 거짓으로 평가되면서 if 문을 빠져나온다.

03 – 다음 프로그램에서 a, b가 제대로 교환되도록 잘못된 부분을 수정하시오.

```
#define SWAP(a, b)  a ^= b; b ^= a; a ^= b;
void main()
{
   int a = 0;
   int b = 1;

   if(0)
      SWAP(a, b);

   cout << a << " " << b << endl;
}
```

04 – switch 문의 case 뒤의 값은 변수를 사용할 수 없다. 그 이유를 설명하시오.

05 – ___________는 각각의 case에 해당하는 코드만 실행한 후에 switch 문을 탈출하기 위하여 제공되는 명령이다.

06 – 다음 프로그램의 출력 결과는 무엇인가?

```
void main()
{
   int j = 0;
   for(int i = 0; i < 10; i = i + 2)
      j = i;

   cout << j << endl;
}
```

07 – 다음은 1부터 10까지 합을 구하는 프로그램이다. 9번 줄의 괄호를 채우시오.

```
void main()
{
   int Sum = 0;

   int i = 1;
   for(; i < 11; )
{
      Sum += i;
      (                        )
}

   cout << Sum << endl;
}
```

08 – 다음 프로그램의 출력 결과는 무엇인가?

```
void main()
{
   int i = 0;
   int j = 0;

   while(1)
   {
      j = 0;
      while(j <= i)
      {
         if(j == 3)
           break;

         j++;
      }

      if(i == 5)
```

```
        break;

      i++;
   }

   cout << i * j << endl;
}
```

09 - continue는 __________의 명령문 안에서 사용되는데 continue는 실행 흐름을 __________의 조건식이 있는 곳으로 이동시킨다. 괄호에 공통으로 들어가는 제어문은 무엇인가?

10 - goto는 가능하면 사용하지 말라고 권고되는 명령문이다. 왜 그런지 이유를 말해보시오.

프로그래밍 문제

{1} - if ~ else를 이용하여 입력받은 정수의 짝/홀수 여부를 출력하는 프로그램을 작성하시오.

{2} - 받아쓰기는 10문제로 이루어지고 각각 10점씩 100점 만점이다. 받아쓰기 점수를 입력받은 후 등급을 출력하는 프로그램을 switch 문만 이용하여 작성하시오!
(A: 100, B: 80 ~ 90, C: 50 ~ 70, D: 10 ~ 40, F: 0)

{3} - do ~ while 문을 이용하여 1부터 10까지 합계를 구하는 프로그램을 작성하시오.

{4} - for 문 안에 while 문을 포함시켜서 구구단을 출력하는 프로그램을 작성하시오.

{5} - for, if, continue를 사용하여 1~100까지 짝수만 출력하는 프로그램을 작성하시오.

{6} - 다음은 수학능력시험 표준 점수의 상위 비율에 따른 등급표이다. 이 표를 기반으로 다음 프로그램을 작성하시오.

등급	상위 비율
1등급	0% ~ 4%
2등급	4% ~ 11%
3등급	11% ~ 23%
4등급	23% ~ 40%
5등급	40% ~ 60%
6등급	60% ~ 77%
7등급	77% ~ 89%
8등급	89% ~ 96%
9등급	96% ~ 100%

(1) 수학능력시험 상위 비율을 입력받은 후 등급을 출력하는 프로그램을 if ~ else ~ if문만을 이용하여 작성하시오.

```
수능 성적 상위 비율을 입력하세요!
18.2
3등급입니다.
```

(2) 표준 등급을 입력할 경우 100명당 평균 몇 등인지를 출력하는 프로그램을 작성하시오.

```
표준 등급을 입력하세요!
4
평균 31.5등입니다.
```

Chapter 05

포인터

프로그램을 구성하는 모든 것들은 컴퓨터 메모리에 저장되며
메모리에는 위치를 나타내는 주소가 부여되어 있다.
따라서 주소를 통해서 프로그램의 모든 요소들을 접근할 수 있다.
C++는 주소를 통해서 프로그램을 제어할 수 있도록 포인터를 제공한다.

1 이름과 주소

2 포인터의 개념

3 포인터 사용

4 포인터 연산자

5 void 포인터

6 이중 포인터

7 참조 타입

++ 연습 문제

++ 프로그래밍 문제

1 이름과 주소

대한민국에서 가장 높은 빌딩은 '롯데월드타워'이다. 만약 롯데월드타워를 가기 위해 멀리서 직접 차를 운전하여 가고자 하는 경우 내비게이션에 롯데월드타워를 입력하여 길 안내를 받을 수도 있다. 그런데 내비게이션이 옛날 제품이고 업데이트를 하지 않아서 롯데월드타워를 모른다면 어떻게 해야 할까? 간단한 방법으로는 지번 주소를 이용하여 '서울특별시 송파구 신천동 29'를 입력하면 된다. 뿐만 아니라 '서울특별시 송파구 신천동 28'을 입력하면 '롯데월드타워'의 바로 옆 지역도 찾아갈 수 있다.

주소를 사용하는 것은 나름의 장점이 있지만 단점도 있다. 일단 복잡하여 친숙하지 않다. '롯데월드타워'는 누구나 쉽게 인식하지만 주소만 듣고는 그곳이 어디인지 알기 힘들다. '롯데월드타워'라는 이름을 통해서 처음 들어보는 외국인일지라도 굉장히 큰 빌딩이라는 것을 알 수 있지만, 주소만 가지고는 그곳이 논밭인지 황무지인지 알 수가 없다.

1.1 변수를 이용한 메모리 영역 접근

C/C++ 프로그래밍은 위와 같은 두 가지 방식으로 메모리 영역을 나타낸다. 대표적으로 이름을 사용해서 메모리 영역을 나타낼 수 있는데, 바로 변수를 사용하는 것이다.

변수란 다양한 값이 저장될 수 있는 메모리 영역에 이름을 붙인 것이다. 즉, 변수란 이름이 붙은 메모리 영역이라고 할 수 있다. 변수에는 타입이 지정되어 있는데, 타입을 통해서 변수가 나타내는 메모리 영역의 비트열을 해석하거나 구성하여 값을 읽거나 쓸 수 있다.

[예제 5-1] 변수를 이용한 메모리 영역 접근

```
#include <iostream>
using namespace std;

void main()
{
    int a = 1;
    cout << a << endl;
}
```

```
1
```

[예제 5-1]의 6행은 많은 사실을 알려준다. 먼저 int 타입 변수 a가 정의되어 있으며 1로 초기화한다. 이는 메모리 어딘가 4바이트 영역을 마련하고 a라는 이름을 붙이라는 의미이다. 동시에 해당 영역은 int 타입 체계(2의 보수)에 따라 1을 나타내는 비트열로 구성된다. 7행의 의미는 a라는 이름이 나타내는 메모리 영역의 비트열을 int 타입 체계(2의 보수)에 따라 1로 해석하여 cout에 출력 인자로 전달하라는 것이다.

1.2 포인터를 이용한 메모리 영역 접근

[예제 5-1]과 같이 프로그래밍에서는 이름을 사용하여 메모리 영역에 접근하는 경우가 많다. 그러나 이름이 아니어도 해당 메모리 영역에 접근할 수 있는 방법이 있다. 바로 주소를 이용하는 것이다.

C/C++는 주소를 이용하여 메모리 영역에 접근할 수 있도록 '포인터'라는 개념을 제공한다. 포인터는 어떤 대상(변수, 배열, 함수 등)을 가리키기 위해 필요한 정보를 담고 있는 객체(변수)를 말한다. 좁은 의미로는 어떤 대상이 저장된 메모리 영역의 주소를 저장하는 변수라고 할 수 있다. 메모리 주소는 0부터 시작하여 선형적으로 바이트 단위로 증가한다. 따라서 포인터가 저장하는 주소는 0 이상의 정수라고 할 수 있다. 포인터의 타입을 따진다면 부호 없는 정수 타입처럼 보인다.

그러나 포인터가 주소만을 가지고 있을 경우 주소가 가리키는 메모리 영역을 해석하는 데 어려움이 발생한다. 먼저 해당 주소의 메모리 영역을 해석하기 위하여 영역의 크기는 얼마나 잡아야 하는지, 해당 영역의 비트열은 어떤 방식으로 해석해야 하는지 정해지지 않았기 때문이다. 따라서 포인터에는 주소를 포함하여 메모리 영역을 해석할 수 있는 타입 정보가 추가되어야 한다. 특정한 메모리 영역을 원하는 타입으로 다루기 위하여 포인터가 포함해야 할 정보는 다음과 같다.

- **주소:** 메모리 영역의 시작 주소
- **타입:** 정해진 크기의 비트열을 실제 대상과 대응하여 구성하거나 해석하는 체계

[예제 5-2]는 포인터의 간단한 사용 예제이다.

[예제 5-1] 변수를 이용한 메모리 영역 접근

```
1  #include <iostream>
2  using namespace std;
```

```
3
4  void main()
5  {
6      int a;
7      int* p = &a;
8      *p = 1;
9      cout << a << endl;
10 }
```

```
1
```

7행의 p가 바로 포인터이다. p는 두 가지 정보를 포함하고 있다. 첫째는 변수 a가 나타내는 메모리 영역의 주소이고, 둘째는 주소가 나타내는 메모리 영역을 int 타입으로 해석하겠다는 것이다. 7행에서 주소(&) 연산자를 이용하여 변수 a가 나타내는 메모리 영역의 주소를 포인터 p에 대입한다. 그리고 8행에서는 간접(*) 연산자를 통해서 p가 가리키는 메모리 영역(a)에 1을 대입한다. 따라서 9행의 cout을 통해서 a를 출력하면 1이 나오게 된다.

2. 포인터의 개념

어떤 메모리 영역을 TYPE이라는 타입으로 해석하면서 가리키는 포인터를 정의해보자. 이때 포인터가 가리키는 메모리 영역을 포인터의 대상이라고 할 수 있으며 TYPE은 포인터 대상 타입이라고 할 수 있다.

포인터를 정의하기 전에 이전 장에서 배운 타입 파생 규칙 중 포인터 타입 파생 및 타입 객체 정의 방법을 기억해보자. 포인터가 가리키는 대상 타입 T를 기준으로 포인터 타입을 파생하려면 타입 T의 이름 자리 [NP] 바로 앞에 간접(*) 연산자를 붙인다. 간접(*) 연산자의 결합 순위가 떨어질 경우 간접(*) 연산자와 이름 자리 [NP]를 괄호로 묶는다. 객체를 정의할 때는 객체의 이름을 [NP] 대신 써주고 끝에 세미콜론(;)을 붙인다.

2.1 원시 타입 포인터 정의

대상 타입이 int인 포인터 p를 정의해보자.

- 포인터의 대상 타입 int를 기준으로 한다. → int [NP]
- 간접(*) 연산자를 이름 자리 [NP] 바로 앞에 붙인다. → int *[NP]
- [NP] 대신 객체 이름 p를 쓰고 세미콜론(;)을 붙인다. → int *p;

일반적으로 대상 타입이 char, int, double과 같은 원시 타입일 경우 이름 자리 [NP]가 타입 키워드 바로 오른쪽에 있으므로 위의 과정처럼 포인터가 다음 형식으로 정의된다.

```
TYPE* pointer;
```

- pointer는 sizeof(TYPE) 크기의 메모리 영역을 가리키는 포인터이며, 해당 영역을 TYPE 객체(변수)로 해석한다. pointer 자체는 메모리 영역의 시작 주소를 저장하는 변수이다.
- pointer의 타입은 TYPE*이며, pointer의 대상 타입은 TYPE이다.

2.2 배열 타입 포인터 정의

앞의 포인터 표기는 대표적인 포인터 정의 형식이지만 대상 타입에 따라서 형식이 달라질 수 있다. 가령 포인터가 가리키는 대상이 int 요소 두 개가 모인 배열일 경우 포인터 p의 정의는 다음의 과정을 통해서 이루어진다.

1. 배열 요소의 타입 int를 기준으로 한다. → int [NP]
2. 첨자([2]) 연산자를 이름 자리 [NP] 바로 뒤에 붙인다. → int [NP][2]
3. 간접(*) 연산자를 이름 자리 [NP] 바로 앞에 붙인다. 결합 우선순위를 고려하여 간접(*) 연산자와 이름 자리 [NP]를 괄호로 묶는다. → int (*[NP])[2]
4. [NP] 대신 객체 이름 p를 쓰고 세미콜론(;)을 붙인다. → int (*p)[2];

즉, 대상 타입이 배열을 나타낼 경우 포인터는 다음 형식으로 정의된다.

```
TYPE (*pointer)[N];
```

- pointer는 N * sizeof(TYPE) 크기의 메모리 영역을 가리키는 포인터이며, 해당 영역을 TYPE 요소 N개가 모인 배열로 해석한다.
- pointer의 타입은 TYPE (*)[N]이며, pointer의 대상 타입은 TYPE [N]이다.

2.3 포인터 정의 시 주의점

[예제 5-3] 콤마(,) 연산자를 이용한 포인터 정의

```
1  void main()
2  {
3      int a = 3;
4      int* p1, p2, *p3;
5
6      p1 = &a;
7      p2 = &a;    // Error
8      p3 = &a;
9  }
```

[예제 5-3]은 포인터 정의 시 쉽게 실수할 수 있는 경우를 보여준다. 4행에는 각각 p1, p2, p3이 정의되어 있는데, 어느 것이 포인터이고 어느 것이 int 타입 변수인지 헷갈린다. C/C++에서는 콤마(,) 연산자로 포인터를 정의할 경우 대상 타입은 모든 변수에 적용되지만, 간접(*) 연산자는 개별적으로 적용되도록 약속되어 있다. 즉, 4행에서 int는 p1, p2, p3에 모두 적용되고, 간접(*) 연산자는 개별적으로만 적용된다. 따라서 풀어 쓰면 다음과 같다.

```
int* p1; int p2; int *p3;
```

즉, p1과 p3만 포인터이고, p2는 int 변수이다. 따라서 7행에서 컴파일 오류가 발생한다. 오직 포인터만 주소를 대입받을 수 있기 때문이다.

콤마(,) 연산자를 해석하는 방식은 언어에 따라서 달라질 수 있다. C#의 경우 대상 타입이 아닌 포인터 타입 자체가 모든 변수에 적용된다.

- C#의 포인터 정의: int* p1, p2, p3;

> **참고**
> C#의 경우 p1, p2, p3 모두 포인터가 된다.

3 포인터 사용

3.1 대상 타입과 실제 타입의 일치

일반적으로 가장 많이 사용되는 포인터의 사용 방식이다. 포인터의 대상 타입이 포인터가 가리키는 메모리 영역의 실제 타입과 일치하는 경우이다. 당연한 것 같지만 대상 타입이 실제 메모리 영역의 타입과 다른 경우도 있으며 이는 바로 뒤에서 살펴볼 것이다.

먼저 포인터의 대상 타입과 메모리 영역의 실제 타입이 같은 경우를 살펴보자.

[예제 5-4] 대상 타입과 실제 타입이 모두 int

```
void main()
{
    int a;
    int* p = &a;
    *p = 3;
}
```

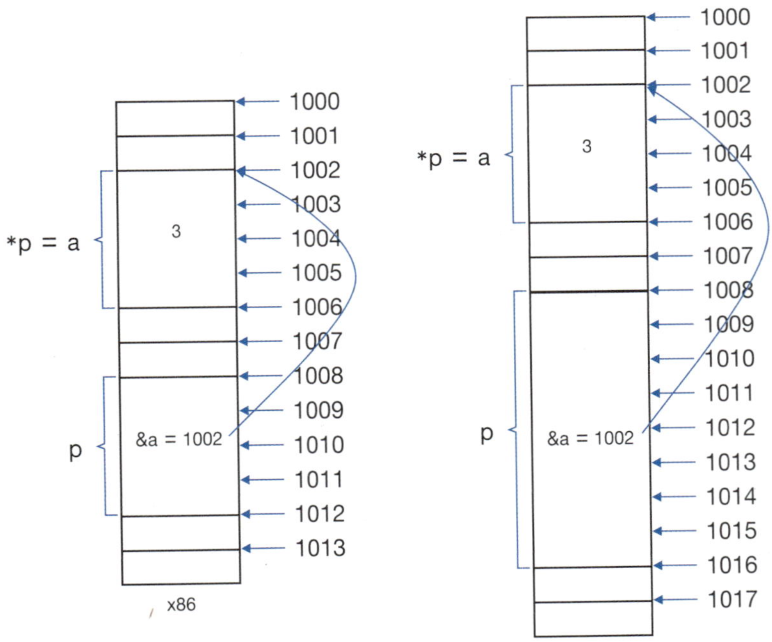

[그림 5-1] 대상 타입과 실제 타입이 모두 int

[예제 5-4]와 [그림 5-1]은 int 변수 a와 a가 나타내는 4바이트 메모리 영역을 가리키는 포인터 p를 보여준다. 포인터 p의 타입은 int*이므로 대상 타입은 변수 a의 타입인 int와 같다.

3행에서 int 변수 a가 정의된다. a는 main 함수의 지역 변수이므로 스택 메모리의 임의의 주소(여기서는 1002)에 4바이트 영역이 마련되고, 해당 영역의 이름이 된다.

4행에서 int* 포인터 p가 정의된다. 마찬가지로 p도 main 함수의 지역 변수이므로 스택 메모리의 임의의 주소(여기서는 1008)에 4바이트나 8바이트 영역이 마련되고 해당 영역의 이름이 된다. 동시에 p에 &a가 대입되는데, 참조(&) 연산자를 사용한 &a가 바로 a가 나타내는 메모리 영역의 시작 주소를 나타내므로 p에는 a의 주소가 대입된다. 따라서 p는 a가 나타내는 영역을 int 타입 변수로 해석하며 가리키는 포인터가 된다.

5행에서 간접(*) 연산자를 사용해서 포인터 p가 가리키는 영역에 접근할 수 있다. *p는 p가 가리키는 메모리 영역을 나타내는데, 변수 a처럼 해당 메모리 영역을 나타내는 새로운 변수라고 할 수 있다.

그림은 메모리 구조 두 가지를 보여주는데 각각 32비트 x86 시스템과 64비트 x64 시스템을 나타낸다. 포인터 크기는 시스템에 따라 결정된다. 메모리 주소를 저장하기 위해서 32비트 시스템에서는 32비트, 즉 4바이트를 사용하고, 64비트 시스템에서는 64비트, 즉 8바이트가 사용된다. 따라서 포인터 p의 크기는 그림 왼쪽인 x86에서 4바이트, 그림 오른쪽인 x64에서 8바이트를 차지한다.

3.2 대상 타입과 실제 타입의 불일치

포인터가 도입된 주 목적은 특정한 주소의 메모리 영역을 원하는 타입으로 해석하며 접근하는 것이다. 따라서 메모리 영역의 실제 타입은 포인터의 대상 타입과 실질적으로는 상관없다. 즉, int 변수가 나타내는 메모리 영역을 char* 포인터로 접근할 수도 있다.

[예제 5-5] 대상 타입은 char, 실제 타입은 int

```
#include <iostream>
using namespace std;

void main()
```

```
5  {
6      int a = 0;
7      char* s = (char*)&a;
8  
9      *(s + 0) = 'C';
10     *(s + 1) = '+';
11     *(s + 2) = '+';
12     *(s + 3) = '\0';
13 
14     cout << (char*)&a << endl;
15 }
```

C++

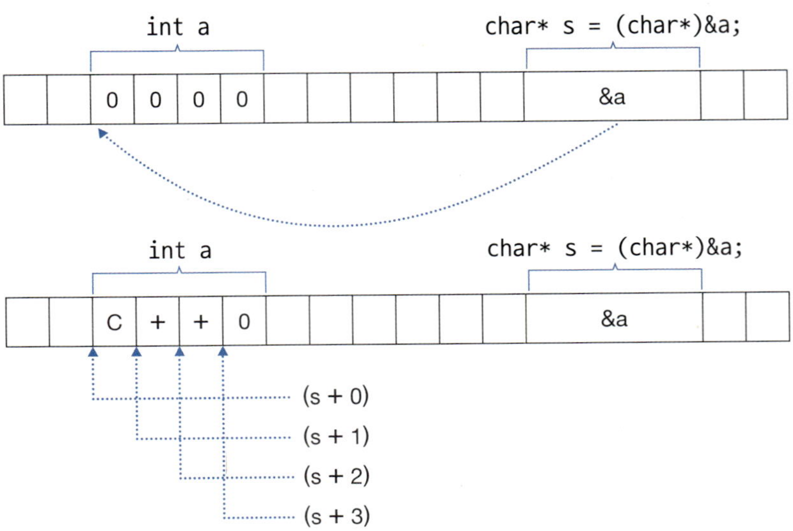

[그림 5-2] 대상 타입은 char, 실제 타입은 int

[예제 5-5]와 [그림 5-2]는 포인터의 대상 타입과 포인터가 가리키는 메모리 영역의 실제 타입이 다른 경우를 보여준다.

6행에서 int 변수 a를 정의하며 0으로 초기화한다. 즉, 메모리 영역 4바이트를 마련하고 이름을 a로 붙이면서 해당 영역을 int 타입으로 해석하여 모두 0으로 설정한다. 7행에서 char* 포인터 s에 변수 a의 주소를 대입한다. 단, 바로 &a를 대입하는 것이 아니라 캐스트 연산자를 사용하여 (char*)&a를 대입한다. 앞에서도 설명했지만 일반적인 포인터 사용 방식이 아니기 때문에 바로 &a를 대입할 경우 타입이 다르기 때문에 컴파일 오류가 발생한다. 가능하면 대상 타입과 실제 영역의 타입을 일치시키라는 것이 컴파일러의 주문이다. 그러나 캐스트 연산자를 사용할 경우 타입이 달라도 대입이 가능하다.

9~12행은 포인터 s를 통해서 메모리 영역에 문자를 대입한다. 포인터 s의 대상 타입은 char이므로 오직 1바이트 메모리 영역에 문자를 대입할 수 있다. 따라서 변수 a가 나타내는 4바이트 메모리 영역에 문자를 대입하기 위해서 주소 (s + 0), (s + 1), (s + 2), (s + 3)을 이용하여 네 번에 걸쳐서 1바이트씩 접근한다. 각각 s에 0, 1, 2, 3을 더하는데 그 의미는 각각 1바이트씩 주소에 더하라는 것 같지만 실제 의미는 sizeof(char) 크기의 0배수, 1배수, 2배수, 3배수를 주소에 더한다는 의미이다. (s + 0), (s + 1), (s + 2), (s + 3)은 그 자체가 새로운 포인터로 여겨진다. 포인터에 연산자를 적용한 결과 역시 포인터이며 여기서는 임시 포인터가 된다. 즉, (s + 0), (s + 1), (s + 2), (s + 3)은 포인터 s처럼 대상 타입은 char이지만 가리키는 메모리 영역의 주소만 다른 포인터를 나타낸다. 따라서 각각에 간접(*) 연산자를 사용하여 'A', 'B', 'C', '\0'을 대입한다. 마지막 '\0'은 NULL 종료 문자열이다.

14행은 실제로 변수 a의 영역에 문자열 "C++"가 대입되었음을 보여준다.

4 포인터 연산자

4.1 주소(&) 연산자

주소(&) 연산자가 피연산자인 객체(변수, 배열)의 이름에 적용되면 임시 포인터를 도출한다. 해당 포인터는 객체를 가리키기 때문에 포인터의 대상 타입은 객체의 타입이 된다.

[예제 5-6] 주소(&) 연산자

```
void main()
{
    char c;
    int i;

    //char* pC = &i;   // Error
    char* pC = &c;   // OK
```

```
8
9       //int* pI = &c;  // Error
10      int* pI = &i;    // OK
11  }
```

[예제 5-6]에서 7행의 &c는 char* 타입의 임시 포인터이고, 10행의 &i는 int* 타입의 임시 포인터이다. 따라서 6행, 9행처럼 전혀 다른 타입의 포인터에 대입할 경우 컴파일 오류가 발생한다.

주소(&) 연산자의 이름에서 알 수 있듯이 주소를 반환한다고 생각할 수도 있으나 엄밀히 말하면 객체의 메모리 영역 주소와 대상 타입 정보를 지닌 포인터를 반환한다고 보는 편이 정확하다.

4.2 산술(+, -) 연산자

메모리 영역의 주소는 0부터 시작하여 선형적으로 바이트 단위로 증가한다. 따라서 부호 없는 정수라고 할 수 있다. 그러므로 주소는 산술 연산의 피연산자가 될 수 있다. 상식적으로 주소는 수로 표현되니 덧셈, 뺄셈을 할 수 있어서 포인터에 산술 연산을 할 수 있다고 생각할 수 있지만 주의가 필요하다. 일반 산술 연산과는 동작이 많이 다르기 때문이다.

[예제 5-7] 포인터의 덧셈

```cpp
#include <iostream>
using namespace std;

void main()
{
    char* pC = NULL;
    int* pI = NULL;
    double* pD = NULL;

    cout << (void*)(pC + 1) << endl;
    cout << (void*)(pI + 1) << endl;
    cout << (void*)(pD + 1) << endl;
}
```

```
00000001
00000004
00000008
```

[예제 5-7]에서 6~8행의 포인터 pC, pI, PD는 모두 NULL로 초기화된다. NULL은 0과 같으므로 pC, pI, pD는 모두 메모리 주소 0을 저장한다.

10~12행은 포인터 pC, pI, pD에 각각 1을 더한 주소 값을 출력한다. cout의 경우 메모리 주소를 출력하려면 포인터 타입으로 변환이 필요하다. 따라서 캐스트 연산자인 (void*)를 적용했다.

이제 출력 결과를 확인해보자. 만약 포인터가 아니라 일반 정수 타입이었다면 모두 1이 출력되었을 것이다. 그러나 실제 결과는 [1, 4, 8]이다. 포인터의 산술 연산 동작은 [그림 5-3]에서 찾을 수 있다. 포인터에 1을 더하는 의미는 주소에 1을 더한 것이 아니라 해당 포인터의 대상 타입 크기의 1배수를 주소에 더하는 것이다. 따라서 포인터 타입이 int*인 경우 대상 타입은 int이고 크기는 4바이트이므로 포인터에 1을 더한다는 의미는 주소에 4의 1배수를 증가시키는 것이다. 마찬가지로 포인터 타입이 double*인 경우 대상 타입은 double이고 크기는 8바이트이므로 포인터에 1을 더한다는 의미는 주소에 8의 1배수를 증가시키는 것이다.

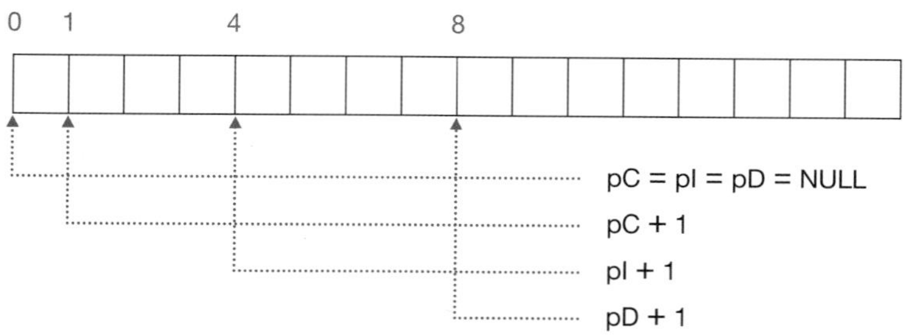

[그림 5-3] 포인터의 덧셈

일반적으로 정리하면 다음과 같다.

> 대상 타입이 TYPE인 포인터에 N을 더하는 것은 주소가 `N * sizeof(TYPE)`만큼 증가한 임시 포인터를 산출한다.

앞에서도 살펴보았지만 pC + 1, pI + 1, pD + 1은 모두 임시 포인터이다. 포인터에 연산을 한 결과 역시 포인터이다. 물론 대상 타입은 같고 주소는 다른 포인터이다.

포인터 타입이 char*인 경우는 대상 타입이 char이고 크기가 1바이트이므로 일반 덧셈처럼 바이트 단위로 주소를 증가시킬 수 있다. 실제로 바이트 단위로 주소를 변경하기 위하여 포인터 타입을 char*로 변환하여 사용하기도 한다.

[예제 5-8] 포인터의 덧셈

```
1  #include <iostream>
2  using namespace std;
3
4  void main()
5  {
6     int* pI = NULL;
7     double* pD = NULL;
8
9     cout << (void*)((char*)pI + 1) << endl;
10    cout << (void*)((char*)pD + 1) << endl;
11 }
```

```
00000001
00000001
```

[예제 5-8]과 같이 포인터 pI, pD를 1바이트 단위로 증가시키기 위해서는 먼저 pI, pD에 캐스트(char*) 연산자를 적용해야 한다. (char*)pI, (char*)pD는 임시 포인터로서 포인터 타입이 char*이고 주소는 pI, pD와 같다. 임시 포인터의 대상 타입이 char이고 크기는 1바이트이므로 9행, 10행처럼 1을 더할 경우 주소는 1씩 증가한다.

4.3 증감(++, --) 연산자

포인터 p의 대상 타입이 TYPE일 때, p++는 p가 가리키는 주소보다 sizeof(TYPE) 크기만큼 증가된 주소를 가리킨다. 마찬가지로 p--는 p가 가리키는 주소보다 sizeof(TYPE) 크기만큼 감소된 주소를 가리킨다.

포인터에 산술 연산(덧셈, 뺄셈)이 되기 때문에 당연히 증감(++, --) 연산도 할 수 있다. 증감 연산자는 포인터가 가리키는 주소를 포인터의 대상 타입 크기만큼 증감시킨다. 따라서 산술 연산이나 증감 연산이나 비슷하게 볼 수도 있으나 결정적으로 다른 점이 있다. 산술 연산자는 포인터를 피연산자로 취해서 새로운 임시 포인터를 만들지만 증감 연산자는 포인터를 피연산자로 취해서 포인터의 주소를 증감시킨다는 차이가 있다. 이것은 int 변수 a에 대해서 a + 1은 임시 값이고 a의 값이 변하는 것은 아니지만, a++는 a의 값을 1 증가시키는 것과 같은 원리이다.

[예제 5-9] 클래스 타입 포인터의 증감 연산

```
1 #include <iostream>
2 using namespace std;
3
4 class CTest
5 {
6    char arr[16];
7 };
8
9 void main()
10 {
11    CTest t;
12
13    CTest* pT = &t;
14    cout << pT << endl;
15
16    pT++;
17    cout << pT << endl;
18
19    pT++;
20    cout << pT << endl;
21 }
```

```
0020F814
0020F824
0020F834
```

[예제 5-9]는 클래스 타입 포인터의 증감(++, --) 연산 결과를 보여준다. 4~7행에는 클래스 CTest가 정의되어 있다. 멤버는 char 요소 16개가 모인 배열 arr이므로 클래스의 크기는 16바이트이다.

11행에서 CTest 변수 t를 정의하며, 13행에서는 CTest* 포인터 pT를 정의하면서 변수 t의 주소를 대입한다.

16행, 19행에서 포인터 pT에 각각 증가(++) 연산을 적용한 후 pT가 가리키는 주소를 출력한다. 결과에서 확인할 수 있듯이 16바이트씩 커지는 것을 확인할 수 있다.

4.4 간접(*) 연산자

포인터는 주소를 통해서 메모리 영역을 가리킨다. 이때 해당 메모리 영역을 마치 변수처럼 사용하기 위하여 간접(*) 연산자를 사용한다.

[그림 5-4]는 포인터에 간접(*) 연산자가 적용되었을 때의 메모리 상태를 보여준다. 간접(*) 연산자는 포인터 앞에 붙어서 포인터가 가리키는 주소의 메모리 영역을 나타낸다. 즉, 해당 영역을 포인터의 대상 타입 변수처럼 다룰 수 있다.

```
TYPE a;
TYPE* p = &a
*p == a
```

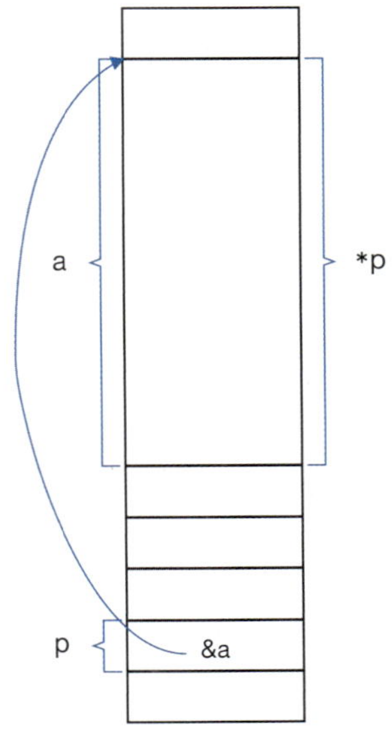

[그림 5-4] 간접(*) 연산자

대상 타입이 TYPE인 포인터 p는 TYPE 변수 a의 영역을 가리킨다. 따라서 *p는 p가 가리키는 주소로부터 sizeof(TYPE) 크기의 메모리 영역을 나타낸다. 결국 a와 *p는 같은 메모리 영역을 나타내고 있으므로 a와 *p는 같은 변수라고 할 수 있다. 즉, 변수 a 대신 *p를 사용할 수 있다.

4.5 간접 멤버(->) 연산자

간접 멤버(->) 연산자는 포인터의 대상 타입이 클래스(구조체 포함)인 경우 클래스의 멤버를 나타내기 위하여 사용된다.

[예제 5-10] 클래스 타입 포인터의 증감 연산

```
1  #include <iostream>
2  using namespace std;
3  
4  class CTest
5  {
6  public:
7     int m_i;
8     double m_d;
9  };
10 
11 void main()
12 {
13    CTest t;
14 
15    CTest* pT = &t;
16    pT->m_i = 1;
17    pT->m_d = 3.141592;
18 
19    cout << t.m_i << endl;
20    cout << t.m_d << endl;
21 }
```

```
1
3.14159
```

[예제 5-10]은 클래스의 멤버에 접근하기 위해서 직접 멤버(.) 연산자와 간접 멤버(->) 연산자를 사용하는 예제이다. 아직 클래스를 제대로 배우지는 않았지만 코드를 이해하는 데 큰 어려움은 없을 것이다.

7행, 8행처럼 클래스 안에 정의된 객체(변수, 배열)를 멤버라고 한다. int 타입 멤버 m_i와 double 타입 멤버 m_d가 정의되어 있다. 13행에서는 CTest 변수 t를 정의했고, 12행에서는 대상 타입이 CTest인 포인터 pT를 정의하면서 변수 t의 주소로 초기화했다. 16행, 17행처럼 간접 멤버(->) 연산자를 이용하여 pT가 가리키는 영역을 대상 타입 CTest 객체처럼 취급하며 멤버 m_i와 m_d에 값을 대입한다. 19행, 20행에서는 직접 멤버(.) 연산자를 이용하여 변수 t의 멤버를 출력한다.

[그림 5-5]에서 확인할 수 있듯이 (pT->m_i, t.m_i), (pT->m_d, t.m_d)는 완전히 영역이 일치한다. 즉, 직접 멤버(.) 연산자와 간접 멤버(->) 연산자는 피연산자가 클래스 변수나 클래스 포인터일 때를 구분하는 역할을 한다.

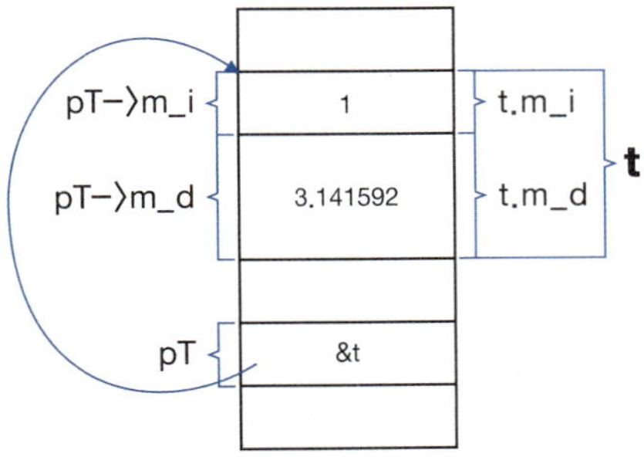

[그림 5-5] 간접 멤버(->) 연산자

4.6 첨자([ ]) 연산자

첨자 연산자는 배열에 주로 사용되지만 포인터에도 사용할 수 있다. 즉, 포인터를 배열처럼 사용할 수 있다.

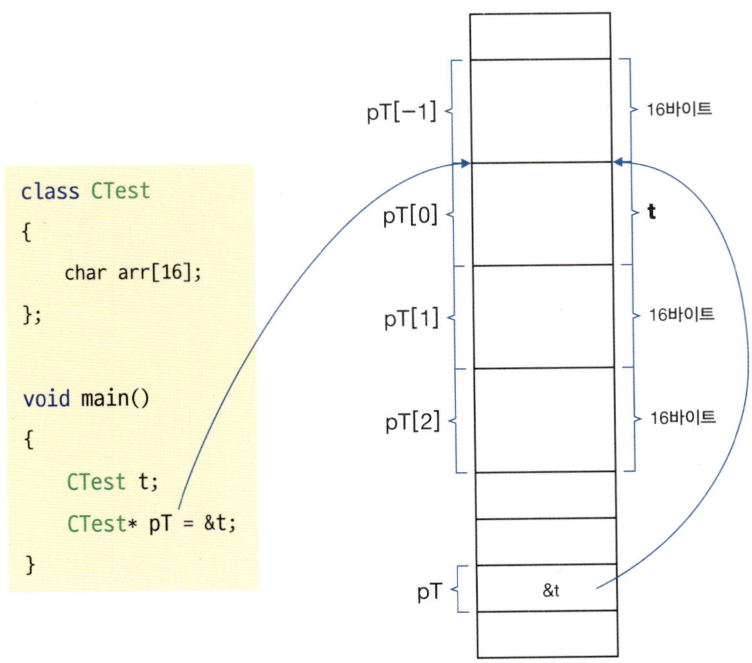

[그림 5-6] 첨자([ ]) 연산자

[그림 5-6]에서 볼 수 있듯이 첨자 연산자는 인덱스에 따라서 포인터의 산술 연산자처럼 포인터의 대상 타입 크기의 인덱스 배수만큼 주소를 증감시킨다. 또한 자동으로 간접(*) 연산자가 적용되는 효과를 내면서 포인터가 가리키는 영역을 나타내는 객체(변수)를 나타낸다. 따라서 포인터 p의 대상 타입이 TYPE일 경우, p[0]은 p가 가리키는 sizeof(TYPE) 크기의 메모리 영역을 나타내고, p[N]은 p가 가리키는 주소보다 N * sizeof(TYPE) 크기만큼 증가된 주소의 sizeof(TYPE) 크기의 메모리 영역을 나타낸다. 따라서 간단한 공식으로 정리하면 다음과 같다.

```
p[N] == *(p + N)
```

참고로 첨자 연산자의 인덱스는 일반적으로 0부터 시작하지만 음수가 될 수도 있다.

5 void 포인터

대상 타입이 void인 포인터이다. 따라서 포인터의 타입은 void*로 표기된다. 일반적으로 void는 반환 값이 없는 함수의 반환 타입으로 표기된다. void는 키워드가 의미하듯이 빈 공간을 나타내므로 크기가 0이다. 즉, sizeof(void)는 0을 나타낸다. 따라서 void 변수를 정의할 수 없다. C++는 객체(변수)가 최소한 1바이트 이상이어야 하기 때문이다. 그러나 void 포인터는 정의할 수 있다. 오직 메모리 주소만을 가리키기 위해서이다. void 포인터에는 어떤 타입의 포인터도 대입할 수 있다. 또한 void 포인터는 어떤 타입이든 변환될 수 있다. 즉, 범용적인 포인터라고 할 수 있다.

5.1 범용 포인터

[예제 5-11] void*

```
void main()
{
    char c;
    int i;
    double d;

```

```
    void* p1 = &c;
    void* p2 = &i;
    void* p3 = &d;
}
```

[예제 5-11]에서 볼 수 있듯이 void 포인터에는 어떤 타입의 변수가 나타내는 메모리 영역의 주소도 대입할 수 있다. 보통 컴파일러는 포인터의 타입이 일치하는 경우에 한해서만 대입을 허용했다. 타입이 다를 경우는 강제로 캐스트 연산을 해야만 대입이 가능했다. 그러나 void 포인터는 캐스트 연산 없이도 바로 대입이 가능하다. 그렇다면 왜 void*가 필요한 것일까? 모든 포인터 타입을 인자로 받을 수 있는 함수에 주로 사용된다.

```
void* memset(void *dest, int c, size_t count);
```

memset 함수는 dest가 가리키는 주소로부터 count 바이트의 메모리 영역에 1바이트씩 값 c를 채우는 역할을 한다. dest에는 다양한 타입의 변수가 나타내는 영역을 가리키는 포인터가 대입될 수 있다. 즉, 대상 타입이 다양하기 때문에 dest의 타입은 범용적인 포인터 타입인 void*가 되어야 한다.

5.2 void 포인터의 한계

void 포인터는 대상 타입이 void이기 때문에 포인터가 가리키는 주소의 메모리 영역 크기가 0이다. 즉, void 포인터로 메모리 영역을 접근할 수 없다. 따라서 void 포인터를 사용하여 메모리 영역에 접근할 경우 타입 변환이 필요하다.

[예제 5-12] void*

```
void main()
{
    int i;
    void* p = &i;

    //*p = 1;     // Error
    *(int*)p = 1;    // OK
}
```

[예제 5-12]의 4행에서 void 포인터 p에는 int 변수 i의 주소가 대입되어 있다. 포인터 p의 대상 타입이 void이기 때문에 엄밀히 말하면 오직 크기가 0인 메모리 영역을 가리키는 것이다. 즉, 크기가 있는 메모리 영역을 가리킬 수 없다. 따라서 포인터 p에 간접(*) 연산자를 적용해도 값을 읽거나 쓸 수 없으므로 6행에서 오류가 발생한다. 그러나 7행처럼 void 포인터에 캐스트 연산자를 적용하여 새로운 포인터 타입으로 변환할 경우 대상 타입의 크기만큼 메모리 영역에 접근하여 읽고 쓸 수 있다. 캐스트 연산자를 통해서 int*로 변경하면 간접(*) 연산자를 통해서 4바이트 메모리 영역을 int 타입으로 취급해서 값을 쓸 수 있다. 물론 (int*)p가 의미하는 것은 연산자가 적용된 임시 포인터임을 알아야 한다. 즉, *(int*)p는 임시 포인터 (int*)p에 간접(*) 연산자를 적용한 것이다.

void 포인터는 대상 타입이 void이기 때문에 산술, 증감, 첨자 연산자의 피연산자가 될 수 없다. 0의 몇 배수를 증감시키든지 0이기 때문이다.

[예제 5-13] void 포인터 연산자

```
 1  void main()
 2  {
 3      int i = 0;
 4      void* p = &i;
 5
 6      p + 1;    // Error
 7      p++;    // Error
 8      p--;    // Error
 9      p[0];    // Error
10  }
```

[예제 5-13]에서 볼 수 있듯이 6~9행에서 모두 컴파일 오류가 발생한다.

6 이중 포인터

이중 포인터는 대상 타입이 포인터 타입인 포인터이다. 즉, 포인터의 포인터라고 할 수 있다. 논리적으로 따지면 삼중 포인터도 가능하다. 포인터의 포인터의 포인터인 셈이다.

6.1 이중 포인터의 정의

대상 타입이 int*인 포인터 p를 정의해보자.

- 포인터의 대상 타입 int를 기준으로 한다. → int [NP]
- 간접(*) 연산자를 이름 자리 [NP] 바로 앞에 붙인다. → int *[NP];
- 간접(*) 연산자를 이름 자리 [NP] 바로 앞에 붙인다. → int **[NP];
- 이름 자리 [NP] 대신 객체 이름 p를 쓰고 세미콜론(;)을 붙인다. → int **p;

일반적으로 원시 타입처럼 이름 자리 [NP]가 타입 키워드 바로 오른쪽에 있는 타입 TYPE에 대하여 대상 타입이 TYPE*인 포인터 pointer는 다음과 같이 정의된다.

```
TYPE** pointer;
```

6.2 이중 포인터의 구조

TYPE** pointer의 대상 타입은 TYPE*이 된다. 포인터를 가리키는 포인터가 정확히 어떤 것인지 살펴보자.

[예제 5-14] pointer to pointer

```
#include <iostream>
using namespace std;

void main()
{
    int a;
    int* p = &a;
    int** pp = &p;

    **pp = 3;
    cout << a << endl;
}
```

```
3
```

[예제 5-14]와 [그림 5-7]은 포인터의 포인터인 int** pp를 보여준다. 7행의 int* p는 변수 a의 주소를 대입받고, 8행의 int** pp는 포인터 p의 주소(p가 가리키는 주소가 아님)를 대입받는다.

10행에서는 간접(*) 연산자를 pp에 두 번 적용하여 변수 a가 나타내는 영역을 나타낼 수 있다. **pp의 의미는 정확하게 *(*pp)이다. *pp는 포인터 p를 나타내므로 **pp는 *p가 된다. *p는 이미 알고 있듯이 변수 a가 나타내는 영역을 나타내는 새로운 변수로 생각할 수 있다.

[그림 5-7]에서 볼 수 있듯이 이중 포인터라고 해도 일반 포인터와 크게 다를 것이 없다. 두 번에 걸쳐서 실제 메모리 영역을 나타내는 것뿐이다.

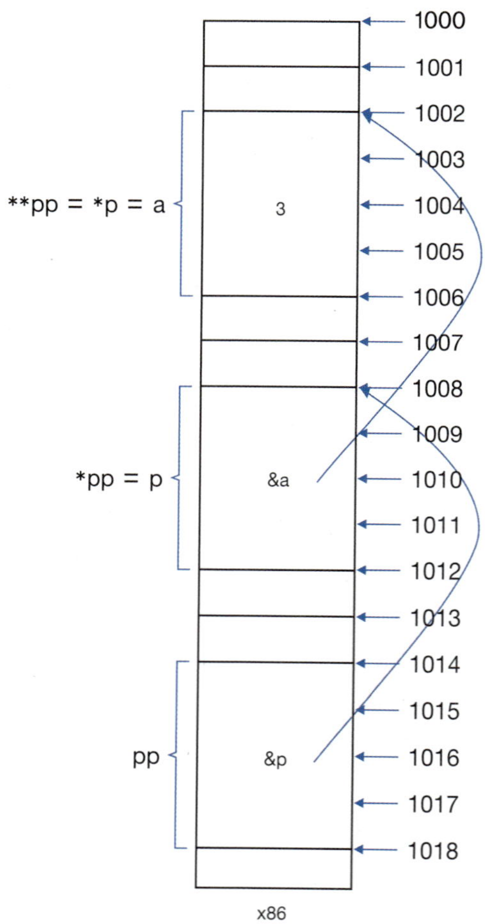

[그림 5-7] pointer to pointer

7. 참조 타입

참조 타입은 C++에 도입된 개념이다. 왜 타입 장에서 설명하지 않고 포인터 장에서 설명하는지 의문이 들 수 있는데, 참조 타입이 실제로는 포인터를 사용하여 구현되기 때문이다. 그만큼 포인터를 잘 이해한다면 참조 타입도 쉽게 지나갈 수 있다. 먼저 참조 타입의 사용 방법을 확인해보자.

7.1 참조 타입의 사용

[예제 5-15] 참조 타입

```
1  #include <iostream>
2  using namespace std;
3
4  void main()
5  {
6      int a;
7      int& ra = a;
8
9      ra = 1;
10     cout << a << endl;
11 }
```

```
1
```

[예제 5-15]의 7행에서 ra의 타입은 int&이다. 타입 옆에 주소(&) 연산자가 붙은 것을 주의하자. 이때 ra는 a와 완전히 일치한다. 즉, a가 나타내는 영역에 새로운 이름 ra가 생겼다고 생각해도 무리가 없다. 따라서 6행에서 ra에 1을 대입하고 10행에서 a를 출력할 경우 1이 나온다.

이번에는 7행의 int& ra = a;를 두 줄에 걸쳐서 변경해보자.

[예제 5-16] 참조 타입의 잘못된 사용

```
#include <iostream>
using namespace std;

```

```
4  void main()
5  {
6     int a = 1;
7     int& ra;   // Error
8     ra = a;
9  }
```

[예제 5-16]은 별 문제가 없어 보이지만 7행에서 컴파일 오류가 발생한다. 오류 이유는 ['ra' 참조로 초기화해야 합니다.]이다. 즉, 참조 타입 변수를 정의할 때는 반드시 바로 초기화를 해야 한다는 의미이다. 여기서 초기화의 의미는 변수 ra와 변수 a의 메모리 영역을 공유하는 개념이다. 8행은 독자가 생각하기에 변수 ra를 변수 a와 메모리 영역을 공유하는 명령으로 받아들이겠지만 실제로는 ra가 나타내는 영역에 a의 값 1을 쓰라는 의미이다. 따라서 7행에서 ra를 초기화하지 않을 경우 영영 초기화할 수 있는 기회를 놓치게 된다.

7.2 참조 타입의 실체

참조 타입은 포인터 타입처럼 파생 타입이다. 따라서 타입 파생 규칙에 의해서 유도될 수 있다. 그러나 참조 타입은 실제로는 포인터 타입으로 구현된다. 즉, 컴파일러에 의해서 새로운 타입인 것처럼 표현되는 것뿐이다.

[예제 5-17] 포인터 타입과 참조 타입

```
#include <iostream>
using namespace std;

void main()
{
   int a;

   int* p = &a;
   *p = 1;
   /*
   lea    rax, [a]
   mov    qword ptr[p], rax
```

```
13      mov     rax, qword ptr[p]
14      mov     dword ptr[rax], 1
15      */
16      cout << a << endl;
17
18      int& ra = a;
19      ra = 2;
20      /*
21      lea     rax, [a]
22      mov     qword ptr[ra], rax
23      mov     rax, qword ptr[ra]
24      mov     dword ptr[rax], 2
25      */
26      cout << a << endl;
27  }
```

```
1
2
```

[예제 5-17]을 살펴보자. int 변수 a가 나타내는 메모리 영역을 포인터 p와 참조 타입 변수 ra를 통해서 접근하여 값을 대입한다. 어렵게 느껴질 수 있겠지만 각각의 코드가 컴파일된 어셈블리 코드를 주석으로 표기하였다. 10~15행과 20~25행까지가 바로 포인터 p와 참조 타입 변수 ra의 영역 지정 및 값 대입을 나타낸다.

어셈블리 코드를 분석할 필요는 없고 단지 비교만 해보자. 완전히 형태가 일치하는 것을 확인할 수 있다. 다른 점은 오직 포인터와 참조 타입 변수 이름인 p와 ra뿐이다. 이것은 참조 타입 변수 ra에 대한 처리가 포인터 p에 대한 처리와 완전히 일치함을 의미한다. 즉, 참조 타입이란 포인터 타입을 좀 더 친화적인 일반 타입 형식으로 대체한 것에 지나지 않는다.

7.3 const 참조 타입

참조 타입 변수에 const 지정자가 붙을 경우 상수로 초기화가 가능해진다.

[예제 5-18] const 참조 타입

```
1  #include <iostream>
2  using namespace std;
3
4  void main()
5  {
6     const int& ra = 1;
7     int* p = (int*)&ra;
8     *p = 2;
9     cout << ra << endl;
10 }
```

```
2
```

[예제 5-18]의 6행을 살펴보면, 참조 타입 변수 ra에 상수 1을 초기화시킨다. 상수 1은 메모리 영역을 차지하지 않는다. 그럼에도 이 코드가 문제가 없는 이유는 const 지정자 때문이다. 참조 타입에 const가 지정될 경우 상수가 저장될 수 있는 임시 영역을 마련한 다음 내부 포인터가 해당 임시 영역을 가리키도록 변경된다. 이것은 참조 타입 변수가 내부적으로 포인터로 동작하기 때문에 가능하다. 따라서 7행처럼 ra가 나타내는 임시 영역의 주소를 포인터 p에 대입할 수 있으며 8행에서 간접(*) 연산자를 이용하여 포인터 p가 가리키는 영역에 값을 변경(1에서 2)할 수 있다. 그 결과 2가 출력된다.

참조 타입은 함수의 인자 전달에서 다시 한번 다루게 된다. 인자의 타입으로 참조 타입을 사용할 경우 인자 전달 속도가 대폭 향상되기 때문이다. 마찬가지로 const 지정자가 붙은 참조 타입 역시 함수 설계 시 반드시 고려되어야 할 요소로 작용하기도 한다. 이것과 관련된 내용은 차후에 살펴볼 것이다.

01 – 포인터는 ____________를 이용하여 메모리 영역에 접근할 수 있도록 제공되는 개념이다.

02 – 포인터가 가리키는 메모리 영역을 해석하기 위해서는 ____________ 정보가 필요하다.

03 – 변수의 주소를 구하는 연산자는 ____________이고, 포인터가 가리키는 메모리 영역을 나타내는 연산자는 ____________이다.

04 – 다음 프로그램에서 변수 a의 값을 1 증가시키고, 증가시킨 값을 출력하도록 p와 연산자만을 사용하여 괄호를 채우시오.

```
void main()
{
    int a = 3;
    int* p = &a;

    cout << (    ) << endl;
}
```

05 – TYPE* p; 문에서 p의 타입은 ____________이고, p의 대상 타입은 ____________이다.

06 – int 요소 3개가 모인 배열을 가리키는 포인터 p를 정의하시오.

07 – int* p1, p2, *p3; 문에서 p1~p3 중 포인터를 모두 고르시오.

08 – 포인터의 크기는 일반적으로 시스템의 크기에 의해서 결정된다. 보통 32비트에서는 ____________바이트이고, 64비트에서는 ____________바이트이다.

09 – 다음 프로그램의 출력 결과는 무엇인가?

```
void main()
{
    char* pC = NULL;
    int* pI = NULL;
    double* pD = NULL;

    cout << (void*)(pC + 2) << endl;
    cout << (void*)(pI + 2) << endl;
    cout << (void*)(pD + 2) << endl;
}
```

10 – 포인터 p의 대상 타입이 TYPE일 때, p++는 p가 가리키는 주소보다 ____________ 만큼 증가된 주소를 가리킨다. 반대로 p--는 p가 가리키는 주소보다 ____________ 만큼 감소된 주소를 가리킨다.

11 – 포인터 p의 대상 타입이 TYPE일 때, p[N]은 p가 가리키는 주소보다 ____________ 만큼 증가된 주소의 ____________ 크기의 메모리 영역을 나타낸다. 따라서 p[N]은 *____________과 같다.

12 – void 포인터가 필요한 이유를 설명하시오.

13 – 다음 프로그램에서 잘못된 부분을 찾아본 후, i가 1이 되도록 수정하시오.

```
void main()
{
    int i;
    void* p = &i;
    *p = 1;
}
```

14 – 다음 프로그램에서 잘못된 부분을 찾고 1이 출력되도록 ra를 변경하시오.

```
void main()
{
   int a;

   int& ra;
   ra = a;

   cout << a << endl;
}
```

15 – 참조 타입 변수에 ____________가 지정되면 상수로 초기화가 가능하다.

프로그래밍 문제

{1} - 다음 프로그램의 출력 결과가 문자열 "C++"가 되도록 Set 함수를 작성하시오.

```
void main()
{
    int a = 0;
    char* s = (char*)&a;

    Set(s);
    cout << (char*)&a << endl;
}
```

{2} - 다음 프로그램의 출력 결과가 3이 되도록 Set 함수를 작성하시오.

```
void main()
{
    int a;
    int* p = &a;
    int** pp = &p;

    Set(pp, 3);
    cout << a << endl;
}
```

{3} - 다음 프로그램의 출력 결과가 3이 되도록 Increment 함수를 작성하시오.

```
void main()
{
    int a = 2;
    Increment(a);
    cout << a << endl;
}
```

{4} - memset 함수는 dest가 가리키는 주소로부터 count 바이트의 메모리 영역에 1바이트씩 값 c를 채우는 역할을 한다.

```
void* memset(void *dest, int c, size_t count);
```

같은 기능을 수행하는 MyMemset 함수를 구현하시오(다음 프로그램을 실행할 경우 −1이 출력되어야 한다).

```
void main()
{
   int a;
   MyMemset(&a, -1, 4);
   cout << a << endl;
}
```

Chapter 06

배열

같은 물품을 일렬로 모아서 관리하는 것은
일상에서 쉽게 볼 수 있는 풍경이다.
프로그래밍도 마찬가지로 같은 타입을 일렬로 모아서 처리한다.
이번 장은 가장 기초적인 자료구조인
배열(Array)을 C++ 관점에서 살펴본다.

1 배열의 개요
2 배열명
3 배열 정의와 초기화
4 다차원 배열
5 배열과 포인터
6 배열 인자
7 배열의 크기
++ 연습 문제
++ 프로그래밍 문제

1 배열의 개요

배열은 동일한 타입의 요소가 일렬로 모여 있는 자료구조이다. 구조가 간단하고 사용법이 어렵지 않아서 거의 모든 프로그래밍 언어에서 지원하고 있는 자료구조이다. 동일한 타입을 한 개 이상 모아서 새로운 타입을 만든 것이므로 파생 타입 혹은 복합 타입으로 여겨진다.

각 프로그래밍 언어의 배열은 행태나 사용법이 비슷하긴 하지만 조금씩은 다른 특징을 가지고 있다. 언어의 특성에 따라서 배열을 구현하는 내부 방식이 서로 다르기 때문이다. C/C++의 배열은 동일한 타입의 요소를 메모리에 일렬로 배치하며, 정의되는 순간에는 요소의 수가 정해져야 한다. 왜냐하면 요소의 수가 정해진 이후에는 요소의 수를 변경할 수 없기 때문이다. C/C++에서 배열의 가장 큰 특징은 포인터와 거의 완벽하게 호환된다는 점이다. 이는 배열 설계 자체가 포인터 사용을 전제하고 있기 때문이다.

이미 타입 파생 규칙을 통해서 배열 타입을 파생시키고 정의하는 방법을 알아보았다. 가령 int 요소가 3개인 배열 arr을 정의하는 과정은 다음과 같다.

- 배열의 요소 타입 int를 기준으로 한다. → int [NP]
- 첨자([3]) 연산자를 이름 자리 [NP] 바로 뒤에 붙인다. → int [NP][3]
- 이름 자리 [NP] 대신 배열 이름을 쓰고 끝에 세미콜론(;)을 붙인다. → int arr[3];

원시 타입의 이름 자리 [NP]는 타입 키워드 바로 오른쪽에 위치하는데, 그 타입 TYPE의 요소가 N개 모여 있는 배열 ArrayName을 정의하면 다음과 같다.

```
TYPE ArrayName[N];
```

1.1 배열 요소의 수

배열은 정의될 때 반드시 요소의 수가 정해져야 한다. 왜냐하면 한번 정해지면 바꿀 수 없기 때문이다. 그 외에 컴파일러에 따라 추가적인 제약도 존재할 수 있다. 바로 요소의 수는 상수만 가능하다는 점이다.

[예제 6-1] 배열 요소 수

```
1 void main()
2 {
3     int arr1[2];    // OK
4 
5     int N = 2;
6     //int arr2[N];    // ?
7 
8     const int CN = 2;
9     int arr3[CN];    // OK
10 }
```

[예제 6-1]은 컴파일러에 따라 다른 결과가 나온다. 일반적으로 3행, 9행처럼 배열이 정의될 때 배열 요소의 수는 상수(2)이거나 상수 변수(CN)의 값이어야 한다. 6행에서 요소의 수로 변수 N의 값이 사용된다. VC++ 컴파일러는 변수의 값을 요소의 수로 사용하는 것을 허용하지 않기 때문에 오류가 발생하지만, 가변 크기 배열을 지원하는 GCC(리눅스 컴파일러) 최신 버전의 경우 아무 문제도 발생하지 않는다.

동적으로 배열 요소의 수를 결정하는 가변 크기 배열은 장단점이 있기 때문에 VC++와 GCC 중 어느 것이 더 좋다고 할 수는 없다. 가령 너무 큰 요소의 수가 입력될 경우 스택 크기의 한계를 넘어서 실행 중 프로그램이 다운되는 문제가 발생할 수 있다. 가변 크기 배열은 컴파일러에 따라서 지원 여부가 달라지므로 이식성을 고려하여 신중하게 사용해야 한다.

1.2 인덱스

배열은 동일한 타입의 요소가 일렬로 모아져 있기 때문에 차례가 있다. 즉, 각 요소에 순번이 있다. 따라서 첫 번째 요소, 두 번째 요소와 같이 구별할 수 있다. 요소의 순번을 '인덱스'라고 하며 프로그래밍에서 인덱스는 0부터 시작하기 때문에 배열의 첫 번째 요소는 인덱스 0인 요소와 같다.

TYPE arr[N];과 같이 배열 arr이 정의되어 있을 때 요소의 수는 N이므로, 인덱스는 0부터 N−1까지이다. 따라서 arr[0]은 첫 번째 요소를 나타내고, arr[N−1]은 마지막 요소를 나타낸다.

2. 배열명

2.1 변수명과 배열명

변수는 메모리 영역에 이름을 붙인 것이다. 그 이름이 변수명인 것처럼 배열이 점유하는 메모리 영역의 이름을 배열명이라고 한다. 이름은 단지 무엇인가를 지칭하는 데 사용되기도 하지만 C++에서는 특수한 용도로 사용된다.

[예제 6-2] 변수명

```
1 void main()
2 {
3     int a = 1;
4     int b = a;
5 }
```

[예제 6-2]의 3행에서는 변수 a가 정의된다. 메모리의 어느 곳에 4바이트 영역을 마련한 뒤에 a라는 이름을 붙였다. 동시에 해당 영역을 int 타입으로 해석하여 1을 대입한다. 중요한 부분은 바로 4행이다. 변수 b를 정의하면서 a를 대입한다. 의도하는 것은 a라는 변수에 담긴 1이라는 값을 b에 대입하는 것이다. a가 가진 값을 나타내기 위하여 변수의 이름인 a가 사용된 것이다.

이름을 값 대신 사용하는 것은 너무나 자연스럽고 당연하게 여겨진다. 그러나 꼭 그런 것만은 아니다.

[예제 6-3] 배열명

```
1 void main()
2 {
3     int a[2] = {0, 1};
4     int b[2] = a;    // Error
5 }
```

[예제 6-3]은 int 요소가 두 개인 배열 a와 b를 정의한다. 3행에서 배열 a를 정의하면서 각 요소를 0과 1로 초기화했고, 4행에서는 배열 b를 정의하면서 배열 a의 값으로 초기화하려고 한다.

사실 의도는 명확하다. 배열 a와 b는 요소의 타입과 개수가 동일하기 때문에 같은 타입으로 볼 수 있으며 이름을 통해서 초기화도 가능할 것처럼 보인다. 그러나 실제로는 컴파일 오류가 발생하는데 배열명 a가 배열의 값({0, 1})을 나타내지 않기 때문이다.

2.2 포인터로서의 배열명

```
TYPE arr[N];
```

위의 정의처럼 요소의 타입이 TYPE이고 개수가 N인 배열 arr이 정의되어 있을 때, 배열의 이름 arr은 대상 타입이 TYPE인 배열의 첫 번째 요소를 가리키는 포인터로서 사용된다. 주의할 점은 요소의 수 N은 전혀 연관이 없다는 것이다. 즉, arr의 타입은 TYPE*이다.

[예제 6-4] 포인터로서의 배열명

```
1 #include <iostream>
2 using namespace std;
3
4 void main()
5 {
6     int arr[2] = {1, 2};
7     int* p = arr;
8     cout << *p << ", " << *arr << endl;
9 }
```

```
1, 1
```

[예제 6-4]의 6행에서 int 요소 2개인 배열 arr이 정의되어 있다. 바로 다음 줄인 7행을 유심히 살펴보자. 대상 타입이 int인 포인터 p에 배열명 arr이 대입된다. 이 의미는 배열명 arr이 대상 타입이 int인 포인터임을 나타내는 것이다. 따라서 p와 arr은 모두 int* 포인터이다. 그러므로 8행처럼 간접(*) 연산자를 사용하여 p와 arr이 가리키는 영역의 값을 출력할 수 있다.

2.3 &배열명

앞에서 주소(&) 연산자를 이미 살펴본 바 있다. 주소(&) 연산자는 피연산자로 객체의 이름을 취하여 대상 타입이 객체의 타입인 임시 포인터를 도출한다. 따라서 배열명에 주소(&) 연산자를 적용할 경우 배열 자체를 가리키는 포인터가 나온다. 즉, 대상 타입이 배열 타입이 되는 것이다. 이것은 배열명 자체가 나타내는 포인터와는 성격이 완전히 다른 것이다. 포인터로서의 배열명은 대상 타입이 요소의 타입인데, &배열명은 대상 타입이 배열 타입이기 때문이다.

[예제 6-5] &배열명

```
1  #include <iostream>
2  using namespace std;
3
4  void main()
5  {
6      int arr[2] = {1, 2};
7      //int* p = &arr;  // Error
8      int (*p)[2] = &arr;
9      cout << (*p)[0] << ", " << (*p)[1] << endl;
10 }
```

```
1, 2
```

[예제 6-5]를 살펴보기 전에 타입 파생 규칙을 복습해보자. int 요소가 두 개인 배열을 가리키는 포인터 타입은 어떻게 파생시키고 표기할 수 있을까?

1. 배열의 요소 타입 int를 기준으로 한다. → int [NP]
2. 첨자([2]) 연산자를 이름 자리 [NP] 바로 뒤에 붙인다. → int [NP][2]
3. 간접(*) 연산자를 이름 자리 [NP] 바로 앞에 붙인다. 연산자의 우선순위를 고려하여 간접(*) 연산자와 [NP]를 괄호로 묶는다. → int (*[NP])[2]
4. 이름 자리 [NP]를 생략하여 원하는 타입을 구한다. → int (*)[2]

위의 과정에 의해서 int 요소가 두 개인 배열을 가리키는 포인터 타입은 int (*)[2]로 표기된다. 따라서 [예제 6-5]에서 &arr은 arr이 나타내는 배열을 가리키는 포인터이므로 타입이 int (*)[2]인 포인터이며 대상 타입은 int [2]가 된다. 그러므로 7행처럼 int* 타입의 포인터 p에는 타입이 다르기 때문에 대입할 수 없으며, 8행처럼 타입이 int (*)[2]인 포인터 p에 대입할 수 있다.

9행에서는 p가 배열을 가리키는 포인터이므로 간접(*) 연산자를 적용한 *p가 바로 배열을 나타낸다. 그러므로 배열 요소에 접근할 때는 (*p)[0], (*p)[1]을 사용한다.

[예제 6-6]과 [그림 6-1]은 지금까지 설명한 배열명과 &배열명의 차이를 요약해서 보여준다. arr과 &arr은 모두 포인터로서 가리키는 주소는 배열이 점유하는 메모리 영역의 시작 주소로 똑같다. 그러나 arr이 포인터로서 가리키는 대상은 배열의 첫 요소인 4바이트 int 객체이며, &arr이 포인터로서 가리키는 대상은 배열 그 자체이다. 따라서 arr의 타입은 int*이지만, &arr의 타입은 int (*)[2]가 된다.

[예제 6-6] 배열명과 &배열명

```
void main()
{
    int arr[2] = {1, 2};
    int* p1 = arr;
    int (*p2)[2] = &arr;
}
```

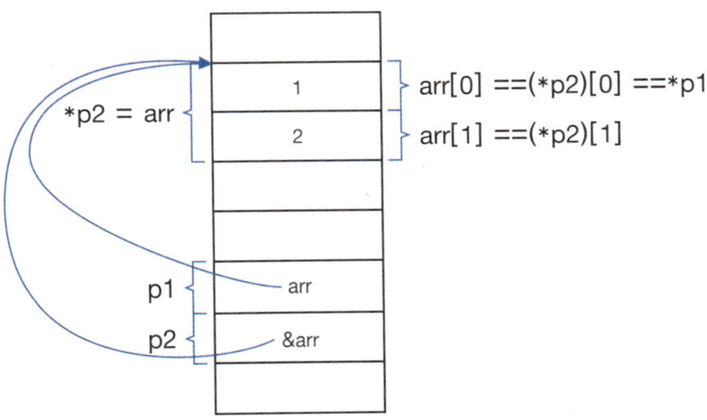

[그림 6-1] 배열명과 &배열명

3 배열 정의와 초기화

배열은 정의되는 시점에만 초기화할 수 있다. 초기화란 배열 요소들의 값을 한번에 설정하는 것이다. 배열이 정의된 이후에는 개별 요소에 값을 대입할 수 있다. 배열을 초기화하는 방식은 크게 두 가지 방식이 있다.

3.1 배열 초기화 1

```
TYPE arr[N] = {V0, V1, V2, ..., VK};      // (단, K < N)
```

TYPE 요소 N개인 배열 arr을 정의하며 초기화하는 구문이다. 인덱스 0부터 K까지 배열 요소를 각각 V0 ~ VK로 초기화한다. K 이후의 인덱스를 가진 요소의 경우 0이나 NULL이 설정된다.

[예제 6-7] 배열 초기화

```
1  void main()
2  {
3      int arr1[8] = {1};
4      int arr2[8] = {1, };
5      int arr3[8] = {0};
6      int arr4[8] = {};
7      int arr5[8] = {1, 2, 3};
8      int arr6[8] = {1, 2, 3, };
9      int arr7[8];
10 }
```

[예제 6-7]은 배열 초기화의 다양한 형식을 보여준다. 많긴 하지만 상식을 따르면 크게 어렵지 않다. 상식이란 채울 값이 있으면 채우고, 없으면 0이나 NULL을 채우는 것이다.

3행, 4행은 같은 형식이다. 초기화 값의 맨끝 콤마(,)는 무시된다. 그래서 arr1, arr2는 인덱스 0인 첫 요소만 1로 설정되고, 나머지 요소는 모두 0으로 설정된다. 5행, 6행의 형식은 배열의 모든 요소를 0으로 초기화할 때 사용한다. 7행, 8행도 쉽게 해석할 수 있다. 배열의 첫 세 요소만 각각 1, 2, 3으로 설정하고 나머지 요소는 모두 0으로 설정된다. 9행은 초기화하지 않은 배열을 나타낸다. 배열 요소에는 어떤 값이 들어 있는지 알 수 없다. 이런 값을 미정의 값 혹은 쓰레기 값이라고 하는데, 실행 오류를 발생시킬 가능성이 있기 때문에 가능하면 배열은 초기화하는 것이 좋다.

3.2 배열 초기화 2

```
TYPE arr[] = {V0, V1, V2, ..., VN};
```

TYPE 요소 N+1개인 배열 arr을 정의하며 초기화하는 구문이다. 이전과 다른 점은 첨자([ ]) 연산자에 배열 요소의 수가 지정되지 않은 것이다. 이와 같이 배열 요소가 지정되지 않을 경우 초기화 블록의 초깃값 수가 배열 요소의 수가 된다.

3.3 문자열 초기화

문자열은 문자 타입 요소가 모인 배열이다. 배열을 통해서 문자열을 표현하는 법을 살펴보자.

[예제 6-8] 문자 배열 초기화

```
1  void main()
2  {
3      char str1[] = { 'C', '+', '+' };
4      char str2[] = "C++";
5      char str3[] = { "C++" };
6  
7      wchar_t wstr1[] = { L'C', L'+', L'+' };
8      wchar_t wstr2[] = L"C++";
9      wchar_t wstr3[] = { L"C++" };
10 }
```

[예제 6-8]은 문자열 [C++]를 아스키와 UTF-16 문자 배열로 나타내는 것을 보여준다. 요소의 타입은 char와 wchar_t가 되며, 문자열 길이를 일일이 세는 것이 어려우므로 배열 요소 수를 지정하지 않는 방식으로 초기화한다. 일반적으로 문자열 배열을 정의할 때는 4행, 8행과 같은 형식을 많이 사용한다.

4 다차원 배열

배열 요소 타입은 어떤 타입이든지 될 수 있다. 따라서 배열이 배열의 요소가 될 수도 있다. 이런 경우를 '배열의 배열'이라고 부를 수 있다. 마찬가지로 '배열의 배열의 배열'도 정의할 수 있다. 배열의 배열을 일반적으로 '2차원 배열'이라고 부르기 때문에 3차원, 4차원 배열도 만들 수 있다. 이와 같은 배열을 '다차원 배열multidimensional array'이라고 부른다.

2차원 배열이란 편의상 만든 말일 뿐이고, 엄밀하게 말하면 배열이 배열의 요소가 되는 것일 뿐이다. 즉, 언어 차원에서 2차원 배열 타입을 제공하는 것은 아니다.

4.1 2차원 배열

다시 한번 타입 파생 규칙을 떠올려보자. 이쯤이면 타입 파생 규칙이 얼마나 중요한지 눈치챘을 것이다. 이번에는 배열 타입 파생을 해보자.

int 요소가 세 개인 배열이 두 개 모인 배열 arr을 정의해보자.

❶ 배열의 요소 타입 int를 기준으로 한다. → int [NP]

❷ 첨자([3]) 연산자를 이름 자리 [NP] 바로 뒤에 붙인다. → int [NP][3]

❸ 첨자([2]) 연산자를 이름 자리 [NP] 바로 뒤에 붙인다. → int [NP][2][3]

❹ 이름 자리 [NP] 대신 배열 이름 arr을 써주고 세미콜론을 붙인다. → int arr[2][3];

위의 과정을 통해서 알 수 있는 사실은 첨자의 순서이다. 왜 arr[3][2]가 아니라 arr[2][3]이 되는지 이해할 수 있다. 이번에는 2차원 배열을 초기화하는 방법을 살펴보겠다.

[예제 6-9] 2차원 배열 초기화

```
void main()
{
   int arr[2][3] = {{ 11, 12, 13 }, { 21, 22, 23 }};
}
```

[예제 6-9]를 살펴보면 2차원 배열의 초기화라고 해서 특별한 것은 없다. 배열의 배열이므로 초기화 블록의 초기화 값도 초기화 블록이 되어야 한다. 이미 살펴본 것처럼 배열 arr은 int 요소가 3개인 배열이 2개 모인 배열이므로 초기화 블록은 초깃값 3개가 모인 블록 두 개를 초깃값으로 포함한다.

[그림 6-2]는 2차원 배열의 실제 메모리 구조를 보여준다. 고등학교 수학의 교육 과정을 이수한 사람이라면 2차원 배열에 대해서 행렬Matrix을 떠올릴 수 있다. 그러나 2차원 배열과 행렬을 비교하기에는 무리한 점이 있다. 행렬은 테이블 형태의 2차원이지만 배열은 항상 1차원이기 때문이다. 메모리는 오직 선형적으로 존재하기 때문에 아무리 차원이 높은 배열이라고 해도 선형적인 형태로 놓일 수밖에 없다. 비교를 하자면 행렬은 아파트 하나를 나타낸다고 할 때 배열은 1층 단독 주택이 줄지어 있는 모습으로 생각할 수 있다.

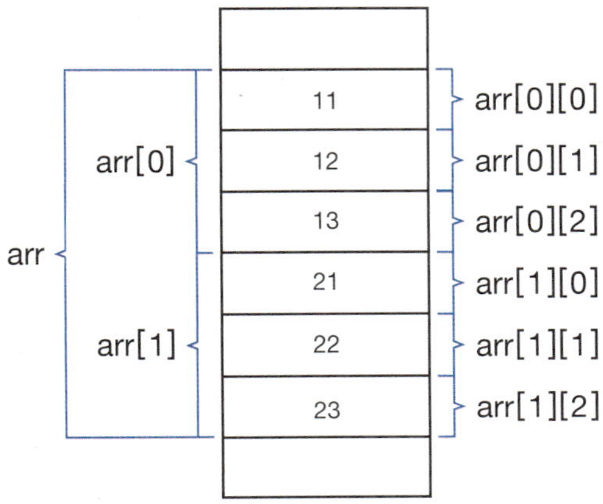

[그림 6-2] 2차원 배열 메모리의 구조

4.2 3차원 배열

3차원 배열도 2차원 배열과 큰 차이가 없다. 배열의 배열의 배열일 뿐이다. 확실하게 다차원 배열을 정복하기 위하여 간단히 살펴보자. 이번에는 int 요소 두 개인 배열 세 개를 모은 배열을 다시 두 개 모은 배열 arr을 정의한다.

❶ 배열의 요소 타입 int를 기준으로 한다. → int [NP]

❷ 첨자([2]) 연산자를 이름 자리 [NP] 바로 뒤에 붙인다. → int [NP][2]

❸ 첨자([3]) 연산자를 이름 자리 [NP] 바로 뒤에 붙인다. → int [NP][3][2]

❹ 첨자([2]) 연산자를 이름 자리 [NP] 바로 뒤에 붙인다. → int [NP][2][3][2]

❺ 이름 자리 [NP] 대신 배열 이름 arr을 써주고 세미콜론을 붙인다. → int arr[2][3][2];

[예제 6-10] 3차원 배열

```
void main()
{
   int arr[2][3][2] =
   {
      {
         {111, 112},
         {121, 122},
         {131, 132}
      },
      {
         {211, 212},
         {221, 222},
         {231, 232}
      }
   };
}
```

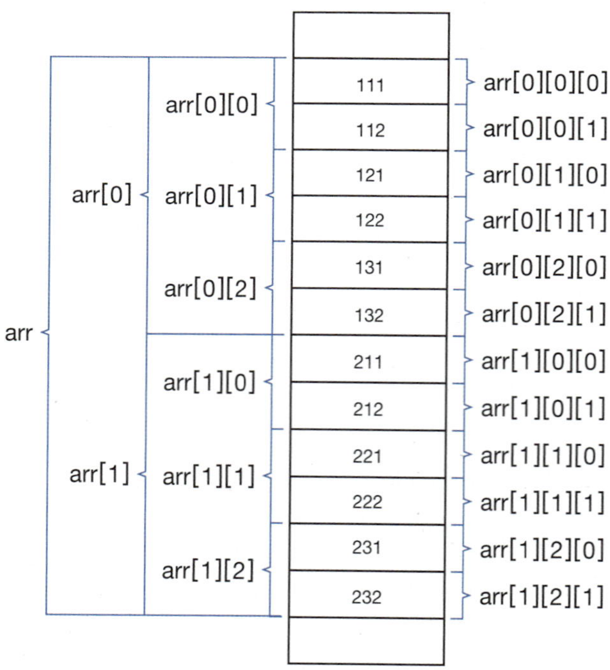

[그림 6-3] 3차원 배열 메모리 구조

[예제 6-10]과 [그림 6-3]은 3차원 배열을 보여준다. 배열의 구조와 그림이 완벽히 이해되어야 다음 주제로 무난히 넘어갈 수 있다. 잘 이해가 되지 않는다면 다시 한번 앞 부분을 복습하기 바란다.

5 배열과 포인터

5.1 배열과 포인터의 차이점

배열의 설계 자체가 포인터 사용을 전제하기 때문에 배열과 포인터는 밀접한 상관 관계를 갖는다. 따라서 배열을 포인터처럼 혹은 포인터를 배열처럼 사용할 수 있다. 실제로 배열의 첨자([ ]) 연산이 일어날 때 배열명이 포인터로 여겨지므로 포인터의 첨자([ ]) 연산과 완전히 일치하게 된다. 그러나 포인터와 배열에 대한 제대로 된 이해 없이 자유롭게 호환해서 사용하는 것은 무척 위험할 수 있다.

[예제 6-11] 배열과 포인터의 차이

```
void main()
{
    char s1[] = "C++";
    char* s2 = "C++";
}
```

[예제 6-11]은 배열과 포인터가 완전히 다름을 보여준다. 혹시 s1과 s2가 무엇이 다른지 모르겠다면 [그림 6-4]를 살펴보자.

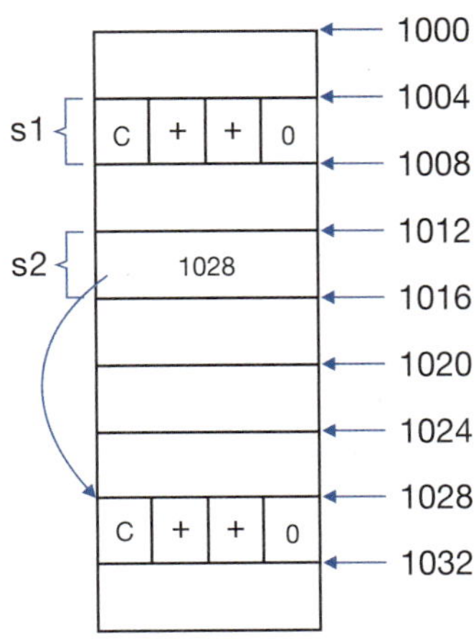

[그림 6-4] 배열과 포인터 구조

[그림 6-4]에서 확인할 수 있듯이 배열 s1과 포인터 s2는 완전히 다른 구조를 가진다. 배열 s1은 문자열 "C++"가 들어 있는 메모리 영역을 나타내지만, 포인터 s2는 문자열 "C++"가 들어 있는 메모리 영역을 가리킨다. s1은 배열이면서 이름 자체는 배열의 첫 요소를 가리키는 상수 포인터

이다. 따라서 s1에는 더 이상 다른 값이 대입될 수 없다. 그러나 s2는 상수가 아닌 일반 포인터이므로 언제든지 다른 주소를 대입하면 다른 영역을 가리킬 수 있다.

5.2 1차원 배열과 포인터

요소 타입이 TYPE인 1차원 배열과 타입이 TYPE*(대상 타입이 TYPE)인 포인터는 완전히 호환된다.

[예제 6-12] 1차원 배열과 포인터

```
1 #include <iostream>
2 using namespace std;
3 
4 void main()
5 {
6     int arr[2] = { 1, 2 };
7     int* p = arr;
8     cout << p[0] << ", " << p[1] << endl;
9 }
```

```
1, 2
```

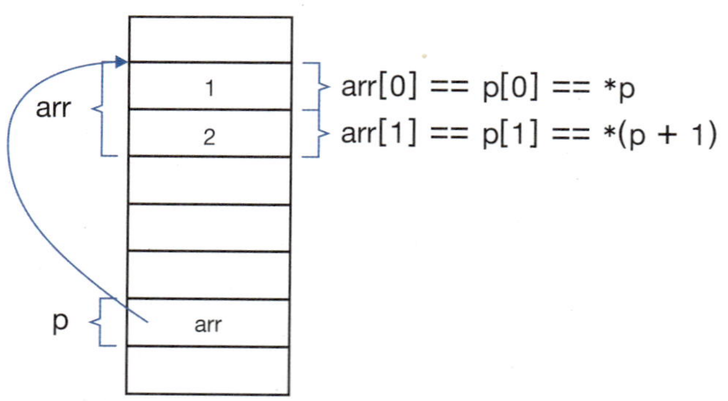

[그림 6-5] 1차원 배열과 포인터

[예제 6-12]와 [그림 6-5]는 1차원 배열과 포인터가 완전히 호환되는 것을 보여준다. 이미 앞에서 살펴보았듯이 배열의 이름은 대상 타입이 요소의 타입인 포인터가 된다. 따라서 7행처럼 이름 arr이 포인터로서 사용될 때의 타입은 int*가 되므로 포인터 p에 대입할 수 있다.

8행에서는 배열명 arr 대신 포인터 p에 첨자([ ]) 연산자를 사용하여 배열 요소에 접근한다. 포인터 p에 첨자([N]) 연산을 적용한 p[N]은 *(p + N)과 완전히 일치한다. 따라서 각각 *p와 *(p + 1)을 구하는 것과 같으며 이것은 배열 arr의 첫 번째, 두 번째 요소와 그대로 일치한다.

사실 배열명에 첨자([ ]) 연산이 적용되면 배열명은 포인터로 취급되고 첨자([ ]) 연산은 포인터의 연산으로 동작한다. 즉, 애초에 첨자([ ]) 연산은 포인터만을 위한 것이라고 할 수 있다. 따라서 C/C++의 배열은 포인터 사용을 전제로 설계되었다고 할 수 있다.

5.3 2차원 배열과 포인터

앞에서 1차원 배열과 포인터가 완벽하게 호환되는 것을 살펴보았다. 그러나 이런 사실을 확대해석하여 2차원 배열과 포인터의 포인터(예를 들어서 int**)가 호환된다고 착각하는 오류를 범하는 경우도 종종 있다. 2차원 배열은 어떻게 포인터와 대응시킬 수 있는지 확인해보자.

[예제 6-13] 2차원 배열과 포인터의 포인터

```
#include <iostream>
using namespace std;

void main()
{
    int arr[2][3] = {{ 11, 12, 13 }, { 21, 22, 23 }};
    int** pp = (int**)arr;
    cout << pp[1][2] << endl;
}
```

[예제 6-13]의 코드를 실행하기 전에 어떤 결과가 나올지 예상해보면 아마도 23이 출력될 것이라고 짐작할 것이다. 그러나 필자의 컴퓨터에서는 출력은커녕 프로그램이 다운되어버렸다. 도대체 어디서 잘못된 것일까?

[그림 6-6]은 [예제 6-13]의 배열 arr과 포인터의 포인터 pp의 메모리 구조를 보여준다. 이 그림을 완벽히 이해할 수 있다면 포인터, 배열의 개념과 구조 및 동작을 확실히 이해하고 있다고 볼 수 있다. 참고로 요즘은 대부분의 PC들이 64비트 운영체제인 Windows x64를 많이 사용하므로 그림은 x64 기준으로 그려졌다. x64에서는 일반 포인터의 크기가 8바이트이다.

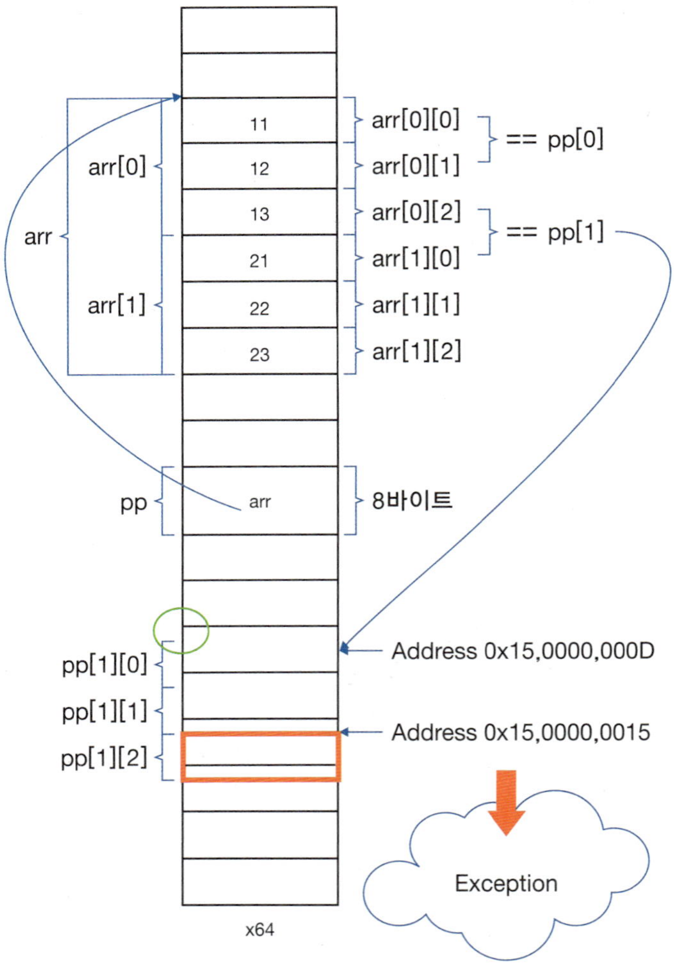

[그림 6-6] 2차원 배열과 포인터와 포인터 - x64

먼저 [예제 6-13]의 6행에 있는 2차원 배열 arr에 대해서 살펴보자. arr의 타입을 표기한다면 int [2][3]이다. 요소의 타입이 int [3]인 요소 2개가 모인 배열이라고 할 수 있다. 앞에서 살펴본 것처럼 배열의 이름은 포인터로서 사용될 경우 대상 타입이 요소 타입인 포인터가 된다. 따라서 이름 arr이 포인터로 사용될 경우 대상 타입은 int [3]이므로 포인터 타입은 int (*)[3]이 된다. 따라서 7행처럼 타입이 int**인 포인터 pp에 타입이 전혀 다른 arr을 대입하는 것부터 잘못된 선택이었다. 잘못된 코드를 제대로 고치는 것은 잠시 후에 살펴보자.

7행에서 포인터 pp에 arr이 대입될 수 없으므로 강제 타입 변환(int**)을 이용하여 pp에 arr을 대입하였다. 이제 pp[1][2]가 메모리의 어떤 곳을 나타내는지 확인해본다.

먼저 pp에 대해서 살펴보자. pp는 포인터의 포인터로서 타입은 int**이다. 따라서 대상 타입은 int*가 된다. 이미 살펴본 것처럼 포인터에 첨자([ ]) 연산을 할 때의 공식을 생각하면서 pp[1]을 구해보자. pp[1]은 타입이 int*이면서 *(pp + 1)과 같다. *(pp + 1)은 pp의 대상 타입인 int*의 크기, 즉 sizeof(int*)만큼 pp의 주소에서 증가시킨 후 sizeof(int*) 크기의 영역을 나타낸다. 따라서 그림에서 나타내면 arr[0][2]와 arr[1][0]이 나타내는 영역을 합한 영역이 된다. 각각 13과 21이 있으므로 이것을 8바이트로 합쳐서 계산하면 0x15,0000,000D가 된다. pp[1]의 타입은 int*이므로, pp[1][2]는 *(pp[1] + 2)와 같다. *(pp[1] + 2)는 pp[1]의 대상 타입인 int의 크기, 즉 2 * sizeof(int)만큼 pp[1]의 주소에서 증가시킨 후 sizeof(int) 크기의 영역을 나타낸다. sizeof(int)는 4이므로 실제 가리키는 영역의 주소는 0x15,0000,000D + 2 * 4 = 0x15,0000,0015이다. 그림에서 따진다면 pp[1][2]가 나타내는 영역이다. 아마도 해당 영역의 주소는 가상 메모리에서 commit이 되지 않았기 때문에 읽기 금지 상태라서 런타임 오류가 발생할 것이다.

그렇다면 위의 소스는 어떻게 고쳐야 제대로 동작할 수 있을까? 바로 정확한 포인터 타입을 사용하면 쉽게 해결된다.

[예제 6-14] 2차원 배열과 포인터

```
#include <iostream>
using namespace std;

void main()
{
    int arr[2][3] = { { 11, 12, 13 }, { 21, 22, 23 } };
    int (*pp)[3] = arr;
    cout << pp[1][2] << endl;
}
```

```
23
```

[예제 6-14]에서 수정된 부분은 7행의 포인터 pp의 타입이다. pp는 arr과 완전히 똑같은 타입으로서 대상 타입이 int [3]인 포인터이다. 여기서 알 수 있는 것은 배열과 포인터가 호환이 되기 위해서는 포인터의 타입이 배열명이 나타내는 포인터 타입과 일치해야 한다는 점이다. 혹시라도 타입이 int**인 포인터의 포인터를 사용해서 문제의 코드를 수정하고 싶다면 방법이 없는 것도 아니다.

[예제 6-15] 2차원 배열과 포인터의 포인터

```
1  #include <iostream>
2  using namespace std;
3  
4  void main()
5  {
6     int arr[2][3] = { { 11, 12, 13 }, { 21, 22, 23 } };
7  
8     int* arrM[2] = { arr[0], arr[1] };
9     int** pp = arrM;
10    cout << pp[1][2] << endl;
11 }
```

```
23
```

[예제 6-15]와 [그림 6-7]은 배열과 포인터의 포인터의 대응 방법을 보여준다. 핵심 아이디어는 8행처럼 중간 배열 arrM을 정의한 것이다. arrM은 arr[0], arr[1]로 초기화된다. arr[0]과 arr[1]은 각각 int 요소 3개인 배열이다. 동시에 arr[0], arr[1]이 이름으로 사용되면 대상 타입이 요소 타입인 포인터가 된다. 즉, arr[0], arr[1]은 이름만 따지면 int*가 된다. 그러므로 int* 요소 2개인 배열 arrM의 초기화 값이 될 수 있다. 9행에서는 int** pp에 arrM이 그대로 대입된다. arrM 역시 이름으로 사용되면 대상 타입이 요소 타입 int*인 포인터가 된다. 즉, arrM은 이름만 따지면 int**가 된다. 이제 10행처럼 pp[1][2]에 접근해보자. 먼저 pp[1]을 구할 경우 그림에서 arrM[1]과 같으므로 pp[1][2]는 arr[1][2]와 그대로 일치하고 정확하게 23이 출력된다.

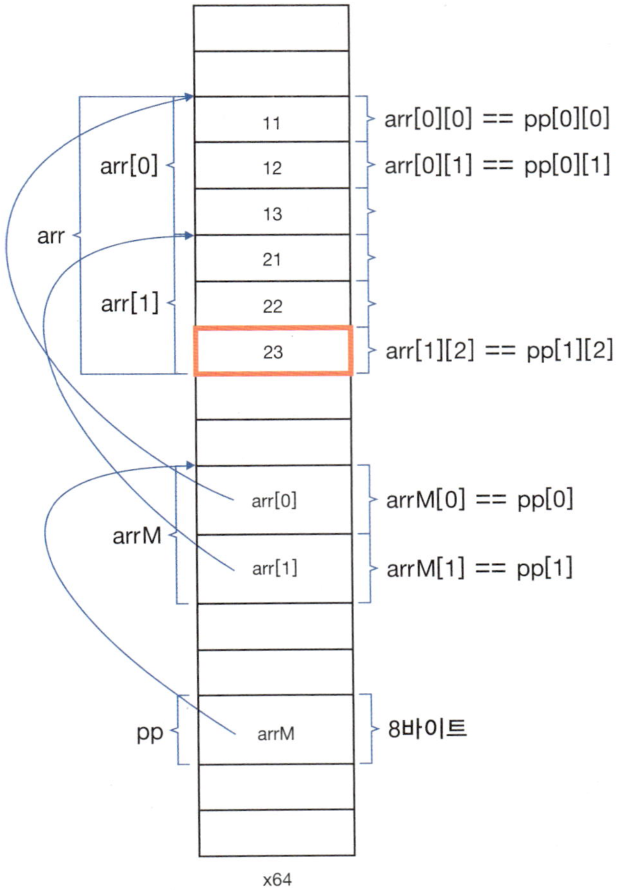

[그림 6-7] 2차원 배열과 포인터의 포인터 - x64

6 배열 인자

배열은 함수의 인자로 전달될 수 있다. 그러나 원시 타입의 객체가 인자로 전달될 때와 다른 점이 있다.

6.1 배열 타입 매개 변수

비교를 위하여 먼저 원시 타입(int) 객체를 인자로 전달해보자.

[예제 6-16] 원시 타입과 매개 변수

```cpp
1  #include <iostream>
2  using namespace std;
3  
4  void func(int arg)
5  {
6     arg++;
7     cout << arg << endl;
8  }
9  
10 void main()
11 {
12    int a = 1;
13    func(a);
14    cout << a << endl;
15 }
```

```
2
1
```

[예제 6-16]의 결과를 예상하는 것은 어렵지 않다. 12행의 변수 a와 4행의 함수 func의 인자 arg와는 완전히 별개이다. 13행에서 변수 a가 함수 func의 인자로 전달될 때는 arg가 새로 생성되면서 변수 a가 가진 값을 복사해나간다. 따라서 arg는 1인 채 함수 func가 호출된다. 즉, arg와 a는 아무런 상관이 없다.

이번에는 배열을 인자로 전달해보자! 앞의 예제와 완전히 일치할 수 있도록 int 요소가 한 개인 배열을 생각해보자!

[예제 6-17] 배열 타입과 매개 변수

```cpp
#include <iostream>
using namespace std;

void func(int arg[1])
{
   arg[0]++;
   cout << arg[0] << endl;
```

```
    }

void main()
{
    int arr[1] = { 1 };
    func(arr);
    cout << arr[0] << endl;
}
```

```
2
2
```

[예제 6-17]을 앞의 예제처럼 생각한다면 배열 arr이 인자로 전달될 경우 함수의 인자인 arg 배열이 생성되면서 arr 배열을 그대로 복사해야 한다. 따라서 배열 arr과 arg는 전혀 연관 관계를 갖지 않으므로 출력 결과는 앞 예제와 동일하게 나와야 한다. 그러나 실제 출력 결과가 앞의 예제와는 다른 것을 본다면 지금까지의 가정은 완전히 틀렸다고 할 수 있다. 그렇다면 제대로 된 동작 원리는 무엇일까?

C++는 배열을 인자로 넘길 때 값으로서 넘기지 않는다. 더 정확하게 이야기하면 값으로서 넘길 수가 없다. 배열명은 상수 포인터이므로 정확하게는 배열의 주소가 인자로 넘어갈 뿐이다. 애초에 배열 상호 간에 대입 연산자를 적용할 수 없듯이 arg = arr과 같은 동작은 불가능하다. 그렇다면 함수 func의 매개 변수인 int arg[1]은 무엇일까? 사실 매개 변수 int arg[1]은 컴파일러에 의해서 int* arg로 치환된다.

[예제 6-18] 배열 타입 매개 변수의 크기

```
#include <iostream>
using namespace std;

void func(int arg[4])
{
    cout << sizeof(arg) << endl;    // 4 or 8
}

void main()
{
```

```
11     int arr[4] = { 1, 2, 3, 4 };
12     func(arr);
13  }
```

```
4
```

[예제 6-18]은 실제로 함수의 매개 변수로 배열이 사용될 경우 컴파일러에 의해서 포인터 타입으로 변경되는지를 보여준다. 매개 변수가 배열 그 자체로 온전히 남아 있다면 6행의 sizeof(arg)는 배열이 점유하는 영역의 크기인 16이 출력되어야 한다. 그러나 실제 결과는 4(x86) 혹은 8(x64)이 나온다. 왜냐하면 컴파일러에 의해서 매개 변수는 int* arg로 치환되었기 때문이다. 따라서 포인터의 크기인 4 혹은 8이 나오게 된다.

6.2 2차원 배열 타입 매개 변수

이번에는 함수의 매개 변수 타입이 2차원 배열인 경우를 살펴보자.

[예제 6-19] 2차원 배열 타입 매개 변수

```
1   #include <iostream>
2   using namespace std;
3
4   void func(int arg[2][3])
5   {
6       arg[1][2] = 1;
7   }
8
9   void main()
10  {
11      int arr[2][3] = { {0} };
12      func(arr);
13      cout << arr[1][2] << endl;
14  }
```

```
1
```

[예제 6-19]의 4행의 매개 변수인 int arg[2][3] 역시 컴파일러에 의해서 치환된다. 2차원 배열이기 때문에 치환된 타입은 int**라고 생각할 수도 있겠으나 앞에서 살펴본 것처럼 2차원 배

열과 포인터의 포인터는 제대로 호환될 수 없다. 배열과 호환될 수 있는 포인터는 대상 타입이 배열 요소 타입인 포인터인 경우만 가능한 것이다. 즉, 매개 변수 int arr[2][3]의 요소 타입은 int [3]이므로 대상 타입이 int [3]인 포인터로 변환되어야 한다. 즉, int arg[2][3]은 정확히 int (*arg)[3]으로 치환된다. 매개 변수 arg를 그림으로 표현하면 [그림 6-8]과 같다.

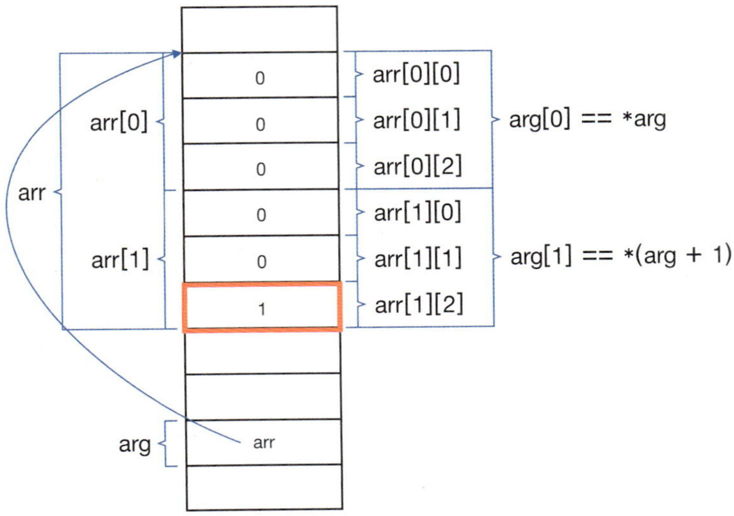

[그림 6-8] 매개 변수 int (*arg)[3]

6.3 n차원 배열 타입 매개 변수

지금까지 2차원 배열이 매개 변수로 사용되는 경우를 살펴보았다. 같은 방식으로 확장할 경우 몇 차원이든 어렵지 않다. 일반적으로 n차원 배열까지 확장하는 것을 정리하면 다음과 같다.

```
TYPE arg[C1][C2]...[Cn] → TYPE (*arg)[C2]...[Cn]
```

컴파일러는 배열 arg와 호환되는 포인터 타입을 찾는다. 호환되는 포인터 타입은 대상 타입이 배열의 요소 타입인 TYPE [C2] ... [Cn]이 되어야 하므로 포인터 타입을 표기할 경우 TYPE (*)[C2] ... [Cn]이 된다. 따라서 컴파일러는 기존 매개 변수를 TYPE (*arg)[C2] ... [Cn]으로 치환한다.

여기서 주의할 점은 가장 앞의 첨자 C1은 아무 영향도 미치지 못한다는 점이다. 컴파일러가 위와 같은 방식으로 매개 변수의 타입을 치환하는 이유는 배열을 인자로 넘기고, 함수에서도 매개 변수를 배열처럼 사용해도 문제가 발생하지 않도록 하기 위해서이다. 계속해서 살펴보았지만 배열과 완전히 호환되는 포인터에 대해서는 첨자([ ]) 연산이 동일하게 적용되기 때문이다.

7 배열의 크기

객체(변수나 배열)는 일정한 크기의 메모리 영역을 점유한다. 따라서 객체의 크기는 점유한 메모리 영역의 크기라고 할 수 있다. 객체의 크기를 구할 때 사용하는 연산자가 바로 sizeof이다. sizeof의 피연산자로 객체의 이름을 취하면 객체의 크기가 도출된다.

위의 지식을 배열에 적용하면 배열의 크기는 다음과 같이 구할 수 있다.

❶ 배열의 크기 = sizeof(배열명)

또한 배열은 동일한 타입의 요소가 일렬로 모인 자료구조이다. 따라서 요소의 타입과 수를 알고 있다면 배열의 크기를 구할 수 있다.

❷ 배열의 크기 = sizeof(요소 타입) * 요소 수

❶과 ❷를 통해서 배열 요소의 수를 구할 수도 있다.

❸ 배열 요소 수 = sizeof(배열명) / sizeof(요소 타입)

[예제 6-20] sizeof

```
#include <iostream>
using namespace std;

void main()
{
    int arr[2][3];
    cout << sizeof(arr) << endl;
    cout << sizeof(arr[0]) << endl;
    cout << sizeof(arr[0][0]) << endl;
}
```

```
24
12
4
```

[예제 6-20]을 통해서 sizeof의 결과를 확인해보자. 배열 arr은 int 요소가 세 개인 배열이 두 개 모인 배열이다. 따라서 내부에 int 객체가 총 여섯 개가 있다. int 객체 하나당 4바이트를 차지하므로 7행의 sizeof(arr)는 24가 된다. 마찬가지로 arr[0]은 int 요소가 세 개인 배열이다. 따라서 sizeof(arr[0])는 12가 된다. 마지막으로 arr[0][0]은 int 요소이므로 sizeof(arr[0][0])는 4가 된다.

연습 문제

01 – 일반적으로 배열 요소의 수는 상수만 가능하다. 그러나 ____________을 지원하는 GCC의 경우 변수도 배열 요소의 수가 될 수 있다.

02 – 배열의 요소는 일렬로 모아져 있어서 차례가 있다. 따라서 각 요소에는 순번이 있으며, 순번을 ____________라고 한다. ____________는 0부터 시작한다.

03 – TYPE arr[N]; 문에서 첫 번째 요소와 마지막 요소를 arr과 첨자를 이용하여 나타내시오.

04 – 다음 프로그램에서 잘못된 부분을 설명하시오.

```
void main()
{
    int a[2] = { 0, 1 };
    int b[2] = a;
}
```

05 – TYPE arr[N]; 문에서 배열 이름 arr은 포인터로 사용될 수 있다. 포인터로 사용되는 arr의 타입은 ____________이며 요소의 수 N은 영향을 주지 않는다.

06 – TYPE arr[N]; 문에서 &arr은 배열 자체를 가리키는 포인터이다. &arr의 타입은 ____________이다.

07 – 다음 배열 arr1 ~ arr4 중에서 다른 값을 가지고 있는 배열은 무엇이고 이유는 무엇인가?

```
void main()
{
    int arr1 = {};
    int arr2 = {0};
    int arr3 = {0, };
    int arr4;
}
```

08 – char str = “C++”; 문에서 str 배열의 요소의 수와 마지막 요소의 값은 무엇인가?

09 – int 요소가 세 개인 배열이 두 개 모인 배열 arr은 왜 int arr[3][2]가 아닌지 설명하시오.

10 – int arr[2][3]의 여섯 개 요소를 순서대로 11, 12, 13, 21, 22, 23으로 초기화하는 코드를 작성하시오.

11 – 2차원 배열은 종종 행렬로 여겨진다. 그러나 2차원 배열을 행렬과 비교하기에는 무리한 점이 있다. 어떤 점에서 다른지 설명하시오.

12 – 다음 프로그램의 s1과 s2를 포인터 관점에서의 차이점을 설명하시오.

```
void main()
{
    char s1[] = "C++";
    char* s2 = "C++";
}
```

13 – 다음 프로그램의 문제점을 찾아서 수정하시오.

```
void main()
{
    int arr[2][3] = { { 11, 12, 13 }, { 21, 22, 23 } };
    int** pp = (int**)arr;
    cout << pp[1][2] << endl;
}
```

14 – 다음 프로그램의 출력 결과를 설명하시오.

```
void func(int arg[1])
{
   arg[0] = 2;
}

void main()
{
   int arr[1] = { 1 };
   func(arr);
   cout << arr[0] << endl;
}
```

15 – 함수 void func(int arg[3])의 매개 변수 타입은 컴파일러에 의해서 자동으로 변환되어 void func__________이 된다.

16 – 함수 void func(int arg[3][4])의 매개 변수 타입은 컴파일러에 의해서 자동으로 변환되어 void func__________이 된다.

17 – 다음 프로그램의 출력 결과는 무엇인가?

```
void main()
{
   double arr[2][3];
   cout << sizeof(arr) << endl;
   cout << sizeof(arr[0]) << endl;
   cout << sizeof(arr[0][0]) << endl;
}
```

{1}- 배열 int arr[] = {1, 6, 9, 7, 3, 2, 0, 4, 8, 5}를 가지고 다음 프로그램을 작성하시오.

(1) arr의 모든 원소의 합을 구하는 프로그램

(2) arr의 최솟값과 최댓값을 구하는 프로그램

(3) arr의 원소들을 역순으로 재구성하는 프로그램

(4) arr의 원소들을 오름차순으로 정렬하여 재구성하는 프로그램

{2}- 다음은 네 학생의 국어, 영어, 수학 성적이다. 각 학생별 총점을 구하고, 각 과목별 평균을 출력하시오.

번호	국어	영어	수학
1	100	100	50
2	90	70	80
3	70	80	90
4	80	100	90

Chapter 07

구조체

같은 물품을 일렬로 모아서 관리하기도 하지만 서로 다른 물품을 하나의 패키지로 묶어서 관리하기도 한다.
C++ 프로그래밍에서 전자는 배열이고, 후자가 바로 구조체이다.
이번 장에서는 구조체를 통해서 자료구조에 대한 안목을 넓혀보자.

1 구조체의 개요

2 구조체 변수 정의

3 구조체 연산자

4 구조체 메모리 구조

5 구조체 인자

6 공용체

++ 연습 문제

++ 프로그래밍 문제

1 구조체의 개요

1.1 구조체를 알아야 하는 이유

이번 장에서는 C 언어의 구조체를 살펴본다. 갑자기 C 언어의 구조체를 왜 알아야 하는지 의문이 들 수 있는데, 이유는 바로 C++의 클래스와 구조체를 쉽게 이해하기 위해서이다. C 언어에서 C++로 발전하는 과정에서 클래스가 도입되었고 그로 인해서 C++에서 구조체와 클래스의 경계가 사실상 사라지게 되었다. 클래스가 C 언어의 구조체에 객체 지향 개념을 도입하면서 나온 것이기에 기존 C 언어 구조체를 알고 추가적인 클래스의 특징을 배움으로써 객체 지향 개념을 더 잘 이해하는 데 도움이 될 수 있다. C 언어의 구조체 개념은 그렇게 어려운 것이 없기 때문에 쉽게 배울 수 있다. 이번 장은 클래스를 배우기 위한 몸풀기 단계로 받아들이면 된다.

1.2 구조체의 개념

C 언어의 구조체는 하나 이상의 타입을 모아놓은 집합 타입이다. 구조체가 차지하는 영역에서 각각의 타입이 차지하는 영역을 멤버member라고 부른다.

구조체를 정의하면 다음과 같다.

```
struct [TagName]
{
   TYPE1 Member1;
   TYPE2 Member2;
   ...
   TYPEN MemberN;
}
```

구조체를 정의하는 것은 배열과 마찬가지로 새로운 파생 타입을 정의하는 것이다. 따라서 객체가 만들어져서 메모리를 차지하는 것은 아니다. 구조체는 일종의 설계도 역할을 한다.

구조체의 정의에서 주의할 점은 태그명이다. 태그명은 생략될 수도 있는데 이 경우 구조체 정의는 일회성으로 변한다. 반대로 태그명이 있을 경우 태그명이 곧 구조체 타입을 나타내는 타입 이름이 된다.

타입으로서 태그명을 사용해도 되지만 typedef를 이용하여 구조체 타입 자체를 새로운 타입 이름으로 정의할 수도 있다.

```
typedef struct [TagName]
{
    TYPE1 Member1;
    TYPE2 Member2;
    ...
    TYPEN MemberN;
} TypeName;
```

위와 같이 typedef를 이용하면 TypeName이 구조체 타입을 나타내는 새로운 타입 이름이 된다. 물론 이때 태그명의 유무는 영향을 끼치지 않는다.

2. 구조체 변수 정의

건물을 지을 때는 먼저 건물의 설계부터 시작한다. 설계도가 완성되면 실제 시공을 통해서 눈에 보이는 건물이 만들어진다. 설계도가 있으면 다른 곳에도 같은 건물을 지을 수 있다.

구조체를 정의하는 것은 마치 건물의 설계도를 그리는 것과 같다. 그렇다면 실제 건물을 짓는 시공은 무엇에 비유할 수 있을까? 바로 구조체 객체(변수)를 정의하는 것과 같다. 즉, 구조체 정의에 따라 메모리 위에 실제 구조체 객체(변수)를 생성하는 것을 말한다.

2.1 태그, typedef 미사용 변수 정의

구조체 정의가 바로 타입이므로 구조체 정의 뒤에 변수명을 써주면 해당 변수는 구조체 객체가 된다.

[예제 7-1] 구조체 변수 정의

```
1  void main()
2  {
3     struct
4     {
5        char m;
6     } s1;
7
8     struct
9     {
10       char m;
11    } s2;
12
13    s1 = s2;   // Error
14 }
```

[예제 7-1]의 3~6행과 8~11행에서 각각 구조체 정의 뒤에 변수명 s1, s2를 사용하면서 구조체 변수를 정의한다. 두 구조체 모두 char 타입 멤버가 하나밖에 없다. 따라서 모양만 보면 완전히 같은 구조체라고 생각할 수 있다. 그러나 13행에서 볼 수 있듯이 같은 타입의 변수 s1과 s2 사이에 대입 연산을 할 수 없다. 왜냐하면 s1과 s2의 타입은 임시로 정의된 타입으로서 서로 다른 타입으로 취급되기 때문이다. 잘 이해가 되지 않을 수 있으니 [예제 7-2]와 비교해보자.

2.2 태그 사용 변수 정의

[예제 7-2] 태그명을 이용한 구조체 정의

```
struct STag
{
   char m;
};

void main()
{
   struct STag s1;
```

```
 9      struct STag s2;
10
11      s1 = s2;    // OK
12  }
```

[예제 7-2]의 11행에서는 구조체 s1과 s2 사이에 대입 연산이 잘 이루어진다. 앞의 [예제 7-1]과 차이가 있다면 바로 구조체 정의 시 태그명이 사용되었기 때문이다. 구조체에 태그명이 사용될 경우 태그명이 새로운 타입으로 인정된다. 따라서 8행, 9행처럼 태그명을 사용하여 s1, s2를 정의할 경우 s1과 s2의 타입은 동일한 것으로 여겨진다. 8행, 9행은 C 언어 형식의 코드이다. C 언어에서는 태그명 앞에 반드시 struct 키워드를 사용해야 한다. 그러나 C++에서는 struct 키워드를 제거하고 태그명만 사용해도 문제가 발생하지 않는다.

2.3 typedef 사용 변수 정의

[예제 7-3] typedef를 이용한 구조체 정의

```
 1  typedef struct STag
 2  {
 3      char m;
 4  } SType;
 5
 6  void main()
 7  {
 8      SType s1;
 9      SType s2;
10
11      s1 = s2;    // OK
12  }
```

[예제 7-3]의 4행에서 구조체 타입이 SType이라는 이름으로 정의되었다. 따라서 8행, 9행처럼 SType을 사용하여 s1, s2 변수를 정의할 수 있다. 참고로 1행의 태그명 STag는 생략해도 무방하다.

C++에서 구조체를 정의하고 사용할 때는 임시 정의는 거의 사용하지 않으며, 태그명을 이용하거나 typedef를 이용한다. 필자가 수많은 코드를 살펴봤을 때 태그명보다는 typedef의 사용 빈도가 압도적으로 높았다. 따라서 이런 형태의 정의 형식에 익숙해질 필요가 있다.

3 구조체 연산자

수는 피연산자로서 다양한 연산의 대상이 된다. 마찬가지로 구조체도 피연산자로서 연산의 대상이 될 수 있다. 물론 구조체가 수와 같은 원시 타입은 아니기 때문에 다양한 연산의 피연산자가 될 수 있는 것은 아니지만 구조체만을 위한 연산자도 존재한다.

3.1 대입 연산자

앞의 예제에서 잠깐 살펴보았듯이 구조체 객체는 대입 연산의 피연산자가 될 수 있다. 물론 좌변과 우변의 구조체는 타입(태그명이나 typedef를 통한 이름)이 일치해야 한다.

[예제 7-4] 구조체 대입 연산

```
#include <iostream>
using namespace std;

typedef struct STag
{
   int m;
   char str1[4];
   char* str2;
} SType;

void main()
{
   SType s1;
   s1.m = 2017;
   memcpy(s1.str1, "C++", 4);
   s1.str2 = "World";
```

```
17
18     SType s2;
19     s2 = s1;
20
21     cout << s2.m << " " << s2.str1 << " " << s2.str2 << endl;
22 }
```

```
2017 C++ World
```

[예제 7-4]는 구조체의 대입 연산 결과를 보여준다. 19행의 경우 우변 구조체 변수인 s1의 모든 멤버가 좌변 구조체 변수인 s2의 모든 멤버로 그대로 복사된다. 여기서 중요한 점은 멤버 간 메모리 복사라는 사실이다. 7행에서 볼 수 있듯이 구조체의 멤버인 str1은 배열이다. 배열의 경우 대입 연산이 허용되지 않으므로 배열의 모든 요소가 그대로 복사되는 것으로 보아야 한다. 예제의 메모리 그림을 보면 [그림 7-1]과 같다.

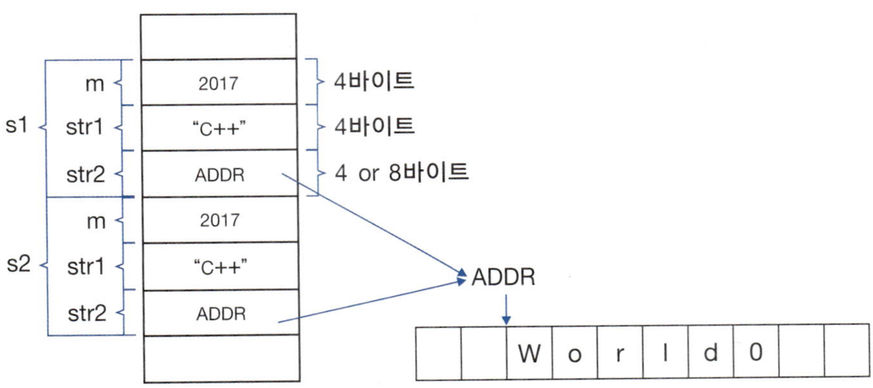

[그림 7-1] 구조체 대입 연산 결과

[그림 7-1]은 구조체 대입 연산 후의 메모리 상태를 보여준다. 그림에서 멤버 m과 멤버 배열 str1의 크기는 4바이트이다. 멤버 str2는 포인터인데 포인터의 경우 시스템에 따라 크기가 4 혹은 8바이트가 된다. str1의 크기는 4바이트이므로 그 안에 문자열 "C++"가 그대로 들어갈 수 있다. 그러나 포인터인 str2의 경우 "World"라는 문자열이 저장된 메모리 어딘가의 주소 ADDR를 가지고 있다. 문자열이 저장된 임의의 주소를 ADDR이라고 표시했다.

대입 연산이 이루어질 경우 구조체 객체의 메모리 전체가 그대로 복사된다. 따라서 각각 개별 멤버의 메모리도 그대로 복사된다. 따라서 배열도 그대로 복사되어 객체 s2의 배열 str1도

"C++" 문자열을 갖게 된다. 주의할 점은 포인터의 경우 주소 자체가 복사되므로 객체 s1과 s2의 멤버 str2가 가리키는 메모리 영역이 일치한다는 점이다.

3.2 직접 멤버(.) 연산자

직접 멤버(.) 연산자는 구조체의 멤버를 접근하기 위하여 제공되는 연산자이다. 구조체 객체(인스턴스)에 적용하여 원하는 멤버를 나타낼 수 있다. 피연산자는 두 개인데 구조체 객체명과 멤버명이다.

```
객체(인스턴스)명 . 멤버명
```

[예제 7-5] 직접 멤버(.) 연산자

```
1  #include <iostream>
2  using namespace std;
3  
4  typedef struct STag
5  {
6     int m;
7     char* str;
8  } SType;
9  
10 void main()
11 {
12    SType s;
13    s.m = 2017;
14    s.str = "C++";
15 
16    cout << s.m << " " << s.str << endl;
17 }
```

```
2017 C++
```

[예제 7-5]의 13행, 14행, 16행에서 직접 멤버(.) 연산자의 사용을 볼 수 있다.

3.3 간접 멤버(->) 연산자

간접 멤버(->) 연산자는 대상 타입이 구조체인 포인터(가리키는 대상의 타입이 구조체인 포인터)에 대해서 멤버를 나타내는 데 사용된다. 피연산자는 역시 두 개인데 포인터(대상 타입이 구조체)와 멤버명이다.

```
포인터명 -> 멤버명
```

[예제 7-6] 간접 멤버(->) 연산자

```
1  #include <iostream>
2  using namespace std;
3
4  typedef struct STag
5  {
6     int m;
7     char* str;
8  } SType
9
10 void main()
11 {
12    SType s;
13
14    SType* pS = &s;
15    pS->m = 2017;
16    pS->str = "C++";
17
18    cout << pS->m << " " << pS->str << endl;
19 }
```

[예제 7-6]의 15행, 16행, 18행에서 볼 수 있듯이 간접 멤버(->) 연산자의 왼쪽 피연산자는 14행처럼 구조체 객체 s를 가리키는 포인터 pS가 된다. 그림으로 보면 [그림 7-2]와 같다.

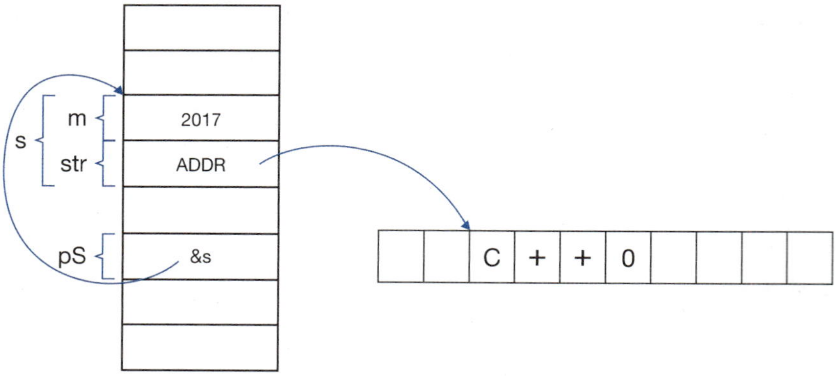

[그림 7-2] 구조체 포인터

3.4 사용 불가 연산자

앞에서 살펴보았듯이 구조체를 위한 연산자가 제공되는 것을 확인할 수 있었다. 반대로 구조체이기 때문에 사용할 수 없는 연산자도 있다. 기본적으로 구조체 객체를 피연산자로 취하는 비교 연산자는 사용할 수 없다.

[예제 7-7] 구조체 사용 불가 연산자

```
typedef struct STag
{
   char m;
} SType;

void main()
{
   SType a, b;

   a.m = 1;

   b = a;   // OK
   b == a;   // Error
   b > a;   // Error
}
```

[예제 7-7]은 구조체에 사용할 수 없는 연산자를 보여준다. 컴파일 시 13행, 14행에서 오류가 발생한다. 구조체는 비교(==, 〉, 〈, 〉=, 〈=) 연산을 허용하지 않는다.

만약 구조체 모든 멤버의 값이 같다면 상등(==) 비교 정도는 할 수 있지 않을까 생각할 수 있다. 그래서 C++의 클래스는 연산자 재정의를 통해서 대소 비교도 정의할 수 있도록 제공한다. 연산자 재정의는 클래스를 배울 때 살펴보기로 한다.

4 구조체 메모리 구조

구조체의 객체가 정의되면 객체는 메모리 영역을 차지한다. 따라서 객체의 크기(메모리를 점유하는 크기)와 함께 해당 메모리 영역에서 각 멤버가 차지하는 위치도 중요해진다.

4.1 구조체의 크기

구조체의 크기를 구해보자. 가장 먼저 떠오르는 방법은 모든 멤버들의 타입 크기의 총합을 구하는 방법일 것이다. 그러나 실제 구조체의 크기는 이런 식으로 계산되지 않는다. 구조체 내부에 패딩Padding이라 불리는 빈 영역이 존재하기 때문이다. 메모리에서 실제 구조체가 차지하는 크기를 구하기 위해서는 sizeof 연산자를 사용해야 한다.

[예제 7-8] 구조체 sizeof

```
#include <iostream>
using namespace std;

typedef struct STag
{
    char c;
    int i;
} SType;

void main()
```

```
11 {
12     cout << sizeof(SType) << endl;
13 }
```

```
8
```

[예제 7-8]은 sizeof를 이용하여 구조체의 크기를 보여준다. 원칙적으로 따지자면 구조체 SType의 멤버는 두 개로서 각각 1바이트의 c와 4바이트의 i이므로 총합은 5바이트가 되어야 한다. 그럼에도 12행에서 sizeof(SType)은 8을 출력한다. 실제 이유는 구조체 SType이 메모리에 배치되는 모양을 보면 알 수 있다.

[그림 7-3]은 구조체 SType이 실제 메모리에 배치될 경우의 구조를 보여준다. 특이한 점은 가운데 3바이트의 패딩 영역이 있다는 것이다. 패딩 영역에는 어떤 정보도 저장되지 않는다. 즉, 낭비되는 공간이다. 그럼에도 패딩이 존재하는 이유는 바로 성능 향상을 위해서이다. 구조체의 멤버가 특정 위치에 있을 때 CPU의 메모리 접근 성능이 높아지는 경향이 있다. 한마디로 멤버를 특정 위치에 놓이도록 적절히 패딩이라는 빈 영역을 추가하는 것이다. 그렇다면 구조체 멤버는 어느 위치에 있을 때가 가장 좋을까?

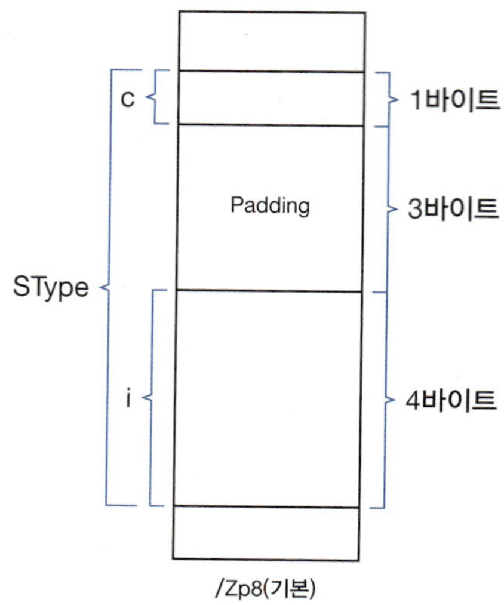

[그림 7-3] 구조체 메모리 구조

4.2 멤버 오프셋

구조체가 메모리에 배치되어 영역을 차지할 경우 해당 영역은 멤버들이 나누어 점유한다. 이때 멤버들 간의 상대적인 위치는 항상 고정되어 있다. 일반적으로 구조체 정의에서 멤버들의 정의 순서대로 멤버들이 배치된다. 이때 구조체가 차지하는 메모리 영역의 시작 위치로부터 각 멤버들이 얼마나 떨어져 배치되는지를 나타내는 것이 바로 멤버의 오프셋이다.

[예제 7-9] 멤버 오프셋

```
1  typedef struct STag
2  {
3      int a;
4      int b;
5      int c;
6  } SType;
7
8  void main()
9  {
10     SType s1, s2;
11
12     s1.a = 1;
13     s1.b = 2;
14     s1.c = 3;
15
16     s2 = s1;
17 }
```

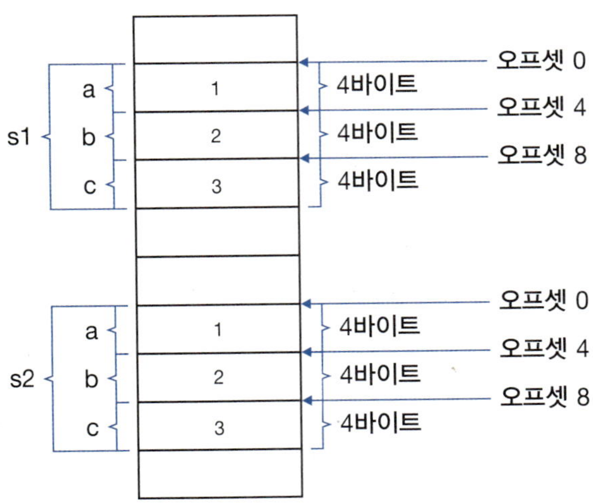

[그림 7-4] 구조체 메모리 구조

[예제 7-9]의 10행에서 구조체 SType의 객체 s1, s2가 정의된다. s1의 멤버 a, b, c에 각각 값을 채운 후 그대로 s2에 s1을 대입한다. s1과 s2의 메모리 구조는 [그림 7-4]와 같다. 그림

에서 볼 수 있듯이 구조체 정의에서 멤버 a, b, c가 순서대로 정의되었기에 메모리에서도 역시 a, b, c는 순서대로 배치된다. 또한 s1, s2에서 볼 수 있듯이 a, b, c의 위치는 구조체가 차지하는 영역에서 항상 일정하다. 이때 s1, s2의 시작 위치로부터 각 멤버가 상대적으로 떨어져 있는 거리가 바로 오프셋이 된다. 따라서 멤버 a는 구조체의 시작 위치에 놓여 있기에 오프셋은 0이 되고, 멤버 b의 오프셋은 4, 멤버 c의 오프셋은 8이 된다. 즉, 구조체가 정의되면 구조체 객체(인스턴스)가 실제로 메모리에 놓일 때 각 멤버의 오프셋은 일정하다.

컴파일러는 구조체가 정의될 때 각 멤버들의 오프셋을 정한다. 일반적으로 멤버들이 정의된 순서대로 오프셋이 증가한다. 앞에서도 살펴보았지만 컴파일러는 성능 향상을 위하여 적당히 빈 영역을 추가하여 오프셋을 조정하기도 한다. 오프셋을 조정하는 기준은 설정에 따라 달라질 수 있는데 해당 설정을 '구조체 멤버 맞춤'이라고 부른다.

4.3 구조체 멤버 맞춤

구조체 멤버의 오프셋이 멤버 타입 크기의 배수가 될 때 CPU의 메모리 접근 성능이 높아지는 경향이 있다. 그러나 위의 기준만을 따라서 구조체 멤버를 배치할 경우 낭비되는 공간도 많아지는 단점도 있다. 따라서 컴파일러는 멤버의 오프셋이 타입 크기의 배수가 되도록 맞추려고 하지만 낭비되는 공간이 너무 커지지 않도록 한계를 두기도 한다. 이런 설정을 바로 구조체 멤버 맞춤이라고 한다.

C++의 원시 타입 중에서 크기가 제일 큰 타입은 double, __int64이며 그 크기는 8바이트이다. 따라서 컴파일러는 멤버의 오프셋이 멤버의 타입 크기와 8 중 작은 쪽의 배수가 되도록 맞춘다. 이것이 바로 구조체 멤버 맞춤의 기본 설정이다.

컴파일러는 /Zp(구조체 멤버 맞춤)라는 옵션을 통해서 구조체 멤버 맞춤의 설정을 변경할 수 있도록 한다. Visual C++에서 프로젝트 속성[구성 속성 〉 C/C++ 〉 코드 생성 〉 구조체 멤버 맞춤]을 살펴보자.

[그림 7-5]에서 볼 수 있듯이 구조체 멤버 맞춤에는 현재 다섯 개(1, 2, 4, 8, 16)의 설정이 있으며 기본은 /Zp8이다. 만약 설정을 변경할 경우 구조체의 멤버 오프셋은 달라진다.

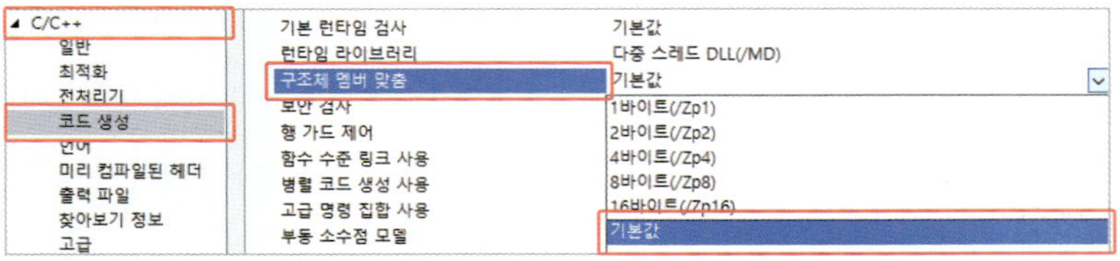

[그림 7-5] VC++ 구조체 멤버 맞춤 옵션

[예제 7-10]의 구조체 SType의 객체 s가 구조체 멤버 맞춤 설정에 따라서 메모리에 어떻게 배치되는지 살펴보자. [그림 7-6]은 구조체 멤버 맞춤 /Zp8, /Zp2, /Zp1일 때 SType의 구조를 보여준다.

[예제 7-10] 구조체 멤버 맞춤

```
typedef struct STag
{
    char c;
    int i;
} SType;

void main()
{
    SType s;
}
```

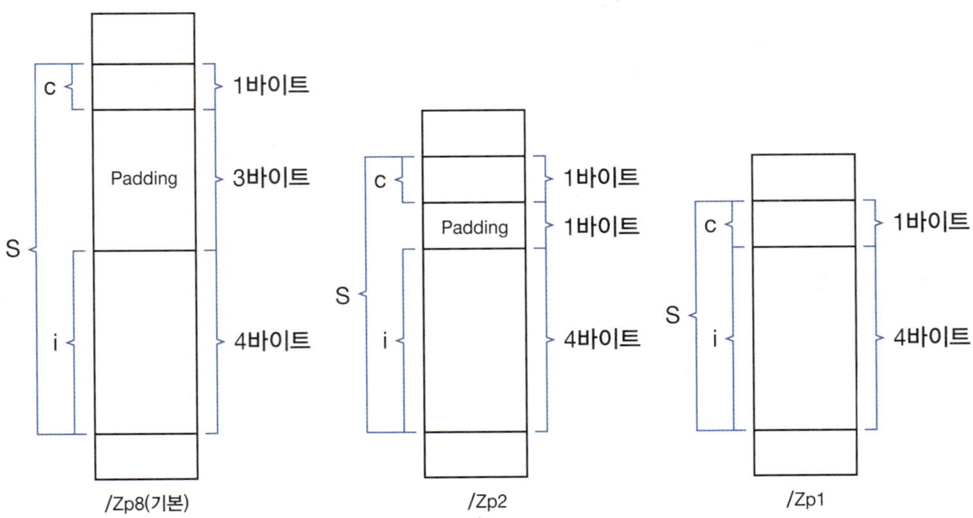

[그림 7-6] 구조체 멤버 맞춤

먼저 기본 설정인 /Zp8부터 살펴보자. 첫 번째 정의된 멤버는 항상 오프셋이 0이 된다. 구조체 멤버 맞춤은 두 번째 이상 멤버의 오프셋에 적용된다. 두 번째 멤버 i의 타입은 int이므로 크기는 4이다. /Zp8일 경우 멤버 i의 오프셋은 4와 8 중에서 작은 값의 배수가 되어야 한다. 따라서 i의 오프셋은 작은 쪽 4의 배수인 4가 되며 패딩 3바이트가 추가된다.

이번에는 /Zp2를 살펴보자. 두 번째 멤버 i의 오프셋은 4와 2 중에서 작은 값의 배수가 되어야 한다. 따라서 i의 오프셋은 작은 쪽 2의 배수인 2가 되므로 패딩 1바이트가 추가된다.

마지막으로 /Zp1을 살펴보자. /Zp1은 멤버의 오프셋을 무조건 1의 배수가 되도록 맞추기 때문에 패딩 자체가 존재하지 않는다. 따라서 구조체에서 멤버가 정의된 순서대로 빈틈없이 일렬로 나열하는 것이라고 할 수 있다.

일반적으로 구조체 멤버 맞춤은 기본값인 /Zp8이지만 설정은 언제든지 달라질 수 있다. 또한 설정이 /Zp8이라고 해서 구조체 멤버의 정확한 오프셋을 계산하는 것이 쉬운 일은 아니다. 따라서 C++에서는 멤버의 오프셋을 쉽게 구할 수 있는 매크로 offsetof를 제공한다.

[예제 7-11] offsetof 매크로

```
#include <iostream>
using namespace std;

#include <stddef.h>

typedef struct STag
{
   char c;
   int i;
} SType;

void main()
{
   int OffsetC = offsetof(SType, c);
   int OffsetI = offsetof(SType, i);

```

```
17     cout << "c Offset:" << OffsetC << endl;
18     cout << "i Offset:" << OffsetI << endl;
19 }
```

```
c Offset:0
i Offset:4
```

[예제 7-11]을 실행하면 멤버 c와 i의 오프셋이 출력된다. 14행, 15행에서 offsetof 매크로를 사용하여 구조체 SType의 멤버 c와 i의 오프셋을 구하는데, 구조체 멤버 맞춤은 기본 설정인 /Zp8이므로 두 번째 멤버인 i의 오프셋은 4가 나온다. 구조체 멤버 맞춤을 /Zp1로 변경할 경우에는 멤버 i의 오프셋은 1이 나오게 된다. offsetof 매크로를 사용하기 위해서는 4행처럼 〈stddef.h〉를 포함해야 한다.

5 구조체 인자

앞 장에서 배열이 함수의 인자로 전달될 때는 대상 타입이 요소 타입인 포인터로서 전달되는 것을 확인할 수 있었다. 구조체도 배열처럼 집합 타입이므로 비슷할 것이라고 생각할 수 있지만, 구조체가 인자로 사용되는 경우는 배열과는 완전히 다르다. 구조체가 함수의 인자로 사용될 때는 두 가지 방식으로 사용될 수 있다. 하나는 '값에 의한 전달'이며, 또 하나는 '주소에 의한 전달'이다.

5.1 값 전달

구조체가 값에 의한 인자로 전달되는 경우는 int, char, double과 같은 기본 타입처럼 객체가 복사되면서 전달된다.

[예제 7-12] 구조체 값 전달

```
#include <iostream>
using namespace std;

```

```
4  typedef struct STag
5  {
6     int m;
7  } SType;
8
9  void Func(SType arg)
10 {
11    arg.m = 2;
12    cout << arg.m << endl;
13 }
14
15 void main()
16 {
17    SType a;
18    a.m = 1;
19
20    Func(a);
21
22    cout << a.m << endl;
23 }
```

```
2
1
```

[예제 7-12]의 9행 함수 Func의 매개 변수 타입은 구조체 SType이다. 20행처럼 구조체 객체 a를 Func의 인자로 전달할 경우 Func 내부에서 SType 객체 arg가 생겨나고 a의 모든 멤버가 arg에 그대로 복사된다. 따라서 11행처럼 arg에 멤버 m에 2를 대입해도 원래 구조체 객체 a에는 영향을 주지 않는다. 따라서 22행의 a.m을 출력해도 원래 값이 변화되는 것은 아니다.

구조체와 배열은 집합 타입이라는 공통점이 있으나 함수의 인자로 사용될 때는 그 동작의 차이가 있음을 확실히 이해해야 한다.

구조체를 값에 의한 함수의 인자로 사용할 경우 객체 간 복사가 이루어지므로 아무래도 효율이 떨어질 수밖에 없다. 따라서 대부분은 구조체 객체를 값에 의해 전달하기보다는 구조체의 포인터를 전달하는 방식을 많이 사용한다.

5.2 주소 전달

[예제 7-13] 구조체 값 전달

```
1  #include <iostream>
2  using namespace std;
3
4  typedef struct STag
5  {
6      int m;
7  } SType;
8
9  void Func(SType* pArg)
10 {
11     pArg->m = 2;
12     cout << pArg->m << endl;
13 }
14
15 void main()
16 {
17     SType a;
18     a.m = 1;
19
20     Func(&a);
21
22     cout << a.m << endl;
23 }
```

```
2
2
```

[예제 7-13]은 이전 예제를 함수 매개 변수로 구조체 포인터를 사용하도록 변경한 것이다. 9행에서 함수 Func의 매개 변수 타입이 SType*이기 때문에 20행처럼 함수 Func에 인자를 넘길 때는 변수 a의 주소를 넘긴다. 포인터가 넘어간 것이기 때문에 함수 Func의 인자 pArg는 원래 변수 a를 가리키는 포인터이다. 즉, 객체는 오직 하나만 존재한다. 따라서 함수 Func에서 멤버 m을 2로 변경하는 것은 곧 a의 멤버 m을 변경하는 것과 같아서 출력 결과는 모두 2임을 확인할 수 있다.

6 공용체

공용체Union는 구조체의 일종이지만 멤버들이 메모리 영역을 공유한다는 점에서 큰 차이가 있다. 구조체를 정의할 때는 struct을 사용하는데 공용체를 정의할 때는 union을 사용한다.

[예제 7-14] 공용체

```
1  #include <iostream>
2  using namespace std;
3
4  typedef union
5  {
6     int a;
7     int b;
8     int c;
9  } UType;
10
11 void main()
12 {
13    UType u;
14    u.a = 1;
15
16    cout << u.b << endl;    // 1 출력
17    cout << u.c << endl;    // 1 출력
18 }
```

```
1
1
```

[예제 7-14]는 공용체의 사용 예제이다. struct 대신 union이 사용되었으며, 나머지는 구조체와 다르지 않다. 중요한 차이점은 공용체 멤버 a, b, c가 같은 메모리 영역을 점유한다는 것이다. 따라서 14행처럼 멤버 a에 1을 대입할 경우 같은 영역을 사용하는 멤버 b와 c도 자동으로 1이 되므로, 16행, 17행처럼 멤버 b와 c를 출력하면 1이 나온다. 실제 예제에서 사용된 공용체의 메모리 구조는 [그림 7-7]과 같다.

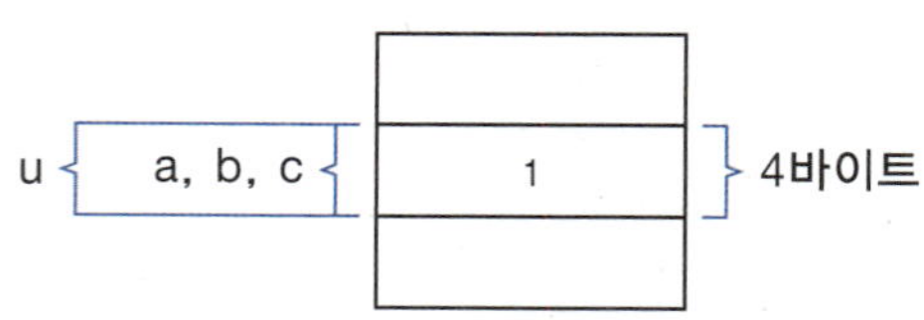

[그림 7-7] 공용체

[그림 7-7]에서 볼 수 있듯이 멤버 a, b, c는

같은 메모리 영역을 차지한다. 따라서 a에 1을 넣으면 b, c 모두 1이 되고, 그 역도 마찬가지이다. 멤버 a, b, c의 타입은 int이기 때문에 4바이트를 차지한다. 따라서 공용체의 크기는 4바이트가 된다.

[예제 7-15] 공용체의 크기

```
1  #include <iostream>
2  using namespace std;
3  
4  typedef union
5  {
6     __int64 a;
7     int b;
8  } UType;
9  
10 void main()
11 {
12    UType u;
13    u.a = 1;
14 
15    cout << u.b << endl;    // 1 출력
16    cout << sizeof(u) << endl;    // 8 출력
17 }
```

```
1
8
```

[예제 7-15]와 [그림 7-8]에서 볼 수 있듯이 공용체의 크기는 크기가 가장 큰 멤버를 기준으로 정해진다. 6행, 7행에서 볼 수 있듯이 공용체의 멤버 a와 b의 타입은 각각 __int64와 int이다. 둘 중에서 __int64가 8바이트로 가장 크므로 공용체의 크기는 8바이트가 된다. 그림에서도 메모리 영역 8바이트를 기준으로 하위 4바이트는 멤버 b가 차지하고, 전체 8바이트는 멤버 a가 차지한다. 따라서 a에 값이 정해질 경우 b의 값도 정해진다.

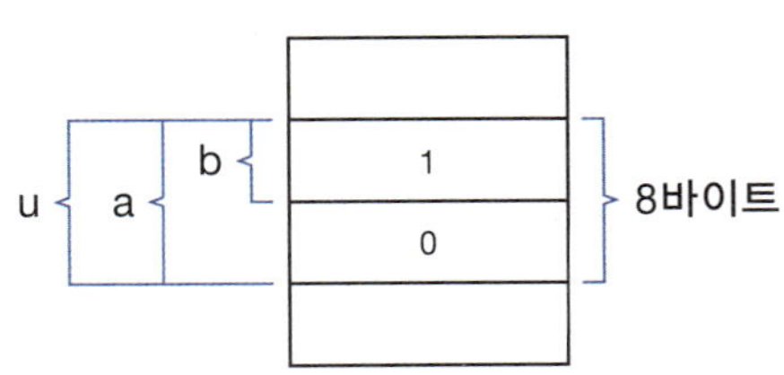

[그림 7-8] 공용체의 크기

연습 문제

01 – 구조체 정의와 일반 변수 정의의 차이를 설명하시오.

02 – 구조체 타입을 정의할 때는 ____________을 사용할 수도 있으며, ____________를 이용하여 새로운 타입 이름으로 사용자 정의할 수도 있다.

03 – 멤버로 char m을 가지는 구조체를 typedef를 이용하여 SType으로 사용자 정의하시오.

04 – 구조체 객체는 대입 연산의 ____________가 될 수 있다. 단 좌변과 우변의 구조체 타입이 일치해야 한다.

05 – ____________ 연산자는 구조체 멤버를 접근하기 위하여 제공된다. ____________ 연산자의 피연산자는 두 개이며, 좌변이 구조체 객체 이름이고 우변은 멤버 이름이다.

06 – ____________ 연산자는 구조체 멤버를 접근하기 위하여 제공된다. ____________ 연산자의 피연산자는 두 개이며, 좌변이 구조체 포인터이고 우변은 멤버 이름이다.

07 – 다음 프로그램에서 잘못된 부분을 찾고 그 이유를 설명하시오.

```
typedef struct STag
{
   char m;
} SType;

void main()
{
   SType a, b;

   a.m = 1;
   b = a;

   if(a == b)
```

```
    {
        cout << "Equal" << endl;
    }
}
```

08 – 구조체의 크기는 모든 멤버들의 타입 크기의 총합보다 클 수 있다. 구조체 내부에 ____________이 존재하기 때문이다. 따라서 실제 구조체가 차지하는 메모리 크기를 구하기 위해서는 ____________ 연산자를 사용해야 한다.

09 – 다음 구조체에 대하여 구조체 멤버 맞춤(/Zp8, /Zp2, /Zp1)에 따른 메모리 구조도를 그려보시오.

```
typedef struct
{
    char c;
    int i;
} SType;
```

10 – 다음 프로그램의 출력 결과와 이유를 설명하시오.

```
typedef struct
{
    int m;
} SType;

void Func(SType arg)
{
    arg.m = 2;
}

void main()
{
```

```
    SType a;
    a.m = 1;

    Func(a);

    cout << a.m << endl;
}
```

11 - ____________는 구조체의 일종이며 멤버들이 메모리 영역을 공유한다. ____________를 정의할 때는 struct 대신 ____________을 사용한다.

12 - 다음 프로그램의 출력 결과는 무엇인가?

```
typedef union
{
    __int64 a;
    int b;
} UType;

void main()
{
    UType u;
    u.a = 1;

    cout << u.b << endl;
    cout << sizeof(u) << endl;
}
```

{1} - 다음 로봇 명세를 보고 프로그램을 작성하시오.

이름	신장(m)	무게(T)	마력
태권브이	18	80	3000
마징가	17	70	2500
메칸더브이	20	90	3500
그랜다이져	22	100	5000

(1) 로봇을 나타내는 구조체(Robot)를 설계하시오.

(2) 로봇의 명세를 출력하는 함수 Print를 작성하시오(매개 변수 타입은 Robot*).

(3) 로봇들의 평균 신장, 평균 무게, 평균 마력을 출력하는 함수 Avg를 작성하시오.
(매개 변수 타입은 Robot [4])

(4) (1), (2), (3)을 이용하여 모든 로봇의 명세를 출력하는 프로그램을 작성하시오.

Chapter 08
함수

전기, 기계 제품들이 모두 수많은 부품으로 이루어져 있듯이,
프로그램도 기능에 따라서 다양한 부품으로 구성된다.
프로그래밍에서는 이런 부품을 함수라고 부르며
함수의 모임이 곧 프로그램이 된다.

1 함수의 개요

2 함수 선언

3 함수 인자

4 가변 인자 함수

5 함수 중복 정의

++ 연습 문제

++ 프로그래밍 문제

1 함수의 개요

1.1 함수의 중요성

지금까지 C++를 배운 것을 간단하게 요약하면 다음과 같다. C++가 제공하는 기본 타입부터 시작하여 배열, 포인터, 구조체와 같은 파생 타입을 알아보았으며, 제어문을 통해서 프로그램 실행 흐름에 변화를 주면서 적절한 연산자를 타입의 객체에 적용하여 변화시키는 방법을 배웠다. 물론 그 과정에서 함수를 사용하는 예제도 많이 보였기 때문에 함수가 대략 무엇인지 이해하는 것은 크게 어려움이 없을 것이다.

함수를 사용하게 되면 하나의 프로그램을 기능에 따라 여러 개의 부분으로 나눌 수 있다. 각각의 기능에 해당하는 부분을 함수로 만든다면 프로그램은 함수들의 집합이 되며, 마치 기계가 여러 개의 부품들로 조립된 것처럼 프로그램도 함수라는 부품이 모인 것으로 볼 수 있다.

실제로 프로그램이 실행되는 과정은 함수 호출의 연속이라고 할 수 있다. 프로그램 시작 시 최초 main 함수가 호출되며, main은 다른 함수들을 호출하고, 호출된 함수들은 다시 다른 함수들을 호출하는 과정이 연쇄적으로 일어난다. 결국 모든 함수가 반환되고 마지막에 main이 반환되는 순간 프로그램이 종료된다.

main이 프로그램 시작 시 최초 실행되는 함수라고 말했지만 엄밀히 따지면 그렇지는 않다. 프로그램을 실행하면(실행 파일을 더블 클릭하거나 Enter를 누를 경우) 프로세스와 함께 스레드 하나가 생성된다. 스레드는 프로그램의 실행 흐름을 말한다. 프로그램 시작 시 최초에 생성된 스레드를 '주 스레드'라고 부르는데, C++에 의해서 미리 제공되는 Startup 함수가 시스템에 의해서 호출되면서 주 스레드가 시작된다. 앞에서 프로그램 시작 함수를 main이라고 했으나 main도 Startup에 의해서 호출되는 함수일 뿐이다. main 함수가 반환되면 Startup 함수도 반환되며 그때 프로그램도 종료된다(main이 프로그램 시작 시 최초의 함수라고 일컫는 이유는 코드를 작성하는 사람에게 실제로 보이는 함수이기 때문이다. 그에 비해서 Startup 함수는 C++에 의해서 미리 제공되며 수정할 수 없도록 숨겨져 있다).

프로그램을 작성한다는 것은 결국 main 함수를 작성하는 것과 같다. 지금까지 배웠던 제어문과 연산자, 타입을 이용하여 코드를 작성하면 된다. 그러나 main에 모든 코드를 작성한다면

main 함수는 굉장히 커지게 되며 읽는 것이 무척 어려워질 것이다. 그래서 각각의 처리 기능을 함수로 만들어 분리하고 main에서 해당 함수들을 호출하는 방식으로 코드를 작성하는 것이 일반적이다. 따라서 프로그래밍이란 다양한 함수들을 만들고 각각의 함수들을 잘 호출하도록 만드는 것이라고 할 수도 있다. 그만큼 프로그래밍에서 함수가 중요하다.

1.2 함수의 정의

```
RET_TYPE FUNC_NAME(ARG_TYPE1 arg1, ~, ARG_TYPEN argN)
{
    함수 본체
}

RET_TYPE FUNC_NAME(ARG_LIST)
{
    함수 본체
}
```

❶ **RET_TYPE:** 함수 반환 값의 타입이다. 함수 본체에서 반환을 할 경우 return을 사용한다. return으로 반환되는 값의 타입을 의미한다. 그러나 함수 중에는 반환 값 없이 반환하는 함수도 있다. 이런 경우도 RET_TYPE은 필요한데 바로 void를 사용한다. void는 함수가 반환 값을 갖지 않음을 나타낸다.

❷ **FUNC_NAME:** 함수의 이름을 나타내며 식별자이다. 따라서 식별자 규칙을 만족하면서 이름을 지어야 한다.

❸ **ARG_TYPE:** 함수 인자의 타입을 말한다. 함수의 인자는 없을 수도 있으며 여러 개일수도 있다. 각각의 인자에 대해서 타입이 필요하다.

❹ **arg:** 함수 인자인 매개 변수를 나타낸다. 함수 본체에서는 매개 변수를 통해서 인자에 접근한다.

❺ **ARG_LIST:** 표현의 편의상 ARG_TYPE1 arg1, ~, ARG_TYPEN argN을 통째로 ARG_LIST로 표현하기도 한다. 앞으로 특별한 경우가 아니라면 ARG_LIST를 사용할 것이다.

[예제 8-1] 곱셈 함수

```
1  #include <iostream>
2  using namespace std;
3
4  int Multiply(int a, int b)
5  {
6     int Result = a * b;
7     return Result;
8     Result = 0;
9  }
10
11 void main()
12 {
13    int Result = Multiply(3, 4);
14    cout << Result << endl;   // 12 출력
15    return;
16 }
```

```
12
```

[예제 8-1]은 두 정수의 곱을 반환하는 Multiply 함수를 보여준다. int 타입 매개 변수인 a, b가 사용되었고, 두 수의 곱 역시 int 타입이므로 반환 타입도 int이다.

7행처럼 return을 사용하면 함수가 즉시 반환된다. return 뒤에 함수가 반환할 값을 써준다. 8행을 보면, 아쉽게도 이미 return을 통해서 함수가 반환하였기 때문에 절대로 실행되지 않는 구문이다. 15행의 return을 보면 뒤에 반환 값도 없이 홀로 사용되었다. 이것이 가능한 이유는 함수 main의 반환 타입이 void이기 때문이다. 함수의 반환 타입이 void일 경우 홀로 return이 사용될 경우 즉시 함수를 반환 값 없이 반환하라는 의미가 된다. 여기서 함수의 반환이란 실행의 흐름을 함수가 호출된 곳으로 되돌리는 것을 의미한다.

2. 함수 선언

2.1 함수 선언의 개념

```
RET_TYPE FUNC_NAME(ARG_LIST);
```

함수 선언은 함수 정의와 비교할 때 블록으로 표현되는 함수 본체가 없으며 끝에 세미콜론(;)이 붙는다. 보통 '선언문'이라고 한다. 함수 선언은 '이런 함수가 있다'라는 것을 컴파일러에게 알려서 무사히 컴파일되도록 한다. 왜 함수 선언이 필요한지 살펴보자.

2.2 함수 선언이 필요한 이유

[예제 8-2] 경고와 오류

```
1  #include <iostream>
2  using namespace std;
3
4  void main()
5  {
6      double Result = Multiply(3.3, 7.7);    // Error
7      cout << Result << endl;
8  }
9
10 double Multiply(double a, double b)
11 {
12     return a * b;
13 }
```

[예제 8-2]를 빌드하면 6행에서 오류가 발생한다. 엄연히 10행에서 함수 Multiply를 정의하고 있음에도 'Multiply' 식별자를 찾을 수 없다고 한다. 컴파일러는 코드를 위에서 아래로 순차적으로 컴파일한다. 6행에서 Multiply를 만나는데 컴파일러 입장에서는 Multiply가 무엇인지 알 수 없다. 물론 모양만 봐서는 함수임을 짐작할 수 있으나 확신할 수는 없다. 따라서 이런 경

우 함수의 정의를 함수 호출보다 먼저 기술해주면 문제가 해결된다. 즉, [예제 8-3]과 같이 변경하면 된다.

[예제 8-3] 함수 선언 1

```
1  #include <iostream>
2  using namespace std;
3
4  double Multiply(double a, double b)
5  {
6     return a * b;
7  }
8
9  void main()
10 {
11    double Result = Multiply(3.3, 7.7);   // OK
12    cout << Result << endl;
13 }
```

```
25.41
```

[예제 8-3]에서는 함수 Multiply의 정의가 11행의 함수 호출보다 먼저 기술되었다. 따라서 컴파일러는 Multiply가 double 타입 인자 두 개를 받고, 반환 타입이 double인 함수라는 사실을 알게 된다. 따라서 11행의 의미를 파악할 수 있다. 결국 함수의 정의는 함수의 호출보다 먼저 써야 한다는 것을 알 수 있다. 그러나 이런 원칙을 항상 지킬 수 있는 것은 아니다.

[예제 8-4] 함수 선언 2

```
#include <iostream>
using namespace std;

void Sub(int arg, int m)
{
   Mod(arg - m, m);   // Error
}

void Mod(int arg, int m)
```

```
10 {
11    if(arg < m)
12    {
13       cout << arg << endl;
14    }
15    else
16    {
17       Sub(arg, m);
18    }
19 }
20 
21 void main()
22 {
23    Mod(11, 3);
24 }
```

[예제 8-4]는 필자가 구현해본 나머지 구하기 함수 Mod이다. 인자는 int 타입 arg와 m인데, 출력 결과가 arg % m이 되도록 만들었다.

11행에서 볼 수 있듯이 arg가 m보다 작을 경우 나머지가 arg이므로 바로 출력하고, 15행처럼 arg가 m보다 크거나 같을 경우 Sub 함수를 호출하고, 6행처럼 Sub 함수는 arg에서 m을 한 번 뺀 뒤에 다시 한번 Mod 함수를 호출하도록 구성되어 있다. 즉, Mod와 Sub 함수가 서로 호출되면서 결국 나머지를 구하게 되는 구조이다.

아이디어는 좋았지만 6행에서 컴파일 오류가 발생하는데 여기서 문제가 생긴다. 이미 살펴본 것처럼 6행에서 컴파일러는 Mod가 무엇인지 알지 못하기 때문이다. 그래서 이를 해결하기 위하여 함수 Mod의 정의를 맨 위로 올렸다면 이번에는 Sub을 이해하지 못하는 문제가 발생한다. 결국 서로 맞물리는 상황에서는 함수 정의의 위치만으로는 문제를 절대 해결할 수 없다.

이럴 때 바로 함수 선언을 사용하는데 컴파일러에게 이런 함수가 있음을 알려주기만 하는 것이다. 즉, [예제 8-5]와 같다.

[예제 8-5] 함수 선언 3

```
1  #include <iostream>
2  using namespace std;
3  
4  void Mod(int, int);
5  
6  void Sub(int arg, int m)
7  {
8     Mod(arg - m, m);   // OK
9  }
10 
11 void Mod(int arg, int m)
12 {
13    if(arg < m)
14    {
15       cout << arg << endl;
16    }
17    else
18    {
19       Sub(arg, m);
20    }
21 }
22 
23 void main()
24 {
25    Mod(11, 3);
26 }
```

```
2
```

[예제 8-5]는 [예제 8-4]의 4행에 함수 Mod의 선언을 추가한 것이다. 그 외에는 완전히 똑같다. 4행처럼 함수 Mod의 선언을 추가할 경우 컴파일러는 Mod가 정확히 int 타입 인자 두 개를 받고, 반환 타입이 void인 함수임을 알 수 있다. 따라서 8행에서 더 이상 오류가 발생하지 않게 된다.

4행의 함수 선언은 조금 특이한데 인자 타입만 있고, 인자의 이름은 생략되어 있다. 함수 선언 시 인자의 이름은 생략 가능하다. 컴파일러는 오직 함수 인자의 개수와 타입에만 관심이 있지 그 이름이 무엇인지는 중요하지 않기 때문이다. 즉, 함수 선언에는 인자의 이름이 있어도 되고 없어도 된다. 그러나 보통 의미 파악을 쉽게 하기 위하여 인자의 이름도 넣어주는 것이 좋다.

컴파일이 원활하게 이루어지도록 소스 파일의 맨 위쪽에는 해당 소스 파일에서 호출되는 함수들의 선언문이 나오는 것이 일반적이다. 만약 소스 파일에서 호출되는 함수가 100개라면 맨 위쪽에는 100개의 함수 선언이 있어야 한다. 이런 경우 소스 코드만 길어지고 가독성이 나빠지는 문제가 있다. 이때 함수 선언을 헤더 파일에 작성하고, 소스 파일에서는 헤더 파일을 include 하면 같은 효과를 발휘한다.

[예제 8-6] stdio.h

```
1 #include <iostream>
2 using namespace std;
3
4 #include <stdio.h>
5 void main()
6 {
7     printf("C++\r\n");
8 }
```

```
C++
```

[예제 8-6]은 C 언어에서 표준 출력을 위하여 사용되는 함수 printf를 호출하기 위하여 4행에서 stdio.h 파일을 포함하는 것을 보여준다. 만약 4행이 없다면 컴파일러는 printf가 무엇인지 알 수 없다. 〈stdio.h〉에 커서를 두고 우클릭할 경우 '〈stdio.h〉 문서 열기'를 선택해서 헤더 파일을 볼 수 있다. 헤더 파일에서 printf를 검색하면 printf의 선언을 찾아볼 수 있다. 〈stdio.h〉에는 printf를 비롯해서 수많은 입출력 함수들의 선언이 있다. 따라서 〈stdio.h〉를 포함한 소스 파일에서는 해당 입출력 함수들을 모두 사용할 수 있다.

3 함수 인자

3.1 매개 변수와 실인자

함수의 인자는 명확하게 매개 변수Parameter와 실인자Argument로 구분된다. 매개 변수는 함수 본체에서 사용되는 인자를 의미하며, 실인자는 함수를 호출할 때 전달되는 인자를 의미한다.

[예제 8-7] 매개 변수와 실인자

```
1  #include <iostream>
2  using namespace std;
3
4  int Increment(int arg)
5  {
6     arg++;
7     return arg;
8  }
9
10 void main()
11 {
12    cout << Increment(3) << endl;
13 }
```

```
4
```

[예제 8-7]에서 간단히 매개 변수와 실인자를 구분해본다. 4행의 함수 Increment의 정의에서 사용된 인자 arg가 바로 매개 변수이다. 매개 변수는 하나의 변수를 나타낸다. 그에 비해서 12행에서 함수 Increment를 호출할 때 인자로 3을 넘기고 있다. 이때 실제로 넘어가는 인자 3이 실인자가 된다. 3은 상수이고, 매개 변수는 변수이다. 즉, 매개 변수와 실인자는 개별적인 것이다. 그럼에도 불구하고 일반적으로 매개 변수나 실인자를 모두 '인자'라는 이름으로 사용한다. 실무에서는 특별히 인자를 개념적으로 나눌 필요가 그리 많지 않기 때문이다.

3.2 값 전달

이미 배열과 구조체를 함수의 인자로 전달하는 과정을 통해서 값 전달, 주소 전달의 개념이 크게 어렵지는 않을 것이다. 일반적으로 함수의 인자는 값과 주소로서 전달된다.

[예제 8-8] 값 전달

```
1  #include <iostream>
2  using namespace std;
3
4  void Increment(int arg)
5  {
6     arg++;
7  }
8
9  void main()
10 {
11    int i = 3;
12    Increment(i);
13    cout << i << endl;   // 3 출력
14 }
```

```
3
```

[예제 8-8]의 출력 결과가 4라고 생각한다면 이번 설명에 주의를 기울이자. 12행에서 Increment를 호출할 때 넘기는 i는 실인자이고, 4행의 함수 Increment의 인자 arg는 매개 변수이다. 둘은 완전히 별개이다. 실인자 i의 값이 매개 변수 arg의 값으로 복사될 뿐이다. 따라서 6행에서 arg를 1 증가시켜도 실인자 i에는 어떤 영향도 끼치지 않는다. 12행을 명확하게 해석하면 실인자 i의 값이 넘어가는 것이지, i 자체가 넘어가는 것은 아니다.

3.3 주소 전달

함수 인자는 기본적으로 값에 의해 전달된다. 따라서 원칙적으로는 실인자 그 자체를 넘길 수 있는 방법이 없다. 그러나 실인자의 주소, 즉 포인터를 인자로 전달하면서 객체 자체를 넘기는 효과를 낼 수 있다. 이런 방식을 '주소 전달'이라고 한다.

[예제 8-9] 주소 전달

```
1  #include <iostream>
2  using namespace std;
3
4  void Increment(int* pArg)
5  {
6     (*pArg)++;
7  }
8
9  void main()
10 {
11    int i = 3;
12    Increment(&i);
13    cout << i << endl;   // 4 출력
14 }
```

```
4
```

[예제 8-9]는 포인터를 이용하여 주소를 인자로 전달하는 함수 Increment를 보여준다. 주의할 점은 4행의 함수 Increment의 매개 변수 타입이 int가 아니라 int*라는 사실이다. 또한 12행처럼 함수를 호출할 때 실인자는 변수 i의 값이 아니라 i의 주소가 되어야 하므로 &i처럼 주소(&) 연산자를 사용한다는 점이다. 6행은 매개 변수 pArg가 포인터로서 주소를 나타내므로 해당 주소가 나타내는 실제 메모리 영역의 값을 1 증가시키기 위하여 간접(*) 연산자를 사용함을 보여준다.

3.4 참조 전달

앞의 주소 전달을 통해서 실인자 그 자체를 넘길 수 있음을 확인할 수 있다. 그런데 매개 변수의 타입으로 포인터 타입을 사용함으로써 복잡한 면이 있다. 실제로 함수를 호출할 때는 실인자가 포인터가 되어야 하므로 주소(&) 연산자를 사용해야 하고, 함수 본체에서는 실제 포인터가 가리키는 메모리 영역에 접근해야 하므로 간접(*) 연산자를 사용할 수도 있다. 즉, 자연스럽지 못하다. 그래서 C++에서는 쉽게 실인자 자체를 넘길 수 있는 방법을 제공하는데 바로 '참조 전달'이다. 참조 전달은 매개 변수의 타입으로 참조 타입을 사용한다.

[예제 8-10] 참조 전달

```
1  #include <iostream>
2  using namespace std;
3  
4  void Increment(int& arg)
5  {
6     arg++;
7  }
8  
9  void main()
10 {
11    int i = 3;
12    Increment(i);
13    cout << i << endl;   // 4 출력
14 }
```

```
4
```

[예제 8-10]은 실제 C++에서 자주 사용되는 참조 전달 방식을 보여준다. 가장 중요한 점은 4행의 매개 변수 타입이 주소(&) 연산자가 사용된 참조 타입이라는 점이다. 매개 변수 타입이 참조 타입일 경우 12행처럼 실인자 i를 넘길 경우 i의 값이 아니라 i 그 자체가 넘어가게 된다. 따라서 실인자 i와 매개 변수 arg는 완전히 같은 메모리 영역을 나타내는 동일 객체가 된다. 따라서 6행에서 arg를 1 증가시킬 경우 i도 1이 증가한다.

참조 전달은 내부적으로는 포인터를 이용한 주소 전달 방식으로 구현된다. 즉, 주소 전달의 일종이라고 할 수 있다. 그럼에도 C++에서는 참조 전달 방식이 많이 사용되는데, 포인터를 이용한 주소 전달보다 사용성에서 편리하기 때문이다. 더 이상 인자 전달이나 접근 과정에서 주소(&) 연산자나 간접(*) 연산자를 사용할 필요가 없다.

[예제 8-11] 참조 전달의 주의 사항

```
#include <iostream>
using namespace std;

int Add(int& a, int& b)
```

```
5  {
6     return a + b;
7  }
8
9  void main()
10 {
11    int a = 1;
12    int b = 2;
13
14    cout << Add(a, b) << endl;    // OK
15    cout << Add(1, 2) << endl;    // Error
16 }
```

[예제 8-11]은 참조 전달을 사용할 경우 발생할 수 있는 문제점을 보여준다. 4행의 Add 함수는 두 인자 모두 참조 타입을 사용했다. 따라서 14행처럼 변수 a, b를 인자 그 자체로 넘길 수 있다. 그러나 15행에서는 컴파일 오류가 발생한다. 상수 1, 2는 변수가 아니기 때문에 인자 그 자체를 넘길 수 없기 때문이다. 이런 경우를 해결하기 위하여 상수 참조 타입을 사용할 수 있다. [예제 8-12]와 같이 매개 변수 타입을 바꾸면 된다.

[예제 8-12] 상수 참조 타입

```
#include <iostream>
using namespace std;

int Add(const int& a, const int& b)
{
   return a + b;
}

void main()
{
   int a = 1;
   int b = 2;

   cout << Add(a, b) << endl;    // OK
```

```
15     cout << Add(1, 2) << endl;    // OK
16 }
```

```
3
3
```

[예제 8-12]에서 변경된 부분은 4행의 매개 변수 타입에 const가 붙어 있다는 점이다. 이렇게 const가 붙을 경우를 '상수 참조 타입'이라고 하며 매개 변수가 함수 본체에서 전혀 변경되지 않을 때 사용할 수 있다. 상수 참조 타입에 대해서는 변수와 더불어 상수도 실인자로 넘길 수 있다.

3.5 기본(Default) 인자

3, -3의 차이를 살펴보면 전자는 양수이고, 후자는 음수이다. 음수의 경우 반드시 부호(-)를 붙여야 한다. 그러나 양수는 부호(+)를 생략할 수 있다. 즉, 3이나 +3이나 똑같은 양수를 나타내는데 부호(+)를 생략할 수 있는 이유는 너무 많이 사용되기 때문이다. 일찍이 사람들은 많이 반복되는 것들은 과감하게 생략해왔다.

함수 정의 시 특정 인자를 기본 인자로 지정할 경우 함수 호출 시 실인자를 생략할 수 있는 기능이 제공된다.

[예제 8-13] 기본 인자

```cpp
#include <iostream>
using namespace std;

int Increment(int arg, int delta = 1)
{
    return arg + delta;
}

void main()
{
    cout << Increment(3) << endl;
    cout << Increment(3, 2) << endl;
}
```

```
4
5
```

[예제 8-13]은 기본 인자 지정 방법을 보여준다. 4행의 함수 Increment는 매개 변수가 두 개인 함수이다. 이때 두 번째 매개 변수 delta는 기본값 1을 가지는 기본 인자로 지정된다. 11행의 Increment 호출을 살펴보자. Increment는 매개 변수가 두 개인 함수임에도 오직 실인자로 정수 3 하나만 전달된다. 그러나 실제로 인자는 두 개 모두 전달된다. 단지 두 번째 매개 변수인 delta의 기본값 1이 생략되어 있을 뿐이다.

```
Increment(3) → Increment(3, 1)
```

기본 인자라고 해서 항상 기본값이 생략되면서 전달되는 것은 아니다. 기본값 외에 다른 값을 넘겨야 할 경우 12행처럼 함수를 호출하면 된다.

기본 인자가 굉장히 쉬운 것임을 알 수 있다. 그런데 여기서 의문이 생길 수 있다. 어떤 경우는 논리적인 오류가 발생할 여지가 있다. 그래서 기본 인자는 일정한 규칙에 의해서만 지정될 수 있다. 그렇다면 규칙이 무엇인지 살펴보자.

기본 인자는 오른쪽부터 순서대로만 지정할 수 있다. 즉, 어떤 인자가 기본 인자가 되기 위해서는 오른쪽의 모든 인자가 기본 인자가 되어야 한다. 함수의 호출도 마찬가지이다. 기본 인자에 대한 실인자의 생략도 오른쪽부터 순서대로만 가능하다. 즉, 어떤 실인자를 생략하고 싶다면 오른쪽의 모든 실인자도 생략되어야 한다.

[예제 8-14] 기본 인자 규칙

```
#include <iostream>
using namespace std;

int Sum(int a = 0, int b = 0, int c = 0)
{
    return a + b + c;
}

void main()
{
    cout << Sum(1, 2, 3) << endl;
    cout << Sum(1, 2) << endl;
```

```
    cout << Sum(1) << endl;
    cout << Sum() << endl;
}
```

```
6
3
1
0
```

[예제 8-14]에서 볼 수 있듯이 기본 인자는 함수 정의 시에 오른쪽부터 지정되어야 하며, 함수 호출 시에도 오른쪽부터 생략할 수 있다.

기본 인자에 대해서 마지막으로 살펴볼 것은 함수의 선언과 정의가 분리된 경우이다. 지금까지 예제는 함수의 정의가 곧 선언을 나타내는 구조였지만 선언과 정의가 명백하게 분리되어 있을 경우 기본 인자 지정은 오직 함수 선언에만 할 수 있다.

[예제 8-15] 함수 선언과 정의 분리 - 기본 인자

```
1  int Increment(int arg, int delta = 1);
2
3  int Increment(int arg, int delta)
4  {
5      return arg + delta;
6  }
```

[예제 8-15]처럼 함수 Increment의 선언(1행)과 정의(3~6행)가 명백히 분리되어 있을 경우 기본 인자 지정은 오직 함수 선언에만 할 수 있다. 만약 3행의 함수 정의에 기본 인자를 지정한다면 중복 정의 오류가 발생한다.

4. 가변 인자 함수

가변 인자 함수는 인자의 개수와 타입이 정해지지 않은 함수이다. 보통 C 언어에서 출력 용도로 사용하는 printf, sprintf 등이 대표적인 가변 인자 함수이다.

[예제 8-16] 가변 인자 함수 printf

```
1  #include <iostream>
2  using namespace std;
3
4  void main()
5  {
6     printf("%d\r\n", 1);
7     printf("%d, %.2f\r\n", 1, 2.0);
8     printf("%d, %.2f, %c\r\n", 1, 2.0, '3');
9     printf("%d, %.2f, %c, %s\r\n", 1, 2.0, '3', "Four");
10 }
```

```
1
1, 2.00
1, 2.00, 3
1, 2.00, 3, Four
```

[예제 8-16]에서 printf를 호출할 때 전달된 인자를 살펴보자. 6행에서는 인자가 두 개인데 비해서 9행에서는 인자가 다섯 개나 된다. 또한 인자의 타입이 다양하다. 어떻게 printf는 인자의 개수와 타입이 제약없이 자유롭게 전달될 수 있을지 궁금할 수 있는데 바로 언어 차원에서 제공되는 가변 인자를 사용하기 때문이다. 실제로 printf의 선언을 살펴보면 다음과 같다.

```
int printf(const char* _Format, ...);
```

printf의 선언이 일반 함수의 선언과 다른 점을 쉽게 찾을 수 있다. 바로 가장 오른쪽 인자 부분이 줄임표(...)로 되어 있다. 여기서 줄임표(...)가 바로 가변 인자를 나타내는 기호가 된다. 그렇다면 첫 번째 인자인 _Format은 무엇일까? 가변 인자의 상대적인 의미로 '고정 인자'라고 한다. 고정 인자는 생략할 수 없으며 반드시 하나 이상이어야만 한다. 즉, 가변 인자 함수에서 인자가 오직 줄임표(...)로만 구성될 수는 없다.

4.1 가변 인자 함수 정의

```
RET_TYPE FUNC_NAME(ARG_TYPE1 arg1, ~, ARG_TYPEN standard, ...)
{
   함수 본체
}
```

RET_TYPE, FUNC_NAME이 무엇인지는 알고 있으므로 설명을 생략한다. 실제로 알아야 할 것은 매개 변수의 속성이다.

❶ **ARG_TYPE:** 고정 인자의 타입을 말한다. 고정 인자는 일반 함수의 인자를 말한다. 가변 인자 함수에서는 고정 인자가 하나 이상 반드시 존재해야 한다.

❷ **standard:** 고정 인자 중에서 가장 마지막 인자를 특별히 기준 인자라고 하겠다. 즉, 기준 인자는 가변 인자(줄임표)의 바로 왼쪽 인자를 의미한다. 기준 인자가 중요한 이유는 함수 본체에서 가변 인자를 추출하기 위한 기준 위치가 되기 때문이다.

❸ **줄임표(...):** 가변 인자를 나타낸다. 가변 인자는 아예 없거나 하나 이상이 될 수 있다.

[예제 8-17] 가변 인자 함수 정의

```
1 void VFFunc(int arg1, int arg2, ...)
2 {
3 }
4
5 void main()
6 {
7    VFFunc(1, 2, 3.0, '4', "Five");
8 }
```

[예제 8-17]에서 가변 인자 함수 VFFunc를 정의하였다. VFFunc는 고정 인자가 두 개인 함수이다. 여기서는 고정 인자 중에서 마지막 인자인 arg2가 기준 인자가 된다. 당연히 기준 인자 뒤에는 가변 인자를 표시하는 줄임표(...)가 있다.

7행에서는 VFFunc에 다양한 실인자를 전달하여 호출한다. 고정 인자가 두 개 있기 때문에 반드시 고정 인자에 해당하는 실인자는 넘겨야만 한다. 즉, VFFunc를 호출하려면 최소한 실인자가 두 개 이상이 있어야 한다.

4.2 기준 인자의 역할

왜 가변 인자 함수는 기준 인자(최소한 하나 이상의 고정 인자)를 가져야만 할까? 가변 인자에 접근하기 위한 기준 위치 역할을 하기 때문이다. 사실 가변 인자 함수의 동작 원리를 제대로 이해하기 위해서는 함수 호출 규약Calling Convention을 알아야 한다. 이 책의 수준에서는 함수 호출 규약을 다루지는 않지만 좀 더 깊이 있는 지식을 원한다면 반드시 관련 내용을 찾아보기 바란다.

함수가 호출될 때는 가상 메모리 중에서 스레드마다 할당되는 스택을 이용한다. 스택은 함수에 전달하는 실인자들과 함수 본체에서 사용되는 지역 객체(변수)들이 저장되는 메모리 영역이다.

함수를 호출하는 측Caller은 함수에 전달할 실인자와 기타 필요한 정보를 스택에 저장한 후 해당 함수를 호출한다. 호출된 측Callee인 함수에서는 스택에 저장된 실인자들을 읽어서 사용한다.

앞의 예제의 VFFunc가 호출된 순간의 스택 구조를 그림으로 나타내면 [그림 8-1]과 같다.

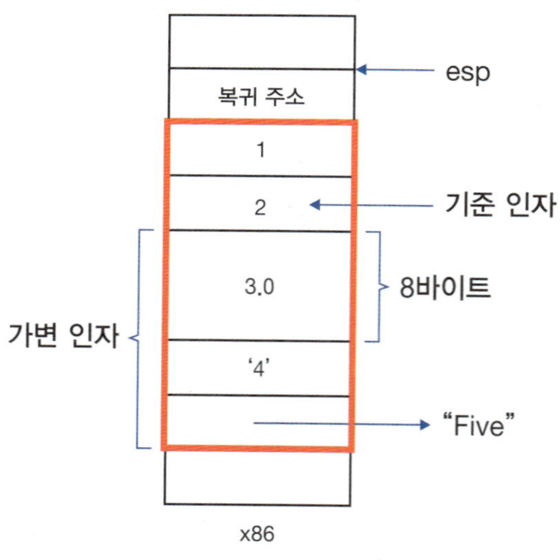

[그림 8-1] 가변 인자 함수 호출 시 스택 상태

[그림 8-1]에서 볼 수 있듯이 함수 VFFunc에 전달한 실인자 1, 2, 3.0, '4', "Five"가 모두 메모리에 저장되어 있다. 스택에는 실인자뿐 아니라 다른 정보도 저장된다. 그림에서는 '복귀 주소'도 저장되어 있음을 알 수 있다. 그림처럼 스택에 함수 호출에 관련된 정보들이 저장된 후에 함수가 호출되면 함수 본체에서는 스택에서 필요한 정보들을 읽어서 처리한다. 그림에서 알 수 있는 중요한 정보는 바로 인자들이 저장된 순서이다. 함수 호출 시 전달된 순서대로 인자들이 저장되어 있다. 따라서 가변 인자들은 기준 인자 다음부터 차례로 저장된 것을 알 수 있다. 함수 본체에서는 기준 인자가 저장된 메모리 주소를 구한 후에 인접한 주소에 접근하여 가변 인자를 구하기 때문에 매우 중요한 의미를 갖는다.

[예제 8-18] 기준 인자를 통한 가변 인자의 접근

```
#include <iostream>
using namespace std;

void VFFunc(int arg1, int arg2, ...)
{
   char* p = (char*)&arg2;

#ifdef _WIN64
   cout << *(double*)(p + 8) << endl;
#else
   cout << *(double*)(p + 4) << endl;
#endif
}

void main()
{
   VFFunc(1, 2, 3.0, '4', "Five");
}
```

```
3
```

[예제 8-18]은 가변 인자 함수 VFFunc에서 기준 인자를 통해 가변 인자를 구하는 것을 보여준다. 함수 호출 규약 및 스택의 상태는 시스템(32비트, 64비트)에 따라 달라지므로 매크로(_WIN64)를 사용하여 구분하였다.

9행, 11행과 같이 기준 인자의 메모리 위치인 p를 기준으로 인접한 주소(x86 4바이트, x64 8바이트)에 접근하여 값을 구해올 경우 실인자 3.0을 구할 수 있다.

printf, sprintf를 비롯하여 대부분의 가변 인자 함수는 위에서 제시한 예제와 같은 방법으로 기준 인자를 통해서 가변 인자에 접근한다. 물론 예제처럼 가변 인자 함수를 작성하는 것은 무척 번거롭고 어려운 일이다. 따라서 C++에서는 가변 인자 함수를 쉽게 작성할 수 있도록 매크로를 제공하고 있다.

4.3 가변 인자 매크로

가변 인자 매크로를 설명하기 전에 매크로를 사용하여 VFFunc에 전달된 실인자를 모두 출력하는 함수 본체를 작성해보자!

[예제 8-19] 가변 인자 매크로를 이용한 함수 구현

```
#include <iostream>
using namespace std;

#include <stdarg.h>
void VFFunc(int arg1, int arg2, ...)
{
    va_list arg_ptr;
    va_start(arg_ptr, arg2);
    double varg3 = va_arg(arg_ptr, double);
    char varg4 = va_arg(arg_ptr, char);
    char* varg5 = va_arg(arg_ptr, char*);
    va_end(arg_ptr);

    cout << arg1 << endl;
    cout << arg2 << endl;
    cout << varg3 << endl;
    cout << varg4 << endl;
    cout << varg5 << endl;
}

```

```
21  void main()
22  {
23     VFFunc(1, 2, 3.0, '4', "Five");
24  }
```

```
1
2
3
4
Five
```

[예제 8-19]는 가변 인자 매크로를 이용한 가변 인자 함수의 본체를 보여준다. 가변 인자 매크로는 〈stdarg.h〉에 정의되어 있기 때문에 반드시 4행처럼 〈stdarg.h〉를 포함해야 한다.

7행의 arg_ptr은 기준 인자의 위치를 나타내는 포인터이다. va_list는 무엇일까? 바로 char* 이다. va_list에 우클릭하여 정의로 이동할 경우 typedef char* va_list;를 확인할 수 있다. arg_ptr은 아직 기준 인자를 가리키는 것은 아니다. arg_ptr이 기준 인자를 가리키도록 하는 매크로는 바로 8행의 va_start이다.

9~11행은 va_arg 매크로를 사용하여 가변 인자를 하나씩 구하는 것을 보여준다. 매크로의 두 번째 인자로 가변 인자의 타입을 전달하는데, 해당 타입의 크기를 계산하여 현재 arg_ptr이 가리키는 가변 인자를 반환하면서 arg_ptr이 다음 가변 인자를 가리키도록 이동시킨다. 12행의 va_end 매크로는 arg_ptr을 NULL로 만들어서 마무리하는 역할을 한다.

가변 인자 매크로를 사용할 경우 시스템(x86, x64)을 구분하거나 스택의 구조를 고려하면서 코드를 짤 필요는 없다. 이미 가변 인자 매크로가 모든 상황을 고려하여 만들어졌기 때문이다.

4.4 합계 함수 만들기

앞에서 기본 인자를 설명하면서 함수 Sum을 만든 것을 기억할 것이다. 기본 인자의 실인자는 호출 시 생략할 수 있는 점을 이용하여 마치 가변 인자 함수인 것처럼 만들었다. 그러나 기본 인자를 3개만 제공했기 때문에 인자의 개수는 0~3개인 제약이 있었다. 이번에는 실제로 가변 인자 매크로를 이용하여 Sum 함수를 구현해보겠다. (가변 인자 함수의 본체는 가변 인자의 개수와 타입을 정확히 알아야만 작성할 수 있다. 따라서 기준 인자에는 가변 인자의 개수를 넣도록 하고, 가변 인자의 타입은 모두 int라고 가정하자.)

함수의 이름은 VFSum이며 함수 선언은 다음과 같다.

```
int VFSum(int Count, ...);
```

[예제 8-20] VFSum

```
1  #include <iostream>
2  using namespace sstd;
3
4  #include <stdarg.h>
5  int VFSum(int Count, ...)
6  {
7     va_list arg_ptr;
8     va_start(arg_ptr, Count);
9
10    int Sum = 0;
11    for (int i = 0; i < Count; i++)
12    {
13       Sum += va_arg(arg_ptr, int);
14    }
15
16    va_end(arg_ptr);
17
18    return Sum;
19 }
20
21 void main()
22 {
23    cout << VFSum(5, 1, 10, 100, 1000, 10000) << endl;
24 }
```

```
11111
```

[예제 8-20]의 7행, 8행에서는 arg_ptr이 기준 인자 Count를 가리키도록 설정하고, 11~14행에서는 Count만큼 반복하면서 가변 인자를 구하여 Sum 변수에 누적시킨다. 23행에서 VFSum을 호출할 때는 더할 숫자(1, 10, 100, 1000, 10000)의 개수인 5를 첫 번째 인자로 넣어준다.

5. 함수 중복 정의

함수 중복 정의Overloading는 같은 이름의 함수가 여러 개 정의되는 것이다. 물론 함수 이름만 같을 뿐 인자 타입열은 서로 다른 경우를 말한다. '인자 타입열'이란 각 인자의 타입이 순서대로 배치된 순열을 의미한다. 인자의 개수가 같고, 인자의 타입이 나열된 순서도 같을 때 '인자 타입열이 같다'라고 한다(클래스 멤버 함수의 중복 정의는 함수 이름, 인자 타입열의 일치 외에도 const 한정 여부도 따지게 된다. 이 부분은 클래스 장에서 설명할 것이다).

❶ (int), (int, int)는 인자의 개수가 다르기 때문에 서로 다른 인자 타입열이다.

❷ (int, double), (double, int)는 타입의 순서가 다르기 때문에 서로 다른 인자 타입열이다.

❸ (int, double), (int, double)은 타입의 순서와 개수가 같기 때문에 같은 인자 타입열이다.

굉장히 쉬운 원칙 같지만 세부적으로 살펴보면 주의할 점도 있다. 지금부터 함수 중복 정의의 특징에 대해서 살펴보자.

5.1 C 언어의 함수 중복 정의

함수 중복 정의는 C 언어에서는 허용되지 않는다. 즉, C++로 발전하면서 도입된 특징 중 하나이다. C 언어에서는 오직 함수의 이름만으로 구분을 한다.

[예제 8-21] C 언어 함수 중복 정의

```
void Func(int arg)
{
}

void Func(double arg)
{
}
```

[예제 8-21]을 테스트하기 위해서는 먼저 확장자가 *.c인 파일을 생성하고, 해당 파일에 코드를 작성한 후 컴파일해야 한다. 확장자가 *.c인 파일을 사용하는 이유는 C 컴파일러를 사용하기 위해서이다. 확장자가 *.cpp인 경우 C++ 컴파일러가 사용된다. 일반 C++ 컴파일러의 경

우 정상적인 코드지만 C 컴파일러는 중복 정의 오류를 발생시킨다.

함수 이름만으로 함수를 구분하는 C 컴파일러는 컴파일러 구현은 쉬워지는 장점을 가질 수 있으나 코드 작성에서는 많은 어려움을 양산해내기도 한다. 가령 다음 [예제 8-22]와 같은 경우이다.

[예제 8-22] 중복 오류를 피하기 위한 함수 이름

```
double SumIntInt(int a, int b)
{
    return (double)(a + b);
}

double SumDoubleDouble(double a, double b)
{
    return a + b;
}

double SumIntDouble(int a, double b)
{
    return (double)a + b;
}

double SumDoubleInt(double a, int b)
{
    return a + (double)(a + b);
}
```

[예제 8-22]의 함수들을 살펴보자. 인자 두 개의 합을 반환하는 함수이다. 인자의 타입을 int와 double로만 한정했음에도 불구하고 중복 오류를 피하기 위하여 각각 함수 이름을 다르게 지어야 한다. 비슷한 기능을 하는 함수 이름이 다양할수록 외우기도 힘들고 코드 사용도 번거롭기 때문이다. C++라면 함수 이름을 Sum 하나로 통일할 수 있다.

지금까지 함수 중복 정의가 C++에서 도입될 수밖에 없음을 보여주기 위한 예제를 살펴보았다. 지금부터는 다시 C++로 넘어와서 함수 중복 정의를 살펴보자.

5.2 반환 타입과 중복 정의

앞에서도 설명했지만 함수 중복 정의가 가능한 경우는 인자열이 다른 경우였다. 그러나 반환 타입도 고려해서 함수 중복 정의가 허용되면 좋겠지만 반환 타입은 함수 중복 정의에 전혀 영향을 주지 못한다. 왜 그런 것일까?

[예제 8-23] 반환 타입만 다른 함수 중복 정의

```
1  #include <iostream>
2  using namespace std;
3
4  int Func(int arg)
5  {
6     return arg;
7  }
8
9  double Func(int arg)    // Error
10 {
11    return (double)arg;
12 }
13
14 void main()
15 {
16    Func(1);
17 }
```

[예제 8-23]의 함수 Func는 인자열은 똑같지만 반환 타입은 int와 double로 서로 다르다. 그러나 컴파일할 경우 오류가 발생하는데 두 함수의 인자 타입열이 똑같아서 함수 중복 정의가 허용되지 않기 때문이다. 왜 컴파일러는 둘을 구분하지 못하는 것일까? 이유는 16행에서 찾을 수 있다. Func(1)을 호출하고 있다. 과연 컴파일러는 어떤 함수를 호출하도록 결정해야 할까? 컴파일러는 명확하게 결정할 수 없을 경우 오류를 발생시킨다.

함수 중복 정의의 필수 조건인 인자 타입열이 다른 경우는 컴파일러가 실인자의 타입 순서를 확인해서 개별 함수들을 구분할 수 있기 때문에 허용되지만, 반환 타입만 다른 경우는 함수 호출 시 명백하게 반환 타입을 알 수 없기 때문에 허용되지 않는다.

5.3 함수 중복 정의의 주의점

함수 중복 정의의 핵심은 인자 타입열이 서로 일치하지 않아야 한다는 점이다. 문제는 인자의 타입을 결정할 때 주의할 점이 있다는 사실이다. 여러 가지 예제를 통해서 확인해보자. 먼저 타입에 const가 사용된 경우이다. 타입이 각각 TYPE과 const TYPE인 경우를 살펴보자. 두 타입은 같을까? 함수 중복 정의 관점에서 TYPE과 const TYPE은 같은 타입으로 취급된다.

[예제 8-24] const

```
1  void Func(int arg)
2  {
3  }
4
5  void Func(const int arg)   // Error
6  {
7  }
8
9  void main()
10 {
11    int a = 1;
12    Func(a);
13 }
```

[예제 8-24]의 두 함수 Func의 인자 타입열은 각각 (int)와 (const int)이다. 그럼에도 함수 중복 정의 관점에서 (int)와 (const int)는 같은 인자 타입열로 취급된다. 12행에서 변수 a를 Func의 인자로 넘긴다. C++의 함수는 기본적으로 값에 의해서 인자를 전달하기 때문에 변수 a가 넘어가는 것이 아니라 a에 담긴 1이라는 값이 실인자로 넘어간다. 즉, 함수에 전달되는 실인자는 항상 상수이다. 따라서 (int)와 (const int)를 다른 인자 타입열로 취급할 경우 항상 (const int)만 선택되기 때문에 (int) 인자 타입열을 가진 함수는 존재 가치가 없어진다. 따라서 기본적으토 (TYPE)과 (const TYPE) 형태의 인자 타입열은 서로 같은 것으로 취급한다. 그러므로 5행에서 재정의 오류가 발생한다.

이번에는 포인터 타입 TYPE*과 const TYPE*을 살펴보자. 함수 중복 정의 관점에서 두 포인터 타입은 다른 것으로 취급된다. 왜냐하면 컴파일러가 충분히 구분할 수 있기 때문이다.

[예제 8-25] int*와 const int*

```
1 #include <iostream>
2 using namespace std;
3
4 void Func(int* arg)
5 {
6     cout << "int* " << endl;
7 }
8
9 void Func(const int* arg)
10 {
11     cout << "const int*" << endl;
12 }
13
14 void main()
15 {
16     int a = 1;
17     Func(&a);
18
19     const int ca = 1;
20     Func(&ca);
21 }
```

```
int*
const int*
```

[예제 8-25]를 살펴보자. 두 함수 Func의 인자 타입열은 각각 (int*)와 (const int*)이다. 17행의 함수 인자인 &a는 변수 a를 가리키는 포인터이므로 타입은 int*이다. 그러나 20행의 함수 인자인 &ca는 const가 한정된 변수 ca를 가리키는 포인터이므로 타입은 const int*가 된다. 즉, 컴파일러가 함수 호출 시 실인자로 넘어가는 포인터가 가리키는 대상에 const가 한정되어 있는지를 통해서 구분할 수 있으므로 함수 중복 정의 관점에서 (TYPE*)과 (const TYPE*)을 다른 것으로 취급한다.

하지만 포인터 타입 TYPE*과 TYPE* const는 함수 중복 정의 관점에서 같은 타입으로 취급되므로 재정의 오류가 발생한다.

[예제 8-26] int*와 int* const

```
1  #include <iostream>
2  using namespace std;
3
4  void Func(int* arg)
5  {
6     cout << "int* " << endl;
7  }
8
9  void Func(int* const arg)   // Error
10 {
11    cout << "int* const" << endl;
12 }
13
14 void main()
15 {
16    int a = 1;
17    Func(&a);
18 }
```

[예제 8-26]은 [예제 8-24]와 같은 이유로 함수 재정의 오류가 발생하는 경우이다. 17행의 &a는 변수 a를 가리키는 포인터로서 실인자로 함수에 전달되는 순간에는 변수 a의 메모리 위치인 상수 주소가 된다. 즉, (int*)와 (int* const)를 다른 것으로 취급할 경우 항상 (int* const)만 선택되므로 (int*)를 인자 타입열로 가진 함수는 존재 의미가 없어진다.

[예제 8-27] char*와 const char*

```
#include <iostream>
using namespace std;

void Func(char* arg)
{
   cout << "char* " << arg << endl;
}

```

```
9  void Func(const char* arg)
10 {
11     cout << "const char* " << arg << endl;
12 }
13
14 void main()
15 {
16     char* p = "A";
17     Func(p);
18
19     Func("B");
20 }
```

```
char* A
const char* B
```

[예제 8-27]은 (TYPE*)과 (const TYPE*)의 대표적인 예로 사용되는 (char*), (const char*) 인자 타입열을 보여준다. 두 인자 타입열은 다른 것으로 취급되어서 함수 중복 정의가 인정된다. 왜냐하면 19행의 인자 "B"와 같은 상수 문자열의 타입은 const char*로 정의되기 때문이다.

[예제 8-28] 모양은 다르지만 같은 타입

```
1  void Func(int* arg)
2  {
3  }
4
5  void Func(int arg[])   // Error
6  {
7  }
```

[예제 8-28]의 두 함수 Func의 인자 타입열을 살펴보자! 각각 (int*), (int [ ])이다. 하나는 포인터이고 다른 하나는 배열이다. 포인터와 배열은 완전히 다른 것임을 이미 앞 장에서 충분히 살펴보았다. 그럼에도 5행에서 함수 재정의 오류가 발생한다.

기억을 되살려보면 배열은 그 자체가 상수 객체이므로 대입할 수 없다. 따라서 기본적으로 값에 의한 복사(대입)가 되는 함수의 인자로 사용될 수 없다. 그럼에도 편의상 배열을 함수 인자로 사용할 경우에는 내부적으로 포인터로 변환되는 것을 배웠다(기억이 나지 않는다면 배열 내용을 다시 한번 살펴보자). 따라서 5행의 실제 인자 타입열은 내부적으로 (int* arg)로 변형된다. 따라서 인자 타입열의 모양은 다르지만 실제 인자 타입열은 일치하므로 함수 중복이 허용되지 않는다.

이번에는 인자 타입열이 다르기 때문에 함수 중복 정의가 가능하지만 호출 시 문제가 발생하는 경우를 살펴보자.

[예제 8-29] 참조 타입

```
1  #include <iostream>
2  using namespace std;
3  
4  void Func(int arg)
5  {
6     cout << "Value" << endl;
7  }
8  
9  void Func(int& arg)
10 {
11    cout << "Reference" << endl;
12 }
13 
14 void main()
15 {
16    Func(1);    // OK
17 
18    int a = 1;
19    Func(a);    // Error
20 }
```

[예제 8-29]의 두 함수 Func의 인자 타입열은 각각 (int)와 (int&)이다. 완전히 다른 타입이기 때문에 함수 중복 정의가 된다. 실제로 16행처럼 상수 1을 인자로 넘길 경우 (int) 인자 타입열이 선택된다. 그러나 19행의 경우는 문제가 발생한다. 인자로 변수 a를 넘기는데 이것의 의미는 a가 가진 값 1을 넘기는 것인지, 변수 a 자체를 넘기는 것인지 구분할 수가 없다. 즉, 컴파일

러 입장에서 어떤 함수를 호출할지 선택할 수 없으므로 오류가 발생한다.

이런 경우 엄밀하게 말해서 함수 중복 정의는 가능하지만 일반적인 사용 형태에서 문제가 발생함으로 함수 중복 정의가 되지 않는다고 말하기도 한다.

[예제 8-30] 크기만 다른 타입

```
#include <iostream>
using namespace std;

void Func(short arg)
{
   cout << "short: " << arg << endl;
}

void Func(int arg)
{
   cout << "int: " << arg << endl;
}

void Func(__int64 arg)
{
   cout << "__int64: " << arg << endl;
}

void main()
{
   Func((short)1);
   Func(2);
   Func((__int64)3);    // 3LL
}
```

```
short: 1
int: 2
__int64: 3
```

[예제 8-30]은 크기만 다른 타입을 보여준다. 세 함수 Func의 인자 타입열은 각각 (short), (int), (__int64)이다. 모두 타입이 다르므로 함수 중복 정의가 가능하다. 그러나 실제 원하는

함수를 호출하기 위해서는 주의할 점이 있다. 기본적으로 숫자 상수의 경우 타입은 int로 취급된다. 숫자 상수를 원하는 타입의 상수로 넘기고 싶을 경우에는 캐스트 연산자를 사용하면 된다. 21행의 경우 int 타입 상수 1을 short 타입 상수 1로 변환했고, 23행의 경우 int 타입 상수 3을 __int64 타입 상수 3으로 변환한다. 23행의 경우 캐스트 연산자가 아닌 상수 리터럴을 사용할 수도 있는데 3 대신 3LL을 사용할 수 있다.

[예제 8-31] 부호 유무만 다른 타입

```cpp
#include <iostream>
using namespace std;

void Func(unsigned int arg)
{
   cout << "unsigned int: " << arg << endl;
}

void Func(int arg)
{
   cout << "int: " << arg << endl;
}

void main()
{
   Func(1);
   Func(2u);    // (unsigned int)2
}
```

```
int: 1
unsigned int: 2
```

[예제 8-31]은 부호 유무만 다른 타입의 함수 중복 정의를 보여준다. 두 함수 Func의 인자 타입열 (int)와 (unsigned int)는 다른 타입이기 때문에 함수 중복 정의가 가능하다. 단, 상수의 경우 기본적으로 부호 있는 타입으로 취급되므로 부호 없는 타입을 선택하려면 리터럴 u를 사용하거나 타입 캐스팅을 필요로 한다.

01 – 함수 호출이 완료되면 반환을 한다. 이때 특정한 반환 값이 없는 경우가 있다. 이런 경우 사용하는 반환 타입은 ____________이다.

02 – 함수 선언이 필요한 이유는 무엇인가?

03 – C 표준 라이브러리 함수인 printf를 사용하기 위하여 포함시켜야 할 헤더 파일을 하나 이상 말해보시오.

04 – 함수의 인자는 ____________와 ____________로 구분된다. ____________는 함수 본체에서 사용되는 인자를 의미하며, ____________는 함수를 호출할 때 넘어가는 인자를 의미한다.

05 – 다음 프로그램의 함수 Increment의 매개 변수와 실인자를 말해보시오.

```
int Increment(int arg)
{
   arg++;
   return arg;
}

void main()
{
   cout << Increment(3) << endl;
}
```

06 – C++ 함수의 인자 전달 방식은 일반적으로 세 가지로 나누어진다. ____________ 전달, ____________ 전달, ____________ 전달 방식이 있다.

07 – 다음 프로그램의 출력 결과는 무엇인가?

```
void FuncValue(int arg)
{
    arg = 1;
}

void FuncPointer(int* arg)
{
    *arg = 2;
}

void FuncReference(int& arg)
{
    arg = 3;
}

void main()
{
    int i = 0;
    FuncValue(i);
    cout << i << endl;

    int j = 0;
    FuncPointer(&j);
    cout << j << endl;

    int k = 0;
    FuncReference(k);
    cout << k << endl;
}
```

08 – 함수 인자의 참조 전달은 내부적으로 포인터를 이용하여 구현되므로 본질적으로 주소 전달의 일종이라고 생각할 수 있다. 그렇다면 왜 C++에서는 참조 전달을 많이 사용하는 것인지 이유를 기술하시오.

09 – 다음 프로그램의 함수 GetNextValue를 출력 결과가 2가 나오도록 수정하시오.

```
int GetNextValue(int& arg)
{
   return arg + 1;
}

void main()
{
   cout << GetNextValue(1) << endl;
}
```

10 – 다음은 함수 Increment의 선언이다. 이 함수를 제대로 호출하지 못한 경우는 무엇인가?

```
int Increment(int arg = 0, int delta = 1);
```

① Increment(3);　　② Increment(3, 2);

③ Increment( );　　④ Increment(, 2);

11 – 가변 인자 함수의 인자는 최소 하나 이상의 고정 인자와 ________로 이루어진다.

12 – 가변 인자 함수의 인자 중에서 고정 인자의 마지막 인자를 기준 인자라고 한다. 기준 인자는 어떤 역할을 하는지 기술하시오.

13 – 인자 타입열이 다르고 이름이 같은 함수를 여러 개 정의하는 것을 ________라 한다.

14 – 인자 타입열과 함수 이름은 같지만 반환 타입이 다른 경우는 함수 중복 정의를 할 수 없다. 그 이유를 실제 사례를 들어서 설명하시오.

15 – 다음 두 함수는 중복 정의가 되지 않는다. 그 이유를 설명하시오.

```
void Func(int arg);
void Func(const int arg);
```

16 – 다음 두 함수는 중복 정의가 되지 않는다. 그 이유를 설명하시오.

```
void Func(int* arg);
void Func(int arg[]);
```

{1}- ++a, a++과 같은 동작을 하는 함수 IncrementPrev, IncrementPost를 작성하시오.

{2}- 다음 프로그램의 함수 Absolute는 인자의 값을 절댓값으로 변환하는 함수이다. 출력 결과가 3, 5가 나오도록 Absolute를 작성하시오.

```
void main()
{
    int a = 3;
    int b = -5;

    Absolute(a);
    Absolute(b);

    cout << a << endl;
    cout << b << endl;
}
```

{3}- 다음 프로그램의 출력 결과가 6, 3, 1, 0이 되도록 함수 Sum을 작성하시오.

```
void main()
{
    cout << Sum(1, 2, 3) << endl;
    cout << Sum(1, 2) << endl;
    cout << Sum(1) << endl;
    cout << Sum() << endl;
}
```

{4} - 가변 인자의 합계를 구하는 Sum 함수를 작성하시오. (단, 첫 매개 변수는 고정 인자로서 가변 인자의 개수를 나타낸다.)

```
void main()
{
    cout << Sum(5, 1, 2, 3, 4, 5) << endl;
    cout << Sum(3, 1, 2, 3) << endl;
    cout << Sum(1, 1) << endl;
}
```

```
15, 6, 1
```

{5} - 다음 프로그램과 같이 인자로 전달된 배열 요소를 출력하는 함수 Print를 작성하시오.

```
void main()
{
    const int size = 7;
    int arr[10] = { 1, 2, 3, 4, 5, 6, 7 };
    Print(arr, size);
}
```

```
1 2 3 4 5 6 7
```

{6} - 다음 프로그램과 같이 인자로 전달된 배열 요소의 순서를 뒤집는 함수 Reverse를 작성하시오.

```
void main()
{
    const int size = 7;
    int arr[10] = { 1, 2, 3, 4, 5, 6, 7 };
    Reverse(arr, size);
    Print(arr, size);
}
```

```
7 6 5 4 3 2 1
```

{7}- 다음 프로그램과 같이 인자로 전달된 배열을 오름차순으로 정렬하는 함수 Sort를 작성 하시오.

```
void main()
{
    const int size = 7;
    int arr[10] = { 7, 1, 3, 5, 6, 2, 4 };
    Sort(arr, size);
    Print(arr, size);
}
```

```
1 2 3 4 5 6 7
```

Chapter 09

클래스

구조체는 서로 다른 물품을 하나의 패키지로 묶은 자료구조이다.
이제 패키지에 여러 기능을 수행하는 부품(함수)까지 추가하여
패키지를 확장하려고 하는데 이것이 바로 클래스이다.
클래스는 데이터와 동작을 하나로 합친
객체 지향 프로그래밍의 시작점이다.

1 객체 지향 프로그래밍의 등장
2 객체 지향 프로그래밍의 요소와 특징
3 클래스와 객체 지향 프로그래밍
4 C++ 구조체
5 클래스 멤버 데이터
6 클래스 멤버 함수
7 클래스 메모리 구조
++ 연습 문제
++ 프로그래밍 문제

1 객체 지향 프로그래밍의 등장

1.1 비구조적 프로그래밍

'프로그래밍 패러다임'이란 프로그래밍 언어를 기능과 특징에 따라 분류한 것을 말한다. 간단히 말하면 프로그래밍 언어가 발전하는 과정에서 언어의 특징에 따라 분류한 것이라고 할 수 있다. 마치 인간의 역사를 사회 형태나 권력 구조의 특징에 따라 고대, 중세, 근세, 현대로 나누는 것과 같다.

최초의 프로그래밍 패러다임을 '비구조적 프로그래밍'이라고 한다. 이것의 특징은 순차적으로 실행되는 코드를 한 뭉텅이로 만들어놓고 실행 흐름을 변경하기 위하여 goto와 jump 같은 명령어를 사용하는 것이다. 비구조적 프로그래밍 언어에는 어떤 것이 있을까? 대표적으로 어셈블리어와 배치 파일이 있다.

비구조적 프로그래밍은 goto와 jump를 사용함으로써 실행 흐름을 읽기가 어렵다. 일명 스파게티 코드가 양산되면서 가독성이 떨어지고 이해하기도 어렵다. 그로 인해서 생산성이 극히 낮을 수밖에 없다.

1.2 구조적 프로그래밍

비구조적 프로그래밍은 최초의 프로그래밍 패러다임이라고 할 수 있다. 당연히 프로그래밍이 발전되면서 문제점을 해결한 새로운 패러다임이 등장하게 되고 그 특징에 의해서 '구조적 프로그래밍'이라고 불리게 된다. 따라서 최초의 프로그래밍 패러다임은 반대의 의미로 '비구조적 프로그래밍'으로 불리게 된 것이다.

구조적 프로그래밍은 코드를 서브루틴과 블록으로 나누고 분기, 반복문을 사용함으로써 goto와 jump의 사용을 최소화하는 데 초점을 둔다. 그로 인해서 개발 생산성을 크게 향상시키는 데 기여한다.

1.3 절차적 프로그래밍

절차적 프로그래밍은 구조적 프로그래밍으로부터 파생되었으며, 코드의 실행 흐름이 함수의 호출을 통해서 이동할 수 있는 점에 초점을 둔다. 함수는 코드의 어떤 위치에서도 호출될 수 있는데, 다른 함수에 의해서 혹은 자기 자신에 의해서도 호출될 수 있는 특징이 있다.

절차적 프로그래밍에 속하는 언어는 비로소 이름이 낯설지 않은 C 언어이다.

1.4 절차적 프로그래밍의 문제점

절차적 프로그래밍 언어의 동작 방식을 간단히 설명하면 다음과 같다. 프로그램의 상태를 나타내는 데이터가 있으며, 함수의 호출에 의해서 데이터가 처리되면서 변화한다. 프로그래밍은 면(국수)을 만드는 과정과 비슷하다. 면을 만들기 위해서는 재료(밀가루, 물 등)와 함께 여러 기계(반죽기, 제면기)가 필요하다. 재료는 데이터라고 할 수 있고, 기계는 함수라고 할 수 있다. 재료를 반죽기에 넣어서 반죽을 만든 후 제면기에 넣으면 면이 나오게 된다.

여기서 중요한 점을 알 수 있는데 제대로 된 면을 만들기 위해서는 기계의 사용 순서를 정확하게 지켜야 하여 기계에 맞는 재료만을 사용해야 한다. 너무 당연한 이야기지만 제면기-반죽기 순서로 사용해서는 안 되며, 밀가루와 물을 바로 제면기에 넣거나 반죽을 반죽기에 넣어서는 안 된다.

면을 만드는 과정은 명확해서 초보적인 실수를 할 가능성이 적지만 절차적 프로그래밍에서는 의외로 많은 실수가 나타날 수 있다. 바로 함수의 인자로 부적절한 데이터가 전달되어 잘못된 처리가 수행되는 경우이다. 즉, 밀가루를 제면기에 넣는 경우가 발생할 수 있다는 의미이다.

물론 코드의 양이 적을 경우 실수할 가능성은 낮다. 그러나 코드의 양이 늘어나고 여러 사람의 협업이 필요할 경우 실수의 가능성은 높아진다. 즉, 프로그램 크기가 커질수록 복잡도가 증가하면서 버그 발생 빈도도 높아지게 된다.

절차적 프로그래밍의 또 다른 문제는 코드의 재사용이 어렵다는 점이다. 어떤 함수를 잘 만들어 두었으나 그것이 다른 프로그램에 그대로 사용되는 경우는 그리 많지 않다. 모든 프로그램이 조금씩은 다른 처리를 하기 때문에 아무리 범용성 있게 만든 함수라고 해도 수정이 필요한 경우가 많다. 수정 과정에서도 예상치 못한 버그가 양산될 수도 있다. 가령 반죽기만 해도 밀가루나 메밀가루의 경우 점성이 다르기 때문에 반죽기의 동작 시간이나 속도가 각각 달라야 한다. 즉, 밀가루 면을 뽑기 위한 반죽기를 메밀면에 적용할 경우 그대로 사용할 수는 없다는 의미이다.

1.5 객체 지향 프로그래밍

절차적 프로그래밍의 문제점을 해결하기 위하여 드디어 객체 지향 프로그래밍이 나오게 된다. 기존 프로그래밍 패러다임이 프로그램을 데이터와 그것을 처리하는 명령으로 분명하게 구분한다면 객체 지향 프로그래밍은 프로그램을 객체(데이터와 명령의 결합)들의 모임으로 파악하고 각 객체들의 상호 작용에 의해서 데이터가 처리되도록 한다.

객체를 사용하게 될 경우 분업이 쉬워지며 재사용 가능성도 높아진다. 각각의 클래스는 전문적인 개발자에게 맡길 경우 신뢰성이 높아지고 기능 확장도 쉬워진다. 동시에 각 클래스의 내부 동작은 모르지만 사용 방법을 안다면 마치 부품처럼 사용하여 새로운 프로그램을 쉽게 만들 수 있다.

C++는 객체 지향 프로그래밍의 대표적인 언어이다. 그러나 C++가 오직 객체 지향 프로그래밍 언어인 것만은 아니다. C++는 C 언어에서 파생되었기 때문에 절차적 프로그래밍 언어이기도 하다. 즉, C++를 통해서 다양한 패러다임의 프로그래밍을 할 수 있다.

2 객체 지향 프로그래밍의 요소와 특징

2.1 객체 지향 프로그래밍의 요소

클래스

클래스Class는 여러 종류의 데이터와 해당 데이터를 처리할 수 있는 함수를 하나로 묶는 설계도라고 할 수 있다. 하나로 묶인 데이터와 함수를 각각 '멤버 데이터'와 '멤버 함수'라고 한다.

객체

객체Object | Instance는 클래스(설계도)에 따라 메모리에 실제 생성된 인스턴스를 말한다. 각각의 객체 멤버는 서로 다른 메모리를 점유하지만 멤버 함수는 동일하기 때문에 함수를 공유하게 된다.

2.2 객체 지향 프로그래밍의 특징

캡슐화

데이터와 해당 데이터를 처리할 수 있는 함수를 결합하여 하나의 단위로 묶는 것을 말한다. 캡슐화를 통해서 비로소 클래스가 프로그램의 부품처럼 사용될 수 있다.

정보 은닉

객체는 자신의 데이터와 함수를 외부에 공개하거나 숨길 수 있다. 가령 외부에 객체의 데이터는 숨기고 데이터를 처리하는 멤버 함수만 공개할 경우 데이터의 잘못된 수정을 막을 수 있어서 프로그램의 안정성을 높일 수 있다.

추상화

외부에 꼭 필요한 정보만 보이도록 단순화하는 것을 말한다. 여기서 꼭 필요한 정보란 객체의 데이터를 처리할 수 있는 인터페이스를 말한다. 대부분의 클래스는 구현이 복잡하다. 그러나 외부의 시각에서는 클래스의 객체를 사용하는 법만 알면 그만이고 내부 구현이 어떻게 되어 있는지는 관심 밖이다. 예를 들어 사용자에게 제공되는 반죽기의 인터페이스를 생각해보자. 수많은 부품과 복잡한 내부 구조를 가진 반죽기라고 해도 사용자에게 공개되는 것은 밀가루를 투입하는 곳과 동작 ON/OFF 버튼일 뿐이다. 기계 내부에 모터, 회전팔 등이 존재한다는 사실은 크게 중요하지 않다.

상속화

기존의 클래스에 새로운 기능을 추가하거나 기존 기능을 변경하여 새로운 클래스를 만드는 것을 의미한다. 절차적 프로그래밍의 문제점 중 하나였던 재사용의 어려움은 클래스를 사용해도 발생할 수밖에 없다. 그러나 기존 클래스의 기능을 그대로 이용하면서 조금만 추가하거나 수정하여 필요한 기능을 넣는 것은 완전히 새로운 코드를 짜는 것과는 차원이 다르다.

밀가루 반죽기를 메밀면 반죽기로 변경하려면 반죽기 자체를 뜯어고치는 것보다 기존 반죽기를 그대로 사용하면서 몇몇 기능을 추가하여 새로운 반죽기로 만드는 것이 더 쉽다.

다형성

똑같은 인터페이스라 하더라도 객체에 따라서 다른 동작을 하는 것을 말한다. 가령 반죽기의 경우 동작 버튼을 누르는 것은 동일하지만 밀가루 반죽기, 메밀면 반죽기에 따라서 동작 속도나 시간이 달라지는 것에 비유할 수 있다.

지금까지 객체 지향 프로그래밍의 발전사와 특징에 대해서 살펴보았다. 객체 지향 프로그래밍은 C++의 클래스를 통해서 가능해진다. 절차적 프로그래밍 입장에서 보면 C 언어에 비해서 클래스라는 사용자 정의 타입이 하나 더 추가된 것으로만 볼 수도 있으나 클래스를 통해서 프로그래밍에 새로운 패러다임을 적용할 수 있게 되었다. 즉, 코드 구조와 작성 방식을 완전히 새롭게 바꿀 수 있다는 점이다.

지금부터는 클래스의 구석구석을 상세하게 살펴봄으로써 객체 지향 프로그래밍의 특징이 어떻게 나타나는지 살펴볼 것이다.

3 클래스와 객체 지향 프로그래밍

C++의 클래스로 인해서 C++는 객체 지향 프로그래밍 언어가 되었다. 클래스의 정의와 구조를 살펴보면서 객체 지향 프로그래밍의 특징이 어떻게 나타나는지 살펴보자.

3.1 클래스의 정의

클래스 정의를 정확하게 표현하기 위해서는 BNF 표기법을 사용해야 한다. 그러나 클래스는 너무 방대해서 BNF 표기법조차 무척 복잡하다. 이 책에서는 클래스의 기본적인 요소들을 부분으로 나누어 설명할 예정이다. 즉, 기초부터 시작하여 하나씩 살을 붙여가면서 클래스 형식을 완성해나가는 방향으로 살펴볼 것이다.

```
class ClassName [ : BASE_LIST ]
{
[접근 지정자: ]
   MEMEBER_LIST
```

```
[접근 지정자: ]
   MEMEBER_LIST
...
};

BASE_LIST: [접근 지정자] BaseClassName [ , [접근 지정자] BaseClassName ...]
MEMBER_LIST: [MEMBER] [MEMBER] ...
MEMBER: 멤버 데이터 정의 | 멤버 함수 선언 | 멤버 함수 정의
```

C 언어의 구조체는 C++의 클래스로 발전한다. 가장 큰 변화는 생략 가능했던 구조체의 태그명이 클래스의 클래스명으로 바뀌었고 필수가 되었다. 동시에 클래스명 자체가 타입 이름이 되었다. 따라서 typedef를 이용하여 타입 이름을 새롭게 정의할 필요가 없어졌고 클래스는 상속이 가능해졌다. BASE_LIST는 상속 접근 지정자와 부모 클래스의 이름이 나열된 것이다. 해당 내용은 상속 부분에서 자세히 살펴보기로 한다.

접근 지정자는 외부에서 클래스 멤버에 대한 접근 여부를 지정한다. private, public, protected가 있으며 생략할 경우 기본은 private이 된다. 외부에 클래스 멤버를 공개하는 경우 public을 사용하며, private, protected의 경우 외부에 클래스 멤버가 숨겨지므로 접근할 수 없다. 따라서 접근 지정자가 생략되어 있을 경우 기본은 private이므로 외부에서는 클래스의 멤버에 접근할 수 없다.

MEMBER_LIST는 MEMBER가 나열된 것이다. MEMBER는 객체(변수, 배열) 정의, 함수 선언, 함수 정의가 될 수 있다.

[예제 9-1] 클래스 정의

```cpp
#include <iostream>
using namespace std;

class CFamily   // ClassName
{
protected:   // 접근 지정자
   char* m_FamilyName;   // 멤버 데이터 정의

```

```
public:   // 접근 지정자
    void SetFamilyName(char* arg)   // 멤버 함수 정의
    {
        m_FamilyName = arg;
    }
};

class CName : public CFamily   // BASE_LIST
{
private:   // 접근 지정자
    char* m_Name;

public:   // 접근 지정자
    void SetName(char* arg);   // 멤버 함수 선언
    void ShowName()   // 멤버 함수 정의
    {
        cout << m_FamilyName << " " << m_Name << endl;
    }
};

void CName::SetName(char* arg)   // 외부 멤버 함수 정의
{
    m_Name = arg;
}

void main()
{
    CName name;
    name.SetFamilyName("Kim");
    name.SetName("Do Hyung");
    name.ShowName();
}
```

```
Kim Do Hyung
```

[예제 9-1]은 클래스 정의 및 사용법을 개략적으로 보여준다. 가장 기본적인 요소들만 보여주고 있으나 사실상 클래스 정의의 거의 대부분을 차지한다고 할 수 있다.

먼저 4행을 보면, 클래스 CFamily의 정의가 시작된다. 여기서 CFamily는 구조체로 따진다면 태그명에 해당한다. 구조체의 태그명에 해당되는 것이 클래스에서는 클래스명이 되었고 필수 요소가 된다. 클래스명은 그 자체가 타입 이름이 된다.

6행은 접근 지정자 protected를 보여준다. protected는 외부에 멤버를 숨기지만 자식 클래스에게는 멤버를 보여주는 역할을 한다. 즉, public과 private 중간 정도의 접근 권한을 나타낸다. 따라서 7행의 멤버 데이터 m_FamilyName은 접근 지정자 protected의 영향을 받아서 자기 자신인 CFamily와 자식 클래스 CName에서만 접근할 수 있다.

9행은 접근 지정자가 public이다. 또한 10행에서 멤버 함수 정의가 이어진다. 따라서 멤버 함수 SetFamilyName은 public의 영향으로 외부에 공개되므로 외부에서 호출할 수 있다.

16행의 클래스 CName은 클래스 CFamily를 상속한다. 클래스를 상속할 때는 콜론(:)을 표기한 후 상속받을 클래스 이름을 접근 지정자와 함께 나열한다. 즉, public CFamily가 바로 BASE_LIST가 된다. C++의 경우 여러 클래스를 상속받을 수 있으며 이럴 경우 콤마(,)를 사용하여 나열하면 된다.

22행은 멤버 함수 선언, 23행은 멤버 함수 정의를 보여준다. 즉, 클래스의 멤버 함수는 선언 또는 정의가 되어야 한다. 클래스에서 멤버 함수가 선언만 되어 있을 경우 함수 정의는 어떻게 표기해야 할까? 바로 29행처럼 클래스 외부에 멤버 함수 정의를 해야 한다. 일반 함수 정의와는 조금 다른 점이 있는데, 클래스의 멤버 함수임을 나타내기 위하여 함수 이름 앞에 클래스명과 범위 연산자(::)가 들어간다.

클래스 안에 멤버 함수를 정의하는 것을 '내부 정의'라고 하며, 클래스 안에 멤버 함수 선언만 하고 정의는 외부에 하는 것을 '외부 정의'라고 한다. 내부 정의와 외부 정의는 표기 방법 외에도 동작의 차이가 발생할 수 있다. 내부 정의의 경우 인라인 함수로 동작해서 함수 호출 대신 함수 본체 코드가 삽입되는 형태로 컴파일되기도 하는데 항상 그런 것도 아니므로 특별한 이점이라고 할 수도 없다. 보통은 가독성 측면에서 Get/Set과 같이 멤버 변수의 읽기/쓰기와 같은 간단한 함수의 경우에만 내부 정의를 사용한다.

3.2 멤버 함수(캡슐화)

클래스 정의를 살펴보면서 어느새 객체 지향 프로그래밍의 특징인 캡슐화를 배웠다. 캡슐화는 데이터와 데이터를 처리하는 함수를 하나로 묶어서 객체의 독립성 및 부품화를 하는 것이었다. 클래스에 함수가 멤버로 추가된 것 자체가 바로 대표적인 캡슐화라고 할 수 있다.

3.3 접근 지정자(정보 은닉)

상속 접근 지정자와 멤버 접근 지정자의 조합을 통해서 멤버를 외부에 공개할 수도 있으며 숨길 수도 있다. 이것은 정보 은닉의 개념을 구체화한 것이다.

3.4 인터페이스(추상화)

앞에서 제시된 클래스 CName의 경우 외부에 공개되는 것은 오직 공개 멤버 함수인 SetFamilyName, SetName, ShowName이 전부이다. 외부에서는 오직 세 함수를 사용하여 클래스 객체를 사용할 수 있는데, 이렇게 외부에 공개되어 객체를 제어하는 수단을 '인터페이스'라고 부른다. 외부에서는 각 함수의 복잡한 구현 사항이나 내부에 숨겨진 멤버(m_Family, m_Name)를 전혀 신경 쓸 필요가 없으며, 오직 인터페이스 사용법만 제대로 알고 있으면 그만인 것이다. 이를 '객체의 추상화'라고 하며 추상화를 통해서 객체의 사용이 쉬워지는 장점이 있다.

3.5 상속성

앞에서 제시된 클래스 CName은 클래스 CFamily를 상속하여 전체 이름을 설정하고 출력할 수 있는 클래스가 되었다. 상속이 가능하지 않았다면 CName 클래스에 모든 멤버 변수와 멤버 함수를 만들어야 하므로 효율성이 떨어지게 된다.

이미 CName 클래스가 만들어졌으므로 필요한 경우 CPerson 클래스는 CName 클래스를 상속받아서 쉽게 생성할 수도 있다.

3.6 가상 함수(다형성)

아직 클래스의 멤버 함수 중 가상 함수를 배우지 않았기 때문에 다형성은 16장 '가상 함수와 추상 클래스'에서 자세히 살펴보기로 한다.

4. C++ 구조체

이미 C 언어 구조체를 배웠는데, 클래스에 비해서 상당히 많은 제약이 있음을 알 수 있었다. 따라서 C++에서는 구조체도 기능을 확장하게 되었고 클래스와 동등한 기능과 지위를 갖게 되었다. 즉, C++의 구조체는 클래스와 거의 일치한다. 여기서는 C++ 구조체와 클래스의 차이점만 살펴보기로 한다.

4.1 태그명

[예제 9-2] 태그명이 곧 타입명

```
1  struct STest
2  {
3     char* m_Name;
4  };
5
6  void main()
7  {
8     struct STest s1;   // C Style
9     s1.m_Name = "C";
10
11    STest s2;   // C++ Style
12    s2.m_Name = "C++";
13 }
```

[예제 9-2]에서는 구조체 태그명의 사용법이 확장되었음을 보여준다. C 언어에서는 태그명을 이용하여 객체를 정의할 때 반드시 8행처럼 struct 키워드를 태그명 앞에 명시해야만 했다. 그러나 C++에서는 11행처럼 태그명 자체가 곧 타입명이 되므로 struct 키워드가 생략되어도 된다.

4.2 기본 접근 지정자

[예제 9-3] 기본 접근 지정자

```
1  class CTest
2  {
3     char* m_Name;
4  
5  public:
6     int m_Level;
7  };
8  
9  struct STest
10 {
11    char* m_Name;
12 
13 private:
14    int m_Level;
15 };
16 
17 void main()
18 {
19    CTest c;
20    c.m_Name = "Class";    // Error
21    c.m_Level = 2;    // OK
22 
23    STest s;
24    s.m_Name = "Struct";    // OK
25    s.m_Level = 1;    // Error
26 }
```

[예제 9-3]에서 3행의 클래스 멤버 m_Name과 11행의 구조체 멤버 m_Name에는 접근 지정자가 존재하지 않는다. 접근 지정자가 없을 경우 기본 접근 지정자가 적용되는데 클래스의 경우 private이 되고, 구조체의 경우 public이 된다. 따라서 20행의 클래스 멤버 m_Name은 private이 지정되었기 때문에 외부에 숨겨지므로 접근 시 컴파일 오류가 발생한다. 그에 비해

서 24행의 구조체 멤버 m_Name은 public이 지정되므로 아무 문제도 발생하지 않는다.

왜 클래스와 구조체는 기본 접근 지정자가 정반대인 것일까? 클래스의 경우 객체 지향 프로그래밍의 특징을 최대한 나타내기 위해서이고, 구조체의 경우 호환성을 지키기 위해서이다. 클래스는 추상화를 위하여 가능한 한 내부 구조를 최대한 감추고 필요한 것만 인터페이스로 공개하는 것을 추구한다. 따라서 특별히 public을 지정하지 않는 한 외부에 멤버를 감추는 것이 어울린다. 그에 비해서 C 언어의 구조체는 애초에 접근 지정자라는 개념이 없었으며 항상 외부에서 멤버 접근이 가능했기 때문에 호환성을 위하여 기본 접근 지정자가 public이 될 수밖에 없다. 그렇다고 구조체로 추상화를 할 수 없는 것은 아니다. 필요할 경우 private을 지정해서 멤버를 감출 수 있기 때문이다.

사실상 C++ 구조체와 클래스의 차이는 기본 접근 지정자에서만 볼 수 있다. 지금부터는 클래스에 대해서 중점적으로 설명할 것인데, 클래스의 설명은 곧 C++ 구조체에도 그대로 적용된다고 생각하면 된다.

5 클래스 멤버 데이터

클래스 멤버는 크게 두 가지로 분류할 수 있다. 멤버 데이터와 멤버 함수이다. 멤버 데이터는 C 언어 구조체에서 그대로 계승된 것으로 데이터 타입 멤버를 말한다. 그래서 내용이 매우 쉽다. 그러나 C 언어 구조체에서 불가했던 것들이 가능해지거나 좀 더 확장된 특징을 가지기도 한다. 이번 절에서는 C 언어 구조체와 비교해서 멤버 데이터의 달라진 점을 중점적으로 살펴볼 것이다.

5.1 정적 멤버 데이터

[예제 9-4] 태그명이 곧 타입명

```
#include <iostream>
using namespace std;

class CTest
{
```

```cpp
6  public:
7     int m_I;
8     static int s_I;
9  };
10
11 int CTest::s_I = 2;
12
13 void main()
14 {
15    CTest t1;
16    t1.m_I = 1;
17    t1.s_I = 2;   // CTest::s_I = 2;
18
19    CTest t2;
20    t2.m_I = 3;
21    t2.s_I = 4;   // CTest::s_I = 4;
22
23    cout << "t1: " << t1.m_I << " " << t1.s_I << endl;
24    cout << "t2: " << t2.m_I << " " << t2.s_I << endl;
25 }
```

```
t1: 1 4
t2: 3 4
```

[예제 9-4]는 클래스에 추가된 정적 멤버 데이터의 특징을 보여준다. 7행은 지금까지 배운 일반적인 멤버 데이터 m_I를 보여준다. 그에 비해서 8행을 살펴보자. 타입 앞에 static 키워드가 붙어 있다. 이렇게 static 키워드가 멤버 앞에 붙을 경우 해당 멤버는 정적 멤버가 된다. 따라서 s_I는 정적 멤버가 된다.

정적 멤버의 특징은 출력 결과를 통해서 확인할 수 있다. 17행, 21행에서 객체 t1, t2의 s_I에 각각 2와 4를 대입했다. 그럼에도 출력 결과는 t1과 t2의 s_I가 모두 4인 것을 보여준다. 왜 이런 결과가 나오는 것일까? 바로 정적 멤버는 클래스 객체(인스턴스)에 속하는 것이 아니라 클래스에 속하기 때문이다. 클래스의 정적 멤버는 오직 하나만 존재하고 클래스의 객체(인스턴스)들이 정적 멤버를 공유한다. 비유를 하자면 각 IT 회사의 개발자들은 개인별 개발 장비인 PC를 가지고 있으나 업무용 장비인 프린터나 복사기 등은 공용으로 사용한다. 이때 PC는 일반 멤버라고 할 수 있으며, 프린터나 복사기는 정적 멤버라고 할 수 있다.

따라서 17행, 21행과 같이 정적 멤버 s_I를 접근할 때 그 앞에 객체명을 붙이는 것이 아무 의미가 없다. 실제로 정적 멤버를 제대로 표현하려면 17행, 21행의 주석처럼 클래스명과 범위(::) 연산자를 사용하는 것이다. 그럼에도 의미 없는 객체명을 붙이는 것을 허용하는 것은 일반 멤버 데이터 사용 방법과 호환성을 맞추기 위한 것이다.

정적 멤버 데이터에서 가장 중요한 점을 살펴보자. 바로 11행이다. 정적 멤버 데이터는 클래스 객체(인스턴스)에 속하는 것이 아니기 때문에 외부에 따로 정의를 해줘야만 한다. 일반 멤버 데이터의 경우 클래스 객체가 정의되는 순간 생성되지만, 정적 멤버 데이터의 경우 클래스 객체가 하나도 정의되지 않더라도 이미 존재해야만 한다. 따라서 11행처럼 정적 멤버 데이터를 정의해야 하며 반드시 클래스명과 범위(::) 연산자를 사용해서 어떤 클래스 소속인지를 밝혀줘야 한다.

5.2 const 멤버 데이터

변수에 const를 한정할 수 있듯이 멤버 데이터에도 const 한정을 할 수 있다. 중요한 점은 const 속성으로 인해서 반드시 초기화가 필요하다는 점이다. const 멤버 데이터의 초기화는 크게 두 가지 방식이 있는데, 클래스 내부 초기화와 생성자 초기화 리스트 사용 방법이 있다. 각각은 관련 부분에서 자세히 설명할 예정이고 여기서는 간단한 사용법만 살펴보자.

[예제 9-5] const 멤버 데이터

```
1  #include <iostream>
2  using namespace std;
3
4  class CTest
5  {
6  public:
7     CTest() : m_C1(1)
8     {
9     }
10
11    const int m_C1;
```

```
12     const int m_C2 = 2;
13  };
14
15  void main()
16  {
17     CTest t;
18     cout << t.m_C1 << " " << t.m_C2 << endl;
19  }
```

```
1 2
```

[예제 9-5]의 11행, 12행의 m_C1, m_C2가 바로 const 멤버 데이터이다. 일반 멤버 데이터에 const 한정을 해주면 되는 것이다. const 한정된 변수는 대입을 통해서 값을 변경할 수 없으므로 반드시 초기화가 필요하다. 클래스 멤버 데이터의 초기화 방법은 크게 두 가지가 제공된다. 첫 번째 방식이 7행과 같이 생성자 초기화 리스트를 이용하는 것이고, 두 번째가 12행처럼 C++11에서 새롭게 도입된 클래스 내부 초기화이다. 두 방식 코드 형태만 알아두어도 이해하는 데 크게 무리는 없을 것이다.

5.3 멤버 데이터 초기화

C++는 끊임없이 진화하고 있다. 시간이 지나면서 기존 C++에서 제한되던 문법이 사용 가능해지기도 하며, 새로운 기능이 추가되기도 한다. C++11은 2011년에 표준으로 정해진 C++의 최신 버전을 의미한다. C++11에서 많은 것이 변경되거나 추가되었는데, 그중 하나가 바로 '비정적 데이터 멤버 초기화'이다.

[예제 9-6] 비정적 데이터 멤버 초기화

```
class CTest
{
public:
   int m_I = 1;
   const int m_CI = 2;
   static int s_I;   // 외부 정의 필요
   static const int s_CI = 4;   // 정적 const 정수형

```

```
9       double m_D = 1.1;
10      const double m_CD = 2.2;
11      static double s_D;   // 외부 정의 필요
12      static const double s_CD;   // 외부 정의 필요
13  };
14
15  int CTest::s_I = 3;
16  double CTest::s_D = 3.3;
17  const double CTest::s_CD = 4.4;
```

[예제 9-6]은 멤버 데이터의 클래스 내부 초기화 방법을 보여준다. 4행, 5행, 9행, 10행처럼 기본적으로 비정적non-static 멤버에 대해서는 클래스 정의 내부에서 바로 초기화를 할 수 있다. 클래스 정의 내부 초기화를 하게 될 경우 클래스 객체(인스턴스)가 생성될 때마다 해당 멤버는 초기화된 값을 갖게 된다.

주의할 점은 정적static 멤버 데이터의 경우이다. 기본적으로 정적 멤버 데이터는 클래스 정의 내부 초기화를 지원하지 않지만 특별히 const 한정되면서 정수 타입인 경우에 한해서만 초기화를 할 수 있다. 즉, 7행은 예외적인 경우라고 할 수 있다. 그에 비해서 12행의 s_CD의 경우 const 한정을 받았지만 정수 타입이 아니어서 초기화가 지원되지 않는다.

초기화가 지원되지 않는 정적 멤버 데이터의 경우 15~17행처럼 클래스 외부에서 직접 정의하면서 초기화를 수행해야 한다.

6 클래스 멤버 함수

클래스 멤버 데이터에서 일반 멤버 데이터는 클래스 객체(인스턴스)에 소속되고, 정적 멤버 데이터는 클래스 객체(인스턴스)들에게 공유된다. 반드시 기억해야 할 점은 클래스 멤버 함수 또한 클래스 객체(인스턴스)들에게 공유된다는 사실이다.

클래스 멤버 함수는 왜 객체(인스턴스)들에게 공유되는 것일까? 멤버 데이터의 경우 값을 통해서 상태를 나타내므로 객체에 따라 값이 달라질 수 있다. 그러나 멤버 함수의 경우 실행 흐름의

제어를 기술한 것으로 객체에 따라 달라질 필요가 없다. 물론 멤버 함수의 실행 시 처리할 각각의 데이터는 객체마다 달라질 수 있다. 따라서 멤버 함수는 공유되고, 멤버 함수가 실행될 때 각 객체의 데이터가 전달되는 방식이 사용된다.

6.1 this

방금 전 설명했듯이 멤버 함수는 클래스 객체(인스턴스)들에게 공유된다. 따라서 멤버 함수가 호출되었을 때는 어떤 객체에 의해서 호출되었는지를 확인할 필요가 생긴다. 일반적으로 멤버 함수가 작성되는 목적은 해당 객체의 멤버 데이터에 접근하여 처리를 하려는 것이기 때문이다. 따라서 멤버 함수를 호출하는 호출자는 호출 전에 객체의 주소를 보이지 않는 인자로 넘긴다. 멤버 함수는 보이지 않게 넘어온 인자를 통해서 해당 객체의 멤버에 접근할 수 있다. 이때 보이지 않게 넘어온 인자인 클래스 객체를 멤버 함수에서는 명시적으로 this 키워드를 통해서 가리킬 수 있다.

[예제 9-7] this

```
#include <iostream>
using namespace std;

class CTest
{
public:
   int m_Value;

   void Show()
   {
      cout << this << endl;
      cout << m_Value << endl;
      cout << this->m_Value << endl;
   }
};

void main()
{
```

```
19     CTest t1;
20     t1.m_Value = 3;
21     cout << "t1 address: " << &t1 << endl;
22     t1.Show();
23 
24     CTest t2;
25     t2.m_Value = 7;
26     cout << "t2 address: " << &t2 << endl;
27     t2.Show();
28 }
```

```
t1 address: 0036F758
0036F758
3
3
t2 address: 0036F74C
0036F74C
7
7
```

[예제 9-7]을 살펴보면 22행, 27행에서는 멤버 함수 Show를 호출한다. 차이가 있다면 멤버 함수가 어떤 클래스의 객체를 기준으로 호출되느냐이다. 코드상으로는 보이지 않지만 내부적으로는 클래스 객체의 주소가 Show 함수에 숨겨진 인자로 전달된다. 즉, 22행에서는 객체 t1의 주소, 27행에서는 객체 t2의 주소가 포인터로서 Show 함수에 전달된다.

숨겨진 인자인 객체는 멤버 함수에서 this 키워드를 통해 포인터로 가리킬 수 있다. 출력 결과를 보면 각 객체의 주소와 Show 함수 안의 this가 일치함을 확인할 수 있다. 12행, 13행에서는 클래스 멤버 m_Value를 출력하는데 두 식은 완전히 일치한다. 다만 12행에서 this가 사용되지 않았는데 클래스 멤버 앞에 사용된 this->는 생략 가능하다. 중요한 점은 this가 생략만 되었을 뿐이지 멤버들은 this를 기준으로 접근된다는 것이다.

[예제 9-8] 잘못된 this

```
#include <iostream>
using namespace std;

```

```
4  class CTest
5  {
6  public:
7     int m_Value;
8  
9     void Show()
10    {
11       cout << this << endl;
12       cout << m_Value << endl;
13    }
14 };
15 
16 void main()
17 {
18    CTest t;
19    CTest* pT = &t;
20    pT->Show();   // OK
21 
22    pT = NULL;
23    pT->Show();   // Runtime Error
24 }
```

[예제 9-9]를 통해서 정확하게 this를 이해해보자. 20행에서는 객체의 포인터를 이용하여 멤버 함수를 호출한다. 객체를 통해서 멤버 함수를 호출할 때는 직접(.) 멤버 연산자를 사용하고, 객체의 포인터를 통해서 멤버 함수를 호출할 때는 간접(->) 멤버 연산자가 사용된다. 둘 다 객체의 주소가 보이지 않는 인자로 멤버 함수에 전달되는 것은 동일하다. 즉, 20행에서는 pT가 곧 객체 t의 주소를 나타내므로 pT가 인자로 넘어가며, 함수 Show 안의 this는 곧 pT를 나타낸다.

이번에는 22행, 23행을 살펴보자. 포인터 pT를 NULL로 대입하고 바로 Show를 호출한다. 실행 즉시 런타임 오류가 발생하는데, 실제로 오류가 발생하는 곳은 12행이다. pT가 NULL일 경우 멤버 함수의 숨은 인자로 NULL이 전달되는데, 12행에서 멤버 m_Value에 접근하려고 할 때 기준 주소인 this가 NULL이기 때문에 접근 오류가 발생하는 것이다. 만약 this가 접근 가능한 메모리 영역을 가리킨다면 오류는 발생하지 않는다.

여기서 알 수 있는 것은 숨은 인자로 넘겨진 객체의 주소(즉, this)가 유효하지 않을 경우 잘못된 멤버에 접근하게 되며 그로 인해서 런타임 오류가 발생할 수 있다는 점이다. 이것은 곧 반대로 해석할 수 있는데, 멤버 함수에서 멤버에 접근하지 않는다면 비록 숨은 인자로 넘겨진 객체의 주소가 유효하지 않아도 문제가 없다는 것이다.

[예제 9-9] 잘못된 this

```
1  #include <iostream>
2  using namespace std;
3  
4  class CTest
5  {
6  public:
7      int m_Value;
8  
9      void Show()
10     {
11         cout << this << endl;
12     }
13 };
14 
15 void main()
16 {
17     CTest* pT = NULL;
18     pT->Show();    // 0 출력
19 }
```

```
00000000
```

[예제 9-9]를 살펴보자. 17행에서 포인터 pT는 NULL로 초기화되었고, 18행에서 멤버 함수 Show를 호출한다. pT는 객체의 주소를 담는 포인터이므로 멤버 함수의 숨은 인자로 pT가 전달되며 Show 안에서는 this가 곧 pT가 된다. 11행의 멤버 함수 Show의 본체에서는 this를 출력한다. 그 외에 멤버 m_Value에 접근하는 코드는 없다. 따라서 this가 나타내는 NULL(0)만 출력하고 어떤 오류도 발생하지 않는다.

6.2 정적 멤버 함수

클래스 멤버 데이터 중에 정적 멤버 데이터가 있듯이 멤버 함수 중에도 정적 멤버 함수가 있다. 먼저 앞에서 살펴본 멤버 함수의 특징을 떠올려보자. 멤버 함수는 오직 클래스 객체를 기준으로 호출될 수 있다. 클래스 객체의 주소가 멤버 함수의 숨겨진 인자로 전달되고 그것을 통해서 함수 안에서 객체의 멤버에 접근할 수 있었다.

반면 정적 멤버 함수는 클래스 객체를 기준으로 호출되지 않는다. 즉, 객체의 주소가 숨겨진 인자로 전달될 필요가 없으며 그로 인해서 함수 내부에서 this를 사용할 수도 없다. 따라서 정적 멤버 함수에서는 객체의 멤버에 전혀 접근할 수 없다. 한마디로 말해서 C++의 전역 함수와 같다고 할 수 있다.

그렇다면 왜 굳이 정적 멤버 함수라고 부르는 것일까? 전역 함수와 다른 점이 하나 있는데, 바로 클래스 자체에 소속되기 때문이다. 클래스 객체가 아닌 클래스 자체의 정보를 처리한다는 개념으로 클래스 소속 전역 함수를 정적 멤버 함수라고 부르는 것이다.

[예제 9-10] 정적 멤버 함수

```
#include <iostream>
using namespace std;

class CTest
{
public:
   int m_Value;

   void Func()
   {
      cout << m_Value << endl;    // OK
   }

   static void SFunc()
   {
      cout << m_Value << endl;     // Error
```

```
17      }
18  }
```

[예제 9-10]의 9행은 일반 멤버 함수 Func를 보여주고, 14행은 정적 멤버 함수 SFunc를 보여준다. 정적 멤버 함수는 반환 타입 앞에 static이라는 키워드가 사용된다. 주의할 점은 16행에서 오류가 발생한다는 것이다. 정적 멤버 함수는 클래스 객체(인스턴스)와는 상관없이 호출되므로 숨겨진 인자로 전달되는 인자도 없으며 그로 인해서 함수 안에서 this를 포함하여 클래스 멤버를 사용할 수 없다. 따라서 16행에서 오류를 고치기 위해서는 m_Value를 사용하지 않도록 수정해야 한다.

[예제 9-11] 정적 멤버 함수 호출

```cpp
#include <iostream>
using namespace std;

class CTest
{
public:
    static void SFunc()
    {
        cout << "SFunc" << endl;    // OK
    }
};

void main()
{
    CTest t;
    t.SFunc();    // OK

    CTest* pT = &t;
    pT->SFunc();    // OK

    CTest::SFunc();    // OK
}
```

```
SFunc
SFunc
SFunc
```

[예제 9-11]은 정적 멤버 함수를 호출하는 세 가지 방식을 보여준다. 16행, 19행처럼 일반 멤버 함수를 호출하듯이 클래스 객체를 기준으로 직접(.) 멤버 연산자와 간접(->) 멤버 연산자를 사용하여 호출하는 방식과 21행처럼 클래스 범위(::) 연산자를 사용하여 호출하는 방식이다.

왜 21행과 같은 방식이 필요할까? 정적 멤버 함수는 클래스 객체가 필요하지 않기 때문이다. 즉, 어떤 클래스 객체도 존재하지 않더라도 정적 멤버 함수는 호출될 수 있어야 한다. 실제로 16행, 19행의 호출은 기존 멤버 함수 호출 방식과의 일관성을 위하여 허용해준 것뿐이지 기준 객체가 되는 t는 어떤 영향도 주지 않는다. 오래된 컴파일러의 경우는 16행, 19행과 같은 코드를 허용되지 않기도 하는데, 필자의 개인적인 견해로는 16행, 19행이 오류 처리가 되었으면 좋겠다는 생각이 든다. 그래야 혹시라도 모를 오해와 실수가 줄어들 수 있기 때문이다.

정적 멤버 함수는 주로 어떤 경우에 사용될까? 보통 정적 멤버 데이터와 함께 사용되면서 클래스 객체들의 공통적인 데이터를 처리할 때 이용된다.

[예제 9-12] 정적 멤버 변수와 정적 멤버 함수

```
class CRequest
{
public:
   static void SLogin()
   {
      if(!s_bLogin)
      {
         // Login 처리
         s_bLogin = true;
      }
   }

   void Request()
   {
      SLogin();
      // Request 처리
   }

```

```
19      char* m_RequestType;
20      static bool s_bLogin;
21  };
22
23  bool CRequest::s_bLogin = false;
24
25  void main()
26  {
27      CRequest r1, r2, r3;
28
29      r1.m_RequestType = "List";
30      r1.Request();
31
32      r2.m_RequestType = "Download";
33      r2.Request();
34
35      r3.m_RequestType = "Upload";
36      r3.Request();
37  }
```

[예제 9-12]는 정적 멤버 데이터와 정적 멤버 함수의 적절한 사용 예제이다. 인터넷의 자료실 프로그램을 만든다고 생각해보자. 기능으로는 리스트를 조회하고, 파일을 다운로드하거나 업로드할 수 있어야 한다. 각각의 기능을 클래스 CRequest로 구현할 수 있다. 다만 자료실을 이용하기 위해서는 반드시 로그인이 되어 있어야 한다. 각 요청에 대해서 로그인을 개별적으로 하는 것은 분명히 낭비이다. 따라서 9행, 23행처럼 로그인 여부를 나타내는 정적 멤버 변수 s_bLogin을 정의하면서 false로 초기화하였고, 4행의 정적 멤버 함수 SLogin은 로그인을 처리한다. s_bLogin을 조사해서 이미 로그인이 되어 있으면 바로 반환하고, 그렇지 않을 경우 실제 로그인 처리를 한 후에 s_bLogin을 true로 변경한다.

13행처럼 일반 멤버 함수인 Request는 함수 안에서 가장 먼저 정적 멤버 함수 SLogin을 호출한다. 따라서 29~36행처럼 객체 r1, r2, r3이 개별적인 요청을 보내도 r1, r2, r3에 상관없이 로그인은 단 한 번만 하는 효과를 낼 수 있다.

6.3 const 멤버 함수

const 멤버 함수를 살펴보기 전에 const 한정자를 다시 한번 복습해보자. 변수를 const로 한정할 경우 더 이상 변수에 대입을 통해서 값을 변경할 수 없다. 변수가 클래스 객체라면 객체의 멤버를 변경시킬 수 없다. 그렇다면 const가 한정된 클래스 객체에 멤버 함수를 통해서 멤버의 값을 변경하려고 시도하면 어떤 일이 벌어질까?

[예제 9-13] const 클래스 객체

```
1  class CTest
2  {
3  public:
4     void Assign(int arg)
5     {
6        m_Value = arg;    // 멤버 변경
7     }
8
9     void Func() {}    // 변경 없음
10
11    int m_Value;
12 };
13
14 void main()
15 {
16    const CTest t;
17
18    t.m_Value = 1;    // Error
19    t.Assign(1);    // Error
20    t.Func();    // Error
21 }
```

[예제 9-13]의 16행에서는 클래스 CTest 객체 t에 const 한정을 한다. 따라서 더 이상 객체 t의 멤버 값을 변경할 수 없다. 따라서 18행에서 오류가 발생한다.

이번에는 4행의 함수 Assign을 살펴보자. 6행에서 멤버 m_Value의 값을 인자 arg로 변경한

다. 따라서 19행처럼 객체 t를 기준으로 Assign 함수를 호출할 경우 const 한정의 의미가 없어지게 된다. 따라서 컴파일러는 19행에서 오류를 발생시킨다. 여기까지는 이해할 수 있다. 그러나 9행을 보면 함수 Func는 빈 함수이다. 어떤 멤버도 변경시키지 않는다. 따라서 20행처럼 const 한정된 객체 t에서 호출할 수 있어야 한다. 그러나 컴파일러는 함수 Func 호출조차도 오류 처리한다. 왜냐하면 함수 내부에서 멤버를 변경시키는지의 여부를 정확하게 파악하기 어렵기 때문이다. 즉, const가 한정된 클래스 객체에 대해서 멤버 함수를 호출하는 것은 금지된다. 여기서 의문이 들 것이다. 어떤 멤버 함수도 호출할 수 없다면 const 한정이 아무 의미도 없기 때문이다. 그래서 const가 한정된 클래스 객체를 기준으로 호출할 수 있는 함수를 따로 제공할 수 있는데 그것이 바로 const 멤버 함수이다.

[예제 9-14] const 멤버 함수

```
class CTest
{
public:
    void Func1() const   // 내부 정의
    {
    }

    void Func2() const;   // 외부 정의

    int m_Value;
};

void CTest::Func2() const
{
}

void main()
{
    const CTest ct;
    ct.Func1();   // OK
    ct.Func2();   // OK

```

```
23      CTest t;
24      t.Func1();    // OK
25      t.Func2();    // OK
26  }
```

[예제 9-14]에서 멤버 함수 Func1, Func2에 무엇이 달라졌는지 찾아보자. 바로 함수 이름 끝에 const 한정자가 붙어 있다. 멤버 함수 내·외부 정의 시 항상 const가 한정되어야 한다. 이렇게 const가 한정된 멤버 함수를 'const 멤버 함수'라고 하며 20행, 21행처럼 const 한정된 클래스 객체가 호출할 수 있는 함수가 된다. const 멤버 함수는 const 객체를 위한 함수이지만 const 객체가 아니어도 호출할 수 있다. 23행처럼 일반 객체 t에 대해서도 24행, 25행처럼 const 멤버 함수를 호출할 수 있다.

정리하면 다음과 같다. const 객체는 오직 const 멤버 함수만을 호출할 수 있고, 일반 객체는 모든 멤버 함수를 호출할 수 있다.

여기서 또 다른 의문이 생길 수도 있다. const 멤버 함수에서 멤버의 값을 바꾸려고 한다면 어떻게 될까?

[예제 9-15] const 멤버 함수 - 허용되지 않는 구문

```
class CTest
{
public:
    void Func() {}

    void CFunc1() const
    {
        m_Value = 1;    // Error
    }

    void CFunc2() const
    {
        Func();    // Error
    }

```

```
16      CTest& CFunc3() const
17      {
18         return *this;   // Error
19      }
20
21      CTest* CFunc4() const
22      {
23         return this;   // Error
24      }
25
26      const CTest& CFunc5() const
27      {
28         return *this;   // OK
29      }
30
31      const CTest* CFunc6() const
32      {
33         return this;   // OK
34      }
35
36      int m_Value;
37   };
```

[예제 9-15]는 여섯 가지 경우의 const 멤버 함수를 보여준다. 상식적으로 컴파일러는 const 멤버 함수가 클래스 객체의 멤버를 바꿀 위험이 있을 경우 원칙적으로 차단한다. 여섯 가지 경우의 const 멤버 함수 중에서 CFunc1 ~ CFunc4는 멤버를 변경할 위험이 있기 때문에 오류가 발생하며, CFunc5 ~ CFunc6은 멤버 변경의 위험이 없기 때문에 허용된다.

11행의 CFunc2의 경우 내부에서 비 const 멤버 함수를 호출하는데 비 const 멤버 함수는 멤버 변경의 가능성이 있으므로 const 멤버 함수 안에서는 비 const 멤버 함수를 호출할 수 없다. 나머지 CFunc3 ~ CFunc4의 경우 this를 반환하는데 반환을 받은 곳에서 객체의 멤버를 변경할 가능성 때문에 차단된다. 그와 반대로 CFunc5 ~ CFunc6은 this를 반환해도 허용이 되는데 반환 타입에 const가 한정되어 있기 때문에 가능해진다.

컴파일러는 멤버 함수가 멤버를 변경시킬 가능성이 있는지를 정확하게 파악할 수 있다. 따라서 애초에 const 멤버 함수가 불필요할 수도 있다. const 객체에 한해서 멤버 변경의 가능성이 없는 함수만 호출되도록 할 수 있기 때문이다. 그럼에도 const 멤버 함수가 필요한 이유는 가상 함수 때문이다. 아직 배우지 않았지만 가상 함수의 경우 동적으로 함수 호출이 결정되기 때문에 궁극적으로 멤버의 변경 가능성을 컴파일 타임에 결정할 수 없기 때문이다.

const 멤버 함수는 비 const 멤버 함수와 완전히 다른 함수로 취급된다. 즉, 인자 타입과 반환 타입, 함수 이름이 똑같아도 const의 유무로 서로 다른 함수로 구분된다. 즉, 함수 중복 정의를 따질 때 완전히 다른 함수로 인정된다. 또한 호출 시 우선순위가 존재한다.

[예제 9-16] const 멤버 함수의 중복 정의와 우선순위

```
#include <iostream>
using namespace std;

class CTest
{
public:
   void Func()
   {
      cout << "General Function" << endl;
   }

   void Func() const
   {
      cout << "Const Function" << endl;
   }
};

void main()
{
   CTest t;
   t.Func();
```

```
22
23     const CTest ct;
24     ct.Func();
25 }
```

```
General Function
Const Function
```

[예제 9-16]의 7행, 12행에는 함수 이름과 인자 타입열이 일치하는 함수 Func가 두 개 정의되어 있다. 일반적인 경우라면 함수 중복 정의 오류가 발생해야 하지만 12행의 함수 Func는 const 멤버 함수이므로 완전히 다른 함수로 인정된다. 그렇다면 21행, 24행처럼 클래스 객체에 대해서 Func를 호출할 경우 어떤 함수가 선택되는지 알아보자.

21행의 비 const 객체 t에 대해서는 Func 호출 시 비 const 멤버 함수가 호출되는 것을 확인할 수 있다. 만약 7행의 함수 Func가 정의되지 않았다면 12행의 const 멤버 함수가 호출되었을 것이다. 반면 24행처럼 const 객체 ct에 대해서는 오직 12행의 const 멤버 함수가 호출되는 것을 알 수 있다. 애초에 const 객체 ct는 비 const 멤버 함수를 호출할 수 없기 때문이다.

7 클래스 메모리 구조

구조체 장에서는 C 언어의 구조체 메모리 구조를 살펴보았다. 클래스는 C 언어 구조체보다 훨씬 복잡하므로 메모리 구조도 무엇인가 다를 것이라는 사실은 충분히 예상된다. 실제로 클래스는 C 언어 구조체에 비해서 상속(다중 상속, 가상 상속)이나 가상 함수의 추가로 인해서 그 구조가 꽤 복잡해진 것도 사실이다. 그러나 특별히 추가된 것들(상속, 가상 함수)을 제외한다면 클래스 메모리 구조는 C 언어 구조체 메모리 구조와 일치한다.

7.1 구조체와 클래스의 메모리 구조 비교

[예제 9-17] const 클래스 객체

```cpp
#include <iostream>
using namespace std;

struct STest
{
    char m_Char;
    int m_Int;
};

class CTest
{
private:
    char m_Char;
    int m_Int;
    static int s_Value;    // Class Add

public:
    void SetMember(char arg1, int arg2)  // Class Add
    {
        m_Char = arg1;
        m_Int = arg2;
    }

    void ShowMember()    // Class Add
    {
        cout << m_Char << endl;
        cout << m_Int << endl;
    }
};

int CTest::s_Value;
```

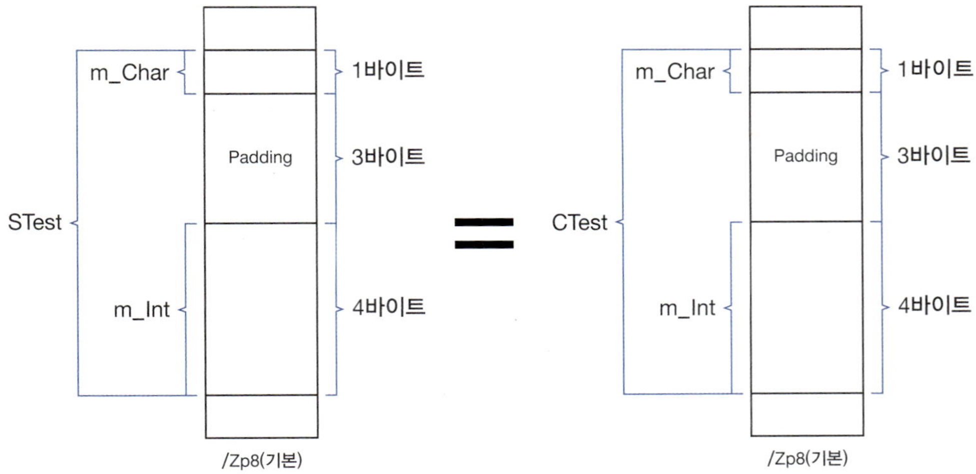

[그림 9-1] 구조체와 클래스의 메모리 구조

[예제 9-17]은 구조체 STest와 클래스 CTest가 정의되어 있다. STest와 CTest 둘 다 멤버 데이터는 char 타입 m_Char와 int 타입 m_Int가 있으며 완전히 일치한다. 클래스의 경우 추가로 정적 멤버 데이터인 s_Value와 멤버 함수인 SetMember와 ShowMember가 있다. 따라서 구조체와 클래스의 메모리 구조는 무엇인가 다른 점이 있으리라 짐작할 것이다. 그러나 [그림 9-1]처럼 메모리 구조를 살펴볼 경우 STest와 CTest가 그대로 일치함을 알 수 있다. 그렇다면 클래스의 정적 멤버 데이터와 멤버 함수는 어디에 있는 것일까?

7.2 멤버 함수와 정적 멤버 데이터의 위치

클래스의 정적 멤버 데이터와 멤버 함수는 클래스 객체(인스턴스)들에게 공유된다. 즉, 각 객체의 메모리 영역에 존재할 필요가 없다. 실제로 클래스의 정적 멤버 데이터와 멤버 함수는 전역 변수나 전역 함수처럼 [코드&데이터] 영역을 차지한다. 반면 클래스 객체(인스턴스)가 정의될 때는 객체가 점유할 메모리 영역이 확보되며, 해당 영역은 비정적 멤버 데이터들이 나누어서 점유한다. 따라서 비정적 멤버 데이터들은 클래스 객체별로 개별적으로 존재하고, 정적 멤버 데이터와 멤버 함수는 클래스 객체들이 공유하게 된다.

[예제 9-18] 클래스 멤버 함수 호출

```
#include <iostream>
using namespace std;

void main()
{
   CTest t1;
   t1.SetMember('A', 1);
   t1.ShowMember();

   CTest t2;
   t2.SetMember('B', 2);
   t2.ShowMember();
}
```

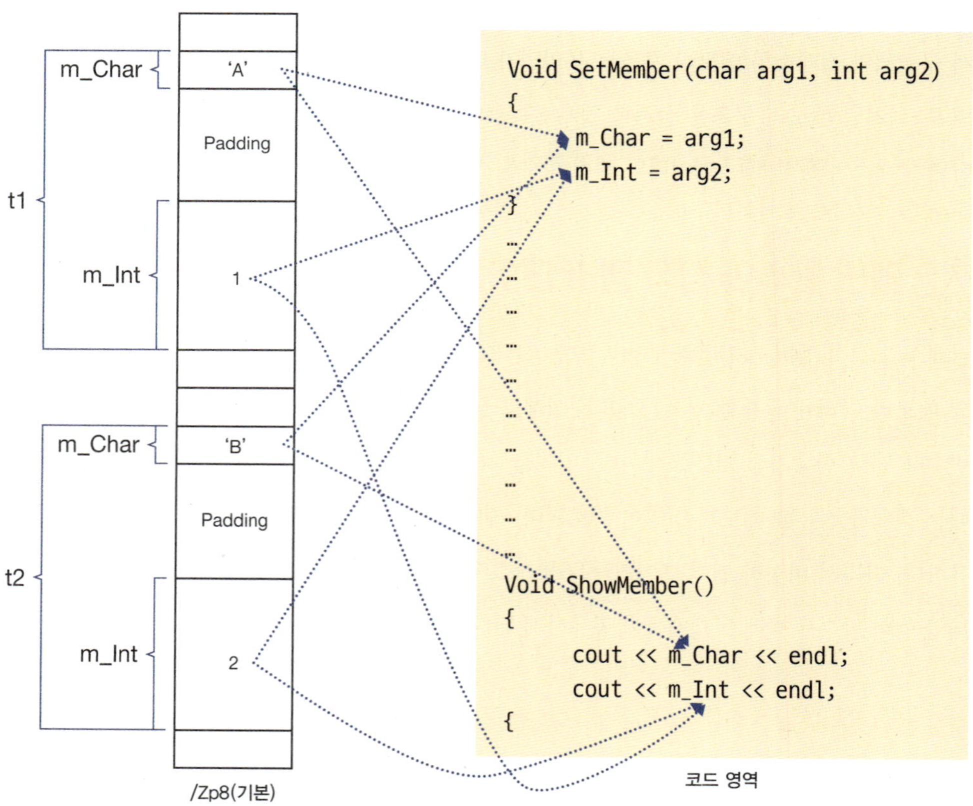

[그림 9-2] 클래스 데이터 타입 멤버와 멤버 함수

[예제 9-18]은 클래스 CTest의 객체(인스턴스) t1과 t2를 정의한다. 그리고 멤버 함수인 SetMember와 ShowMember를 호출한다. 멤버 함수 호출은 어떤 과정을 거치는 것일까? [그림 9-2]는 t1, t2의 메모리 구조와 멤버 함수가 정의된 코드 영역을 보여준다.

7행, 11행은 각각의 객체인 t1, t2에 대해서 멤버 함수 SetMember를 호출한다. 인자로 문자 하나와 정수 하나를 전달하지만 실제로는 멤버 함수 호출 시 숨겨진 인자가 전달된다. 바로 멤버 함수를 호출한 객체 자신이다. 멤버 함수는 포인터의 형태로 자신을 호출한 객체를 숨겨진 인자로 넘기게 되고, 멤버 함수 본체에서는 숨겨진 인자를 기준으로 데이터 타입의 멤버 오프셋을 이용하여 원하는 멤버에 접근할 수 있다. 즉, 멤버 함수 본체에 포함된 m_Char와 m_Int는 각각 함수를 호출한 객체의 멤버가 된다. 멤버 함수에 전달되는 객체의 포인터는 함수 본체에서 this 키워드를 이용하여 나타낼 수 있다. 따라서 함수 본체 안의 m_Char와 m_Int는 정확하게 표기하면 this->m_Char, this->m_Int가 된다. 그러나 일반적으로 멤버 함수에서 this->는 생략 가능하므로 m_Char, m_Int라고 표기하는 것뿐이다.

멤버 함수의 본체 코드는 객체에 상관없이 항상 일정하므로 모든 객체에서 공유할 수 있다. 따라서 멤버 함수의 코드는 코드 영역에 한번만 저장된다.

7.3 상속 클래스의 메모리 구조

[예제 9-19] const 멤버 함수의 중복 정의와 우선순위

```
#include <iostream>
using namespace std;

class CParent
{
public:
    int m_Value;
};

class CTest : public CParent
{
public:
    int m_Value;
```

```
14 };
15
16 void main()
17 {
18     CTest t;
19     t.CParent::m_Value = 1;
20     t.m_Value = 2;   // t.CTest::m_Value
21
22     cout << t.CParent::m_Value << endl;
23     cout << t.m_Value << endl;
24 }
```

```
1
2
```

[예제 9-19]는 클래스 CParent를 상속하는 클래스 CTest를 보여준다. 두 클래스 모두 멤버 데이터로 m_Value를 갖는다. 이때 CTest의 메모리 구조는 어떻게 구성될까?

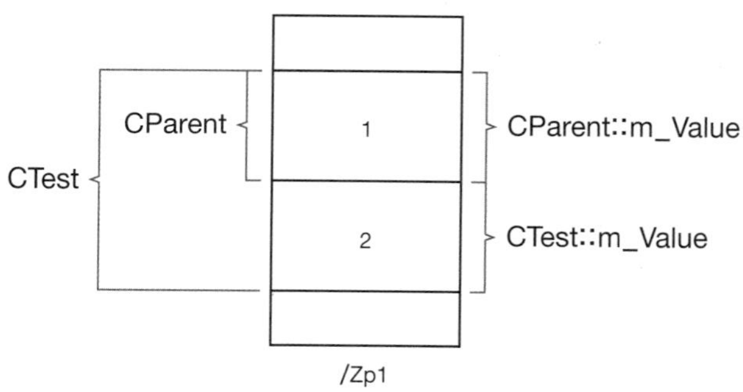

[그림 9-3] 상속 클래스 메모리 구조

[그림 9-3]은 부모 클래스를 상속한 클래스 CTest의 메모리 구조를 보여준다. 그림에서 알 수 있듯이 자식 클래스는 부모 클래스의 메모리 구조를 모두 포함한다. 즉, CTest가 차지하는 메모리 영역에는 CParent의 멤버 데이터인 m_Value와 CTest에서 다시 정의된 멤버 데이터 m_Value 둘 다 포함한다.

부모 클래스와 자식 클래스의 멤버 데이터의 이름이 같은 경우가 종종 발생할 수 있다. 이때 우선권은 자식 클래스에 있다. 따라서 20행, 23행처럼 특별한 명시를 하지 않을 경우 m_Value는 자식 클래스에서 정의된 변수를 나타낸다. 그렇다면 부모 클래스의 멤버 데이터 m_Value

를 사용하려면 어떻게 해야 할까? 범위(::) 연산자를 사용하면 된다. 19행, 22행처럼 클래스명과 범위(::) 연산자를 사용할 경우 이름이 중복된 부모 클래스의 멤버 데이터를 지정할 수 있다. 물론 이름이 중복되지 않는다면 범위(::) 연산자를 사용할 필요가 없다.

[예제 9-20] 다중 상속 클래스

```
1   class CParentA
2   {
3   public:
4       int m_Value;
5   };
6
7   class CParentB
8   {
9   public:
10      int m_Value;
11  };
12
13  class CTest : public CParentA, public CParentB
14  {
15  public:
16      int m_Value;
17  };
18
19  void main()
20  {
21      CTest t;
22      t.CParentA::m_Value = 1;
23      t.CParentB::m_Value = 2;
24      t.m_Value = 3;    // t.CTest::m_Value
25  }
```

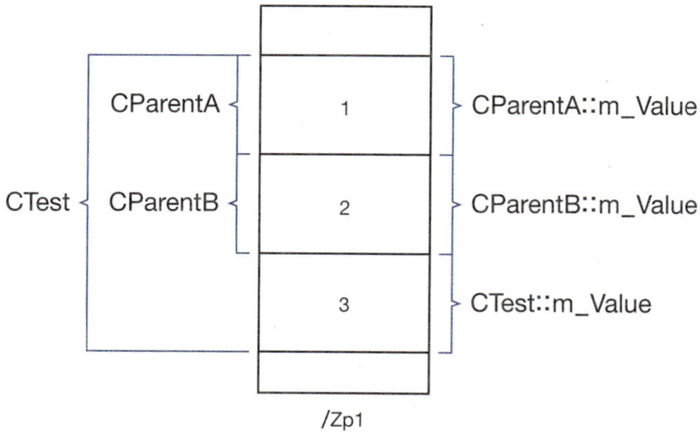

[그림 9-4] 다중 상속 클래스 메모리 구조

[예제 9-20]과 [그림 9-4]는 다중 상속 클래스의 메모리 구조를 보여준다. C++ 클래스는 여러 개의 부모 클래스를 상속할 수 있다. 다중 상속의 경우 상속 순서대로 클래스 메모리 구조가 구성된다. 그림에서 볼 수 있듯이 CParentA, CParentB 순서로 메모리에 놓이고, 그 뒤에 CTest에서 정의된 멤버 데이터가 놓인다.

7.4 클래스 크기

C 언어 구조체의 크기는 멤버 타입의 크기와 구조체 멤버 맞춤 설정에 의해서 결정되는 것을 확인하였다. 그렇다면 클래스의 크기는 어떻게 구해질까? 클래스 크기도 구조체와 마찬가지로 멤버의 크기와 구조체 멤버 맞춤 설정으로 정해진다. 단, 여기서 멤버는 비정적 멤버 데이터만을 말하며, 멤버 함수와 정적 멤버 데이터의 경우 클래스 객체 안에 포함된 것이 아니라 공용으로 사용되는 것이기에 고려하지 않는다. (함수는 일반적으로 데이터 타입처럼 크기를 고려하지 않는다. 함수가 기계어로 번역되었을 때 코드 영역을 차지하는 크기가 있긴 하지만 컴파일 옵션에 따라서 그 크기는 천차만별이다. 즉, 데이터 타입처럼 일정한 크기가 정해지지 않기 때문에 큰 의미를 가지지 않는다.)

[예제 9-21] 클래스 크기

```
#include <iostream>
using namespace sstd;

class CTest
```

```
{
private:
    char m_Char;    // 포함
    int m_Int;    // 포함
    static int s_Member;    // 미포함

public:
    void ShowSize()    // 미포함
    {
        cout << sizeof(CTest) << endl;
    }
};

void main()
{
    CTest t;
    t.ShowSize();    // 8 출력
}
```

```
8
```

[예제 9-21]의 클래스 CTest의 크기를 결정하는 멤버를 살펴보자. 데이터 타입 멤버는 3개가 있다. m_Char, m_Int, s_Member이고, 멤버 함수는 ShowSize이다. 먼저 멤버 함수는 클래스 크기에 영향을 주지 않기 때문에 제외한다. 마찬가지로 정적 멤버인 s_Member도 제외된다. 결국 클래스 크기를 결정하는 멤버는 m_Char와 m_Int만 남는다. 두 멤버의 크기 합은 5이지만 구조체 멤버 맞춤에 의해서 패딩 3바이트가 추가되면서 클래스 크기는 8이 된다.

연습 문제

01 – 구조적 프로그래밍의 특징을 설명하시오.

02 – 절차적 프로그래밍은 프로그램의 상태를 나타내는 데이터를 함수 호출에 의해서 변경하면서 처리하는 과정을 거친다. 이때 나타날 수 있는 절차적 프로그래밍의 문제점을 데이터와 함수 관점에서 설명하시오.

03 – 객체 지향 프로그래밍에서 객체의 의미는 무엇인가?

04 – 객체 지향 프로그래밍의 장점을 두 가지 이상 제시하시오.

05 – 클래스와 인스턴스의 차이를 설명하시오.

06 – C 언어 구조체 태그명과 C++ 클래스명의 차이를 비교 설명하시오.

07 – 클래스 멤버에 대한 접근 지정자는 __________, __________, __________가 있으며 생략할 경우 __________이 된다.

08 – C++ 구조체의 멤버 접근 지정자는 기본이 public이다. 이유를 설명하시오.

09 – 다음 프로그램의 잘못된 부분을 수정하시오.

```
class CTest
{
public:
    CTest() : m_C1(1)
    {
    }

    const int m_C1;
    const int m_C2 = 2;
```

```
    const int m_C3;
};
```

10 – 클래스 멤버 함수에서 ____________ 키워드는 클래스 인스턴스의 포인터를 나타낸다.

11 – 다음 프로그램은 런타임 예외가 발생한다. 잘못된 부분과 이유를 설명하시오.

```
class CTest
{
public:
    int m_Value;

    void Show()
    {
        cout << m_Value << endl;
    }
};

void main()
{
    CTest* pT = NULL;
    pT->Show();
}
```

12 – 비정적 멤버 함수와 정적 멤버 함수의 차이를 설명하시오.

13 – 다음 클래스 정의에서 잘못된 부분을 찾고 그 이유를 설명하시오.

```
class CTest
{
public:
    int m_Value;
```

```
  void Func()
  {
    cout << m_Value << endl;
  }

  static void SFunc()
  {
    cout << m_Value << endl;
  }
};
```

14 – 다음 프로그램에서 잘못된 부분을 찾고 그 이유를 설명하시오.

```
class CTest
{
public:
   static void SFunc()
   {
   }
};

void main()
{
   CTest t;
   t.SFunc();

   CTest* pT = &t;
   pT->SFunc();
   CTest::SFunc();

   SFunc();
}
```

15 – 다음 클래스의 const 멤버 함수는 컴파일 오류가 발생한다. 컴파일 오류가 발생하지 않도록 수정하시오.

```
class CTest
{
public:
    CTest& CFunc1() const
    {
        return *this;
    }

    CTest* CFunc2() const
    {
        return this;
    }
};
```

16 – 다음 프로그램의 출력 결과는 무엇인가?

```
class CTest
{
public:
    void Func()
    {
        cout << "General Function" << endl;
    }

    void Func() const
    {
        cout << "Const Function" << endl;
    }
};

void main()
```

```
{
    const CTest ct;
    ct.Func();
}
```

17 – 다음 프로그램에서 부모 클래스 CParent의 멤버인 m_Value의 값을 출력하도록 괄호 안을 채우시오.

```
class CParent
{
public:
    int m_Value = 1;
};

class CTest : public CParent
{
public:
    int m_Value = 2;
};

void main()
{
    CTest t;
    cout << (        ) << endl;
}
```

{1} - 다음 로봇 명세를 보고 프로그램을 작성하시오.

이름	신장(m)	무게(T)	마력
태권브이	18	80	3000
마징가	17	70	2500
메칸더브이	20	90	3500
그랜다이저	22	100	5000

(1) 로봇을 나타내는 클래스 CRobot을 설계하시오. 명세를 입력할 수 있는 멤버 함수 Set과 명세를 출력하는 멤버 함수 Print가 있다.

(2) 클래스 CRobot을 이용하여 모든 로봇의 명세를 출력하는 프로그램을 작성하시오.

(3) 타입 정적 멤버 s_Value를 가지는 class CTest를 정의하고, s_Value에 1을 대입한 뒤에 출력하는 프로그램을 작성하시오.

(4) 다음 프로그램은 자정부터 지나간 초를 입력받은 후 시, 분, 초를 출력한다. 프로그램이 완성될 수 있도록 클래스 CTime을 작성하시오.

```
void main()
{
   cout << "자정부터 지나간 초를 입력하세요" << endl;

   int Elapsed;
   cin >> Elapsed;

   CTime t;
   t.SetElapsed(Elapsed);
   t.PrintTime();
}
```

Chapter 10

생성자와 소멸자

모든 일에 있어서 첫 단추를 잘 꿰어야 하고 유종의 미도 거두어야 한다.
클래스 자료구조가 생성되고 소멸할 때 시작과 끝을 잘 처리할 수 있도록
생성자와 소멸자라는 일종의 함수가 제공된다.
실제로 생성자와 소멸자를 어떻게 구성되는지에 따라
프로그램의 완성도가 달라지게 된다.

1 생성자와 소멸자의 개념

2 생성자와 소멸자의 호출 순서

3 복사 생성자

4 타입 변환 생성자

5 초기화 리스트

++ 연습 문제

++ 프로그래밍 문제

1 생성자와 소멸자의 개념

클래스가 C 언어 구조체와 다른 점은 많이 있지만 그중에서 가장 큰 차이는 클래스에는 생성자와 소멸자가 도입되었다는 점이다. 생성자와 소멸자의 개념은 쉽게 생각하면 정말 쉽다. 클래스 객체(인스턴스)가 생성될 때 생성자가 호출되고, 객체가 소멸할 때 소멸자가 호출된다. 이 정도만 알고 있어도 C++ 코드를 작성하거나 분석하는 데 많은 도움이 된다. 그러나 더 효율적인 코드를 작성하기 위해서는 생성자, 소멸자의 정확한 동작 및 특성을 알아야만 한다.

1.1 생성자와 소멸자 정의

생성자와 소멸자는 일종의 멤버 함수라고 할 수 있다. 그러나 일반적인 멤버 함수와 다르기 때문에 정의 구문도 약간 다르다.

```
class ClassName
{
[접근 지정자:]
   ClassName(ARG_LIST1);    // 중복 정의 가능
   ...
   ClassName(ARG_LISTN);    // 중복 정의 가능
[접근 지정자:]
   ~ClassName();    // 오직 하나
};
```

생성자와 소멸자는 이름이 정해져 있다. 생성자의 이름은 클래스명과 일치하며, 소멸자의 이름은 클래스명 앞에 ~를 붙인다. 예를 들어서 클래스명이 CTest일 경우 생성자 이름은 CTest이고, 소멸자 이름은 ~CTest이다.

생성자와 소멸자의 이름이 정해진 것 외에도 일반 멤버 함수와 다른 점은 반환 타입이 없다는 것이다. 반환 타입이 없다는 것은 반환 값이 없는 void와는 다른 개념이다. 모양에서 알 수 있듯이 반환 타입 자체를 기술하지 않는다.

마지막으로 생성자는 인자 타입열을 다르게 해서 중복 정의를 할 수 있다. 즉, 여러 개를 만들 수 있다는 의미이다. 그러나 소멸자는 오직 단 하나만 정의할 수 있고 인자가 없다. 생성자가 여

러 개 있을 수 있는 것에 비해 소멸자가 단 하나만 있는 이유는 호출 이후의 상태의 가지 수에 달려 있다. 여러 인자열을 통해서 생성을 할 경우 클래스 객체(인스턴스)는 다양한 멤버 데이터 값을 가지면서 여러 가지 상태를 가질 수 있으나 객체가 소멸한 이후는 아무 것도 남지 않는 유일한 상태이므로 굳이 소멸자를 중복 정의를 통해서 여러 개 가질 필요가 없다. 예제를 살펴보면서 생성자와 소멸자의 특징을 살펴보자.

[예제 10-1] 생성자와 소멸자 정의

```
#include <iostream>
using namespace std;

class CTest
{
public:
   CTest();   // 생성자 외부 정의
   CTest(int arg)   // 생성자 내부 정의
   {
      m_Value = arg;
      cout << m_Value << " CTest(int arg)" << endl;
   }

   ~CTest()   // 소멸자 내부 정의
   {
      cout << m_Value << " ~CTest()" << endl;
   }

   int m_Value;
   };

CTest::CTest()   // 생성자 외부 정의
{
   m_Value = 1;
   cout << m_Value << " CTest()" << endl;
}

```

```
28 void main()
29 {
30     CTest t1;
31     CTest t2(2);
32 }
```

```
1 CTest()
2 CTest(int arg)
2 ~CTest()
1 ~CTest()
```

[예제 10-1]은 생성자와 소멸자의 정의를 보여준다. 생성자와 소멸자 역시 일반 멤버 함수처럼 클래스 내·외부 정의를 할 수 있다. 7행처럼 클래스 내부에는 선언만 해놓고 22행처럼 클래스 외부에 정의를 할 수도 있으며, 8행, 14행처럼 클래스 내부에서 정의를 할 수도 있다. 생성자는 두 개 있는데 인자 타입열이 다르기 때문에 중복 정의가 가능하다. 특히 7행의 생성자처럼 인자가 아무 것도 없는 것을 '기본 생성자'라고 부른다. 반면 소멸자는 단 하나만 존재하며 인자가 없다.

30행, 31행은 생성자가 호출되는 경우를 보여준다. 30행처럼 클래스 객체(인스턴스)만 정의할 경우 스택에 클래스의 크기(4바이트)만큼 메모리 영역이 할당된 후 기본 생성자가 호출되면서 멤버 데이터 m_Value는 1이 된다. 마찬가지로 31행처럼 클래스 객체 이름을 인자와 함께 함수 호출식으로 정의할 경우 인자 타입열과 일치하는 생성자가 호출된다. 그래서 m_Value는 2가 된다.

31행처럼 main 함수가 끝나는 시점에 클래스 객체 t1, t2는 자동으로 소멸된다. 이때 t1, t2의 객체에 대해서 소멸자가 호출된다. 출력 결과를 보면 객체의 생성과 소멸, 생성자와 소멸자의 호출 관계를 확인할 수 있다.

1.2 암시적 생성자, 암시적 소멸자

생성자와 소멸자가 특별한 처리를 하지 않을 경우 생략이 가능하다. 생성자와 소멸자가 생략되었을 때 필요에 따라 컴파일러는 코드에서는 보이지 않는 생성자와 소멸자를 정의하기도 한다. 이와 같이 코드에서는 보이지 않고 컴파일러가 작성한 생성자와 소멸자를 '암시적 생성자, 암시적 소멸자'라고 부른다. 반대로 사용자가 직접 작성하거나 IDE(통합 개발 환경)에 의해서 자동으로 생성자나 소멸자가 코드에 명시되어 있는 경우 '명시적 생성자, 명시적 소멸자'라고 부른다. 즉, 명시적 생성자, 명시적 소멸자는 코드에서 확인할 수 있다.

어떤 경우에 컴파일러는 암시적 생성자나 암시적 소멸자를 정의하는지 살펴보기로 하자. 일반적으로 클래스에 명시적 생성자가 단 하나도 존재하지 않을 경우 컴파일러는 암시적 기본 생성자와 암시적 소멸자를 정의한다. 암시적 생성자와 암시적 소멸자는 논리적인 개념이다. 따라서 암시적 생성자와 암시적 소멸자가 어떤 처리도 할 필요가 없을 경우 컴파일러 코드 자체가 생성되지 않기도 한다. 그러나 논리적으로는 생성자와 소멸자가 있다고 가정한다.

[예제 10-2] 암시적 기본 생성자와 암시적 소멸자

```
1  class CTest
2  {
3  public:
4     int m_Value;
5  };
6
7  void main()
8  {
9     CTest t;
10 }
```

[예제 10-2]의 클래스 CTest는 어떤 명시적 생성자도 존재하지 않는다. 따라서 컴파일러는 인자가 없는 암시적 기본 생성자와 암시적 소멸자를 정의한다. 9행의 클래스 CTest의 객체 t가 생성되고 소멸되면서 암시적 기본 생성자와 암시적 소멸자가 호출된다. 실제로 생성자와 소멸자는 특별한 처리를 하지 않으므로 컴파일러 차원에서는 코드가 생성되지 않는다. 단지 여기서의 생성자와 소멸자는 논리적으로 존재할 뿐이다. 그렇다면 조금 다른 경우를 따져보자.

[예제 10-3] 암시적 기본 생성자가 정의되지 못한 경우

```
class CTest
{
public:
   CTest(int arg)
   {
      m_Value = arg;
   }

```

```
9      int m_Value;
10  };
11
12  void main()
13  {
14     CTest t1;    // Error
15     CTest t2(3);    // OK
16  }
```

[예제 10-3]의 클래스 CTest에는 인자 하나를 가지는 명시적 생성자가 선언(정의)되어 있다. 이렇게 클래스에 명시적 생성자가 하나라도 선언(정의)되어 있을 경우 컴파일러는 더 이상 암시적 기본 생성자를 정의하지 않는다. 따라서 14행처럼 객체 생성을 하기 위하여 기본 생성자를 호출해야 하는 경우 컴파일 오류가 발생한다. 반면 15행과 같이 인자를 넘기면서 객체를 생성하는 경우는 해당 생성자가 호출되면서 객체 생성에 아무 문제도 발생하지 않는다.

소멸자의 경우 항상 존재해야 한다. 따라서 명시적으로 소멸자가 존재하지 않을 경우 컴파일러는 논리적으로 암시적 소멸자를 정의한다. 물론 소멸자가 어떤 처리도 할 필요가 없을 경우 기계어 코드를 생성할지의 여부는 컴파일러에 따라 달라질 수 있다.

2 생성자와 소멸자의 호출 순서

2.1 클래스 상속 관계에서 생성자와 소멸자

클래스 객체가 생성될 때 생성자, 객체가 소멸할 때 소멸자가 호출된다. 그렇다면 클래스가 상속 관계에 있을 때 각 클래스의 생성자와 소멸자의 호출 순서는 어떻게 될까?

[예제 10-4] 클래스 상속 관계에서 생성자와 소멸자 호출 순서

```
#include <iostream>
using namespace std;

class CParent
```

```cpp
{
public:
    CParent()
    {
        cout << "CParent Constructor" << endl;
    }

    ~CParent()
    {
        cout << "CParent Destructor" << endl;
    }
};

class CTest : public CParent
{
public:
    CTest()
    {
        cout << "CTest Constructor" << endl;
    }

    ~CTest()
    {
        cout << "CTest Destructor" << endl;
    }
};

void main()
{
    CTest t;
}
```

```
CParent Constructor
CTest Constructor
CTest Destructor
CParent Destructor
```

[예제 10-4]는 상속 관계에서 부모, 자식 클래스의 생성자와 소멸자의 호출 순서를 확인하기 위하여 제작된 예제이다. 출력 결과에서 유추할 수 있듯이, 생성자는 부모-자식 순서로, 소멸자는 자식-부모 순서로 호출되는 것을 확인할 수 있다.

클래스 상속 관계의 메모리 구조에서 알 수 있듯이 자식 클래스는 부모 클래스의 멤버 데이터를 그대로 포함한다. 일반적으로 생성자가 멤버 데이터를 초기화하는 역할을 하기 때문에 클래스 객체가 생성될 때는 부모 클래스 생성자도 호출되어야 한다. 부모 클래스 생성자를 자동으로 호출하지 않는다면 상속하는 클래스(자식 클래스)의 생성자에서 부모 클래스의 멤버 데이터를 초기화하는 코드를 넣어야 한다. 이는 무척 비효율적인데 만약 상속 단계가 깊어질 경우 부모의 부모의 부모의 … 부모의 클래스 멤버 데이터 모두를 초기화해야 하기 때문이다. 따라서 C++는 상속 관계의 클래스 객체가 생성될 경우 최상위 부모부터 시작하여 생성자를 순서대로 호출한다.

생성자의 호출 순서와는 반대로 소멸자의 경우 자식-부모 순서로 호출된다. 간단한 예로 야외에서 임시 콘서트를 개최한다고 가정해보자. 시작과 끝은 다음과 같다.

❶ 무대를 설치한다.
❷ 무대 위에 음향 및 조명 기기를 설치한다.
❸ 공연을 한다.
❹ 무대 위의 음향 및 조명 기기를 해체한다.
❺ 무대를 해체한다.

적절한 비유일지는 모르겠으나 무대를 부모 클래스에 대응하고, 음향 및 조명 기기를 자식 클래스에 대응한다면 왜 부모 클래스의 생성과 소멸이 자식 클래스의 생성과 소멸을 감싸는 형태가 되는지 이해할 수 있을 것이다.

일반적으로 생성자는 부모-자식 순서, 소멸자는 자식-부모 순서로 호출된다고 알려져 있다. 그래서 대부분의 C++ 교재 및 강의에서는 이와 같은 순서를 무척 강조하기도 한다. 그러나 사실 이 순서는 반은 맞고 반은 틀리다. 필자의 입장에서는 생성자와 소멸자는 항상 자식-부모 순서로만 호출된다. 실제로 그런 것인지 확인해보자.

2.2 생성자의 선처리 영역

클래스 CTest의 생성자 정의의 본체를 확인해보자. 생성자 정의의 본체는 블록({ })으로 이루어진다. 좌중괄호({)에서 시작하여 우중괄호(})로 끝난다. 생성자의 경우 좌중괄호({)가 시작되기 전에 미리 처리되는 보이지 않는 코드 영역을 가진다. 이 부분을 필자는 '선처리 영역'이라고 부르고 기호로는 대괄호([ ])를 사용하여 나타내기로 하였다. 따라서 다음과 같다.

```
CTest()
[     // 선처리 영역 시작
   부모 클래스 기본 생성자 호출
   멤버 데이터 타입이 클래스인 경우 기본 생성자 호출
   ... 기타 선처리 ...
]     // 선처리 영역 끝
{
   cout << "CTest Constructor" << endl;
}
```

선처리 영역은 컴파일러에 의해 자동으로 삽입되는 부분으로 눈에 보이지 않는 코드이다. 선처리 영역은 중요한 역할을 담당하는데 대표적으로 부모 클래스가 존재할 경우 부모 클래스의 기본 생성자를 호출한 후에 멤버 데이터 타입이 클래스일 경우 해당 클래스의 기본 생성자를 호출한다.

선처리 영역을 이해했으면 생성자의 호출 순서를 이해할 수 있다. 생성자는 자식-부모 순서로 호출되며, 생성자 정의 본체(블록)는 부모-자식 순서로 호출된다.

2.3 소멸자의 후처리 영역

생성자의 선처리 영역처럼 소멸자에도 비슷한 것이 있다. 실제로 소멸자에는 후처리 영역이 존재한다. 후처리 영역은 소멸자의 우중괄호(})가 끝난 후 처리되는 코드 영역이다. 역시 기호로는 대괄호([ ])를 사용하여 표기한다.

```
~CTest()
{
   cout << "CTest Destructor" << endl;
```

```
}
[     // 후처리 영역 시작
   ... 기타 후처리 ...
   멤버 데이터 타입이 클래스인 경우 소멸자 호출
   부모 클래스 소멸자 호출
]     // 후처리 영역 끝
```

소멸자의 후처리 영역에서는 멤버 데이터 타입이 클래스인 경우 해당 클래스의 소멸자를 호출하고, 부모 클래스가 존재할 경우 부모 클래스의 소멸자를 호출한다. 따라서 소멸자의 호출 순서는 자식-부모 순서가 되며, 소멸자 정의 본체(블록)의 호출 순서도 자식-부모 순서가 된다.

일반적으로 생성자와 소멸자의 정의 본체만 따질 때는 생성자의 경우 부모-자식, 소멸자의 경우 자식-부모 순서로 호출된다. 왜 이런 호출 순서가 지켜져야만 할까? C++ 코드는 [예제 10-5]와 같은 경우가 많기 때문이다.

[예제 10-5] 생성자, 소멸자 호출 순서의 중요성

```cpp
#include <iostream>
using namespace std;

class CParent
{
public:
   CParent()
   {
      m_Value = 0;
   }

   ~CParent()
   {
      m_Value = 0;
   }

      int m_Value;
};
```

```
19
20 class CTest : public CParent
21 {
22 public:
23     CTest()
24     {
25         m_Value = 1;
26     }
27
28     ~CTest()
29     {
30         cout << m_Value << endl;
31     }
32 };
33
34 void main()
35 {
36     CTest t;
37 }
```

[예제 10-5]를 살펴보자. 부모 클래스를 상속하는 자식 클래스의 경우 객체(인스턴스)가 살아 있는 동안에는 부모 클래스의 멤버 데이터의 일관성이 유지되어야 한다. 여기서 '일관성'이란 25행에서 자식 클래스 생성자에서 부모 클래스의 멤버 데이터인 m_Value에 1을 대입한 이후 특별한 수정 사항이 없을 경우 30행처럼 자식 클래스 소멸자에서도 m_Value는 1을 유지해야 한다는 의미이다. 생성자 정의 본체의 호출 순서가 부모-자식이 아닌 경우나 소멸자 정의 본체의 호출 순서가 자식-부모가 아닌 경우 일관성이 지켜질 수 없기 때문이다.

3 복사 생성자

3.1 복사 생성의 정의

객체(변수)는 정의되면서 다른 객체로부터 복사될 수 있다. 다음과 같은 경우이다.

[예제 10-6] 변수의 복사 생성

```
1  void main()
2  {
3     int i = 1;
4  
5     int j1(i);   // 복사 생성
6     int j2 = i;   // 복사 생성
7     int j3; j3 = i;   // 생성과 대입
8  }
```

[예제 10-6]은 변수 j1, j2, j3의 초기화 방식 세 가지를 보여준다. 5행, 6행은 변수 j1, j2를 변수 i로부터 복사 생성을 하는 초기화이고, 7행은 변수 j3의 미정의 값 초기화 후에 변수 i 값을 대입하는 것이다. int와 같은 기본 타입의 경우 세 방식은 기계어로 번역될 때 어떤 차이도 발생하지 않는다. 그러나 변수의 타입이 클래스인 경우라면 초기화 방식에 따라 동작이 달라질 수 있다. 보통 클래스 객체가 다른 객체로부터 복사 생성이 될 경우 복사 생성자가 호출되고, 대입될 경우에는 복사 대입 연산자가 호출된다.

3.2 복사 생성자 정의

```
ClassName(const ClassName& obj)
{
   // 복사 생성자 본체
}
```

복사 생성자는 생성자의 중복 정의 중 하나인데, 단지 인자 타입열이 (const ClassName&)인 것을 특별히 '복사 생성자'라고 부른다.

[예제 10-7] 복사 생성자

```
#include <iostream>
using namespace std;

class CTest
{
```

```
6  public:
7     CTest()
8     {
9        m_Value = 0;
10    }
11
12    CTest(const CTest& obj)
13    {
14       m_Value = 2;
15    }
16
17    int m_Value;
18 };
19
20 void main()
21 {
22    CTest t;
23    t.m_Value = 1;
24
25    CTest t1(t);
26    CTest t2 = t;
27    CTest t3; t3 = t;
28
29    cout << "t1: " << t1.m_Value << endl;
30    cout << "t2: " << t2.m_Value << endl;
31    cout << "t3: " << t3.m_Value << endl;
32 }
```

```
t1: 2
t2: 2
t3: 1
```

[예제 10-7]의 25행, 26행은 클래스 CTest의 객체 t1, t2를 객체 t로부터 복사 생성한다. 그에 비해서 27행은 CTest 객체 t3를 먼저 생성한 후에 객체 t를 대입한다. 25행, 26행과 같은 복사 생성이 일어날 때 12행의 복사 생성자가 호출되고 m_Value는 2가 된다. 반면 27행처럼 객체가 대입될 때는 복사 대입 연산자가 호출되는데 현재 예제에서는 존재하지 않으므로 멤버 데이터의 메모리 복사가 이루어져서 m_Value는 1이 된다.

복사 생성자의 인자에서 const 한정자를 없앨 수도 있다. 보통 const 한정을 하는데, const 한정을 하지 않는 경우 const 객체로부터 복사 생성을 할 수 없다.

[예제 10-8] 비 const 복사 생성자

```
1  class CTest
2  {
3  public:
4     CTest()
5     {
6     }
7
8     CTest(CTest& obj)    // Non-const
9     {
10    }
11 };
12
13 void main()
14 {
15    CTest t;
16    const CTest ct;
17
18    CTest t1(t);    // OK
19    CTest t2(ct);    // Error
20 }
```

[예제 10-8]의 8행처럼 복사 생성자의 인자에 const 한정이 되어 있지 않을 경우 19행처럼 const 한정된 CTest 객체 ct를 통해서 복사 생성을 할 수가 없다. 따라서 일반적으로 복사 생성자를 정의할 경우는 인자에 const 한정을 한다.

3.3 암시적 복사 생성자

클래스에 명시적 생성자가 하나도 선언되어 있지 않을 경우 컴파일러는 암시적 기본 생성자를 정의한다. 복사 생성자의 경우는 소멸자와 마찬가지로 반드시 정의되어 있어야 한다. 따라서 명시적 복사 생성자가 선언되어 있지 않을 경우 컴파일러는 암시적 복사 생성자를 정의한다.

따라서 클래스에는 명시적, 암시적 모두 포함하여 기본 생성자는 정의되어 있지 않을 수 있지만, 복사 생성자와 소멸자는 반드시 정의된다고 할 수 있다.

[예제 10-9] 암시적 복사 생성자 - 부모 클래스

```
#include <iostream>
using namespace std;

class CParent
{
public:
    CParent()
    {
        cout << "CParent Constructor" << endl;
    }

    CParent(const CParent& obj)
    {
        cout << "CParent Copy Constructor" << endl;
    }
};

class CTest : public CParent
{
public:
    int m_Value;
};

void main()
{
    CTest t;    // CParent Constructor
    t.m_Value = 1;
    CTest t1 = t;    // CParent Copy Construtor
}
```

```
CParent Constructor
CParent Copy Constructor
```

[예제 10-9]의 클래스 CTest를 살펴보면 어떤 명시적 생성자도 존재하지 않는다. 따라서 컴파일러는 CTest에 암시적 기본 생성자와 암시적 복사 생성자를 정의한다. 일반적으로 대부분의 생성자는 선처리 영역에서 부모 클래스의 기본 생성자를 호출하지만, 특별히 암시적 복사 생성자의 선처리 영역에서는 부모 클래스의 복사 생성자를 호출한다. 따라서 28행의 CTest 객체 t1이 객체 t로부터 복사 생성되면 CTest의 암시적 복사 생성자가 호출되면서 바로 부모 클래스 CParent의 복사 생성자를 호출한다.

부모 클래스와 마찬가지로 멤버 데이터 타입이 클래스인 경우도 암시적 복사 생성자의 선처리 영역은 멤버 데이터 클래스의 복사 생성자를 호출한다.

[예제 10-10] 암시적 복사 생성자 - 멤버 데이터 클래스

```cpp
#include <iostream>
using namespace std;

class CChild
{
public:
   CChild()
   {
      cout << "CChild Constructor" << endl;
   }

   CChild(const CChild& obj)
   {
      cout << "CChild Copy Constructor" << endl;
   }
};

class CTest
{
public:
   int m_Value;
   CChild m_Child;
};
```

```
void main()
{
    CTest t;    // CChild Constructor
    t.m_Value = 1;
    CTest t1 = t;    // CChild Copy Constructor
}
```

```
CChild Constructor
CChild Copy Constructor
```

[예제 10-10]은 바로 이전 코드와 크게 다르지 않으므로 쉽게 이해할 수 있을 것이다.

3.4 복사 생성자의 선처리 영역

앞에서 생성자의 선처리 영역을 살펴보았다. 마찬가지로 복사 생성자 역시 선처리 영역이 존재한다. 일반적으로 대부분의 생성자의 선처리 영역은 다음과 같은 처리를 한다.

1. 부모 클래스의 기본 생성자 호출
2. 멤버 데이터 타입이 클래스인 경우 기본 생성자 호출
3. 기타 선처리

여기서 중요한 점은 대부분의 생성자의 선처리 영역에서는 부모 클래스나 멤버 데이터 클래스의 기본 생성자를 호출한다는 점이다. 그러나 바로 앞에서 살펴본 것처럼 암시적 복사 생성자의 경우 부모 클래스와 멤버 데이터 클래스의 복사 생성자를 호출하였다. 반대로 명시적 복사 생성자의 경우는 일반 생성자와 마찬가지로 선처리 영역에서 부모 클래스와 멤버 데이터 클래스의 기본 생성자를 호출하게 되어 있다. 결론은 오직 암시적 복사 생성자의 경우에 한해서 선처리 영역에서 부모 클래스와 멤버 데이터 클래스의 복사 생성자를 호출한다.

실제로 예제를 보면서 명확한 차이를 확인해보자. 이미 [예제 10-9], [예제 10-10]에서 클래스 CTest에 명시적 복사 생성자가 선언되어 있지 않을 경우 컴파일러에서 암시적 복사 생성자를 정의하고, 암시적 복사 생성자의 선처리 영역에서 부모 클래스와 멤버 데이터 클래스의 복사 생성자가 호출되는 것을 살펴보았다. 이번에는 같은 코드에서 CTest에 기본 생성자와 복사 생성자를 명시적으로 추가하여 다시 결과를 확인해보자.

[예제 10-11] 명시적 복사 생성자 - 부모 클래스

```
#include <iostream>
using namespace std;

class CParent
{
public:
   CParent()
   {
      cout << "CParent Constructor" << endl;
   }

   CParent(const CParent& obj)
   {
      cout << "CParent Copy Constructor" << endl;
   }
};

class CTest : public CParent
{
public:
   CTest()
   {
   }

   CTest(const CTest& obj)
   {
   }

   int m_Value;
};

void main()
{
   CTest t;   // CParent Constructor
```

```
35      t.m_Value = 1;
36      CTest t1 = t;    // CParent Constructor
37  }
```

```
CParent Constructor
CParent Constructor
```

[예제 10-11]이 [예제 10-9]와 달라진 점은 21~27행이 추가되면서 명시적으로 기본 생성자와 복사 생성자가 정의되었다는 점이다. 36행에서 복사 생성을 할 경우 CTest의 복사 생성자가 호출되고, 명시적 복사 생성자의 선처리 영역은 부모 클래스의 기본 생성자를 호출하는데 이는 출력 결과에서 쉽게 확인할 수 있다.

[예제 10-12] 명시적 복사 생성자 – 멤버 데이터 클래스

```
#include <iostream>
using namespace std;

class CChild
{
public:
    CChild()
    {
        cout << "CChild Constructor" << endl;
    }

    CChild(const CChild& obj)
    {
        cout << "CChild Copy Constructor" << endl;
        }
};

class CTest
{
public:
    CTest()
    {
    }
```

```
    CTest(const CTest& obj)
    {
    }

    int m_Value;
    CChild m_Child;
};

void main()
{
    CTest t;    // CChild Constructor
    t.m_Value = 1;
    CTest t1 = t;    // CChild Copy Constructor
}
```

```
CParent Constructor
CParent Constructor
```

[예제 10-12] 역시 [예제 10-10]의 CTest에 명시적 기본 생성자와 복사 생성자를 추가만 하였다. 역시 결과는 멤버 데이터 클래스의 기본 생성자만 호출되는 것을 확인할 수 있다. 마지막으로 복사 생성자의 선처리 영역은 다음과 같이 정리할 수 있다.

```
CTest(const CTest& Obj)
[     // 선처리 영역 시작
   명시적 복사 생성자인 경우
      부모 클래스의 기본 생성자 호출
      멤버 데이터 타입이 클래스인 경우 기본 생성자 호출
   암시적 복사 생성자인 경우
      부모 클래스의 복사 생성자 호출
      멤버 데이터 타입이 클래스인 경우 복사 생성자 호출
... 기타 선처리 ...
]     // 선처리 영역 끝
{     // 생성자 블록 시작
}     // 생성자 블록 끝
```

차이를 알았으니 이제 이유를 확인해보자. 논리적으로 완벽히 이해할 수 있어야 쉽게 잊어버리지 않기 때문이다.

일반적으로 객체의 복사에서 기대하는 것은 원본 객체가 차지하는 메모리 영역의 값을 그대로 대상 객체의 메모리 영역에 복사하는 것이다. 이런 식의 복사를 '얕은 복사'라고 하는데, 얕은 복사가 항상 절대적으로 옳은 것은 아니다. 경우에 따라서는 얕은 복사가 아니라 원본 객체가 참조하는 대상들까지 그대로 복사를 진행하는 '깊은 복사'가 필요할 수도 있다.

중요한 것은 깊은 복사를 비롯하여 사용자 정의 복사를 하기 위해서 제공되는 생성자가 바로 명시적 복사 생성자라는 점이다. 즉, 기본적으로 눈에 보이지 않는 암시적 복사 생성자는 메모리 복사를 기본으로 처리하는 얕은 복사를 하고, 사용자 정의 복사가 필요한 경우는 명시적으로 복사 생성자를 정의해서 사용하라는 의미이다.

사용자 정의 복사를 위한 명시적 복사 생성자의 경우 모든 것을 사용자에게 맡기기 때문에 가장 기본적인 처리인 부모 클래스와 멤버 데이터 클래스의 기본 생성자만을 호출한다.

만약 명시적 복사 생성자에서 부모 클래스와 멤버 데이터 클래스의 기본 생성자가 아닌 다른 생성자를 호출하고 싶은 경우에는 어떻게 하는지 궁금할 수 있는데, 그것을 해결하는 방법이 조만간 배우게 될 '초기화 리스트'이다. 초기화 리스트를 배우게 될 때 다시 한번 생성자 호출 관계 및 순서를 살펴보기로 한다.

4 타입 변환 생성자

지금까지 기본 생성자와 복사 생성자를 살펴보았다. 다시 한번 정리하면 기본 생성자는 인자가 없는 생성자이고, 복사 생성자는 자기 자신의 클래스 참조 타입의 인자를 갖는 생성자이다. 즉, 클래스 이름이 ClassName일 경우 생성자 형식은 다음과 같다.

- **기본 생성자:** ClassName( )
- **복사 생성자:** ClassName (const ClassName & obj) 혹은 ClassName (ClassName & obj)

위의 생성자 이외에는 모두 기타 생성자라고 할 수 있다. 그러나 그중에서 인자가 하나인 생성자를 특별히 '타입 변환 생성자'라고 부른다. 타입 변환 생성자라는 이름이 붙은 이유는 해당 인자의 타입으로부터 클래스 타입으로 변환을 가능하게 만들기 때문이다.

4.1 명시적 타입 변환

타입 변환 생성자를 명시적으로 이용하여 클래스 객체를 생성할 수 있다. 여기서 '명시적'이라는 의미는 코드상으로 생성자 호출 확인이 가능하다는 것이다.

[예제 10-13] 명시적 클래스 타입 변환

```cpp
#include <iostream>
using namespace std;

class CTest
{
public:
   CTest(int arg)
   {
      m_Value = arg;
   }

   int m_Value;
};

void main()
{
   CTest t(1);
   cout << t.m_Value << endl;

   cout << CTest(2).m_Value << endl;

   cout << ((CTest)3).m_Value << endl;
}
```

```
1
2
3
```

[예제 10-13]의 7행의 생성자가 바로 타입 변환 생성자이다. 인자가 하나이고 인자의 타입이 int이다. 이 생성자를 통해서 int로부터 CTest로 타입 변환이 가능해진다. 17행은 인자 1로부터 CTest 객체 t를 생성한다. 20행은 인자 2로부터 임시 CTest 객체를 생성한다. 20행이 끝난 후 임시 객체는 자동으로 소멸된다. 임시 객체는 일시적으로 생성되었다가 소멸되는 객체를 말한다. 따라서 이름이 없다. 22행도 인자 3으로부터 임시 CTest 객체를 생성한다. 20행, 22행은 형식만 다를 뿐 실제로 타입 변환 후 임시 객체를 만드는 것은 똑같다. (20행은 C++ 스타일이고, 22행은 C 스타일이다.)

4.2 암시적 타입 변환

타입 변환 생성자는 명시적으로 사용되듯이 암시적으로 사용될 수도 있다. 여기서 암시적이라는 의미는 코드상으로 보이지는 않지만 컴파일러에 의해서 자동으로 변환이 이루어지는 것을 말한다.

[예제 10-14] 암시적 타입 변환

```
#include <iostream>
using namespace std;

class CTest
{
   public:
   int m_Value;
};

void main()
{
   int i = 3.14; // OK
   double d = 1; // OK

   CTest t1 = 3.14; // Error
   CTest t2 = 1; // Error
}
```

[예제 10-14]는 컴파일러의 암시적 타입 변환을 보여준다. 12행, 13행은 지금까지 아무 의심 없이 사용하던 방식이지만 사실 컴파일러에 의해서 암시적으로 타입 변환이 일어나기에 가능한 식이다. 그러나 15행, 16행에서는 오류가 발생한다. 그 이유는 컴파일러는 기본 타입 간에는 자동으로 타입 변환을 수행하지만 클래스 타입에 대해서는 오직 타입 변환 생성자가 정의되어 있을 때만 변환을 수행하기 때문이다. 따라서 15행, 16행이 제대로 컴파일되기 위해서는 [예제 10-15]와 같이 타입 변환 생성자를 추가하면 된다.

[예제 10-15] 타입 변환 생성자

```
1  #include <iostream>
2  using namespace std;
3  
4  class CTest
5  {
6  public:
7      CTest(int arg)
8      {
9      }
10 
11     CTest(double arg)
12     {
13     }
14 
15     int m_Value;
16 };
```

[예제 10-15]에서 클래스 CTest에 추가된 것은 7행, 11행의 생성자 두 개로 각각 인자의 타입이 int와 double이다. 실제로 생성자 본체의 내용이 중요한 것이 아니라 타입 변환 생성자가 정의되어야 컴파일러에 의해서 암시적인 타입 변환이 가능해지는 것이 중요하다.

4.3 암시적 타입 변환의 문제점

암시적 변환은 컴파일러에 의해서 자동으로 수행된다. 그로 인해서 의도하지 않은 실수가 나올 수도 있다.

[예제 10-16] 암시적 변환의 문제점

```
#include <iostream>
using namespace std;

class CRadian
{
public:
   CRadian()
   {
   }

   CRadian(int angle)
   {
      m_Radian = angle * 3.141592 / 180;
   }

   CRadian& operator + (const CRadian& obj)
   {
      m_Radian += obj.m_Radian;
      return *this;
   }

   double m_Radian;
};

void main()
{
   CRadian r;
   r.m_Radian = 1;

   r = r + 1;
   cout << r.m_Radian << endl;    // 1.01745 출력
}
```

```
1.0745
```

[예제 10-16]의 클래스 CRadian은 호도법에 의한 각의 크기를 나타낸다(수학에서 1라디안은 부채꼴의 반지름과 원호가 같을 때의 각의 크기이다). 28행처럼 CRadian 객체 r의 멤버 데이터 m_Radian에 1을 대입할 경우 r은 1라디안을 나타내는 객체가 된다. 그렇다면 30행과 같이 r에 1을 증가시킨다면 어떻게 될까? 아마도 r은 2라디안이 될 것이라고 생각해도 전혀 이상하지 않다. 그러나 실제 31행의 출력은 2가 아니라 1.01745이다. 30행은 실제로 다음과 같은 과정을 거치게 된다.

```
r = r + 1;
r = r + CRadian(1);              // 암시적 타입 변환
r = r.operator + (CRadian(1));          // operator +
```

이 과정에서 알 수 있듯이 의도하지 않은 결과가 나온 이유는 11행의 타입 변환 생성자 때문이다. 클래스 설계자는 인자로 각도Degree가 입력될 경우 자동으로 라디안 단위로 바꾸면서 객체를 생성하도록 만들었다. 그러나 설계자의 의도를 모를 경우에는 30행처럼 전혀 다른 의도로 동작하는 코드를 작성하게 된다.

암시적 타입 변환은 종종 의도하지 않은 동작을 수행해서 문제를 발생시킨다. 따라서 컴파일러가 암시적으로 타입 변환을 하지 못하도록 지시할 필요가 있다.

4.4 explicit

explicit는 컴파일러가 타입 변환 생성자를 사용하여 암시적 타입 변환을 수행할 수 없도록 지시하는 역할을 한다. explicit는 타입 변환 생성자와 뒤에서 배울 타입 변환 연산자에 적용될 수 있다. 여기서는 타입 변환 생성자에 적용된 explicit만 살펴보기로 한다.

[예제 10-17] 타입 변환 생성자

```cpp
#include <iostream>
using namespace std;

class CTest
{
public:
```

```
7      CTest()
8      {
9      }
10
11     explicit CTest(int arg)
12     {
13        m_Value = arg;
14     }
15
16     CTest& operator + (const CTest& obj)
17     {
18        m_Value += obj.m_Value;
19        return *this;
20     }
21
22     int m_Value;
23  };
24
25  void main()
26  {
27     CTest t1 = 1;     // Error
28     CTest t2(1);      // OK
29
30     t2 = t2 + 1;      // Error
31     t2 = t2 + CTest(1); // OK
32  }
```

[예제 10-17]의 11행에서 타입 변환 생성자에 explicit가 사용되었다. 이렇게 explicit가 사용될 경우 명시적인 타입 변환만 허용되며 컴파일러에 의한 암시적 타입 변환은 금지된다. 따라서 27행, 30행처럼 암시적 타입 변환이 필요한 경우 컴파일 오류가 발생하고 28행, 31행처럼 명시적 타입 변환인 경우에만 컴파일이 성공한다. 27행은 컴파일러에 의해서 CTest t1(1);로 변환되지만, 논리적인 중간 단계로 CTest t1 = CTest(1);이 있다고 가정한다. 이때 암시적 변환이 필요하다.

5 초기화 리스트

5.1 멤버 데이터 초기화

클래스 멤버 데이터를 초기화하는 방법은 여러 가지가 있다. 하나씩 살펴보자.

[예제 10-18] 멤버 데이터 초기화

```
1  #include <iostream>
2  using namespace std;
3
4  class CTest
5  {
6  public:
7     CTest() : m_V3(3)
8     {
9        m_V1 = 1;
10    }
11
12    int m_V1;
13    int m_V2 = 2;
14    int m_V3;
15 };
16
17 void main()
18 {
19    CTest t;
20    cout << t.m_V1 << t.m_V2 << t.m_V3 << endl;
21 }
```

```
1 2 3
```

[예제 10-18]은 멤버 데이터 m_V1, m_V2, m_V3의 초기화 방법을 보여준다. 가장 대표적인 방법은 9행처럼 생성자를 통한 초기화이다. 두 번째가 C++11에서 도입된 비정적 데이터 멤버 초기화로 13행에서 확인할 수 있다. 이번에 배울 것은 m_V3를 초기화하기 위한 7행과 같은 초기화 리스트이다.

C++를 처음 접하는 사람들의 경우 의구심을 가질 수 있다. 왜 같은 동작을 하는 코드를 여러 가지 방식으로 제공하는 것일까? 실제로 중복적인 것들이 몇 가지 있다. 이미 앞에서 살펴본 반복문의 경우 for, while은 완전히 서로 대체될 수 있다. 그러나 지금 설명할 초기화 리스트의 경우 성격이 완전히 다르다. 초기화 리스트는 멤버 데이터의 초기화를 비롯하여 다른 중요한 역할을 수행한다.

5.2 초기화 리스트의 목적

초기화 리스트Initialization List의 가장 중요한 역할은 생성자의 선처리 영역을 제어하는 데 있다. 선처리 영역은 컴파일러에 의해서 추가된 보이지 않는 코드인데 제어가 가능할까? 보이지 않는 코드를 변경하기 위해서 바로 초기화 리스트가 도입된 것이다. 가령 [예제 10-19]와 같은 경우이다.

[예제 10-19] 생성자 호출 제어

```
#include <iostream>
using namespace std;

class CParent
{
public:
    CParent()
    {
        cout << "CParent Constructor" << endl;
    }

    CParent(int arg)
    {
        cout << arg << " CParent(int arg) Constructor" << endl;
    }

    ~CParent()
    {
        cout << "CParent Destructor" << endl;
```

```
20     }
21 };
22
23 class CTest : public CParent
24 {
25 public:
26    CTest()
27    {
28       CParent(3);   // ?
29    }
30 };
31
32 void main()
33 {
34    CTest t;
35 }
```

```
CParent Constructor
3 CParent(int arg) Constructor
CParent Destructor
CParent Destructor
```

[예제 10-19]에서 클래스 CTest는 부모 클래스 CParent를 상속한다. 이미 알고 있듯이 생성자의 선처리 영역에서는 부모 클래스의 기본 생성자를 호출하게 되어 있다. 따라서 34행의 CTest 객체 t가 생성되면 가장 처음 7행의 CParent의 기본 생성자가 호출된다. 그러나 이 동작을 변경하고 싶다면 어떻게 해야 할까? 즉, 7행의 기본 생성자 대신에 12행의 인자를 가지는 생성자를 호출하고 싶다면 어떤 부분을 변경해야 할까? 28행을 살펴보면, 클래스 CTest의 생성자 본체 안에서 CParent의 인자 있는 생성자를 호출한다. 그러나 출력 결과를 살펴보면, CParent의 기본 생성자와 인자 있는 생성자 모두 호출되는 것을 확인할 수 있다. 또한 CParent의 소멸자 역시 두 번 호출되었다.

실제로 원하는 것은 CParent의 인자 있는 생성자가 단 한 번 호출되는 것이었다. 28행은 단지 CTest의 생성자에서 임시 CParent 객체를 생성할 뿐이다. 물론 CTest의 생성자가 끝나는 순간에 임시 CParent 객체는 소멸된다. 그래서 CParent의 소멸자는 총 두 번 호출된다.

이미 정의되어 있는 선처리 영역의 동작을 변경하는 것, 그것이 바로 초기화 리스트이다. 그렇다면 실제로 위의 소스를 초기화 리스트를 사용하여 변경해보자.

[예제 10-20] 초기화 리스트 - 부모 클래스 생성자 제어

```cpp
#include <iostream>
using namespace std;

class CParent
{
public:
    CParent()
    {
        cout << "CParent Constructor" << endl;
    }

    CParent(int arg)
    {
        cout << arg << " CParent(int arg) Constructor" << endl;
    }

    ~CParent()
    {
        cout << "CParent Destructor" << endl;
    }
};

class CTest : public CParent
{
public:
    CTest() : CParent(3)   // 달라진 부분
    {
    }
};

void main()
{
    CTest t;
}
```

```
3 CParent(int arg) Constructor
CParent Destructor
```

[예제 10-20]에서 변경된 부분은 26행의 클래스 CTest의 생성자에 초기화 리스트를 추가한 것이다. 초기화 리스트는 생성자의 블록 시작 전에 콜론(:)을 붙이고 호출하고 싶은 생성자를 콤마(,)로 나열한 것이다. 초기화 리스트의 CParent(3)의 의미는 CParent의 기본 생성자 대신에 인자가 있는 생성자에 인자 3을 전달하여 호출하라는 것이다.

예상할 수 있듯이 초기화 리스트는 부모 클래스의 생성자 호출을 제어하는 것뿐 아니라 멤버 데이터가 클래스인 경우에도 생성자 호출을 제어할 수 있다.

[예제 10-21] 초기화 리스트 - 멤버 데이터 클래스 생성자 제어

```
#include <iostream>
using namespace std;

class CChild
{
public:
   CChild()
   {
      cout << "CChild Constructor" << endl;
   }

   CChild(int arg)
   {
      cout << arg << " CChild(int arg) Constructor" << endl;
   }

   ~CChild()
   {
      cout << "CChild Destructor" << endl;
   }
};

class CTest
{
public:
   CTest() : m_Child(7)
```

```
27      {
28      }
29
30      CChild m_Child;
31  };
32
33  void main()
34  {
35      CTest t;    // CChild Constructor
36  }
```

```
7 CChild(int arg) Constructor
CChild Destructor
```

[예제 10-21]의 클래스 CChild는 기본 생성자와 인자를 가진 생성자를 가진다. 클래스 CTest의 멤버 데이터 m_Child의 타입이 바로 CChild이다. 따라서 35행처럼 CTest의 객체 t가 생성될 때 멤버 데이터 m_Child도 생성되면서 보통은 CChild의 기본 생성자가 호출되어야 한다. 그러나 26행과 같이 초기화 리스트에 m_Child(7)을 기술할 경우 m_Child가 생성되는 기본 생성자가 아닌 인자를 가진 생성자에 인자 7이 전달되며 호출된다. 이런 과정은 출력 결과에서 확인할 수 있다.

5.3 초기화 리스트 사용 시 주의할 점

[예제 10-22] 초기화 리스트 멤버 초기화

```
class CParent
{
public:
    int m_Parent;
};

class CTest : public CParent
{
public:
    CTest()
```

```
11        :m_Parent(1)   // Error
12        , m_Value(2)   // OK
13     {
14     }
15
16     int m_Value;
17 };
18
19 void main()
20 {
21     CTest t;
22 }
```

[예제 10-22]의 11행에서 오류가 발생하는데, 오류 메시지는 다음과 같다. 'm_Parent가 기본 또는 멤버가 아닙니다.' 반면 12행에서는 아무 문제가 발생하지 않는다.

m_Parent와 m_Value는 모두 멤버 데이터이다. 차이가 있다면 m_Parent는 부모 클래스의 멤버 데이터라는 것이다. 왜 부모 클래스의 멤버 데이터는 초기화 리스트에서 사용할 수 없을까?

생성자 선처리 영역은 멤버 데이터의 초기화를 처리한다. 멤버 데이터 타입이 기본 타입일 경우 별다른 처리를 하지 않지만 멤버 데이터 타입이 클래스일 경우 해당 클래스의 기본 생성자를 호출해준다. 여기서 멤버 데이터란 바로 해당 클래스에서 정의된 멤버만을 의미한다. 즉, 부모 클래스의 멤버 데이터는 해당되지 않는다. 부모 클래스의 멤버 데이터를 초기화하는 역할은 부모 클래스 생성자의 선처리 영역이 맡는다.

5.4 초기화 리스트의 또 다른 필요성

[예제 10-23] 상수, 참조 타입 멤버 데이터

```
class CTest
{
public:
    int m_Value;
    const int m_Const;
    int& m_Ref;
```

```
 7 };
 8
 9 void main()
10 {
11     CTest t;  // Error
12 }
```

[예제 10-23]은 11행처럼 클래스 CTest의 객체 t를 생성할 때 오류가 발생한다. 실제 오류의 원인은 5행, 6행에 있다. m_Const의 경우 const 한정되어 있고, m_Ref의 경우 참조 타입이다. const 한정과 참조 타입은 반드시 정의와 함께 초기화가 이루어져야 한다. 왜냐하면 그 이후에는 더 이상 초기화를 할 수 없기 때문이다. 따라서 m_Const와 m_Ref의 경우 정의와 함께 초기화가 이루어지지 않기 때문에 오류가 발생한다. 그렇다면 두 멤버 데이터의 초기화를 어떻게 수행할 수 있을까? 가장 쉬운 방법은 C++11에 도입된 비정적 데이터 멤버 초기화를 이용하는 것이다.

[예제 10-24] 상수, 상수, 참조 타입 멤버 데이터 초기화

```
 1 class CTest
 2 {
 3 public:
 4     int m_Value;
 5     const int m_Const = 1;
 6     int& m_Ref = m_Value;
 7 };
 8
 9 void main()
10 {
11     CTest t;    // OK
12 }
```

[예제 10-24]에서 변화된 부분은 5행, 6행이다. 클래스 내부에서 바로 초기화를 수행한다. 따라서 11행에서 클래스 CTest의 객체 t가 생성되는 순간 m_Const는 1이 되고, m_Ref는 m_Value를 나타낸다.

여기서 의문이 생길 수 있다. 이런 경우 C++11이 적용되기 전에는 어떻게 처리했을까? 바로 초기화 리스트를 이용하는 것이다. 초기화 리스트는 선처리 영역에 적용되며 이때 초기화하는 것은 정의와 동시에 초기화하는 효과를 가지기 때문이다.

[예제 10-25] 초기화 리스트 - 상수, 참조 타입

```
1  class CTest
2  {
3  public:
4     CTest() : m_Const(1), m_Ref(m_Value)
5     {
6     }
7
8     int m_Value;
9     const int m_Const;
10    int& m_Ref;
11 };
12
13 void main()
14 {
15    CTest t;    // OK
16 }
```

[예제 10-25]에서는 초기화 리스트를 사용하기 위하여 명시적 기본 생성자를 추가하였다. 4행의 초기화 리스트에는 m_Const와 m_Ref를 초기화하도록 추가하였다. 이럴 경우 m_Const와 m_Ref는 클래스 객체가 정의되는 순간 초기화가 이루어진다.

01 – 생성자와 멤버 함수의 차이점을 두 가지 이상 기술하시오.

02 – 생성자는 중복 정의를 할 수 있으나 소멸자는 오직 단 하나만 존재할 수 있는데, 그 이유를 기술하시오.

03 – 암시적 생성자가 컴파일러에 의해서 논리적으로 추가되는 경우를 기술하시오.

04 – 암시적 소멸자가 컴파일러에 의해서 논리적으로 추가되는 경우를 기술하시오.

05 – 상속 관계 클래스에서 소멸자의 호출 순서는 __________ 클래스 소멸자, __________ 클래스 소멸자이다.

06 – 클래스 CTest의 복사 생성자를 선언해보시오.

07 – 암시적 복사 생성자가 컴파일러에 의해서 논리적으로 추가되는 경우를 기술하시오.

08 – 암시적 복사 생성자는 블록 시작 전(선처리 영역)에 부모 클래스와 멤버 데이터 클래스의 __________를 호출한다.

09 – 다음 프로그램의 출력 결과는 무엇인가?

```
class CParent
{
public:
   CParent()
   {
      cout << "CParent Constructor" << endl;
   }

   CParent(const CParent& obj)
```

```
    {
        cout << "CParent Copy Constructor" << endl;
    }
};

class CTestA : public CParent
{
public:
    CTestA()
    {
    }

    CTestA(const CTestA& obj)
    {
    }
};

class CTestB : public CParent
{
public:
    CTestB()
    {
    }
};

void main()
{
    CTestA a0;
    CTestA a1 = a0;

    CTestB b0;
    CTestB b1 = b0;
}
```

10 – 다음 프로그램의 출력 결과는 무엇인가?

```
class CChild
{
public:
    CChild()
    {
        cout << "CChild Constructor" << endl;
    }

    CChild(const CChild& obj)
    {
        cout << "CChild Copy Constructor" << endl;
    }
};

class CTestA
{
public:
    CTestA()
    {
    }

    CTestA(const CTestA& obj)
    {
    }

    CChild m_C;
};

class CTestB
{
public:
    CTestB()
    {
```

```
    }

    CChild m_C;
};

void main()
{
    CTestA a0;
    CTestA a1 = a0;

    CTestB b0;
    CTestB b1 = b0;
}
```

11 – __________는 컴파일러가 타입 변환 생성자를 사용하여 암시적 타입 변환을 수행할 수 없도록 지시하는 역할을 한다.

12 – 다음 코드의 출력 결과로 "CParent B"가 나오도록 CTest의 생성자를 수정하시오.

```
class CParent
{
public:
    CParent()
    {
        cout << "CParent A" << endl;
    }

    CParent(int arg)
    {
        cout << "CParent B" << endl;
    }
};
```

```
class CTest : public CParent
{
public:
    CTest()
    {
    }
};

void main()
{
    CTest t;
}
```

13 – 다음 코드의 출력 결과로 “CChild B”가 나오도록 CTest의 생성자를 수정하시오.

```
class CChild
{
public:
    CChild()
    {
        cout << "CChild A" << endl;
    }

    CChild(int arg)
    {
        cout << "CChild B" << endl;
    }
};

class CTest
{
public:
    CTest()
    {
```

```
    }

    CChild m_Child;
};

void main()
{
    CTest t;
}
```

14 – 다음 프로그램에서 초기화 리스트를 사용하여 m_Const는 1로, m_Ref는 m_Value로 초기화되도록 생성자를 수정하시오.

```
class CTest
{
public:
    CTest()
    {
    }

    int m_Value;
    const int m_Const;
    int& m_Ref;
};

void main()
{
    CTest t;
}
```

{1} - 다음 프로그램처럼 정수를 문자열로 바꾼 후 멤버 m_Str에 저장하는 클래스 CIntToStr를 타입 변환 생성자를 이용하여 작성하시오. (단, C 표준 라이브러리 함수인 _itoa를 사용한다.)

```
void main()
{
    char* str = CIntToStr(1).m_Str;
    cout << str << endl;
}
```

{2} - 클래스 CPerson은 멤버 데이터로 이름(m_Name)과 ID(m_ID)를 갖는다. CPerson 객체가 다른 CPerson 객체로부터 복사되어 생성될 경우 이름에는 Copy를 붙이고, ID는 −1으로 만드는 클래스를 작성하시오.

```
void main()
{
    CPerson p1("Bill", 1);
    CPerson p2 = p1;

    cout << p1.m_Name << " " << p1.m_ID << endl;
    cout << p2.m_Name << " " << p2.m_ID << endl;
}
```

```
Bill 1
Bill Copy -1
```

{3} - 다음 프로그램에서 복사 생성된 CPerson 객체의 이름에는 뒤에 Copy를 붙이고, 부모 이름은 '유전자공학'으로 변경하고 싶다. 출력 결과가 다음처럼 나오도록 클래스 CParent와 CPerson의 부족한 부분을 완성하시오.

```
class CParent
{
public:
    CParent()
```

```
    {
    }

        char m_Name[16] = { 0 };
};

class CPerson : public CParent
{
public:
    CPerson(char* ParentName, char* Name)
    {
        strcat(CParent::m_Name, ParentName);
        strcat(m_Name, Name);
    }

    char m_Name[16] = { 0 };
};

void main()
{
    CPerson p1("광개토대왕", "장수왕");
    CPerson p2 = p1;

    cout << p1.CParent::m_Name << " - " << p1.m_Name << endl;
    cout << p2.CParent::m_Name << " - " << p2.m_Name << endl;
}
```

```
광개토대왕 - 장수왕
유전자공학 - 장수왕 Copy
```

{4} - 다음 프로그램처럼 문자열을 인자로 받는 생성자를 가진 클래스 CLength를 정의하시오. (CLength의 멤버 함수 GetLength는 인자의 길이를 반환한다.)

```
void main()
{
    CLength l = "abc";
    cout << l.GetLength() << endl;
}
```

```
3
```

Chapter 11

클래스 연산자

문자들의 곱셈을 생각하기 어렵지만 덧셈은 잘 정의할 수 있다.
마찬가지로 클래스에서 사용 가능한 연산자가 있으며
연산자의 기능을 사용자가 정의할 수도 있다.
잘 정의된 연산자와 클래스를 이용하면
프로그램을 쉽고 빠르게 개발할 수 있다.

1 클래스 객체의 연산

2 연산자 중복 정의

3 연산자 함수

4 연산자 중복 정의의 제약

5 특이한 연산자 중복 정의

6 복사 대입 연산자

++ 연습 문제

++ 프로그래밍 문제

1 클래스 객체의 연산

이전 장에서 다루었던 '연산자'를 생각해보자. 연산자는 피연산자(식)에 적용되어 그 자체로 새로운 식을 만드는 것이다. 가령 '1 + 2'에서 1과 2는 각각 값을 나타내므로 식이면서 피연산자가 되며 두 피연산자에 덧셈(+) 연산자를 적용한 자체, 즉 '1 + 2'가 식이 되어 3을 나타낸다.

지금까지는 피연산자가 주로 기본 타입(int, double) 객체였다. 지금부터는 피연산자를 기본 타입뿐 아니라 클래스 객체로 확장해볼 것이다.

[예제 11-1] 기본 타입 객체의 연산

```
void main()
{
    int a = 1;
    int b = 2;

    int sum1 = 1 + 2;    // OK
    int sum2 = a + 2;    // OK
    int sum3 = 1 + b;    // OK
    int sum4 = a + b;    // OK
}
```

[예제 11-1]을 보면 특별히 이해되지 않거나 잘못된 곳은 보이지 않고 무척 자연스럽게 느껴질 것이다. 실제로 전혀 잘못된 곳이 없는 평범한 코드이다. 그렇다면 다음 코드를 살펴보자.

[예제 11-2] 클래스 객체의 연산

```
class CNumber
{
public:
    int m_Value;
};

void main()
{
```

```
9     CNumber a;
10    CNumber b;
11
12    a.m_Value = 1;
13    b.m_Value = 2;
14
15    CNumber sum1 = 1 + 2;   // Error
16    CNumber sum2 = a + 2;   // Error
17    CNumber sum3 = 1 + b;   // Error
18    CNumber sum4 = a + b;   // Error
19 }
```

[예제 11-2]의 클래스 CNumber의 유일한 멤버 데이터는 m_Value이며 타입은 int이다. 사실상 int 타입 객체를 그대로 클래스로 묶은 것으로 CNumber는 곧 int와 같다고 할 수도 있다. 따라서 12행, 13행처럼 멤버 데이터 m_Value에 값을 대입할 경우 CNumber 객체 a, b는 값 1, 2를 갖는 변수로 볼 수 있다. CNumber가 int로 대체될 수 있다면 15~18행에서 오류가 발생하지 않을 것이다. 그러나 컴파일러는 CNumber가 int가 아니기 때문에 컴파일 오류를 발생시킨다.

지금부터 다루려는 주제는 바로 15~18행이 우리가 의도한대로 컴파일러에게 허용되도록 만드는 것이다. 먼저 15행은 이미 배운 타입 변환 생성자를 통해서 해결할 수 있다. 클래스 CNumber에 아래 생성자를 추가해주면 1 + 2의 결과 3이 컴파일러에 의해서 암시적으로 CNumber 객체로 변환된다. 물론 아래 생성자를 추가하면서 9행, 10행의 CNumber 객체 a, b가 무사히 생성될 수 있도록 기본 생성자도 추가되어야 한다.

```
CNumber(int arg)
{
    m_Value = arg;
}
```

15행은 해결되었고, 16~18행을 살펴보자. 이것을 해결하기 위해서 연산자 중복 정의를 알아야 한다.

2. 연산자 중복 정의

기본 타입 객체에 적용하던 연산자를 클래스 객체에도 적용할 수 있는 방법이 바로 '연산자 중복 정의Operator Overloading'이다. 연산자 중복 정의는 같은 연산자에 대해서 피연산자의 타입을 다양하게 정의하는 것을 말한다. 마치 다양한 인자 타입열에 대하여 같은 이름의 함수를 여러 개 중복으로 정의하는 것과 같다. 연산자 중복 정의를 정확하게 이해하기 위하여 먼저 연산자에 대해서 깊이 있게 살펴보기로 한다.

2.1 연산자와 함수의 차이

연산자는 피연산자에 적용되어 새로운 값을 도출해내는 것이다. 연산자의 본질적인 기능은 반환 타입이 void가 아니면서 인자를 하나 이상 가지는 함수와 무척 비슷하다. 실제로 더하기(+) 연산자와 Add 함수를 비교해보자.

[예제 11-3] Add 함수

```
1  int Add(int a, int b)
2  {
3     return a + b;
4  }
5
6  void main()
7  {
8     int Sum1 = 1 + 2;
9     int Sum2 = Add(1, 2);
10 }
```

[예제 11-3]의 8행, 9행의 더하기(+) 연산자와 Add 함수는 형식은 다르지만 기능적으로 완전히 일치한다. 즉, 더하기(+) 연산자를 Add 함수로 대체하거나, 아예 C++에서 더하기(+) 연산자를 없애고 함수 호출만 허용해도 될 것처럼 보인다. 그러나 다시 생각해보면 그런 생각이 완전히 모순이라는 것을 알 수 있다. 만약 더하기(+) 연산자가 존재하지 않는다면 3행의 인자 a와 b의 합을 나타내는 a + b는 어떻게 나타내야 할까? a + b를 Add(a, b)로 변경한다면 Add 함

수는 무한 재귀 호출을 하게 될 것이다.

여기서 연산자의 근원적인 목적을 조금은 이해할 수 있을 것이다. 연산자는 이미 약속된 동작을 수행하는 일종의 명령어인 셈이다. 이미 약속된 동작을 수행하기 때문에 피연산자의 개수와 타입까지도 미리 정의되어 있다. 컴파일러는 연산자와 피연산자를 확인하고 미리 정의되어 있는 동작을 수행하도록 기계어로 변경한다.

2.2 연산자의 기본 기능

[예제 11-4] 기본 타입 피연산자의 연산

```cpp
#include <iostream>
using namespace std;

void main()
{
    cout << sizeof(1 + 2) << endl;    // 4
    cout << sizeof(1 + 2.0) << endl;    // 8
    cout << sizeof(1.0 + 2) << endl;    // 8
    cout << sizeof(1.0 + 2.0) << endl;    // 8
}
```

```
4
8
8
8
```

[예제 11-4]는 이미 약속되어 있는 더하기(+) 연산자의 기능을 보여준다. 더하기(+) 연산자는 단 두 개의 피연산자를 취하며 피연산자는 연산자를 기준으로 좌, 우에 놓인다. 피연산자의 타입은 정수 타입과 부동소수점 타입이 가능하다. 동시에 두 피연산자의 합을 구하여 도출하는데, 도출되는 값은 두 피연산자 타입 중 우선순위를 가지는 타입으로 맞춰진다. 부동소수점은 정수보다 우선순위가 높으며, 같은 타입인 경우 타입 크기가 큰 쪽이 우선순위가 높다.

이와 같이 연산자의 기능은 피연산자의 개수와 타입까지 모두 미리 약속되어 있는 것과 달리 함수는 사용자가 작성하기 나름이다. Add 함수의 경우 인자를 두 개 초과하여 만들 수도 있고, 반환 값으로 전혀 다른 값이 나오도록 만들 수도 있다. 즉, Add(1, 2, 3)이 123이 나오도록 만들 수도 있다.

2.3 연산자의 기능 확장

연산자의 피연산자는 개수와 타입마저 미리 약속되어 있기 때문에 사용자 정의 타입인 클래스의 객체가 올 수 없다. 따라서 클래스 객체의 연산을 위해서는 연산자의 기능 확장이 필요하다. 그래서 C++에 추가된 것이 연산자의 중복 정의이다. 연산자의 중복 정의를 하기 위해서는 먼저 '연산자 함수'를 알아야 한다.

3 연산자 함수

아쉽게도 연산자 그 자체를 사용자가 중복 정의할 수는 없다. 대신 연산자 중복 정의 효과를 내기 위하여 연산자 함수Operator Function를 중복 정의한다.

C++에서 피연산자의 타입이 클래스일 경우 연산자는 피연산자의 타입에 대응되는 연산자 함수를 호출한다. 대응되는 연산자 함수가 정의되어 있지 않을 경우에는 컴파일 오류가 발생한다. 따라서 연산자 중복 정의는 엄밀하게 말해서 연산자 함수 중복 정의이다.

3.1 멤버 연산자 함수 정의

```
RET_TYPE ClassName::operator OPERATOR(ARG_LIST)
{
   // 함수 본체
}
```

- **RET_TYPE:** 연산 후 결과 값의 타입을 나타낸다.
- **OPERATOR:** 중복 정의할 연산자 기호이다. (+, −, 기타 등)
- **ARG_LIST:** 피연산자를 인자열로 나타낸 것이다.

멤버 연산자 함수는 기준이 되는 피연산자의 타입이 클래스인 경우에 사용한다. 가령 더하기(+) 연산자의 경우 'a + b'와 같이 연산자 좌변과 우변에 피연산자가 놓이는데, 이때 좌변 피연산자 a가 기준 피연산자가 되면서 타입이 클래스인 경우를 말한다. 이럴 경우 연산자 함수의 인자열을 나타내는 ARG_LIST는 기준 피연산자를 제외한 나머지 피연산자 b를 나타낸다. 실제 더하기(+) 연산자에 대하여 피연산자의 타입이 CTest인 경우 중복 정의를 해보자.

[예제 11-5] 멤버 연산자 함수

```
#include <iostream>
using namespace std;

class CTest
{
public:
   CTest operator + (int arg)   // 내부 정의
   {
      CTest t;
      t.m_Value = m_Value + arg;
      return t;
   }

   CTest operator + (const CTest& arg);   // 외부 정의

   int m_Value = 0;
};

CTest CTest::operator + (const CTest& arg)   // 외부 정의
{
   CTest t;
   t.m_Value = m_Value + arg.m_Value;
   return t;
}

void main()
{
   CTest t1;
   t1.m_Value = 1;

   CTest t2;
```

```
32     t2.m_Value = 2;
33
34     CTest s = t1 + t2 + 3;
35     cout << s.m_Value << endl;
36 }
```

```
6
```

[예제 11-5]에서는 더하기(+) 연산자 함수를 클래스 CTest에 멤버 함수로 정의하였다. 멤버 연산자 함수는 두 개가 정의되어 있으며 보통의 멤버 함수처럼 내부, 외부 정의를 할 수 있다.

7행은 멤버 연산자 함수의 내부 정의이며 좌변 피연산자의 타입은 CTest이며 우변 피연산자의 타입은 int가 된다. 14행, 19행은 멤버 연산자 함수의 외부 정의로 각각 선언과 정의가 분리되어 있으며, 좌변 피연산자의 타입은 역시 CTest이며 우변 피연산자의 타입도 CTest이다. 34행은 컴파일러에 의해서 여러 과정을 거치면서 해석된다. 먼저 t1 + t2가 처리되는데 +를 중심으로 좌변과 우변의 피연산자 t1, t2의 타입이 모두 CTest이므로 타입이 일치하는 19행의 연산자 함수가 호출된다. 따라서 t1 + t2는 CTest 임시 객체temp를 생성하여 반환한다. 즉, t1 + t2 + 3은 temp + 3으로 처리되고 다시 +를 중심으로 좌변의 피연산자 temp의 타입은 CTest이다. 우변의 피연산자 3의 타입은 int이므로 이번에는 타입이 일치하는 7행의 연산자 함수가 호출된다. 역시 호출 결과 새로운 CTest 임시 객체를 생성하여 반환한다.

멤버 연산자 함수는 클래스 멤버 함수로 정의할 수 있어서 해당 클래스 객체를 기준 피연산자로 취할 수 있는 장점이 있긴 하지만 약간의 문제가 발생한다.

[예제 11-6] 멤버 연산자 함수의 문제

```cpp
class CTest
{
public:
   CTest operator + (int arg)
   {
     CTest t;
     t.m_Value = m_Value + arg;
     return t;
   }
```

```
10
11     int m_Value = 0;
12  };
13
14  void main()
15  {
16     CTest t;
17     t.m_Value = 1;
18
19     CTest s1 = t + 2;   // OK
20     CTest s2 = 2 + t;   // Error
21  }
```

[예제 11-6]의 4행에는 클래스 CTest의 우변 피연산자의 타입이 int인 멤버 연산자 함수가 정의되어 있다. 이는 좌변 피연산자의 타입이 반드시 CTest여야 한다는 것을 의미한다. 따라서 19행은 아무 문제가 없지만 20행처럼 좌변 피연산자의 타입이 CTest가 아닌 경우는 컴파일 오류가 발생한다.

여기서 알 수 있듯이 멤버 연산자 함수는 연산자의 기준 피연산자의 타입이 클래스인 경우만을 고려한 것이다. 물론 각 연산자에 따라 기준 피연산자는 조금씩 달라질 수 있으나 더하기(+), 빼기(-)와 같은 이항 연산자의 경우는 좌변이 기준 피연산자가 되며, 부정(!)과 같은 단항 연산자의 경우 피연산자가 하나이므로 기준 피연산자가 된다.

3.2 전역 연산자 함수 정의

멤버 연산자 함수의 문제점을 해결하기 위하여 등장한 것이 바로 전역 연산자 함수이다. 전역 연산자 함수의 특징은 기준 피연산자가 없으며 인자열에 모든 피연산자를 넣는 것이다.

```
RET_TYPE operator OPERATOR(ARG_LIST)
{
   // 함수 본체
}
```

[예제 11-7] 전역 연산자 함수

```
class CTest
{
public:
    int m_Value = 0;
};

// 멤버, 전역 연산자 함수 가능
CTest operator + (const CTest& arg1, int arg2)
{
    CTest t;
    t.m_Value = arg1.m_Value + arg2;
    return t;
}

// 전역 연산자 함수만 가능
CTest operator + (int arg1, const CTest& arg2)
{
    CTest t;
    t.m_Value = arg1 + arg2.m_Value;
    return t;
}

// 멤버, 전역 연산자 함수 가능
CTest operator + (const CTest& arg1, const CTest& arg2)
{
    CTest t;
    t.m_Value = arg1.m_Value + arg2.m_Value;
    return t;
}

void main()
{
    CTest t1;
    t1.m_Value = 1;
```

```
35
36     CTest t2;
37     t2.m_Value = 2;
38
39     CTest s1 = t1 + 2;  // OK
40     CTest s2 = 1 + t2;  // OK
41     CTest s3 = t1 + t2;  // OK
42 }
```

[예제 11-7]은 전역 연산자 함수를 사용하여 CTest 객체가 어떤 피연산자도 될 수 있음을 보여준다. 1행의 클래스 CTest에는 더 이상 멤버 연산자 함수가 없다. 멤버 연산자 함수는 모두 전역 연산자 함수로 정의할 수 있기 때문이다. 8행, 16행, 24행은 피연산자의 타입이 각각 (CTest, int), (int, CTest), (CTest, CTest)가 되는 연산자 함수의 정의를 보여준다. 이 중에서 16행 (int, CTest)의 경우 기준 피연산자 타입이 해당 클래스가 아니므로 멤버 연산자 함수로 정의할 수 없으며 반드시 전역 연산자 함수로 정의해야 한다.

멤버 연산자 함수와 전역 연산자 함수를 알아보았는데 어떤 것이 더 좋은 것일까? 특별히 더 좋은 것은 없다. 필요에 따라 선택하면 된다. 연산자 중에는 멤버 연산자나 전역 연산자 모두 정의할 수 있는 것도 있지만 오직 멤버 연산자만 가능한 것도 있다. 또한 앞에서 본 것처럼 피연산자의 타입에 따라 전역 연산자로만 정의해야 하는 경우도 있다. 그렇다면 멤버 연산자 함수와 전역 연산자 함수가 중복되면 어떤 일이 벌어지는지 살펴보겠다.

[예제 11-8] 멤버, 전역 연산자 함수 중복

```
#include <iostream>
using namespace std;

class CTest
{
public:
    CTest operator + (int arg)
    {
        cout << "Member Operator Function" << endl;

```

```
11          CTest t;
12          t.m_Value = m_Value + arg;
13          return t;
14      }
15
16      int m_Value = 0;
17  };
18
19  CTest operator + (const CTest& arg1, int arg2)
20  {
21      cout << "Global Operator Function" << endl;
22
23      CTest t;
24      t.m_Value = arg1.m_Value + arg2;
25      return t;
26  }
27
28  void main()
29  {
30      CTest t;
31      t.m_Value = 1;
32
33      CTest s = t + 2;    // OK - 멤버 연산자 함수 우선
34  }
```

```
Member Operator Function
```

[예제 11-8]의 33행이 실행되면 7행의 멤버 연산자 함수가 호출된다. 만약 7행의 멤버 연산자 함수가 정의되지 않았다면 19행의 전역 연산자 함수가 호출된다. 즉, 동일한 피연산자의 타입에 대하여 멤버 함수와 전역 함수로 연산자가 중복 정의되어 있을 경우 멤버 연산자 함수의 우선순위가 높다.

4. 연산자 중복 정의의 제약

클래스 객체를 피연산자로 취하는 연산자를 중복 정의할 수 있기 때문에 프로그래밍의 자유를 얻긴 하였으나 무한한 자유가 주어지는 것은 아니다. 즉, 연산자 중복 정의에는 제약이 있는데, 프로그래밍의 상식을 깨지 않는 선을 지키기 위한 것이다. 즉, 상식으로 쉽게 받아들일 수 있는 것들이다.

4.1 기본 제약 사항

더하기(+) 연산자는 상식적으로 피연산자가 두 개이다. 중복 정의가 가능하다고 해서 피연산자의 개수를 변경할 수 없다. 즉, 연산자는 기본적으로 주어진 피연산자의 개수가 있으며 그 위치가 정해져 있다. 이런 기본 속성은 중복 정의로 변경할 수 없다.

또한 연산자들은 각각 우선순위가 있으며 결합 순서도 존재한다. 기본적으로 정의된 우선순위와 결합 순서 또한 중복 정의로 변경할 수 없다.

4.2 기본 타입의 연산자 중복 정의

더하기(+) 연산자를 새롭게 정의하여 '1 + 2'가 3이 아니라 12가 나오도록 수정한다고 가정해 보자.

[예제 11-9] 전역 연산자 함수 중복 정의

```
int operator + (const int& arg1, const int& arg2)
{
    return arg1 * 10 + arg2;
}
```

[예제 11-9]는 컴파일 오류가 발생한다. 연산자 중복 정의는 오직 피연산자의 타입 중 최소한 하나라도 클래스 타입이어야 한다. 즉, 피연산자가 모두 기본 타입일 경우 연산자 중복 정의는 허용되지 않는다.

만약 위의 연산자 중복 정의가 가능하다면 더 이상 프로그램 코드에서 더하기(+) 연산자를 정상적으로 사용하기는 어려울 것이다. 실제 더하기를 하고 싶을 때 할 수 없는 문제가 있다. 연산자 중복 정의는 오직 클래스 타입 피연산자가 있을 때만 가능하다는 것을 꼭 기억하기 바란다.

4.3 중복 정의 불가 연산자

중복 정의 자체가 불가능한 연산자도 있다. 주로 클래스가 도입되면서 사용되는 연산자이다.

1. 범위(::) 연산자
2. 직접 멤버(.) 연산자
3. 직접 멤버 간접(.*) 연산자

위의 연산자들은 클래스의 기본 동작을 수행하는 연산자이기 때문에 기본 타입 피연산자처럼 중복 정의를 할 경우 고유 기능을 수행할 수 없는 문제가 있다. 따라서 중복 정의가 금지된다.

참고

삼항 조건(?:) 연산자

삼항 조건 연산자는 피연산자가 세 개이다. 주로 흐름 제어에 사용되므로 삼항 연산자를 중복 정의한다면 기존의 흐름 제어가 복잡해질 가능성이 있으므로 금지된다.

그 외에도 기존에 존재하지 않던 연산자를 새로 정의할 수도 없다. 가령 **, 〈〉, &| 등은 애초부터 존재하지 않던 연산자이므로 새롭게 정의할 수 없다. 다시 한번 강조하지만 연산자 중복 정의는 기존에 존재하던 연산자를 피연산자의 타입에 따라서 중복으로 정의해주는 것이다.

4.4 속성 해제 연산자

연산자 중복 정의가 가능하지만 연산자의 고유 속성을 잃는 경우도 있다. 대표적으로 ||, && 의 경우 단축 회로Short Circuit가 해제된다(프로그래밍 공식 용어는 Short Circuit이며 전기공학에서 사용되는 용어로 우리말로는 '합선, 단락'으로 번역된다. 그러나 프로그래밍의 의미로는 잘 어울리지 않는 듯하여 필자는 '단축 회로'로 사용하기로 하였다).

단축 회로란 불필요한 코드를 수행하지 않도록 컴파일러가 기계어를 만드는 것이다.

[예제 11-10] ||, && - Short Circuit

```
1  #include <iostream>
2  using namespace std;
3
4  int GetTrue()
5  {
6     cout << "GetTrue is called" << endl;
7     return 1;
8  }
9
10 int GetFalse()
11 {
12    cout << "GetFalse is called" << endl;
13    return 0;
14 }
15
16 void main()
17 {
18    if(GetTrue() || GetFalse())
19    {
20       cout << "|| Short Circuit" << endl;
21    }
22
23    if(!(GetFalse() && GetTrue()))
24    {
25       cout << "&& Short Circuit" << endl;
26    }
27 }
```

```
GetTrue is called
|| Short Circuit
GetFalse is called
&& Short Circuit
```

[예제 11-10]에서 18행, 23행을 살펴보자. 모두 조건식의 값을 구하기 위하여 GetTrue와 GetFalse를 호출한다. 그러나 결과에서 볼 수 있듯이 두 함수가 모두 호출되는 것은 아니다.

|| 연산자의 경우 좌변이 참이면 우변은 평가할 필요가 없으므로 호출이 생략된다. 마찬가지로 && 연산자의 경우 좌변이 거짓이면 우변은 평가할 필요가 없다.

본론으로 돌아와서 연산자 ||와 &&는 중복 정의가 가능하지만 그럴 경우 단축 회로 기능이 사라진다. 이것은 사실 너무나 당연하다.

[예제 11-11] 연산자 || 중복 정의

```cpp
#include <iostream>
using namespace std;

class CTest
{
public:
    CTest(int arg)
    {
        m_Value = arg;
    }

    int m_Value;
};

int operator || (const CTest& arg1, const CTest& arg2)
{
    return arg1.m_Value + arg2.m_Value;
}

void main()
{
    CTest t1(1);
    CTest t2(2);

    cout << (t1 || t2) << endl;
}
```

```
3
```

[예제 11-11]은 연산자 ||를 피연산자 타입 CTest에 대하여 더하기 기능을 하도록 중복 정의하였다. 17행에서 피연산자의 멤버 데이터 m_Value를 더하는 것을 볼 수 있다. 위와 같은 상황에서는 단축 회로 기능 자체를 따질 겨를이 없다.

5 특이한 연산자 중복 정의

연산자 중복 정의 중에서 연산자의 성질로 인하여 중복 정의 시 주의해야 할 연산자가 몇 개 있다. 지금부터 하나씩 살펴보자.

5.1 증감 연산자

증감(++, --) 연산자는 피연산자가 하나지만 위치에 따라서 전위형Prefix과 후위형Postfix으로 나누어진다. 따라서 각각을 중복 정의할 수 있게 하려면 멤버 연산자 함수의 형식이 조금 독특해진다.

[예제 11-12] 증감 연산자의 전위형, 후위형

```
#include <iostream>
using namespace std;

class CTest
{
public:
   CTest& operator ++ ()   // Prefix
   {
      cout << "Prefix: ";
      m_Value++;
      return *this;
   }

   const CTest operator ++ (int)   // Postfix
   {
      cout << "Postfix: ";
```

```
17          CTest t = *this;
18          m_Value++;
19          return t;
20      }
21  
22      int m_Value = 0;
23  };
24  
25  void main()
26  {
27      CTest t1, t2;
28  
29      cout << (++t1).m_Value << endl;    // Prefix
30      cout << (t2++).m_Value << endl;    // Postfix
31  }
```

```
Prefix: 1
Postfix: 0
```

[예제 11-12]에서 볼 수 있듯이 단항 연산자인 증감(++, --) 연산자의 경우 인자만으로 전위형과 후위형을 구분할 수 없다. 따라서 특별히 후위형에 대해서는 추가로 타입이 int인 인자를 하나 더 받는다. 추가된 인자는 단지 후위형을 구분하기 위한 것이지 사용되는 것은 아니다.

7행은 전위형에 대한 멤버 연산자 함수이고, 14행은 후위형에 대한 멤버 연산자 함수이다. 멤버 연산자 함수는 자유롭게 작성할 수 있으나 가능하면 통용되는 규칙을 따라서 작성하는 것이 좋다. 보통 증감 연산자에서 전위형은 피연산자의 값을 증감시킨 후 해당 피연산자를 반환하고, 후위형은 피연산자를 임시 객체로 복사하여 반환한 후에 값을 증감시키는 것이 일반적이다. 따라서 14행의 후위형 멤버 연산자 함수는 기존 객체를 임시 객체에 복사하여 반환하면서 반환 타입에 const를 한정하였다.

5.2 전역 연산자 함수 불가 연산자

연산자 중복 정의 시 오직 멤버 연산자 함수만을 중복 정의할 수 있는 경우도 있다. 즉, 전역 연산자 함수 중복 정의는 사용할 수 없는 연산자를 말한다.

❶ 대입(=) 연산자: a = b

2. 함수 호출(( )) 연산자: a(b, ...)
3. 첨자([ ]) 연산자: a[b]
4. 간접 멤버(->) 연산자: a->

위의 연산자의 특징은 반드시 좌변 피연산자 a가 기준 피연산자로서 a의 타입은 클래스 타입이 되어야 한다는 점이다. 만약 전역 연산자 함수로 중복 정의가 가능하다면 좌변 a의 타입이 기본 타입이 될 수 있고, 우변 b의 타입이 클래스가 되는데, 이렇게 될 경우 기존에 약속된 동작을 변경할 위험이 있다. 따라서 오직 멤버 연산자 함수로만 중복 정의가 가능하다.

5.3 간접 멤버(->) 연산자

간접 멤버(->) 연산자는 두 개의 피연산자를 취한다. 일반적으로 좌변이 클래스 객체 포인터이며, 우변은 해당 클래스의 멤버가 된다. 그러나 간접 멤버(->) 연산자는 중복 정의 시에는 단항 연산자로 취급된다.

[예제 11-13] 간접 멤버(->) 연산자의 중복 정의

```
#include <iostream>
using namespace std;

class CMember
{
public:
   int m_Value;
};

class CTest
{
public:
   CMember* operator -> ()
   {
      return &m_Member;
   }

   CMember m_Member;
```

```
19 };
20
21 void main()
22 {
23    CTest t;
24    t->m_Value = 1;
25
26    cout << t.m_Member.m_Value << endl;
27 }
```

```
1
```

[예제 11-13]의 13행에서 간접 멤버(->) 연산자의 중복 정의를 살펴볼 수 있다. 앞에서 살펴보았듯이 해당 연산자는 오직 멤버 연산자 함수로만 중복 정의할 수 있다. 함수의 인자는 없는데, 중복 정의 시에는 이항 연산자에서 단항 연산자로 변하기 때문이다. 해당 연산자의 동작은 이해하기가 무척 복잡한데, 그냥 외울 수밖에 없다. 24행은 다음과 같이 해석된다.

```
t->m_Value
t.operator -> () -> m_Value
(&t.m_Member)->m_Value
```

두 번째 줄로 변환될 때 추가로 간접 멤버(->) 연산자가 붙는 것에 주의하기 바란다. 이는 외우고 넘어갈 수밖에 없는데 논리적으로 따지면 오히려 말이 되지 않기 때문이다. 간접 멤버(->) 연산자의 중복 정의는 무척 생소하게 느껴질 수 있는데 표준 C++ 라이브러리에서 제공하는 스마트 포인터를 구현할 때 사용된다. 이 책의 학습을 마쳤다면 C++의 고급 주제로 표준 C++ 라이브러리를 공부할 기회가 생길 텐데 그때 많이 접할 수 있을 것이다.

5.4 함수 호출(( )) 연산자

함수 호출(( )) 연산자는 주로 함수 객체Functor를 구현할 때 사용된다. 함수 객체란 클래스 객체가 마치 함수인 것처럼 사용되는 것을 나타낸다.

[예제 11-14] 함수 호출(( )) 연산자의 중복 정의

```cpp
1  #include <iostream>
2  using namespace std;
3  
4  class CFactorial
5  {
6  public:
7     int operator () (int arg)
8     {
9        if(arg > 1)
10       {
11          return arg * operator () (arg - 1);
12       }
13       else
14       {
15          return 1;
16       }
17    }
18 };
19 
20 void main()
21 {
22    CFactorial func;
23    cout << func(5) << endl;   // 120
24 }
```

```
120
```

[예제 11-14]는 계승Factorial을 수행하는 함수 객체를 보여준다. 22행에서 클래스 CFactorial의 객체 func가 정의되었다. func는 분명히 함수가 아니다. 그럼에도 23행에서 볼 수 있듯이 마치 함수인 것처럼 사용된다. 바로 함수 호출(( )) 연산자를 중복 정의하였기 때문에 가능한 것이다. 이 기법은 함수 객체를 만들 때 자주 사용되며 역시 표준 C++ 라이브러리나 STL Standard Template Library 에서 자주 사용된다.

5.5 그 외의 연산자

C++는 기본 연산자 외에도 C++에 특화된 연산자도 많다. 대표적으로 new, new [ ], delete, delete [ ], static_cast, dynamic_cast, const_cast, reinterpret_cast, sizeof, typeid 등이 있으며 C++가 발전함에 따라 추가되는 연산자도 있다. 해당 연산자들 또한 중복 정의가 가능한데 각 연산자의 속성에 따라 주의할 점이 있다. 해당 연산자는 중복 정의뿐만 아니라 알아야 할 것이 많기 때문에 관련 장에서 자세히 살펴보기로 한다.

6 복사 대입 연산자

복사 대입 연산자는 다른 클래스 연산자와는 다르게 특별 대우를 받는다. 왜냐하면 복사 생성자의 성질을 그대로 가지고 있기 때문이다. 복사 대입 연산자는 복사 생성자처럼 논리적으로 반드시 존재해야 하기 때문에 명시적으로 정의되지 않을 경우 컴파일러에 의해 암시적으로 제공되는 연산자이다.

클래스 연산자라는 점을 제외하면 복사 생성자의 성질을 그대로 가지고 있지만 생성자가 아니기 때문에 별도의 선처리 영역은 존재하지 않는다. 대신 복사 대입 연산자 정의 본체에 암시적인 코드가 추가될 수 있다.

6.1 복사 대입 연산자 정의

```
ClassName& operator = (const ClassName& obj)
{
   // 복사 대입 연산 처리
   return *this;
}
```

앞에서 살펴보았듯이 대입 연산자는 오직 멤버 연산자 함수로만 중복 정의될 수 있다. 대입 연산자 중에서도 반환 타입과 인자의 타입이 자기 클래스 참조 타입인 것을 특별히 '복사 대입 연산자'라고 부른다. 반환 타입이 정해져 있으므로 연산자 정의 본체 마지막에 반드시 *this를 반환해야 한다.

물론 복사 대입 연산자를 정의하는 데 있어서 반환 타입을 강제로 자기 클래스 참조 타입으로 하지 않을 수도 있다. 그러나 일반적으로 대입 연산자에 기대하는 동작은 좌변에 우변의 값을 대입한 다음 좌변을 그대로 반환하는 것이다. 따라서 복사 대입 연산자 또한 기본 대입 연산자의 동작을 따르는 것이 좋다.

[예제 11-15] 복사 대입 연산자

```
#include <iostream>
using namespace std;

class CTest
{
public:
    CTest& operator = (const CTest& Obj)
    {
        m_Value = 3;
        return *this;
    }

    int m_Value;
};

void main()
{
    CTest t1;
    t1.m_Value = 1;

    CTest t2, t3;
    t3 = t2 = t1;

    cout << t1.m_Value << t2.m_Value << t3.m_Value << endl;
}
```

```
133
```

[예제 11-15]의 출력 결과는 쉽게 이해할 수 있을 것이다. 22행에서 복사 대입 연산자가 두 번 호출되는 것을 알 수 있다. 이와 같이 연쇄적으로 대입이 일어나기 위해서 복사 대입 연산자의 반환 타입은 자기 클래스의 참조 타입이어야 한다.

6.2 암시적 복사 대입 연산자

예제에서는 복사 대입 연산자가 명시적으로 정의되어 있지만 만약 정의되지 않았다면 어떻게 동작할까? 컴파일러는 복사 대입 연산자가 명시적으로 정의되지 않은 경우 암시적 복사 대입 연산자를 정의한다. 그렇다면 암시적 복사 대입 연산자는 어떻게 동작할까?

```
<컴파일러에 의해 추가된 암시적 복사 대입 연산자>
ClassName& operator = (const ClassName& Obj)
{
① 부모 클래스의 복사 대입 연산자 호출
② 멤버 데이터 타입이 클래스인 경우 복사 대입 연산자 호출
③ 멤버 데이터 타입이 기본 타입인 경우 메모리 복사
   return *this;
}
```

실제 암시적 복사 대입 연산자의 동작을 확인해보자.

[예제 11-16] 암시적 복사 대입 연산자 - 부모 클래스

```cpp
#include <iostream>
using namespace std;

class CParent
{
public:
   CParent& operator = (const CParent& Obj)
   {
      m_Parent = 3;
      return *this;
   }

```

```
13      int m_Parent;
14  };
15
16  class CTest : public CParent
17  {
18  public:
19      int m_Value;
20  };
21
22  void main()
23  {
24      CTest t;
25      t.m_Parent = 1;
26      t.m_Value = 2;
27
28      CTest t1;
29      t1 = t;
30      cout << t1.m_Parent << t1.m_Value << endl;
31  }
```

```
32
```

[예제 11-16]의 29행에서 복사 대입 연산이 이루어진다. 그러나 CTest에는 명시적 복사 대입 연산자가 존재하지 않는다. 따라서 컴파일러는 암시적 복사 대입 연산자를 정의하며 기본 동작으로 부모 클래스의 복사 대입 연산자를 호출한다. 따라서 9행처럼 부모 클래스의 멤버 데이터인 m_Parent는 3이 된다. 따라서 출력 결과는 3과 2가 나온다.

[예제 11-17] 암시적 복사 대입 연산자 - 멤버 데이터 클래스

```
#include <iostream>
using namespace std;

class CChild
{
public:
    CChild& operator = (const CChild& Obj)
    {
```

```
        m_Value = 3;
        return *this;
    }

    int m_Value;
};

class CTest
{
public:
    int m_Value;
    CChild m_Child;
 };

void main()
{
    CTest t;
    t.m_Value = 1;
    t.m_Child.m_Value = 2;

    CTest t1;
    t1 = t;
    cout << t1.m_Value << t1.m_Child.m_Value << endl;
}
```

```
13
```

[예제 11-17]은 이전 예제와 거의 유사하므로 결과를 이해하는 데 어렵지 않을 것이다.

암시적 복사 대입 연산자는 항상 컴파일러에 의해서 정의될 수 있는 것은 아니다. 엄연히 복사 대입 연산자이기 때문에 멤버 데이터 중에 대입을 할 수 없는 경우에는 암시적 복사 대입 연산자가 정의되지 않는다.

[예제 11-18] 암시적 복사 대입 연산자 정의 실패

```
1  class CTest
2  {
3  public:
4     int m_Value;
5     const int m_Const = 1;
6     int& m_Ref = m_Value;
7  };
8  
9  void main()
10 {
11    CTest t;
12 
13    CTest t1;
14    t1 = t;    // Error
15 }
```

[예제 11-18]은 14행에서 컴파일 오류가 발생한다. 어떤 복사 대입 연산자도 존재하지 않기 때문에 해당 문을 수행할 수 없기 때문이다. 왜 컴파일러는 암시적 복사 대입 연산자를 정의하지 못했을까? 이유는 5행, 6행에 있다. 멤버 데이터 m_Const는 const 한정되어 있고, m_Ref의 타입은 참조 타입이다. 즉, 둘 다 객체 정의 시 단 한 번의 초기화만 가능하고 더 이상 대입할 수 없는 멤버 데이터이다. 따라서 암시적 복사 대입 연산자는 해당 멤버 데이터의 대입을 처리할 수 없기 때문에 연산자를 정의하지 못한 것이다. 그렇다면 이런 경우는 어떻게 처리해야 할까? 무척 간단하다. 명시적으로 복사 대입 연산자를 작성하면 된다.

[예제 11-19] 명시적 복사 대입 연산자

```
class CTest
{
public:
   CTest& operator = (const CTest& obj)
   {
      m_Value = obj.m_Value;
      return *this;
```

```
8      }
9
10     int m_Value;
11     const int m_Const = 1;
12     int& m_Ref = m_Value;
13  };
14
15  void main()
16  {
17     CTest t;
18
19     CTest t1;
20     t1 = t;    // OK
21  }
```

[예제 11-19]의 4행을 보면 명시적 복사 대입 연산자에서는 대입이 불가능한 멤버 데이터 m_Const와 m_Ref에 어떤 대입도 하지 않는다. 따라서 20행에서 객체 간 대입을 해도 아무 문제가 발생하지 않는다.

01 - ____________는 피연산자에 대하여 이미 약속된 동작을 수행하는 일종의 명령어이다.

02 - C++에서 피연산자의 타입이 클래스일 경우 연산자는 피연산자의 타입에 대응되는 ____________를 호출한다.

03 - 연산자 중복 정의에도 제약은 있다. 기본적으로 연산자마다 기본적으로 정의된 피연산자의 ____________나 연산자의 ____________, ____________는 변경할 수 없다.

04 - 연산자 중복 정의가 불가능한 연산자를 세 개 이상 나열하시오.

05 - 다음 프로그램의 출력 결과와 이유를 설명하시오.

```
int Zero()
{
    cout << "Zero" << endl;
    return 0;
}

int One()
{
    cout << "One" << endl;
    return 1;
}

void main()
{
    if(Zero() && One())
    {
    }

    if(One() || Zero())
    {
```

```
    }
}
```

06 – 오직 멤버 연산자 함수만 중복 정의할 수 있는 연산자도 있다. 즉, 전역 연산자 함수를 정의할 수 없는 연산자를 말한다. 해당하는 연산자를 세 개 이상 나열하시오.

07 – 간접 멤버(->) 연산자는 중복 정의 시에 ___________ 연산자로 취급된다.

08 – 명시적으로 정의되지 않을 경우 컴파일러에 의해서 암시적으로 추가되는 연산자는 무엇인가?

09 – 다음 프로그램의 출력 결과와 이유를 설명하시오.

```
class CParent
{
public:
    CParent& operator = (const CParent& Obj)
    {
        cout << "CParent::operator = " << endl;
        return *this;
    }
};

class CTestA : public CParent
{
public:
    CTestA& operator = (const CTestA& Obj)
    {
        cout << "CTestA::operator = " << endl;
        return *this;
    }
```

```
};

class CTestB : public CParent
{
public:
};

void main()
{
   CTestA a1;
   CTestA a2;
   a2 = a1;

   CTestB b1;
   CTestB b2;
   b2 = b1;
}
```

10 – 암시적 복사 대입 연산자가 정의될 수 없는 경우는 무엇인가?

프로그래밍 문제

* 클래스 CInt는 int 타입을 흉내 내고, 멤버로는 m_Value를 가지고 있다. 다음 문제들을 통해서 CInt를 완성해보시오.

{1} - 다음 프로그램의 출력 결과가 1, 2, 3이 나오도록 CInt를 정의하시오.

```
void main()
{
   CInt i1 = 1;
   CInt i2 = i1 + 1;
   CInt i3 = i1 + i2;

   cout << i1.m_Value << endl;
   cout << i2.m_Value << endl;
   cout << i3.m_Value << endl;
}
```

{2} - 다음 프로그램이 가능하도록 전역 연산자 함수를 정의하시오.

```
void main()
{
   CInt i1 = 1;
   CInt i2 = 1 + i1;

   cout << i1.m_Value << endl;
   cout << i2.m_Value << endl;
}
```

{ 3 } - 다음 프로그램이 가능하도록 CInt에 연산자 ++를 중복 정의하려고 한다. 전위형과 후위형 연산자 함수를 정의하시오(출력 결과는 1, 3이 나온다).

```
void main()
{
   CInt i = 1;
   cout << (i++).m_Value << endl;

   ++i = 2;
   cout << (++i).m_Value << endl;
}
```

{ 4 } - 다음 프로그램의 출력 결과로 55가 나오도록 함수 호출 연산자를 중복 정의하여 인자 N에 대하여 1부터 N까지 더하는 함수 객체 클래스 CSigma를 정의하시오.

```
void main()
{
   CSigma func;
   cout << func(10) << endl;
}
```

Chapter 12

상속

사람 사이에도 상속이 가능하듯이 클래스 역시 자신의 데이터와 함수들을 상속할 수 있다. 이번 장에서는 다양한 상속 방법과 그 특성을 이해하고 어떻게 상속을 해야 프로그램의 효율성과 안정성을 높일 수 있는지 집중적으로 살펴본다.

1 자식(파생) 클래스

2 접근 지정자

3 상속되지 않는 함수

4 다중 상속

5 가상 상속

++ 연습 문제

++ 프로그래밍 문제

1 자식(파생) 클래스

1.1 상속성의 개념

객체 지향 프로그램의 대표적인 특징 중 하나가 바로 상속성이다. C++ 클래스의 상속이 가능해지면서 비로소 코드의 재활용이 가능해진다.

상속은 물려받는다는 뜻이 있지만 클래스에 있어서 상속은 추상적인 것을 좀 더 구체적인 것으로 만드는 과정을 나타내기도 한다. 가령 Vehicle에서 Car, Car에서 Sedan, Sedan에서 Sonata, Sonata에서 EF Sonata로 파생될 수 있는데, 상속 과정을 보면 추상화된 개념에서 점점 구체성을 띄는 것으로 변해가고 있음을 알 수 있다. 물론 EF Sonata는 Vehicle의 고유한 속성인 '운송 수단'이라는 본질은 그대로 유지한다.

1.2 자식(파생) 클래스의 개념

A 클래스를 상속하여 새로운 클래스 B가 정의될 때 A 클래스를 '기반 클래스' 혹은 '부모 클래스'라고 하며, B 클래스를 '파생 클래스' 혹은 '자식 클래스'라고 부른다. 책에 따라서 특정 용어를 더 선호할 수 있는데, 필자의 경우는 부모-자식 클래스라는 말을 선호한다. 왜냐하면 클래스 상속은 마치 현실 세계의 부모 자식 간 상속에 비유하면 좀 더 쉽게 이해할 수 있는 부분이 있기 때문이다. 따라서 기본적으로 부모-자식 클래스라는 용어를 사용하겠으나 경우에 따라서는 기반-파생 클래스라는 용어를 사용할 수도 있음을 유념하기 바란다.

```
class 클래스명 : 접근지정자1 부모클래스1 [, 접근지정자2 부모클래스2 ...]
{
   // 클래스 정의
};
```

자식 클래스는 부모 클래스를 한 개 이상 상속할 수 있다. 많은 경우 대여섯 개의 부모 클래스를 상속하는 경우도 있다. 부모 클래스를 지정하는 방법은 각각의 접근 지정자와 함께 부모 클래스 이름을 자식 클래스 이름 옆의 콜론(:) 뒤에 콤마(,)로 구분하며 나열하는 것이다. 가령 CTest 클래스가 부모 클래스 CParent1, CParent2를 상속한다면 다음과 같이 쓸 수 있다.

```
class CTest : public CParent1, public CParent2
{
   ...
}
```

1.3 멤버의 상속

자식 클래스는 부모 클래스의 모든 멤버(멤버 데이터, 멤버 함수)를 물려받는다. 부모 클래스의 멤버를 기반으로 자식 클래스에서는 자신만의 멤버를 정의할 수 있다. 물론 이 과정에서 멤버 이름이 같아서 재정의가 이루어질 수 있으나 그렇다고 부모 클래스의 멤버가 사라지는 것은 아니다.

[예제 12-1] 멤버의 상속

```
#include <iostream>
using namespace std;

class CParent
{
public:
   void Func1()
   {
      m_Value1 = 1;
   }

   int m_Value1;
};

class CTest : public CParent
{
public:
   void Func1()   // 재정의
   {
      m_Value1 = 2;
   }
```

```
22
23     void Func2()   // 새로 정의
24     {
25        m_Value2 = 3;
26     }
27
28     int m_Value1;    // 재정의
29     int m_Value2;    // 새로 정의
30  };
31
32  void main()
33  {
34     CTest t;
35     t.CParent::Func1();
36     t.Func1();
37     t.Func2();
38
39     cout << t.CParent::m_Value1 << endl;
40     cout << t.m_Value1 << endl;
41     cout << t.m_Value2 << endl;
42  }
```

```
1
2
3
```

[예제 12-1]에서 클래스 CTest는 부모 클래스 CParent를 상속한다. 상속한다는 것은 부모 클래스의 모든 멤버가 자식 클래스의 멤버가 되는 것을 의미한다. 따라서 CParent의 멤버 데이터 m_Value1과 멤버 함수 Func1은 그대로 CTest의 멤버로 상속된다. 이 상태에서 CTest에 새로운 멤버를 정의할 수도 있다. 바로 23행의 멤버 함수 Func2와 29행의 멤버 데이터 m_Value2가 새로 추가된 멤버이다.

이제 중요한 부분을 살펴보자. 18행의 멤버 함수 Func1과 28행의 멤버 데이터 m_Value1은 이미 부모 클래스의 멤버임에도 불구하고 CTest에서 다시 정의되고 있다. 이렇게 이름이 같은 멤버가 자식 클래스에서 다시 정의되는 것을 '재정의'라고 부른다. 재정의라는 단어만 보면 기존 것을 지우고 새로 갱신하는 듯한 느낌을 주지만 실제로는 그렇지 않다. 기존 것은 잘 보관한 채로 새로운 것을 추가하는 것과 같다. 즉, CTest의 멤버 함수인 Func1과 Func2, 멤버 데이

터인 m_Value1과 m_Value2는 모두 새로 추가된 멤버일 뿐이다. 단지 일부 멤버가 부모 클래스의 멤버와 이름이 중복될 뿐이다. 필자가 학생이던 시절에는 한 반의 정원이 50명 이상 되어서 늘 이름이 같은 친구가 있는 경우가 많았다. 이름은 같되 두 학생이 따로 있듯이 멤버 재정의도 비슷하게 받아들이면 된다.

부모 클래스의 멤버와 자식 클래스에서 정의된 멤버의 이름이 겹칠 경우 자식 클래스에서 정의된 멤버의 이름이 우선권을 가진다. 즉, 36행처럼 CTest 객체 t에 대해서 멤버 함수 Func1을 호출할 경우 자식 클래스에서 정의된 18행의 Func1이 호출된다는 의미이다. 자식 클래스 멤버의 우선권으로 인해서 부모 클래스의 멤버는 가려지는데 그렇다고 부모 클래스 멤버를 사용할 수 없는 것은 아니다. 35행, 39행처럼 부모 클래스와 함께 범위(::) 연산자를 사용할 경우 부모 클래스 멤버를 사용할 수 있다.

2. 접근 지정자

2.1 접근 지정자의 역할

클래스는 객체 지향 프로그래밍의 특징 중의 하나인 정보 은닉 속성을 가진다. '정보 은닉'이란 클래스의 멤버(데이터와 함수)를 외부 함수에서 접근할 수 없도록 숨기는 것을 의미한다. 여기서 '외부 함수'란 클래스 자기 자신에 정의된 함수를 제외한 다른 모든 함수들을 의미한다. 클래스 입장에서는 자식(파생) 클래스에서 정의된 멤버 함수도 외부 함수에 속한다. 클래스는 기본적으로 정보 은닉을 위해서 외부 함수에 멤버를 숨기기도 하지만 필요한 것만 외부 함수에서 접근 가능하도록 공개해서 객체 지향 프로그래밍의 또 다른 특징인 추상화를 추구한다. 따라서 클래스는 외부 함수에 자신의 멤버에 대한 공개 여부를 결정할 수 있어야 하며 그런 역할을 하는 것이 바로 접근 지정자이다.

이미 살펴본 것처럼 클래스 멤버는 자기 자신 클래스에서 정의된 것도 있지만 부모 클래스를 통해서 상속된 멤버도 있다. 각 멤버에 따라 사용되는 접근 지정자는 구분할 필요가 있는데, 자기 자신 클래스에서 정의된 멤버에 사용되는 것을 '멤버 접근 지정자'라고 하며, 부모 클래스로부터 상속받은 멤버에 사용되는 것을 '상속 접근 지정자'라고 한다.

상속받은 멤버는 상속 접근 지정자와 더불어 부모 클래스의 멤버 접근 지정자의 영향을 동시에 받는다. 따라서 실제 외부 함수에서 멤버에 접근 가능한지의 여부는 멤버 접근 지정자와 상속 접근 지정자의 조합에 따라 결정된다.

2.2 멤버 접근 지정자

클래스 자체에서 정의된 멤버 함수는 부모 클래스로부터 상속받은 멤버가 아닌 자신의 클래스에서 정의된 멤버에 대해서 항상 접근이 가능하다. 이 말을 반대로 말하면 부모 클래스로부터 상속받은 멤버는 경우에 따라 접근 가능하지 않을 수도 있음을 의미한다. 이 부분은 잠시 뒤에 자세히 살펴보기로 하고, 중요한 것은 자신의 멤버는 자신의 멤버 함수로 항상 접근 가능하다는 점을 먼저 기억하길 바란다.

클래스 자신의 멤버에 대해서 외부 함수에 접근 가능 여부를 지정할 때 사용하는 것이 바로 멤버 접근 지정자이다. 따라서 멤버 접근 지정자는 공개, 비공개 두 가지로 나뉠 것이라고 생각할 수 있으나 실제로는 다음과 같이 세 가지 경우로 나뉜다.

1. **public:** 외부 함수에 자기 자신의 멤버를 접근 가능하도록 공개한다.
2. **private:** 외부 함수에 자기 자신의 멤버를 접근 가능하지 않도록 숨긴다.
3. **protected:** 외부 함수에 자기 자신의 멤버를 접근 가능하지 않도록 숨기지만, 자식(파생) 클래스의 멤버 함수에 대해서는 접근 가능하도록 공개한다.

public과 private은 쉽게 이해할 수 있다. 반면 protected는 좀 더 주의를 기울여야 한다. protected는 외부 함수를 한 번 더 분류하는 역할을 한다. 기본적으로 private처럼 외부 함수에 멤버를 숨기지만 특별히 자식(파생) 클래스의 멤버 함수에 대해서만 공개를 허용하는 것이다.

[예제 12-2] 멤버 접근 지정자

```
class CTest
{
public:
   void Func()
   {
      m_Public++;    // OK
```

```
7          m_Protected++;    // OK
8          m_Private++;    // OK
9      }
10
11     int m_Public = 1;    // Public
12
13 protected:
14     int m_Protected = 2;    // Protected
15
16 private:
17     int m_Private = 3;    // Private
18 };
19
20 class CChild : public CTest
21 {
22 public:
23     void Func()
24     {
25         m_Public++;    // OK
26         m_Protected++;    // OK
27         m_Private++;    // Error
28     }
29 };
30
31 void main()
32 {
33     CTest t;
34     t.m_Public++;    // OK
35     t.m_Protected++;    // Error
36     t.m_Private++;    // Error
37 }
```

[예제 12-2]는 클래스 CTest를 기준으로 세 멤버 데이터에 각각 멤버 접근 지정자 public, protected, private을 지정하였다. 4행의 함수 Func는 CTest의 멤버 함수이므로 CTest 기준으로 자기 자신, 즉 내부 함수에 속한다. 따라서 함수 Func는 자신의 클래스 모든 멤버에 접

근할 수 있다. 즉, 6~8행의 public, protected, private에 상관없이 모든 멤버에 접근이 가능하다.

23행의 함수 Func는 CChild에서 처음 정의된 멤버 함수이다(이름만 같을 뿐 상속된 멤버 함수는 아니다). 따라서 CTest 입장에서는 외부 함수에 속한다. 따라서 27행의 private이 지정된 멤버는 접근할 수 없어서 컴파일 오류가 발생한다. 반면 26행의 protected가 지정된 멤버의 경우 CChild가 CTest를 상속하는 자식(파생) 클래스이므로 접근이 가능하다. 31행의 함수 main은 CTest 입장에서 완전한 외부 함수일 뿐이다. 따라서 34행의 public이 지정된 멤버를 제외하고 35행, 36행처럼 protected, private이 지정된 멤버는 접근할 수 없기 때문에 컴파일 오류가 발생한다.

protected에 대해서 한 번 더 생각해보자. protected는 멤버를 외부 함수에 비공개로 하지만 특별히 자식(파생) 클래스의 멤버 함수에 대해서는 공개하고 있다. 이런 점으로 인해서 protected는 private보다는 public에 더 가깝다고 볼 수 있다. 필요한 경우 protected 지정된 멤버에 접근할 수 있기 때문이다.

[예제 12-3] protected 멤버의 접근

```
class CTest
{
protected:
   int m_Value;
};

class CChild : public CTest
{
public:
   void Set(int arg)
   {
      m_Value = arg;
   }
};

void main()
{
```

```
18     CTest t;
19     t.m_Value = 1;    // Error
20
21     CChild& c = (CChild&)t;
22     c.Set(1);  // OK
23 }
```

[예제 12-3]의 4행에는 protected로 지정된 CTest의 멤버 데이터 m_Value가 정의되어 있다. 따라서 19행처럼 CTest 기준으로 외부 함수인 main은 m_Value에 접근할 수 없다. 그러나 m_Value에 접근할 방법이 전혀 없는 것일까? protected로 지정되어 있기 때문에 우회할 수 있는 방법이 있다. 7행처럼 클래스 CTest를 public으로 상속하는 자식 클래스 CChild를 정의할 경우 10행의 CChild의 멤버 함수 Set에서 protected로 지정된 멤버에 접근할 수 있다. 아직 이해하기 어렵겠지만 21행에서 CTest 객체 t를 CChild 객체 c로 바꾼 후 멤버 함수 Set을 호출할 수 있다.

어떻게 CTest 기준으로 외부 함수인 main에서 Set을 호출하여 m_Value를 바꿀 수 있는지 어려울 수도 있는데, Set의 멤버 접근 지정자는 public이므로 외부 함수 main에서 호출 가능하고, Set 함수는 CTest 기준으로 자식 클래스에 속하므로 CTest의 protected 지정된 멤버에 접근할 수 있다. 요약하면 외부 함수인 main에서 public이 지정된 Set 함수를 호출할 수 있고, Set 함수는 CTest의 자식 클래스의 멤버 함수이므로 CTest의 protected 지정된 멤버에 접근할 수 있다.

2.3 상속 접근 지정자

상속 접근 지정자는 부모 클래스로부터 상속되는 멤버에 대해서 외부 함수에서 접근 가능 여부를 지정한다. 물론 상속 접근 지정자 단독으로 실제 접근 여부를 결정하는 것은 아니며 최종적인 접근 여부는 부모 클래스의 멤버 접근 지정자와의 조합을 통해서 결정된다.

상속 접근 지정자도 멤버 접근 지정자와 마찬가지로 public, private, protected가 있으며, 생략할 경우 기본은 private이 된다.

부모 클래스로부터 상속되는 멤버의 외부 함수의 실제 접근 여부는 상속 접근 지정자와 부모 클래스의 멤버 접근 지정자의 조합을 통해서 결정되는데 [표 12-1]은 조합에 따른 실제 접근 여부를 보여준다.

[표 12-1] 상속 멤버의 접근 지정자

구분		자식(파생) 클래스 – 상속 접근 지정자		
		public 상속	private 상속	protected 상속
부모 클래스 – 멤버 접근 지정자	public	public	private	protected
	private	접근 불가	접근 불가	접근 불가
	protected	protected	private	protected

[표 12-1]을 읽는 법을 간단히 살펴보자. 왼쪽 2열은 부모 클래스의 멤버 접근 지정자를 나타낸다. 각각 public, private, protected가 있다. 3~5열은 상속 접근 지정자를 나타낸다. 따라서 3열을 해석하면 자식 클래스가 부모 클래스를 상속 접근 지정자 public으로 상속하였을 경우 상속된 멤버의 최종 접근 지정자를 나타낸다.

초보자가 이 표를 외우는 것은 꽤 어려운 일이다. 필자도 처음에는 늘 헷갈렸다. 그러나 상식선에서 생각하면 표를 이해하는 데 큰 어려움은 없다. 가장 먼저 멤버 접근 지정자가 private인 경우는 모든 외부 함수에서 접근 불가라는 사실을 기억하자. 마지막으로 두 접근 지정자가 조합될 때는 숨김이 공개보다 우선순위라는 것도 기억하자. 즉, 접근 지정자의 우선순위는 private, protected, public 순이다. 따라서 (public, protected)에서는 protected가 되고, (protected, private)에서는 private이 된다. 이 두 가지만 기억한다면 상속 멤버의 최종 접근 지정 여부를 파악하는 데 어려움이 없을 것이다.

[예제 12-4] 상속 접근 지정자 protected - 상속 멤버의 접근

```
class CTest
{
public:
   void Func()
   {
      m_Public++;    // OK
      m_Protected++;    // OK
      m_Private++;    // OK
   }
```

```
10
11     int m_Public = 1;    // Public
12
13  protected:
14     int m_Protected = 2;    // Protected
15
16  private:
17     int m_Private = 3;    // Private
18  };
19
20  class CChild : protected CTest
21  {
22  public:
23     void Func()
24     {
25        m_Public++;    // OK
26        m_Protected++;    // OK
27        m_Private++;    // Error
28     }
29  };
30
31  void main()
32  {
33     CChild c;
34     c.m_Public++;     // Error
35     c.m_Protected++;    // Error
36     c.m_Private++;    // Error
37  }
```

[예제 12-4]는 이전 코드를 약간 수정하였다. 20행에서 CChild는 CTest를 protected로 상속한다. 또한 33~36행에서는 CTest가 아닌 CChild의 멤버에 대한 접근 가능 여부를 테스트한다.

CTest의 멤버 중 private이 지정된 m_Private은 23행, 36행의 외부 함수에서는 접근이 불가능하다. 그 외에 protected로 지정된 m_Protected나 public 지정된 m_Public은 CChild

가 protected로 CTest를 상속하므로 접근 지정자의 조합 우선순위에 의해서 protected가 된다. 따라서 23행의 CChild 멤버 함수인 Func에서 두 멤버는 접근 가능하지만, 31행의 외부 함수인 main에서는 모두 접근이 가능하지 않기 때문에 컴파일 오류가 발생한다.

2.4 friend

지금까지 배운 접근 지정자에 의하면 클래스 멤버에 private이 지정되어 있을 경우 외부 함수에서 해당 멤버에 접근을 할 수 없다. 마찬가지로 protected 역시 자식(파생) 클래스의 멤버 함수를 제외하고 외부 함수에서 해당 멤버에 접근을 할 수 없다.

만약 private이나 protected로 지정된 멤버에 대해서 외부 함수 중에서 특정한 함수나 특정한 클래스의 멤버 함수에 대해서만 예외적으로 접근을 허용하고 싶다고 가정해보자. 이미 눈치챘겠지만 특정 함수나 특정 클래스의 멤버 함수에 대해서 예외적으로 접근을 허용해주는 지정자가 바로 friend이다. friend는 원하는 특정 함수와 특정 클래스에 대해서 선언할 수 있다. 실제로 예제를 통해서 확인해보자.

[예제 12-5] 상속 접근 지정자 protected - 상속 멤버의 접근

```
#include <iostream>
using namespace std;

class CTest
{
    friend void main();
    friend class COther;

private:
    int m_Value;
};

class COther
{
public:
    void Func(CTest& obj)
```

```
17     {
18        obj.m_Value++;
19     }
20  };
21
22  void main()
23  {
24     CTest t;
25     t.m_Value = 1;
26
27     COther o;
28     o.Func(t);
29
30     cout << t.m_Value << endl;
31  }
```

[예제 12-5]에서 4행 클래스 CTest는 private 멤버 데이터 m_Value를 가지고 있다. private으로 지정되어 있기 때문에 외부 함수에서는 모두 접근할 수 없다. 따라서 원래대로라면 18행, 25행에서 컴파일 오류가 발생해야 한다. 그러나 위의 예제가 정상 동작하는 이유는 바로 6행, 7행의 friend 선언 때문이다.

friend는 클래스 정의 시 private이나 protected로 지정된 멤버의 접근을 특별히 허용해주고 싶은 함수나 클래스를 선언하면서 지정한다. 즉, 6행, 7행은 CTest의 모든 멤버를 전역 함수 main과 클래스 COther의 멤버 함수에게 공개하겠다는 것을 선언하는 것이다.

friend는 어디에서 주로 많이 쓰일까? 주로 전역 연산자 함수를 중복 정의할 때 많이 사용한다. 물론 앞 장에서는 friend를 사용하지 않고도 전역 연산자 함수 중복 정의를 잘 할 수 있었다. 앞 장에서는 friend가 불필요하도록 클래스의 모든 멤버를 public으로 지정했기 때문이다. 하지만 보통의 클래스 정의에서는 내부 멤버들은 가능하면 private으로 외부 함수에 비공개하는 것을 원칙으로 한다.

[예제 12-6] friend – 전역 연산자 함수

```
1  class CTest
2  {
3     friend CTest operator + (int arg1, const CTest& arg2);
4
5  public:
6     CTest(int arg)
7     {
8        m_Value = arg;
9     }
10
11 private:
12    int m_Value = 0;
13 };
14
15 // 전역 연산자 함수만 가능
16 CTest operator + (int arg1, int CTest& arg2)
17 {
18    CTest t(0);
19    t.m_Value = arg1 + arg2.m_Value;   // ?
20    return t;
21 }
22
23 void main()
24 {
25    CTest t(2);
26    CTest s = 1 + t;
27 }
```

[예제 12-6]의 클래스 CTest의 멤버 m_Value는 private으로 지정되어 있다. 따라서 원칙적으로는 19행처럼 전역 연산자 함수는 CTest의 멤버 m_Value에 접근할 수 없다. 그러나 3행과 같이 전역 연산자 함수에 대해서 friend 선언을 함으로써 전역 연산자 함수는 CTest의 모든 멤버에 접근 가능하다. 일반적으로 전역 연산자 함수를 중복 정의할 때는 피연산자 타입이 되는 클래스에 friend 선언을 한다.

3 상속되지 않는 함수

자식 클래스는 부모 클래스의 멤버를 그대로 상속한다고 하였다. 그러나 실제로 클래스의 특수성으로 인하여 상속되지 않는 함수도 있다.

3.1 생성자와 소멸자

생성자와 소멸자는 엄밀히 말하면 함수가 아니다. 함수는 조건상 반환 타입을 가져야 한다. 반환 값을 갖지 않는 경우 반환 타입은 void가 된다. 그런 점에서 생성자와 소멸자는 함수가 아니긴 하지만 일반적으로 함수라고 생각된다. 논점이 잠깐 벗어났는데, 생성자와 소멸자를 함수라고 한다면 상속되지 않는 함수에 속한다.

[예제 12-7] 생성자 상속

```
class CParent
{
public:
    CParent(int arg)
    {
    }
};

class CTest : public CParent
{
};

void main()
{
    CParent p(0);    // OK
    CTest t(0);    // Error
}
```

[예제 12-7]의 클래스 CParent에는 int 타입 인자가 하나인 생성자가 정의되어 있다. 따라서 생성자도 자식 클래스에 상속된다고 생각할 수 있지만 생성자는 절대 상속되지 않는다. 따라서

16행에서 오류가 발생한다. 생성자와 마찬가지로 소멸자도 상속이 되지 않는다. 소멸자가 상속되지 않는 것을 예제로 보이기 어려워서 생략한다.

3.2 대입 연산자 함수

대입 연산자 함수도 상속되지 않는다. 그러나 그 이외의 연산자 함수는 상속된다.

[예제 12-8] 연산자 함수 상속

```
class CParent
{
public:
   CParent& operator = (int arg)
   {
      m_Value = arg;
      return *this;
   }

   CParent& operator ++ ()
   {
      m_Value++;
      return *this;
   }

   CParent operator + (int arg)
   {
      CParent p = *this;
      p.m_Value += arg;
      return p;
   }

   int m_Value = 0;
};

class CTest : public CParent
{
```

```
28 };
29
30 void main()
31 {
32     CParent p;
33     p = 1;   // OK
34     ++p;   // OK
35     p + 1;   // OK
36
37     CTest t;
38     t = 1;   // Error
39     ++t;   // OK
40     t + 1;   // OK
41 }
```

[예제 12-8]의 클래스 CParent에는 각각 대입 연산자, 전위형 증감 연산자, 더하기 연산자가 중복 정의되어 있다. 따라서 33~35행처럼 CParent의 객체 p에 대한 관련된 연산은 문제가 없다. 그러나 CParent를 상속한 자식 클래스 CTest의 경우 38행처럼 오직 대입 연산자에 한해서 컴파일 오류가 발생한다. 39행, 40행은 다른 연산자는 상속이 잘 되었음을 보여준다.

왜 연산자 중에서 대입 연산자만 상속이 되지 않는 것일까? 대입 연산자는 약간 특별한 연산자이기 때문이다. 앞에서 이미 살펴보았듯이 컴파일러는 클래스에 대해서 명시적으로 복사 대입 연산자가 정의되어 있지 않을 경우 암시적으로 복사 대입 연산자를 정의한다. 즉, 모든 클래스는 이미 자기 자신의 복사 대입 연산자가 논리적으로 존재한다. 따라서 인자 타입열이 다른 대입 연산자를 추가하려면 해당 클래스에 새롭게 중복 정의를 해야만 한다. 그에 비해서 대입 연산자를 제외한 연산자들은 애초부터 클래스에 논리적으로 존재하지 않던 것이기 때문에 부모 클래스에 연산자 함수가 추가되면 일반 멤버 함수처럼 자식 클래스에 상속된다. 요약하면 클래스에 기본적으로 정의되는 함수(생성자, 소멸자, 대입 연산자 등)는 상속되지 않는다.

4 다중 상속

4.1 다중 상속의 의미

앞에서 살펴보았듯이 상속에서는 이미 한 개 이상의 부모 클래스를 상속할 수 있다. 특별하게 생각되지 않을 수 있지만 복수 부모 클래스를 상속하는 언어는 그리 많지 않다. 심지어 C++만큼 유명한 C#이나 Java의 경우 오직 하나의 부모 클래스만 상속할 수 있도록 제약을 둔다(물론 관점에 따라 다를 수는 있지만 인터페이스 상속을 포함하면 다중 상속Multiple Inheritance으로 볼 수도 있다).

다른 언어가 다중 상속을 허용하지 않는 데는 나름의 이유가 있는데, C++는 그런 이유를 그대로 가지고 있다. 먼저 다중 상속의 문제점에 대해서 살펴보자.

4.2 다중 상속의 문제점

다중 상속의 대표적인 문제점으로 알려진 것이 바로 다이아몬드Diamond 구조이다. 다이아몬드라는 말은 클래스 상속 관계를 그림으로 표현할 때 그 모양이 다이아몬드 같아서 불린 것이고, 실제 문제의 핵심은 중복되는 멤버가 생기는 데 있다.

[예제 12-9] 다중 상속 다이아몬드 구조

```
class CTop
{
public:
    int m_Top;
};

class CLeft : public CTop
{
public:
    int m_Left;
};

class CRight : public CTop
```

```
14 {
15 public:
16     int m_Right;
17 };
18
19 class CBottom : public CLeft, public CRight
20 {
21 public:
22     CBottom()
23     {
24         m_Top = 1;   // Error
25         m_Left = 2;
26         m_Right = 3;
27         m_Bottom = 4;
28     }
29
30     int m_Bottom;
31 };
32
33 void main()
34 {
35     CBottom b;
36 }
```

[예제 12-9]는 24행에서 오류가 발생한다. 오류 이유는 'm_Top' 액세스가 모호하다는 것이다. 컴파일러 오류 중에 모호하다는 말의 의미는 선택할 수 있는 대상이 여러 개인데 어느 것을 선택할지 모른다는 의미이다. 클래스 구조를 그림으로 그려보면 어떤 상황인지 쉽게 이해할 수 있다. 다음 [그림 12-1]을 보자.

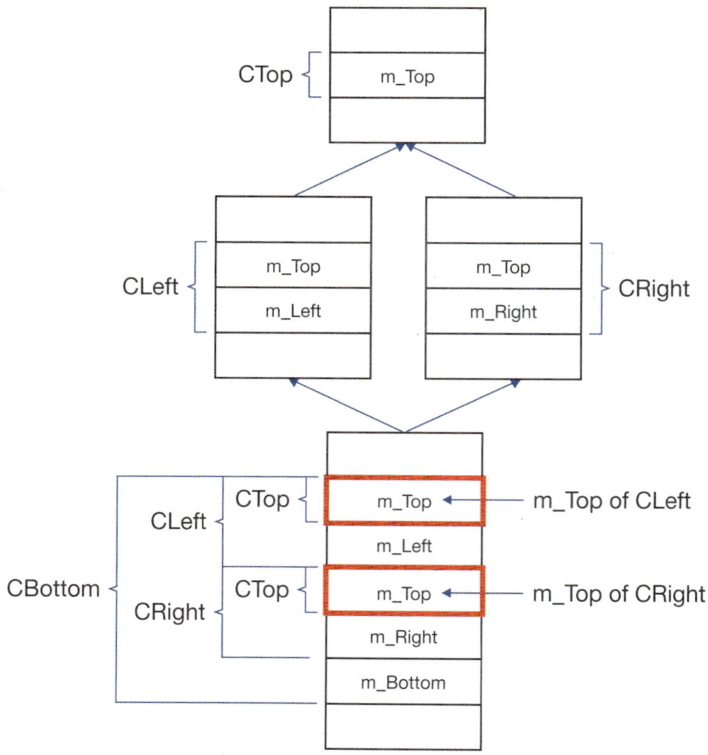

[그림 12-1] 다중 상속 - 다이아몬드 구조

[그림 12-1]은 다중 상속 클래스의 메모리 구조를 보여준다. 이미 상속 클래스의 메모리 구조가 어떻게 구성되는지 알고 있으므로 그림을 이해하는 것이 어렵지는 않을 것이다. 위의 그림에서 문제점은 바로 최상위 클래스인 CTop의 멤버는 CTop의 손자 클래스인 CBottom에 중복으로 상속된다는 데 있다. m_Top은 클래스 CLeft와 CRight에서 각각 상속되었으므로 실제로 두 개의 개별적인 멤버로서 존재하며, m_Top만 기술할 경우 컴파일러는 어떤 것인지를 선택할 수 없기 때문에 오류가 발생한다.

그러나 이 문제는 그렇게 치명적인 문제는 아니다. 컴파일러가 정확한 대상을 결정하지 못한 문제이므로 정확한 대상을 알려주기만 하면 쉽게 문제를 해결할 수 있다. m_Top을 사용하는 대신 부모 클래스와 범위(::) 연산자를 사용해서 CLeft::m_Top이나 CRight::m_Top으로 기술하면 문제는 해결된다.

실제로 다중 상속의 다이아몬드 구조가 문제라고 일컬어지는 이유는 중복 멤버로 인한 메모리의 낭비라고 할 수 있다. 물론 메모리가 굉장히 귀하던 시절에는 문제의 심각성이 더 높았겠으나 지금처럼 컴퓨터에 장착되는 메모리의 크기가 빠르게 증가하는 환경에서는 그리 큰 문제로 여겨지지 않는 경향이 있는 것도 사실이다.

5 가상 상속

다중 상속의 다이아몬드 구조가 아니더라도 중복 멤버에 의한 메모리 낭비는 다중 상속에서 충분히 발생할 수 있는 문제이다. 가령 두 개의 부모 클래스에 같은 이름의 멤버가 있을 경우 앞에서 겪은 문제가 발생한다. 단지 다이아몬드 구조에서는 중복 멤버가 항상 존재하기 때문에 문제가 더욱 심각하다. 따라서 이런 문제를 해결하기 위하여 새로운 상속 방법이 제시되었는데 그것이 바로 가상 상속Virtual Inheritance이다.

5.1 가상 기저 클래스

가상 상속은 무척 간단하다. 다이아몬드 구조처럼 중복의 원인을 제공하는 클래스를 virtual로 상속하는 것이다. virtual로 상속되는 클래스는 실제로 단 한 번만 상속된다. 이렇게 virtual이 지정된 클래스를 '가상 기저 클래스Virtual Base Class'라고 부른다.

[예제 12-10] 가상 기저 클래스

```
class CTop
{
public:
   int m_Top;
};

class CLeft : virtual public CTop
{
public:
   int m_Left;
};

class CRight : virtual public CTop
```

```
14 {
15 public:
16    int m_Right;
17 };
18
19 class CBottom : public CLeft, public CRight
20 {
21 public:
22    CBottom()
23    {
24       m_Top = 1;    // OK
25       m_Left = 2;
26       m_Right = 3;
27       m_Bottom = 4;
28    }
29
30    int m_Bottom;
31 };
32
33 void main()
34 {
35    CBottom b;
36 }
```

[예제 12-10]은 이전 코드에서 단 두 줄만 변경한 것이다. 7행, 13행에서 클래스 CLeft와 CRight는 부모 클래스 CTop을 virtual을 지정해서 상속한다. 이렇게 가상 상속을 하게 될 경우 실제 19행에서 클래스 CBottom이 CLeft와 CRight를 상속할 때 CTop은 단 한 번만 상속된다. 따라서 24행에서 m_Top을 단독으로 사용해도 오류가 발생하지 않는다. 왜냐하면 m_Top은 단 한 번만 상속되어서 실제로 하나만 존재하기 때문이다.

다음으로 가상 상속을 하였을 경우 클래스 메모리 구조가 궁금할 것이다. [그림 12-2] 가상 기저 클래스를 살펴보자. [그림 12-2]는 가상 상속 클래스의 구조를 보여주는데 일반 상속에 비해서 훨씬 복잡한 구조임을 알 수 있다. 가상 상속 클래스의 구조를 설명하는 것은 이 책의 범위를 벗어나는 것이므로 과감히 생략한다. 그림에서 눈여겨보아야 할 것은 바로 멤버 m_Top이 단 하나만 존재한다는 사실이다. 가상 기저 클래스의 멤버들은 오직 단 한 번만 상속되기 때문이다. 그러나 m_Top이 하나만 존재하기 때문에 중복이 사라지긴 했으나 메모리 공간이 절약된 것은 아니다.

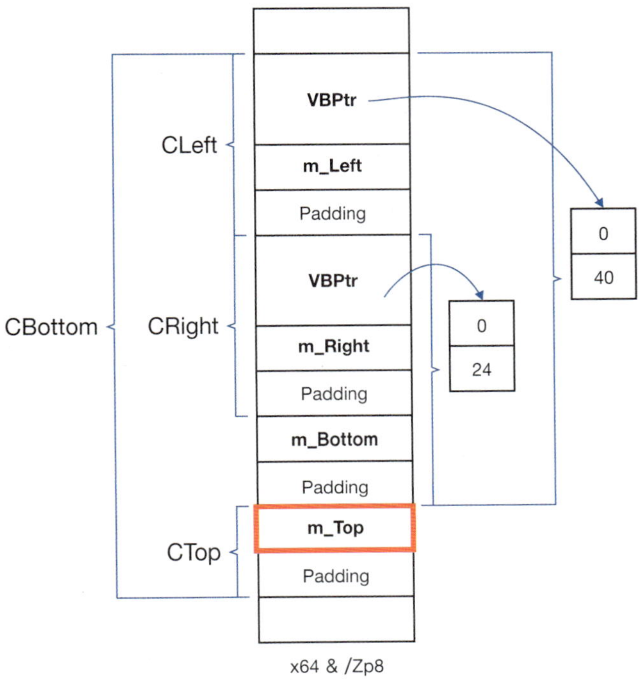

[그림 12-2] 가상 기저 클래스

여기서 [그림 12-2]와 [그림 12-1]을 비교해보자. 가상 상속 클래스의 크기가 훨씬 큰 것을 알 수 있다. 물론 구조체 멤버 맞춤의 영향으로 적절히 패딩이 들어간 측면도 있지만 가상 기저 클래스 구조를 만들기 위한 정보VBPtr가 추가된 것도 무시할 수 없다. 결국 이 같은 구조는 배보다 배꼽이 더 큰 것이라고 할 수 있다.

가상 기저 클래스의 크기가 어느 정도 이상인 경우는 메모리 절약 효과를 가져올 수 있으나 그렇지 않을 경우 오히려 메모리 낭비를 부추길 수도 있다. 뿐만 아니라 가상 상속의 경우 클래스 멤버 접근을 하는 데 있어서 구조가 복잡함으로 인해 성능이 조금 떨어지는 문제도 있다. 따라서 가상 상속을 사용할 때는 많은 것을 따져보아야 한다. 잘 모르겠다면 가상 상속을 사용하지 않는 편이 더 나을 수도 있다.

5.2 가상 기저 클래스의 생성자

앞서 살펴보았듯이 가상 기저 클래스의 멤버들은 오직 단 한 번만 상속된다. 따라서 가상 기저 클래스의 생성자는 오직 한 번만 호출되면 충분하다. 실제로 그렇게 동작하는지 확인해보자.

[예제 12-11] 가상 기저 클래스의 생성자

```
#include <iostream>
using namespace std;

class CTop
{
public:
   CTop()
   {
      cout << "CTop" << endl;
   }
};

class CLeft : virtual public CTop
{
public:
   CLeft()
   {
      cout << "CLeft" << endl;
   }
};

class CRight : virtual public CTop
{
public:
   CRight()
   {
      cout << "CRight" << endl;
   }
};
```

```cpp

class CBottom : public CLeft, public CRight
{
public:
    CBottom()
    {
        cout << "CBottom" << endl;
    }
};

void main()
{
    CBottom b;
}
```

```
CTop
CLeft
CRight
CBottom
```

[예제 12-11]은 클래스 CTop을 가상 기저 클래스로 지정했으며 모든 클래스의 생성자는 클래스명을 출력되게 하였다. 출력 결과를 보면, 가상 기저 클래스 CTop의 생성자는 오직 단 한 번만 호출되었음을 확인할 수 있다. 만약 일반 상속을 통한 다이아몬드 구조였다면 CTop의 생성자는 두 번 호출된다.

연습 문제

01 - 다음 프로그램에서 CParent의 Func와 CTest의 Func를 모두 호출하려고 한다. 모두 호출될 수 있도록 괄호를 채우시오.

```
class CParent
{
public:
    void Func()
    {
        cout << "CParent::Func" << endl;
    }
};

class CTest : public CParent
{
public:
    void Func()
    {
        cout << "CTest::Func" << endl;
    }
};

void main()
{
    CTest t;
    (               )
    (               )
}
```

02 - 클래스는 외부 함수에 자신의 멤버에 대한 공개 여부를 결정할 수 있으며 이때 사용되는 것이 바로 ___________ 이다.

03 - 멤버 접근 지정자 protected에 대해서 기술하시오.

04 – 다음 프로그램에서 (a)~(f) 중 컴파일 오류가 발생하는 부분을 찾고 이유를 설명하시오.

```
class CTest
{
public:
   int m_Public = 1;
protected:
   int m_Protected = 2;
private:
   int m_Private = 3;
};

class CChild : public CTest
{
public:
   void Func()
   {
      m_Public++;    // (a)
      m_Protected++;    // (b)
      m_Private++;    // (c)
   }
};

void main()
{
   CTest t;
   t.m_Public++;    // (d)
   t.m_Protected++;    // (e)
   t.m_Private++;    // (f)
}
```

05 – 다음 표의 빈 칸을 채우시오.

구분		자식(파생) 클래스 – 상속 접근 지정자		
		public 상속	private 상속	protected 상속
부모 클래스 – 멤버 접근 지정자	public			
	private			
	protected			

06 – 특정 외부 함수나 특정 클래스의 멤버 함수에 대해서 예외적으로 접근을 허용해주는 지정자는 ___________이다.

07 – 다음 프로그램에서 컴파일 오류가 발생하지 않도록 괄호 안을 friend를 사용하여 채우시오.

```
class CTest
{
   (          )
   (          )

private:
   int m_Value;
};

class COther
{
public:
   void Func(CTest& obj)
   {
      obj.m_Value++;
   }
};

void main()
```

```
{
    CTest t;
    t.m_Value = 1;

    COther o;
    o.Func(t);
}
```

08 – 일반적으로 연산자 함수도 상속이 된다. 그러나 ____________ 함수의 경우 상속되지 않는다.

09 – 다중 상속의 대표적인 문제점이 무엇인지 설명하시오.

10 – 다중 상속의 문제를 해결하기 위하여 새로운 상속 방식인 ____________을 사용할 수 있다.

11 – virtual로 상속되는 클래스는 단 한 번만 상속된다. 이렇게 virtual이 지정된 클래스를 ____________라고 한다.

12 – 가상 상속의 장단점을 설명하시오.

프로그래밍 문제

{1} - 다음 프로그램이 동작할 수 있도록 클래스 CTest를 보강하고, 적절한 전역 연산자를 재정의하시오.

```
class CTest
{
public:
    CTest(int arg)
    {
        m_Value = arg;
    }

private:
    int m_Value = 0;
};

void main()
{
    CTest t(2);
    CTest s = 1 + t;
}
```

{2} - 다음 프로그램의 출력 결과를 확인하여 클래스 CStudent를 정의하여 완성하시오.

```
class CPerson
{
public:
    void Set(char* name, int age, int gender)
    {
        strcat(m_Name, name);
        m_Age = age;
        m_Gender = gender;
    }

    char* GetName()
    {
```

```
        return m_Name;
    }

    int GetAge()
    {
        return m_Age;
    }

    int GetGender()
    {
        return m_Gender;
    }

private:
    char m_Name[16] = { 0 };
    int m_Age = 0;
    int m_Gender = 0;
};

void main()
{
    CStudent s1;
    s1.Set("쇠돌이", 22, 1, 1000, "로봇 조종");
    s1.Print();

    CStudent s2;
    s2.Set("심청이", 18, 2, 1001, "왕비");
    s2.Print();
}
```

```
--------------------
이름: 쇠돌이
나이: 22
성별: 남성
ID: 1000
전공: 로봇 조종
--------------------
이름: 심청이
나이: 18
성별: 여성
ID: 1001
전공: 왕비
```

Chapter 13

타입 변환

상속 관계를 포함하여 서로 연관이 있는 클래스들은
다른 클래스로 변환될 수 있다.
안전하고 효율적인 변환을 할 수 있도록
제공되는 연산자와 변환 과정에서 나타나는 특징을 자세히 살펴보자.

1 타입 변환의 개요

2 타입 변환의 분류

3 클래스 타입 변환

4 타입 변환 연산자

5 C++ 타입 변환 연산자

++ 연습 문제

++ 프로그래밍 문제

1 타입 변환의 개요

'타입 변환'의 의미를 진지하게 생각해보자. 단어의 뜻을 따져본다면 타입 변환이란 어떤 객체의 타입을 다른 타입으로 변경하는 것이라고 생각할 수 있다. 이것은 종종 오해를 불러일으킬 수 있는데, 타입 변환에 있어서 반드시 기억해야 할 것이 있다면 어떤 타입 변환도 해당 객체의 비트열을 변경하지는 않는다는 사실이다. 지금부터 정확한 타입 변환의 의미를 알아보자.

1.1 값 타입 변환

프로그래밍에서 숫자 3과 3.0의 차이는 무엇일까? 비록 의미는 완전히 일치하지만 객체로 따질 경우 타입이 다르다. 기본적으로 C++에서 3은 int 객체, 3.0은 double 객체로 취급되어 각각 차지하는 메모리 영역의 크기가 다르고 비트열의 구성도 완전히 다르다.

[예제 13-1] 타입 변환 기초

```
void main()
{
    int i = 3;
    (float)i;   // ?
    float f = 3.0;
}
```

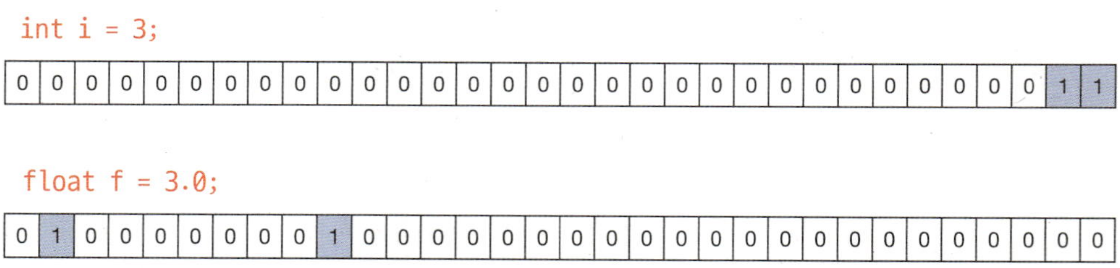

[그림 13-1] 객체의 비트열

[예제 13-1]과 [그림 13-1]은 3과 3.0이라는 같은 의미를 가진 int 객체와 float 객체의 비트열을 비교하여 보여준다. 3.0에 대해서 double 대신 float를 사용한 이유는 int와 float 모두 크기가 4바이트로 같아서 비트열을 비교하기에 적당하기 때문이다.

[예제 13-2] 값 타입 변환

```
1 void main()
2 {
3     int i = 3;
4     (float)i;   // ?
5     float f = i;
6 }
```

객체 i

0	0	0	0	0	0	0	0	0	0	0	0	0	0	0	0	0	0	0	0	0	0	0	0	0	0	0	0	0	0	1	1

임시 객체(float)i

0	1	0	0	0	0	0	0	0	1	0	0	0	0	0	0	0	0	0	0	0	0	0	0	0	0	0	0	0	0	0	0

객체 f

0	1	0	0	0	0	0	0	0	1	0	0	0	0	0	0	0	0	0	0	0	0	0	0	0	0	0	0	0	0	0	0

[그림 13-2] 객체와 임시 객체

[예제 13-2]의 4행을 보면, 뜬금없이 (float)i가 나온다. 4행이 바로 타입 변환을 나타내는데 일반적으로 '객체 i의 타입을 int에서 float로 변환한다'라고 말한다. 그러나 이 말은 의미상 오해의 소지가 있다.

[그림 13-2]를 보면서 타입 변환의 의미를 설명하면 다음과 같다. (float)i는 객체 i의 비트열을 바꾸라는 의미가 절대 아니다. 객체 i의 비트열은 여전히 그대로 남아 있을 뿐이다. (float)i는 객체 i와 같은 의미(3.0)를 가지는 임시로 생성된 float 객체를 나타낸다. 즉, (float)i는 객체 i와 전혀 상관없는 새로운 임시 객체일 뿐이다. 그림에서 알 수 있듯이 임시 객체 (float)i는 객체 i와 같은 의미를 가지도록 비트열이 재구성된다.

다시 [예제 13-2]로 돌아와서 5행을 살펴보자. 역시 타입 변환이다. 이것의 정확한 의미는 다음과 같다. 객체 f가 객체 i와 같은 의미(3.0)를 가지도록 객체 f의 비트열을 구성한다. 역시 객체 i의 비트열은 전혀 바뀌지 않는다.

이와 같이 원본 객체로부터 다른 객체의 비트열을 재구성하는 것을 '값 타입 변환'이라고 한다. 여기서 다른 객체란 이미 존재하는 객체일 수도 있고, 임시 객체가 될 수도 있다.

1.2 참조 타입 변환

앞에서 설명했듯이 어떤 타입 변환도 원본 객체의 비트열을 바꾸지는 않는다. 이것은 값 타입 변환과 참조 타입 변환의 공통점이다. 그렇다면 값 타입 변환에 비해서 참조 타입 변환이 갖는 다른 점은 무엇일까? 바로 다른 객체의 비트열을 새로 구성하지 않는다는 것이다. 참조 타입 변환의 핵심은 원본 객체의 비트열을 새로운 타입으로 재해석만 할 뿐이다.

[예제 13-3] 참조 타입 변환

```
1  #include <iostream>
2  using namespace std;
3
4  void main()
5  {
6     int i = 3;
7     cout << (float&)i << endl;
8     float f = (float&)i;
9  }
```

```
4.2039e-45
```

[예제 13-3]의 7행을 살펴보자. (float&)i가 의미하는 것은 객체 i의 비트열을 그대로 float로 해석하라는 의미이다. 3이라는 의미를 2의 보수로 표현한 비트열을 그대로 부동소수점 형식으로 해석하기 때문에 전혀 알 수 없는 새로운 값이 출력된다. 8행의 타입 변환은 두 가지가 섞여 있다. 먼저 (float&)i를 통해서 참조 타입 변환을 한 뒤에 float 객체 f에 값 타입 변환을 한다. 즉, 객체 f는 객체 i와 동일한 비트열을 갖게 된다. 따라서 f 역시 엉뚱한 값을 갖게 된다.

1.3 l-value, r-value

다시 한번 정리하는 차원에서 값 타입 변환과 참조 타입 변환을 비교해보자.

[예제 13-4] 값 타입 변환과 참조 타입 변환의 차이

```
void main()
{
   int i = 3;
```

```
4     (float)i = 5;   // Error
5     (float&)i = 5;   // OK
6  }
```

[예제 13-4]의 4행은 값 타입 변환이다. 여기서는 (float)i가 임시로 생성된 객체를 나타낸다. 임시 객체를 프로그래밍 용어로는 r-value라고 하는데, 식을 벗어나는 순간 값이 유지되지 않는 임시적인 값을 의미한다. 따라서 이름도 존재하지 않는다. r-value의 가장 중요한 특징 중의 하나는 바로 값을 대입받을 수 없다는 것이다. 조만간 사라질 임시 객체에 값을 대입하는 것은 아무 의미도 없기 때문이다. 설령 임시 객체에 값을 대입할 수 있다고 해도 대입된 값을 다시 얻을 수 없다. 왜냐하면 식을 벗어난 순간 값이 유지되지 않기 때문이다. 따라서 컴파일러는 r-value가 대입(=) 연산자의 왼쪽 피연산자가 되는 것을 금지한다.

눈치가 빠른 독자라면 r-value의 반대되는 개념이 존재할 것이라고 예상할 것이다. 바로 l-value이다. l-value는 식을 벗어나도 값이 계속 유지되는 객체를 말한다. 간단히 생각해서 배열이나 변수라고 할 수 있다. l-value의 가장 큰 특징은 값을 대입할 수 있다는 것이다. 물론 const가 지정된 변수는 무엇이냐고 의문을 제기할 수 있는데, const는 단지 l-value에 대입(=) 연산을 할 수 없도록 특별히 한정하는 역할을 할 뿐이다. 즉, const가 l-value를 r-value로 바꾼다는 의미는 아니다.

4행의 (float)i는 값 타입 변환이므로 임시 객체인 r-value를 나타내므로 대입을 할 수 없다. 따라서 오류가 발생한다. 반면에 5행의 (float&)i는 참조 타입 변환이므로 타입 해석만 달리할 뿐이지 객체 i를 나타낸다. 즉, l-value이므로 대입을 해도 아무 문제가 발생하지 않는다.

[예제 13-5] 크기가 다른 타입 사이의 변환

```
void main()
{
    int i = 3;
    (double)i;
    (double&)i;
}
```

[예제 13-5]는 크기가 다른 타입 사이의 타입 변환을 보여준다. int는 4바이트이고, double은 8바이트인데 각각 값 타입 변환과 참조 타입 변환을 수행한다.

[그림 13-3]은 값 타입 변환과 참조 타입 변환을 메모리 구조 관점에서 보여준다. int에서 double로 값 타입 변환을 할 경우 double이 표현할 수 있는 3에 가장 근사한 값을 찾은 후 임시 객체의 비트열을 구성한다. 그에 반해서 참조 타입 변환을 할 경우는 변수 i의 메모리 영역을 8바이트로 확장시킨 후 해당 영역을 double로서 해석할 뿐이다. 8바이트로 확장될 때는 상위 4바이트에는 어떤 값이 들어있을지 알 수 없으므로 실행 환경에 따라서 (double&)i가 나타내는 값은 제각각 달라진다.

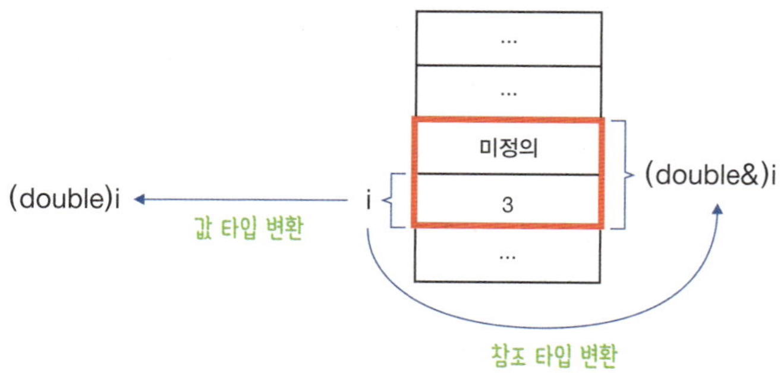

[그림 13-3] 값 타입 변환과 참조 타입 변환의 비교

2 타입 변환의 분류

수학의 관점에서 타입 변환을 생각해보자. 수학에서 실수는 정수를 포함하므로 정수 3은 실수 3으로 변환할 수 있다고 생각할 수 있다. 그러나 반대의 경우는 전혀 다르다. 실수 3.141592는 어떤 정수로 변환될 수 있다고 말할 수 없기 때문이다.

그러나 프로그래밍 입장에서는 어떤 타입 사이의 변환도 충분히 가능하다. 단, 각 타입 사이의 변환 규칙이 정의되어 있는 경우에 한해서다. 컴파일러는 기본 타입 간 변환 규칙을 미리 정의해서 제공하는데 상식적으로 너무나 자연스럽게 받아들여질 수 있는 것도 있으나 어떤 규칙은 주의를 기울이고 과정을 알아야 할 정도로 부자연스러운 것도 있다.

2.1 안전한 타입 변환

'안전한 타입 변환'이란 타입 변환 전후의 값이 나타내는 의미가 항상 완전히 일치하는 경우를 의미한다. 의미의 변화가 없으므로 변환에 따른 위험이 없다. 보통 '상위 타입 변환Up Casting'을 의미한다.

[예제 13-6] 상위 타입 변환

```
1 void main()
2 {
3     char c = 3;
4     short s = c;
5     int i = s;
6     __int64 i64 = i;
7 }
```

[예제 13-6]을 살펴보자. 4~6행에서 상위 타입 변환이 일어난다. 상위 타입 변환은 클래스 사이의 타입 변환에서도 살펴보겠지만, 기본 타입의 경우 크기는 다르지만 같은 속성의 타입 사이의 변환 중 타입 크기가 큰 쪽으로 변환하는 것을 의미한다. 반대로 타입 크기가 작은 쪽으로 변환하는 것을 '하위 타입 변환Down Casting'이라고 한다.

char, short, int, __int64는 모두 '2의 보수를 사용하는 부호가 있는 정수 타입'으로 같은 속성을 갖지만 오직 타입 크기만 다를 뿐이다. 따라서 char는 short, int, __int64로 자연스럽게 변환될 수 있다. 마찬가지로 short는 int, __int64로, int는 __int64로 상위 타입 변환이 가능하다.

2.2 불안전한 타입 변환

'불안전한 타입 변환'이란 타입 변환 전후의 값의 의미가 항상 완전히 일치한다고 보장할 수 없는 경우를 말한다. 대표적으로 다른 속성을 가진 타입 사이의 변환이나 하위 타입 변환을 말한다.

[예제 13-7] 하위 타입 변환

```
1  void main()
2  {
3     int i = 255;
4     char c = i;   // c = -1
5  }
```

[예제 13-7]은 int에서 char로의 하위 타입 변환을 보여준다. 하위 타입 변환이 일어날 경우 큰 비트열에서 작은 비트열로 변환되는 것이므로 어쩔 수 없이 정보 손실이 발생할 수밖에 없다. 3~4행에서 볼 수 있듯이 변수 i는 255를 나타내지만, char로 변환된 경우 −1을 나타낸다. 왜냐하면 char는 −128~127까지만 나타낼 수 있기 때문이다.

[예제 13-8] 속성이 다른 타입 간 변환

```
1  #include <iostream>
2  using namespace std;
3
4  void main()
5  {
6     cout << fixed;
7     cout.precision(0);
8
9     float f = 3.141592;
10    cout << (int)f << endl;
11
12    int i = 67108869;
13    cout << (float)i << endl;
14 }
```

```
3
67108872
```

[예제 13-8]은 int와 float 사이의 타입 변환을 보여준다. 6행, 7행은 부동소수점의 출력 형식을 사람이 읽기 편하도록 지정한 것이다. 먼저 9행, 10행을 살펴보자. 부동소수점 3.141592를 int 타입을 변환한다. 이미 알고 있겠지만 C++에서는 부동소수점 타입을 정수 타입으로 변환할 경우 소수 부분은 버린다. 따라서 3이 출력된다. 확실히 부동소수점을 정수로 변환하는 것은

타입 변환 전후의 값의 의미가 완전히 다르므로 무척 불안전한 변환이라고 할 수 있다.

이번에는 12행, 13행을 살펴보자. 정수 타입 int에서 부동소수점 타입 float로 변환한다. 수학에서는 실수가 정수를 포함하므로 무척 안전한 변환일 것 같지만 프로그래밍에서는 전혀 그렇지 않다. int와 float는 표현할 수 있는 수의 집합이 완전히 다르다. 즉, 수학처럼 int가 float의 부분 집합이 되지 않는다. 12행에서는 변수 i의 값을 특별히 67,108,869로 지정하였다. 왜냐하면 float의 경우 절댓값이 커지면 커질수록 조밀성이 떨어져서 정확한 정수를 표현할 수 없기 때문이다. 실제로 변수 i를 float로 변환하여 출력하면 원래 값보다 3이 큰 67,108,872가 출력된다. float 타입 변환 시 가장 근사한 값을 선택한 결과이다(이미 이 부분은 타입 장에서 충분히 설명했다. 이해가 되지 않을 경우 다시 한번 복습하자).

2.3 암시적 타입 변환

이미 여러 타입 사이의 타입 변환을 살펴보았는데 이미 알려진 타입 변환 규칙에 대해서 컴파일러는 자동으로 타입 변환을 수행해준다.

[예제 13-9] 암시적 타입 변환

```
1  void main()
2  {
3     int i = 1;
4     float f = i;   // OK
5
6     double d = 3.141592;
7     __int64 i64 = d;   // OK
8
9     void* p = i;   // Error
10 }
```

[예제 13-9]의 4행, 7행이 바로 암시적 타입 변환을 보여준다. int에서 float로 double에서 __int64로 변환은 기본 타입 간 변환이므로 컴파일러는 자동으로 변환을 수행한다. 그러나 9행의 경우는 int에서 void* 타입으로 변환을 수행하는데 컴파일러는 위험한(의도되지 않은, 실수에 의한) 동작이라고 판단하여 타입 변환을 거부한다. 즉, 숫자 타입에서 포인터 타입으로의 변환은 일반적이지 않다고 판단한다.

2.4 명시적 타입 변환

'명시적 타입 변환'이란 직접 어떤 타입으로 변환할지를 분명하게 밝혀서 컴파일러가 해당 변환을 수행하도록 만드는 것이다. 사람은 충분히 의도를 밝혔기 때문에 암시적 변환에서는 거부되던 타입 변환이 허용되기도 한다. 여기서 명시적 타입 변환을 한다고 해서 모든 변환이 항상 허용되는 것은 아니다. 그러나 int의 경우 void*로 변환하는 것은 위험하긴 하지만 전혀 뜬금없는 변환은 아니다.

[예제 13-10] 명시적 타입 변환

```
1  void main()
2  {
3     int i = 1;
4     float f = (float)i;    // OK
5
6     double d = 3.141592;
7     __int64 i64 = (__int64)d;    // OK
8
9     void* p = (void*)i;    // OK
10 }
```

[예제 13-10]의 4행, 7행, 9행에서 명시적 타입 변환을 볼 수 있다. 원본 객체 앞에 각각 변환할 타입을 괄호와 함께 명시적으로 지정한 것을 볼 수 있다. (TYPE)과 같은 명시적 타입 변환을 'C 형식 타입 변환'이라고 한다. 명시적 타입 변환에는 C 형식 외에도 C++ 형식도 존재하는데 잠시 후에 살펴볼 것이다. 가장 중요한 변화는 9행에 있다. 명시적으로 (void*)로 타입 변환할 것을 지정하자 컴파일러는 변환을 허용한다.

3 클래스 타입 변환

클래스는 사용자 정의 타입이기 때문에 당연히 클래스 사이의 변환도 타입 변환에 속한다. 따라서 지금까지 배운 타입 변환에 관한 내용들이 그대로 적용된다. 그러나 클래스는 기본 타입과는 확실히 다르므로 추가로 알아야 할 것들이 존재한다.

3.1 연관 없는 클래스의 값 타입 변환

[예제 13-11] 연관 없는 클래스의 값 타입 변환

```
1  class CTestA
2  {
3  public:
4     char m_char = 'a';
5  };
6  
7  class CTestB
8  {
9  public:
10    char m_char = 'b';
11 };
12 
13 void main()
14 {
15    CTestA a;
16 
17    CTestB b1 = a;   // Error
18    CTestB b2 = (CTestB)a;   // Error
19    CTestB b3 = CTestB(a);   // Error
20    CTestB b4 = static_cast<CTestB>(a);   // Error
21 }
```

[예제 13-11]에는 두 클래스 CTestA와 CTestB가 정의되어 있다. 두 클래스는 이름이 동일한 유일한 멤버 데이터 m_char를 가지고 있고 메모리 구조도 완전히 일치한다. 17~20행은 CTestA 객체 a를 CTestB로 타입 변환하는 여러 방법을 보여준다. 17행은 암시적 타입 변환이다. 컴파일러에 의해서 자동으로 타입 변환되길 기대한다. 18행은 명시적 타입 변환이며 C 형식의 타입 변환이 사용되었다. 19행도 명시적 타입 변환이며 클래스 타입 변환 생성자를 통한 C++ 형식이다. 20행도 명시적 타입 변환이며 C++에서 새롭게 도입된 타입 변환 연산자인

static_cast를 사용한다. static_cast는 변환할 타입을 화살 괄호(<>)에 넣고 원본 객체는 괄호로 묶는다.

[예제 13-11]에서 중요한 점은 암시적, 명시적 타입 변환을 가릴 것 없이 모두 컴파일 오류가 발생하는 데 있다. 타입 변환이 실패하는 가중 중요한 이유는 클래스 CTestA와 CTestB는 아무 연관 관계가 없기 때문이다. 컴파일러는 연관 관계가 전혀 없는 클래스 사이의 타입 변환을 위험하다고 판단하여 원천적으로 금지한다.

그렇다면 두 클래스 사이의 타입 변환을 성공시키기 위해서는 어떻게 해야 할까? 두 클래스 사이의 연관 관계를 만들어주면 되는데, 가장 좋은 방법은 타입 변환 생성자나 타입 변환 연산자를 추가하는 것이다.

[예제 13-12] 타입 변환 생성자를 통한 타입 변환

```
class CTestA
{
public:
   char m_char = 'a';
};

class CTestB
{
public:
   CTestB(const CTestA& obj)
   {
   }

   char m_char = 'b';
};

void main()
{
}
```

[예제 13-12]의 10~12행은 클래스 CTestB에 타입 변환 생성자를 추가한 것이다. 타입 변환 생성자는 CTestA에서 CTestB로 타입 변환할 규칙을 정의해준다. 이렇게 타입 변환 생성자가 존재해서 연관 관계가 생길 경우 컴파일러는 CTestA에서 CTestB로 모든 암시적, 명시적 타입 변환을 허용한다.

[예제 13-13] 타입 변환 연산자를 통한 타입 변환

```
1  class CTestB
2  {
3  public:
4      char m_char = 'b';
5  };
6  
7  class CTestA
8  {
9  public:
10     operator CTestB()
11     {
12         return (CTestB&)(*this);
13     }
14 
15     char m_char = 'a';
16 };
17 
18 void main()
19 {
20 }
```

[예제 13-13]의 10~13행은 클래스 CTestA에 타입 변환 연산자를 추가한 것이다. 타입 변환 연산자를 추가하기 위하여 클래스 CTestB가 먼저 정의되도록 순서를 변경했다. 타입 변환 생성자와 마찬가지로 타입 변환 연산자도 CTestA에서 CTestB로 타입 변환할 규칙을 정의해준다. 타입 변환 연산자는 처음 접하는 내용인데 뒤에서 자세히 설명할 것이다.

3.2 연관 없는 클래스의 참조 타입 변환

이번에는 CTestA 객체 a를 참조 타입 CTestB&로 타입 변환을 해보자. 앞에서 설명했듯이 참조 타입 변환은 임시 객체를 생성하지 않고 원본 객체의 타입 해석만 다르다.

[예제 13-14] 클래스 사이의 참조 타입 변환

```
1  class CTestA
2  {
3  public:
4      char m_char = 'a';
5  };
6  
7  class CTestB
8  {
9  public:
10     CTestB(const CTestA& obj)
11     {
12     }
13 
14     char m_char = 'b';
15 };
16 
17 void main()
18 {
19     CTestA a;
20 
21     CTestB& rb1 = a;    // Error
22     CTestB& rb2 = (CTestB&)a;    // OK
23     CTestB& rb3 = CTestB&(a);    // Error
24     CTestB& rb4 = static_cast<CTestB&>(a);    // Error
25     CTestB& rb5 = reinterpret_cast<CTestB&>(a);    // OK
26 }
```

[예제 13-14]에서 클래스 CTestA와 CTestB를 유심히 살펴보자. 10행을 보면 CTestB에 타입 변환 생성자가 정의되어 있음을 알 수 있다. 즉, CTestA에서 CTestB로 타입 변환이 가능하

다. 그러나 이것은 오직 CTestA에서 CTestB로 값 타입 변환할 때만 적용되는 것이지 참조 타입 CTestB&로 변환하는 것과는 아무 상관이 없다. 왜냐하면 참조 타입 변환은 임시 객체를 생성하는 것이 아니라 원본 객체의 타입 해석만 다르게 하는 것이므로 객체를 생성할 때 사용되는 타입 변환 생성자나 타입 변환 연산자와는 아무 상관이 없기 때문이다.

연관 관계가 전혀 없는 클래스 사이의 참조 타입 변환 역시 암시적 변환은 금지시킨다. 그러나 static_cast를 제외한 명시적인 타입 변환을 사용할 경우 컴파일러는 변환을 허용한다.

21~25행은 CTestA의 객체 a를 참조 타입 CTestB&로 변환한다. 22행, 25행처럼 오직 명시적인 타입 변환만 허용된다. 22행은 C 형식의 명시적 강제 타입 변환이며, 25행의 reinterpret_cast는 C++에서 새롭게 추가된 명시적 강제 타입 변환 연산자이다. 눈여겨봐야 할 곳은 24행인데 static_cast는 명시적 타입 변환 연산자임에도 불구하고 변환이 실패하기 때문이다. static_cast로 참조 타입 변환을 하는 경우에는 추가적인 조건이 필요하다. 바로 클래스들이 상속 관계에 있는 경우이다. 왜 static_cast가 상속 관계 클래스 사이의 참조 타입 변환을 허용하는지는 뒤에서 자세히 살펴볼 것이다.

> **참고**
> 23행은 타입 변환이 거부된 것이 아니라 문법 오류로 인한 컴파일 오류이다. 참조 타입 생성자를 호출하는 문법은 존재하지 않는다.

지금까지 살펴본 결과 클래스 사이의 타입 변환은 컴파일러에 의해서 꽤 까다롭게 수행되는데 사실 이런 조치는 개발자의 의도하지 않은 실수나 잘못된 메모리 참조를 막는 데 목적이 있다. 그러나 클래스 사이의 타입 변환이 충분히 안전하다면 컴파일러는 암시적으로 타입 변환을 수행한다. 어떤 클래스 사이의 타입 변환이 안전한 것일까? 바로 상속 관계에 있는 클래스 사이의 타입 변환이 이에 해당한다.

3.3 상속 관계 클래스의 값 타입 변환

[예제 13-15] 상속 관계 클래스 사이의 타입 변환

```
class CParent
{
```

```
3  public:
4      int m_PValue = 1;
5  };
6
7  class CTest : public CParent
8  {
9  public:
10     int m_TValue = 2;
11 };
12
13 void main()
14 {
15     CTest t;
16     CParent p1 = t;   // OK
17     CParent p2 = (CParent)t;   // OK
18     CParent p3 = CParent(t);   // OK
19     CParent p4 = static_cast<CParent>(t);   // OK
20
21     CParent p;
22     CTest t1 = p;   // Error
23     CTest t2 = (CTest)p;   // Error
24     CTest t3 = CTest(p);   // Error
25     CTest t4 = static_cast<CTest>(p);   // Error
26 }
```

[예제 13-15]는 부모 클래스 CParent와 자식 클래스 CTest를 보여준다. 16~19행은 자식 클래스에서 부모 클래스로 타입 변환이고, 22~25행은 부모 클래스에서 자식 클래스로의 타입 변환이다.

먼저 자식 클래스에서 부모 클래스로 타입 변환을 살펴보자. 모두 허용된다. 반면 부모 클래스에서 자식 클래스로 타입 변환은 모두 거부된다. 이렇게 되는 이유는 상속 클래스의 메모리 관계를 정확하게 알고 있어야 이해할 수 있다.

[그림 13-4]는 상속 관계 클래스의 메모리 구조를 보여준다. 클래스 객체를 값 타입 변환할 경우 임시 객체가 생성된다. 그림에서는 왼쪽이 원본 객체이고 오른쪽이 임시 객체를 나타낸다. 이때 클래스 임시 객체는 원본 객체의 메모리 영역을 그대로 복사하면서 생성된다. 그림 윗부분의 CTest가 CParent로 변환될 때는 CTest 영역 중 m_PValue(CParent가 차지하는 영역)만 복사되면서 CParent 임시 객체가 생성되지만, 그림 아랫부분의 CParent에서 CTest로 변환될 때는 CParent 영역 m_PValue만 임시 객체 CTest로 복사되고 나머지 부분인 m_TValue는 미정의 값으로 남게 된다.

그림 윗부분의 CTest에서 CParent로의 변환은 상식적으로 이해할 수 있다. 이미 CTest의 멤버 데이터 m_PValue와 m_TValue는 유효한 값이며, 임시 객체로 m_PValue만 복사되어도 여전히 유효한 값이다. 이는 마치 기차에서 나머지 칸을 떼어내도 여전히 잘 달리는 것에 비유할 수 있다.

반면 그림 아랫부분의 CParent에서 CTest로의 변환은 위험이 발생할 수 있다. CParent의 멤버 데이터 m_PValue만 유효한 값인데, 임시 객체로 복사될 때는 m_PValue만 복사되고 m_TValue는 미정의 값으로 남는 문제가 있다. 이렇게 만들어진 CTest 임시 객체에서 m_TValue는 유효하지 못한 값이므로 어떤 문제를 일으킬지 장담할 수 없다.

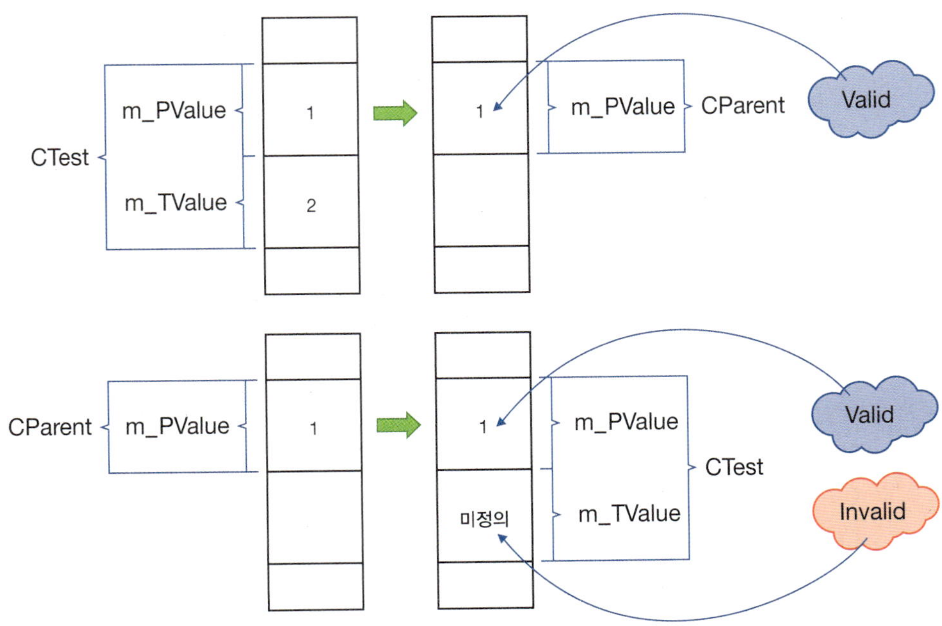

[그림 13-4] 클래스 타입 변환의 위험

이와 같은 이유로 일반적으로 자식 클래스에서 부모 클래스로의 타입 변환은 허용되는 반면에 그 반대인 부모 클래스에서 자식 클래스로의 타입 변환은 허용되지 않는다. 한마디로 부모 클래스에서 자식 클래스로의 타입 변환은 연관 없는 클래스 사이의 타입 변환과 같다고 할 수 있다.

3.4 상속 관계 클래스의 참조 타입 변환

이번에는 상속 관계 클래스 사이의 참조 타입 변환을 살펴보자.

[예제 13-16] 상속 관계 클래스 사이의 참조 타입 변환

```
class CParent
{
public:
   int m_PValue = 1;
};

class CTest : public CParent
{
public:
   int m_TValue = 2;
};

void main()
{
   CTest t;
   CParent& rp1 = t;   // OK
   CParent& rp2 = (CParent&)t;   // OK
   CParent& rp3 = static_cast<CParent&>(t);   // OK
   CParent& rp4 = reinterpret_cast<CParent&>(t);   // OK

   CParent p;
   CTest& rt1 = p;   // Error
   CTest& rt2 = (CTest&)p;   // OK
   CTest& rt3 = static_cast<CTest&>(p);   // OK
```

```
25     CTest& rt4 = reinterpret_cast<CTest&>(p);    // OK
26 }
```

[예제 13-16]에서 알 수 있듯이 16~19행처럼 자식 클래스에서 부모 클래스로의 변환은 항상 허용된다. 앞에서도 살펴보았듯이 안전한 변환이기 때문이다. 상속 관계 클래스에서 주의를 기울여야 하는 것은 오직 부모 클래스에서 자식 클래스로의 타입 변환이다. [그림 13-5]와 같이 부모 클래스에서 자식 클래스로 참조 타입 변환된 후에는 m_TValue가 미정의 값을 나타내기 때문에 22행처럼 암시적 변환은 절대로 허용되지 않는다. 반면 연관 없는 클래스 사이에서도 명시적인 참조 타입 변환은 허용되었듯이 상속 관계에 상관없이 23행, 25행의 명시적인 참조 타입 변환은 성공한다.

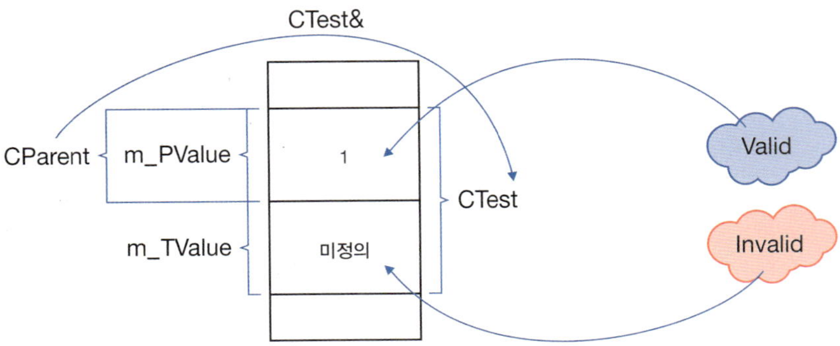

[그림 13-5] 부모 클래스에서 자식 클래스로 참조 타입 변환의 위험

연관 없는 클래스와 상속 관계의 클래스에서 차이가 있다면 static_cast를 이용한 참조 타입 변환이다. 기본적으로 참조 타입 변환은 허용되지만 static_cast는 오직 상속 관계에 있을 때만 허용된다는 특징이 있다.

이쯤에서 정리를 한번 하자. 클래스 사이의 타입 변환은 두 가지로 나누어질 수 있다. 바로 값 타입 변환과 참조 타입 변환이다.

- 값 타입 변환이 허용되는 경우는 상속 관계 클래스의 자식 클래스에서 부모 클래스로 변환될 때이다. 그 외 암시적, 명시적 변환 모두 허용되지 않는다.
- 명시적인 참조 타입 변환은 서로 연관 없는 클래스 사이에서도 기본적으로 허용된다. 그러나 static_cast의 경우 오직 상속 관계 클래스 사이에서만 허용된다.
- 연관 없는 클래스 사이의 값 타입 변환을 허용하는 방법은 타입 변환 생성자나 타입 변환 연산자를 추가하는 것이다. 그러나 생성자나 연산자는 참조 타입 변환과는 아무 상관이 없으므로 영향을 주지 않는다.

여기서 궁금증이 생길 수 있다. 자식 클래스에서 부모 클래스로의 변환 이외의 안전하지 않은 변환(연관 없는 클래스 사이의 변환, 부모 클래스에서 자식 클래스로의 변환)에 대하여 왜 컴파일러는 값 타입 변환은 금지하면서 참조 타입 변환은 허용하는 것일까?

C++에서는 부모 클래스 타입 변환 후 다시 자식 클래스 타입 변환을 통해 타입을 원상 복구하는 경우가 많기 때문이다. 정확히 어떤 경우인지 살펴보자. 먼저 값 타입 변환을 살펴보자. 첫 번째 단계로 CTest에서 CParent로 변환을 하고, 두 번째 단계로 CParent에서 다시 CTest로 변환하는 경우이다.

상식적으로 생각하면 CTest 객체가 값 타입 변환을 통해서 CParent가 되었다가 다시 CTest가 된다면 최종 변환된 CTest 객체는 원본 CTest 객체와 같은 값을 가져야 할 것이다. 그러나 [그림 13-6]에서 볼 수 있듯이 CParent로 변환하는 과정에서 원본 객체의 m_TValue는 복사되지 않기 때문에 다시 CTest로 변환될 때 m_TValue는 미정의 값을 갖게 된다.

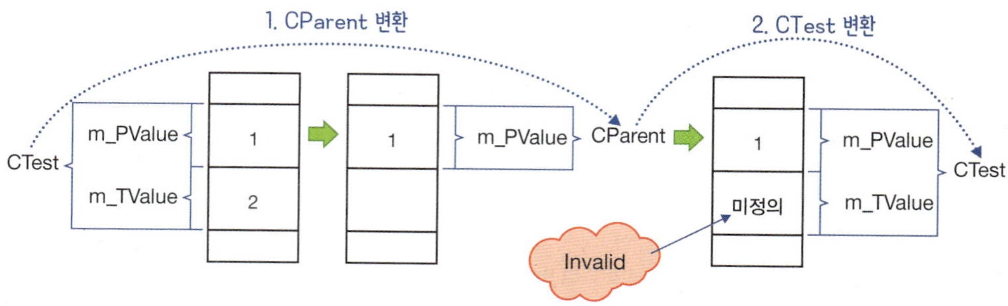

[그림 13-6] 값 타입 변환 : 자식 클래스 → 부모 클래스 → 자식 클래스

이번에는 참조 타입 변환을 살펴보자. 마찬가지로 첫 번째 단계로 CTest에서 CParent&로 변환을 하고, 두 번째 단계로 CParent에서 다시 CTest&로 변환하는 경우이다.

[그림 13-7]과 같이 참조 타입 변환은 임시 객체를 비롯한 다른 객체가 생성되는 것이 아니라 원본 객체의 타입 해석만 다르게 할 뿐이다. 즉, 원본 객체의 멤버 값은 그대로이기 때문에 두 단계의 변환을 거친 후라도 m_TValue는 유효한 값을 나타낸다.

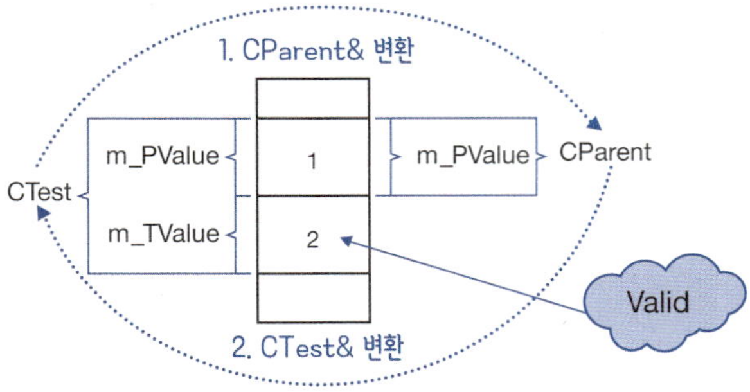

[그림 13-7] 참조 타입 변환 : 자식 클래스 → 부모 클래스 → 자식 클래스

값 타입 변환과 참조 타입 변환의 차이를 통해서 알 수 있는 것은 값 타입 변환은 변환 과정에서 손실이 발생할 수 있는 가능성이 있기 때문에 명시적 변환이라고 해도 금지되지만, 참조 타입 변환은 변환 과정에서 손실이 발생하지 않기 때문에 명시적 변환이 허용된다. 단, static_cast는 참조 타입 변환에서도 상속 관계인 경우만 허용되므로 더욱 안전한 변환이라고 할 수 있다.

3.5 클래스 포인터 타입 변환

지금까지 클래스의 값 타입 변환과 참조 타입 변환을 살펴보았는데, 실제로 클래스 사이의 타입 변환은 포인터를 기준으로 하는 경우가 절대적이다. 따라서 포인터 타입 변환을 살펴봐야 하지만 다행히 그럴 필요는 없다. 포인터 타입 변환은 참조 타입 변환과 그대로 일치하기 때문이다. 애초에 참조 타입 자체가 내부에서는 포인터를 이용하는 것이기 때문에 둘은 완전히 일치한다. 따라서 간단하게 포인터 타입 변환에 대해서 [예제 13-7]과 같이 정리할 수 있다.

[예제 13-17] 연관 없는 클래스 사이의 포인터 타입 변환

```
class CTestA
{
public:
    char m_char = 'a';
};

class CTestB
{
public:
    char m_char = 'b';
```

```
};

void main()
{
    CTestA a;
    CTestA* pA = &a;

    CTestB* pB1 = pA;    // Error
    CTestB* pB2 = (CTestB*)pA;    // OK
    CTestB* pB3 = static_cast<CTestB*>(pA);    // Error
    CTestB* pB4 = reinterpret_cast<CTestB*>(pA);    // OK
}
```

[예제 13-17]에서 알 수 있듯이 연관 없는 클래스 사이의 포인터 타입 변환은 오직 명시적인 변환만 허용된다. 이것은 참조 타입 변환과 그대로 일치한다. 마찬가지로 static_cast는 상속 관계의 클래스 사이에서만 허용된다.

[예제 13-18] 상속 관계 클래스 사이의 포인터 타입 변환

```
class CParent
{
public:
    int m_PValue = 1;
};

class CTest : public CParent
{
public:
    int m_TValue = 2;
};

void main()
{
    CTest t;
    CTest* pT = &t;

```

```
    CParent* pP1 = pT;    // OK
    CParent* pP2 = (CParent*)pT;    // OK
    CParent* pP3 = static_cast<CParent*>(pT);    // OK
    CParent* pP4 = reinterpret_cast<CParent*>(pT);    // OK

    CParent p;
    CParent* pP = &p;

    CTest* pT1 = pP;    // Error
    CTest* pT2 = (CTest*)pP;    // OK
    CTest* pT3 = static_cast<CTest*>(pP);    // OK
    CTest* pT4 = reinterpret_cast<CTest*>(pP);    // OK
}
```

[예제 13-18]은 상속 관계 클래스 사이의 포인터 타입 변환을 보여준다. 참조 타입 변환과 그대로 일치하며 상속 관계이기 때문에 static_cast도 허용된다.

포인터 타입 변환은 정확히 무엇일까? 이미 참조 타입 변환과 똑같다고 했지만 쉽게 받아들이기는 어려울 수 있다. 엄밀히 말해서 포인터 타입 변환은 값 타입 변환이라고 할 수 있다. 포인터 타입 변환이 이루어지면 임시 포인터가 생성되거나 새로운 포인터에 주소가 복사되기 때문이다. 따라서 포인터 타입 변환 후 생성된 임시 포인터는 r-value이므로 다른 주소를 대입할 수 없다.

[예제 13-19] 값 타입 변환으로서 포인터 타입 변환

```
class CTestA
{
};

class CTestB
{
};

void main()
{
```

```
11      CTestA a;
12      CTestA* pA = &a;
13
14      CTestB b;
15      (CTestB*)pA = &b;     // Error
16  }
```

[예제 13-19]의 15행에서 볼 수 있듯이 (CTestB*)pA는 임시로 생성된 포인터를 나타내며 r-value이므로 대입(=) 연산자를 통해서 다른 객체(b)를 가리킬 수 없다.

포인터 타입 변환은 값 타입 변환임에도 참조 타입 변환처럼 동작하는 이유는 포인터가 가리키는 객체가 일정하기 때문이다. 즉, 포인터 타입 변환으로 임시 포인터 객체가 생성되어도 원본 포인터와 임시 포인터가 가리키는 클래스 객체는 동일하기 때문이다. 타입 변환 전후에 다루는 객체가 동일하기 때문에 완전하게 참조 타입 변환과 일치한다.

4 타입 변환 연산자

타입 변환 연산자는 클래스 타입을 다른 타입으로 변환되도록 정의하는 연산자이다. 타입 변환 연산자가 정의되어 있을 경우 컴파일러는 필요에 따라 암시적으로 타입 변환을 수행한다. 물론 명시적인 변환도 가능하다.

타입 변환 연산자는 다음과 같은 형식으로 정의한다.

```
operator TYPE ()
{
   // 변환 코드
}
```

일반 클래스 연산자 함수와 다른 점은 반환 타입이 존재하지 않는 것이다. 사실 반환 타입이 있을 필요가 없다. 이미 반환 타입이 TYPE이기 때문이다.

[예제 13-20] CTime to Second

```
#include <iostream>
using namespace std;

class CTime
{
public:
   CTime(int Hour, int Minute, int Second)
   {
      m_Hour = Hour;
      m_Minute = Minute;
      m_Second = Second;
   }

   operator int()
   {
      return m_Hour * 3600 + m_Minute * 60 + m_Second;
   }

   int m_Hour;
   int m_Minute;
   int m_Second;
};

void main()
{
   CTime t1(1, 5, 10);     // 01:05:10
   CTime t2(2, 0, 0);     // 02:00:00

   int s = t1;
   cout << s << endl;     // 3910초

   cout << (int)t2 << endl;     // 7200초
}
```

```
3910
7200
```

[예제 13-20]의 CTime은 하루의 시간을 나타내는 클래스이다. 멤버로 시, 분, 초를 나타낼 수 있다. 14행에서 타입 변환 연산자를 정의하였다. CTime을 int 타입으로 변환하는 것을 정의하였으며 의미상으로는 시간을 하루 시작 이후 흘러간 초로 환산하도록 작성되었다.

이와 같이 타입 변환 연산자가 정의될 경우 암시적, 명시적 타입 변환이 가능해진다. 29행처럼 CTime 객체 t1을 int s에 대입할 경우 암시적 타입 변환이 일어나고, 32행은 명시적으로 CTime 객체 t2를 int 타입으로 변환하여 출력한다.

5 C++ 타입 변환 연산자

C++는 C 형식 타입 변환 연산자를 온전히 제공하면서도 새로운 타입 변환 연산자를 도입하였다. 이미 앞에서 살펴본 static_cast와 reinterpret_cast도 C++에서 도입된 타입 변환 연산자이다. C++ 타입 변환 연산자는 각각의 특징을 가지고 있다.

5.1 static_cast

지금까지 static_cast는 많이 살펴보았고 복습의 차원에서 정리하자. static_cast는 값 타입 변환의 경우 연관 있는 클래스 사이의 변환, 상속 관계의 클래스에서는 자식 클래스에서 부모 클래스로의 변환이 허용된다. 이것은 C 형식의 강제 타입 변환과 큰 차이점이 없다. 그러나 참조 타입 변환의 경우 상속 관계의 클래스에 대해서만 허용된다는 것은 독특한 특징 중 하나이다.

5.2 dynamic_cast

앞에서 배운 상속 관계 클래스 사이의 타입 변환을 떠올려보면, [자식 → 부모 → 자식]과 같은 타입 변환이 사용되는 경우 명시적인 참조(포인터) 타입 변환이 허용되었다. 게다가 static_cast는 더욱 안전한 타입 변환을 제공하기 위하여 상속 관계 클래스 사이의 변환만 허용된다. 그러나 사용자의 실수에 의한 위험은 존재한다. [예제 13-21]과 같은 경우이다.

[예제 13-21] 위험한 static_cast

```
1  #include <iostream>
2  using namespace std;
3  
4  class CParent
5  {
6  public:
7      int m_PValue = 1;
8  };
9  
10 class CTest : public CParent
11 {
12 public:
13     int m_TValue = 2;
14 };
15 
16 void main()
17 {
18     CTest t;
19     CParent* pP1 = &t;
20     CTest* pT1 = static_cast<CTest*>(pP1);
21     cout << pT1->m_TValue << endl;    // Valid
22 
23     CParent p;
24     CParent* pP2 = &p;
25     CTest* pT2 = static_cast<CTest*>(pP2);
26     cout << pT2->m_TValue << endl;    // Invalid
27 }
```

[예제 13-21]의 20행, 25행의 static_cast는 상속 관계 클래스 사이의 명시적인 포인터 타입 변환이기 때문에 허용된다. 20행의 pT1이 가리키는 실제 객체는 18행의 CTest t이므로 21행처럼 m_TValue에 접근해도 유효한 값을 얻을 수 있다.

반면 25행의 pT2가 가리키는 실제 객체는 23행의 CParent p이므로 26행처럼 m_TValue에 접근할 경우 미정의 값을 참조한다. 이것이 바로 기존 타입 변환 연산자의 한계라고 할 수 있다. 만약 25행에서 pP2가 가리키는 실제 객체의 타입을 파악할 수 있고, 올바른 타입 변환만 허용할 수 있으면 얼마나 좋을까? 바로 그런 목적을 위하여 dynamic_cast가 도입되었다.

dynamic_cast는 참조(포인터) 타입 변환만을 허용하는데, 타입 변환할 객체의 실제 타입을 확인하여 안전한 변환만 허용한다. 여기서 '안전한 변환'이란 부모 클래스로 변환하거나 실제 타입으로 변환하는 것을 말한다. 안전하지 않은 변환일 경우 NULL을 반환하거나 예외를 던진다.

[예제 13-22] 위험한 dynamic_cast

```
#include <iostream>
using namespace std;

class CParent
{
public:
    virtual ~CParent()
    {
    }

    int m_PValue = 1;
};

class CTest : public CParent
{
public:
    int m_TValue = 2;
};

void main()
{
    CTest t;
    CParent* pP1 = &t;
    CTest* pT1 = dynamic_cast<CTest*>(pP1);
    if(pT1)
    {
```

```
27          cout << pT1->m_TValue << endl;    // 진입
28      }
29
30      CParent p;
31      CParent* pP2 = &p;
32      CTest* pT2 = dynamic_cast<CTest*>(pP2);
33      if(pT2)
34      {
35          cout << pT2->m_TValue << endl;    // 진입 안 됨
36      }
37  }
```

[예제 13-22]는 이전 소스의 static_cast를 dynamic_cast로 바꾸고 몇몇 코드를 수정하였다. 추가적으로 7행에는 CParent의 소멸자가 정의되면서 앞에 virtual이라는 키워드가 붙어 있음에 유의하자. dynamic_cast를 사용하기 위해서는 클래스에 가상 함수가 하나 이상 필요하기 때문이다. 이 부분은 가상 함수를 설명할 때 다시 언급하겠다.

24행의 pP1이 가리키는 객체의 타입은 외형적으로는 CParent이지만 23행에서 알 수 있듯이 실제 객체의 타입은 CTest이다. 따라서 dynamic_cast는 CTest* 타입 변환을 허용한다. 따라서 pT1은 22행의 실 객체 CTest t를 가리키고, 27행이 실행된다. 반면 32행의 pP2가 가리키는 객체의 타입은 외형적으로 CParent이고, 31행에서 알 수 있듯이 실제 객체의 타입도 CParent이다. 따라서 부모 클래스에서 자식 클래스로의 타입 변환은 위험하므로 dynamic_cast는 NULL을 반환한다. pT2는 NULL이므로 35행은 실행되지 않는다.

dynamic_cast는 확실히 static_cast보다 훨씬 안전하다. 그러나 안전한 만큼 희생해야 할 것도 있다. dynamic_cast는 실제 객체의 타입 정보를 기반으로 동작하므로 클래스 객체가 정의될 때 객체의 타입 정보를 보관해야만 한다. 앞에서 살펴보았듯이 타입 정보 보관을 위하여 가상 함수를 하나 이상 가져야 한다. 또한 타입 변환이 일어나는 실행 시점에 실제 타입을 확인해야 하므로 성능 저하가 발생할 수 있다. 게다가 타입 변환 결과를 확인하는 조건문이나 예외 처리를 추가로 작성해야 한다는 점에서 코드의 크기가 커지는 문제도 있다.

실제로 객체의 관계를 정확하게 파악하여 작성된 코드라면 static_cast만으로도 충분하므로 굳이 dynamic_cast를 쓸 필요가 없다.

5.3 const_cast

const_cast는 포인터의 상수 한정 속성을 변경할 때 사용된다. 대부분 상수 한정을 무효화하기 위하여 사용된다. 반대의 경우인 일반 포인터에 상수 한정을 하는 것은 const_cast가 아니더라도 암시적 변환으로도 가능하기 때문이다.

[예제 13-23] const_cast

```
1  void main()
2  {
3      int i = 1;
4
5      const int* cpi = &i;
6      *cpi = 2;     // Error
7
8      int* pi1 = cpi;     // Error
9
10     int* pi2 = (int*)cpi;     // OK
11     *pi2 = 2;     // OK
12
13     int* pi3 = const_cast<int*>(cpi);     // OK
14     *pi3 = 3;     // OK
15 }
```

[예제 13-23]의 6행에서는 컴파일 오류가 발생한다. 5행의 const는 포인터 cpi가 가리키는 객체에 한정된다. 즉, *cpi에 const가 한정되므로 6행처럼 대입 연산을 할 수 없다. 이번에는 8행을 살펴보자. cpi를 일반 포인터 pi1에 대입한다. 당연히 상수 속성이 사라지길 기대한 것이지만 컴파일러는 암시적으로 상수 속성을 제거하지 않는다. 여기서 상수 속성을 제거하고자 한다면 10행처럼 명시적인 타입 변환을 해야 한다. 10행은 C 형식 타입 변환이며, 13행의 const_cast는 C++에 도입된 연산자로서 오직 상수 속성을 변경하는 역할을 한다.

5.4 reinterpret_cast

reinterpret_cast는 기본적으로 참조(포인터) 타입 변환만을 허용한다. 지금까지 살펴본 예제를 유심히 살펴보았다면 reinterpret_cast와 C 형식의 강제 타입 변환 연산자가 똑같이 동작하는 것을 눈치챘을 것이다. 그러나 reinterpret_cast는 C 형식의 강제 타입 변환을 비롯하여 static_cast, dynamic_cast와 비교했을 때 뚜렷한 차이를 가지고 있다. 해당 특징은 다중 상속 클래스의 타입 변환 시 두드러지게 나타난다.

[예제 13-24] reinterpret_cast

```
#include <iostream>
using namespace std;

class CParentA
{
public:
    int m_AValue = 1;
};

class CParentB
{
public:
    int m_BValue = 2;
};

class CTest : public CParentA, public CParentB
{
public:
    int m_TValue = 3;
};

void main()
{
    CTest t;

    CTest* pT = &t;
    CParentB* pB1 = pT;
    CParentB* pB2 = (CParentB*)pT;
    CParentB* pB3 = static_cast<CParentB*>(pT);
```

```cpp
    CParentB* pB4 = dynamic_cast<CParentB*>(pT);
    CParentB* pB5 = reinterpret_cast<CParentB*>(pT);

    cout << " pT: " << pT << endl;
    cout << "pB1: " << pB1 << endl;
    cout << "pB2: " << pB2 << endl;
    cout << "pB3: " << pB3 << endl;
    cout << "pB4: " << pB4 << endl;
    cout << "pB5: " << pB5 << endl;
}
```

```
 pT: 001FFCE4
pB1: 001FFCE8
pB2: 001FFCE8
pB3: 001FFCE8
pB4: 001FFCE8
pB5: 001FFCE4
```

[예제 13-24]의 클래스 CTest는 부모 클래스 CParentA, CParentB를 다중 상속한다. 다중 상속 클래스의 타입 변환에서 reinterpret_cast의 두드러진 특징을 살펴볼 수 있기 때문이다. 핵심은 CTest에서 두 번째 부모 클래스 CParentB로의 포인터 타입 변환이다. 출력 결과를 확인하면 pB1~pB5 중에서 오직 reinterpret_cast의 변환 결과인 pB5만 값이 다른 것을 확인할 수 있다. 정확히 말하면 포인터 pT와 그대로 일치한다. 그 외 나머지 변환들(암시적 변환, C 형식 강제 타입 변환, static_cast, dynamic_cast)의 결과는 모두 같다. 이 결과를 이해하기 위하여 메모리 구조를 살펴보자.

[그림 13-8]이 다중 상속 클래스의 메모리 구조이다. CTest의 영역 안에 상속된 부모 클래스 CParentA, CParentB의 영역이 순서대로 포함되어 있다. 특히 CParentB 영역의 시작 위치는 CTest의 시작 위치보다 4바이트가 크다. 이런 구조로 인하여 CTest 영역의 시작 위치를 나타내는 pT를 두 번째 부모 클래스 CParentB의 포인터 타입으로 변환할 경우 변환된 포인터는 pT보다 4 큰 값을 가지게 된다. 일반적으로 포인터 타입 변환의 경우 포인터 값은 변하지 않는다고 잘못 알고 있는데 보통 클래스의 상속을 다룰 경우 단일 상속만 따지는 경우가 많기 때문이다.

여기서 중요한 점은 reinterpret_cast의 특징이다. 일반적인 포인터 타입 변환의 경우 실제 객체의 위치를 정확히 나타내기 위하여 다중 상속의 경우 오프셋만큼 포인터 조정을 하지만 reinterpret_cast는 오프셋 조정을 하지 않고 포인터 타입 변환을 한다는 것이 핵심이다. 실제 이런 특징은 Windows의 COM 구현에서 필수적으로 사용되기도 한다. C++에 능숙해지고 수많은 코드를 살펴보게 된다면 반드시 한번쯤은 보게 되는 무척 중요한 타입 변환 연산자라는 것을 반드시 기억하기 바란다.

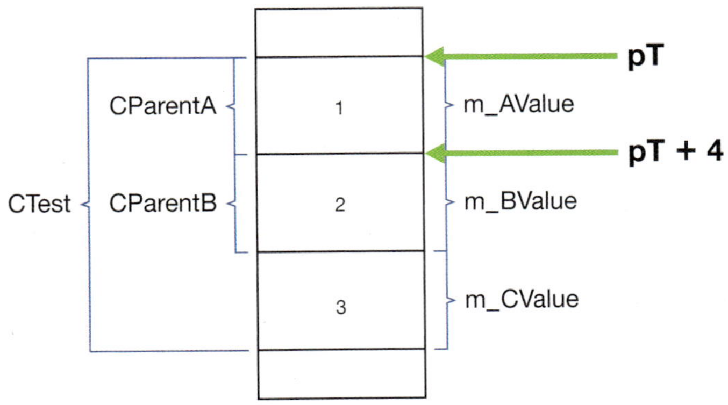

[그림 13-8] 다중 상속 클래스의 메모리 구조

연습 문제

01 – 값 타입 변환과 참조 타입 변환의 차이점을 설명하시오.

02 – 다음 프로그램에서 잘못된 부분을 찾고 이유를 설명하시오.

```
void main()
{
   int i = 1;
   (float)i = 2;
   (float&)i = 3;
}
```

03 – 다음 (a)~(d) 변환 중 나머지 셋과 다른 것을 찾고, 다른 점을 설명하시오.

```
void main()
{
   char c = 1;

   short s = c;     // (a)
   int i = s;     // (b)
   __int64 i64 = i;     // (c)
   int j = i64;     // (d)
}
```

04 – 다음 프로그램에서 c가 가지는 값과 발생할 수 있는 문제점에 대하여 설명하시오.

```
void main()
{
   int i = 255;
   char c = i;
}
```

05 – int에서 부동소수점 타입인 float나 double로 캐스팅하는 것은 안전한 변환인지 불안전한 변환인지 설명하시오.

06 – 서로 연관 관계가 없는 클래스 사이의 타입 변환을 하기 위한 방법을 설명하시오.

07 – 부모 클래스에서 자식 클래스로의 값 타입 변환은 컴파일러에 의해서 거부된다. 그 이유를 설명하시오.

08 – ____________ 연산자는 상속 관계 클래스 사이에서만 허용된다.

09 – 다음 프로그램의 (a)~(c) 중 잘못된 곳을 고르고, 이유를 설명하시오.

```
class CTestA
{
};

class CTestB
{
};

void main()
{
    CTestA a;
    CTestA* pA = &a;

    CTestB* pB2 = (CTestB*)pA;    // (a)
    CTestB* pB3 = static_cast<CTestB*>(pA);    // (b)
    CTestB* pB4 = reinterpret_cast<CTestB*>(pA);    // (c)
}
```

10 – ____________는 참조 및 포인터 타입 변환만을 허용하며, 객체의 실제 타입을 확인하여 안전한 변환만을 허용한다. 안전하지 않은 변환일 경우 NULL을 반환하거나 예외를 던진다.

11 – dynamic_cast를 사용하기 위해서는 클래스에 최소 하나 이상의 ____________가 있어야 한다.

12 – reinterpret_cast를 C 타입 변환이나 static_cast, dynamic_cast와 비교할 때 두드러지게 나타나는 차이점이 무엇인지 설명하시오.

{1} - 다음과 같이 서로 연관 없는 클래스 CTestA와 CTestB가 있다. 다음 프로그램에서 오류가 발생하지 않도록 클래스 CTestB에 타입 변환 생성자를 추가하시오.

```
class CTestA
{
public:
};

class CTestB
{
public:
};

void main()
{
   CTestA a;

   CTestB b1 = a;
   CTestB b2 = (CTestB)a;
   CTestB b3 = CTestB(a);
   CTestB b4 = static_cast<CTestB>(a);
}
```

{2} - 다음과 같이 서로 연관 없는 클래스 CTestA와 CTestB가 있다. 다음 프로그램에서 오류가 발생하지 않도록 클래스 CTestB에 타입 변환 연산자를 추가하시오.

```
class CTestA
{
public:
};

class CTestB
{
```

```
public:
};

void main()
{
   CTestB b;

   CTestA a1 = b;
   CTestA a2 = (CTestA)b;
   CTestA a3 = CTestA(b);
   CTestA a4 = static_cast<CTestA>(b);
}
```

{3}- 다음 프로그램의 클래스 CTime은 생성자에서 시, 분, 초를 입력받고 암시적으로 적절히 int 타입으로 변환되어 그날의 시간을 하루 시작 이후 지나온 초로 나타낸다. 클래스 CTime을 완성하시오.

```
void main()
{
   CTime t1(0, 1, 40);
   CTime t2(23, 59, 59);

   cout << t1 << endl;
   cout << t2 << endl;
}
```

```
100
86399
```

{ 4 } - 다음 프로그램의 출력 결과는 다음과 같이 나오도록 CheckResult 함수를 작성하시오. (단, dynamic_cast를 사용하시오.)

```
class CParent
{
public:
   virtual ~CParent() {};
};

class CChild : public CParent
{
public:
   virtual ~CChild() {};
};

void main()
{
   CParent p;
   CChild c;

   CheckResult((CParent*)&p);
   CheckResult((CParent*)&c);
}
```

```
CParent 객체입니다.
CChild 객체입니다.
```

Chapter 14

메모리 할당과 해제

프로그래밍에서 말하는 메모리는 논리적인 의미의 가상 메모리를 말한다.
이번 장에서는 가상 메모리가 정확히 무엇이고, 어떻게 동작하는지,
그리고 C++는 어떻게 가상 메모리를 사용하는지 살펴보자.

1 가상 메모리

2 동적 메모리 할당과 해제

3 메모리 할당과 해제 연산자 함수

++ 연습 문제

++ 프로그래밍 문제

지금까지 배운 객체(변수, 배열, 인스턴스 등)는 모두 메모리 어딘가에 자신의 크기만큼 영역을 차지하고 있다. 여기서 메모리라는 단어는 PC의 주요 부품 중의 하나인 DRAM을 연상시킨다. 실제로 컴퓨터는 DRAM을 주 메모리로 사용한다. 하지만 지금까지 배운 메모리라는 개념은 DRAM과 크게 연관은 있으나 DRAM을 지칭하는 것은 아니다. 지금부터 프로그래밍에서 주로 언급하는 메모리가 무엇인지 살펴보고, 그 종류와 특징 그리고 메모리를 어떻게 이용(할당과 해제)할 수 있는지 살펴보자.

1 가상 메모리

C++를 비롯해서 프로그래밍 전반적으로 '가상'이라는 단어는 꽤 많이 쓰인다. 가상은 보통 실재가 아님을 나타낸다. 마찬가지로 가상 메모리란 프로세스마다 주어지는 논리적인 메모리를 의미한다. (즉, 실재 존재하는 메모리인 DRAM과는 개념적인 차이가 있다.)

가상 메모리는 각각의 프로세스에 독립적으로 부여되는 논리적인 메모리 공간을 나타낸다. 따라서 A, B 프로세스는 각각 사용할 수 있는 메모리 공간을 부여받으며, 각각의 메모리 공간은 바이트 단위로 0부터 시작하는 주소 체계를 사용한다. 따라서 A, B의 메모리 공간은 서로 별개이므로 두 프로세스의 같은 주소(번지)는 전혀 다른 별개의 영역을 나타낸다.

쉬운 예를 들자면 프로세스와 메모리 공간의 관계를 각 학과와 사물함의 관계로 나타낼 수 있다. 수학과와 생물학과는 각각 사물함을 부여받으며, 각 사물함에는 번호가 매겨져 있다. 수학과의 3번 사물함과 생물학과의 3번 사물함은 주소(3번)는 같아도 전혀 별개의 공간이듯이 프로세스에 부여되는 가상 메모리의 주소 또한 해당 프로세스의 고유한 영역을 나타낸다.

16비트 이하 컴퓨터에서는 모든 프로그램이 단일 메모리 주소 체계를 사용하였다. 따라서 특정 프로세스가 오류를 일으켜서 다른 프로세스가 사용하는 메모리를 침범할 수 있는 문제를 안고 있었다. 이것은 프로그램 안정성과 보안 측면에서 큰 문제를 발생시킬 수 있는 원인을 제공하였다. 32비트 컴퓨터가 나오고 가상 메모리 기법이 제공되면서 안정성과 보안이 크게 향상되었다.

1.1 가상 메모리 크기

32비트 시스템에서 32비트는 레지스터의 기본 크기를 나타낸다. 주소를 나타내는 레지스터의 크기도 32비트이므로 나타낼 수 있는 주소의 개수는 대략 2^{32}인 42억 개가 된다. 각 주소는 1바이트를 나타낼 수 있으므로 32비트 시스템이 표현할 수 있는 메모리 크기는 4GB가 된다.

요즘은 개인용 PC도 거의 대부분 64비트 시스템을 사용한다. 마찬가지로 레지스터의 기본 크기가 64비트이므로 주소의 개수는 2^{64}이 된다. 각각 1바이트를 나타내므로 메모리 크기는 이론적으로 대략 1천 6백만 TB가 된다. 사실상 무한한 메모리 크기라고 할 수 있다. 그러나 실제 운영체제는 메모리 주소를 나타내는 레지스터의 비트 중 일부만을 사용함으로써 메모리 크기를 제한하고 있다. Windows의 경우 대략 8TB의 메모리 크기를 제공한다.

프로세스는 실행될 때 독립적인 메모리 공간을 부여받는다. 앞에서 설명한 것처럼 Windows에서 32비트는 4GB, 64비트는 8TB의 메모리 공간이 부여된다. 가령 프로세스 10개가 실행될 경우 4GB나 8TB의 메모리를 부여받으므로 전체 메모리 공간은 40GB나 80TB가 된다.

뭔가 이상하게 느껴질 것이다. PC에 DRAM이 아무리 많이 있어도 16~32GB를 넘기기는 힘들 텐데 어떻게 그렇게 큰 메모리를 사용할 수 있을까? 그래서 가상 메모리라고 하는 것이다.

1.2 가상 메모리 동작 원리

수학과와 생물학과의 사물함을 통해서 가상 메모리 동작 원리를 살펴보자. 대학은 각 학과마다 100개씩 사물함을 배정하기로 하였다. 총 200개의 사물함을 설치해야 하지만 건물이 좁아서 이과 대학에는 50개의 사물함만 설치할 수밖에 없었다.

원래는 사물함마다 [과-번호]를 표기해야 하지만 그냥 빈 채로 놔두었다. 대신 사물함을 신청하는 학생에 한하여 빈 사물함 하나를 배정하고 배정된 사물함에 [~과 ~번]이란 표지를 달게 하였다. 초반에는 50개로도 충분히 학생들의 실제 사물함 요청을 만족시킬 수 있었다. 그러나 신입생이 들어오면서 실제 요청된 사물함의 수가 50개를 넘어서기 시작했다. 어떻게 해야 할까? 대학은 오랫동안 사용하지 않고 방치된 사물함에 주목하기 시작했다. 이과 대학 건물에서는 멀리 떨어져 있지만 규모도 큰 중앙도서관 창고에 방치된 사물함의 물품을 옮기고, 비어 있는 사물함을 신입생들에게 배정하였다. 이제 50개의 사물함은 포화를 이루었으며 창고에 보관된 물품도 많아졌다. 그러나 운영상 큰 문제는 없었다. 새로 사물함을 신청할 경우 오래된 사물함의 물품은 창고에 이동시키고 배정하면 되기 때문이다. 가끔 오랫동안 방치하다가 다시 사물함을 사용하겠다고 하는 경우에도 똑같은 원칙으로 처리하면 된다. 다른 오래된 사물함 물품은 창고에 이동시키고, 기존 창고에 보관된 물품을 다시 사물함으로 옮겨서 제공하면 그만이다. 물론 사물함과 창고에 서로 이동시키는 횟수가 많아지면서 필요한 순간에 바로바로 사물함을 사용하는 데 시간이 많이 걸리는 문제가 있었지만, 어느 해에 학교에서 큰 돈을 들여 사물함을 50개에서 100개로 늘리면서 그런 문제도 조금 잠잠해질 수 있었다.

위의 비유를 통해서 어떻게 가상 메모리가 동작하는지 쉽게 이해할 수 있을 것이다. 교훈이라면 컴퓨터가 느려졌을 때 DRAM의 크기를 먼저 늘려보라는 것이다.

여기서 잠깐 일화 속의 중앙도서관의 창고를 주목해보자. 컴퓨터에도 중앙도서관의 창고와 비슷한 것이 있다. 바로 보조 기억 장치인 디스크 드라이브(HDD, SSD 등)에 존재하는 스왑Swap 파일이다. 운영체제가 Windows라면 C 드라이브에서 pagefile.sys를 찾아보기 바란다. 그 파일이 바로 스왑 파일이다.

사물함의 크기는 모두 일정하다. 마찬가지로 가상 메모리는 일정한 크기로 나누어져 제공된다. 책 한 권만 보관하고 싶어도 사물함 하나가 제공되듯이 가상 메모리 또한 최소 제공되는 크기가 존재한다. 운영체제와 설정에 따라 달라질 수 있지만 보통 4KB 크기의 메모리 덩어리를 기본 단위로 정하며 이것을 페이지Page라고 부른다.

즉, 프로세스가 시작되면 4GB나 8TB의 메모리 공간이 부여되고, 필요한 메모리를 요청할 경우 해당 메모리 공간에서 페이지 단위로 메모리 영역을 할당해준다.

가상 메모리의 동작 방식을 살펴보면 굉장히 복잡함을 알 수 있다. 그러나 다행스럽게도 지금까지 설명한 가상 메모리 동작은 모두 운영체제와 하드웨어가 자동으로 처리해준다. 결론은 프로그래밍을 할 때는 주어진 가상 메모리만 잘 사용하면 될 뿐 그 뒤쪽의 동작은 신경 쓰지 않아도 된다는 의미이다.

1.3 가상 메모리 구조

지금까지 사용된 메모리라는 단어는 곧 가상 메모리를 말한다. 앞으로도 메모리는 가상 메모리를 의미할 것이다. 다음은 프로세스마다 주어지는 메모리의 기본 구조를 보여준다.

[그림 14-1]은 프로세스마다 주어지는 메모리의 사용 목적에 따른 영역별 구분을 보여준다.

❶ **Code(Text) 영역:** 프로그램의 소스 코드가 저장되는 영역이다. 보통 함수나 상수 등이 저장된다. 이 영역은 오직 읽기와 실행이 가능하며 쓰기는 금지된다. 쓰기가 금지되는 이유는 코드의 안정성을 위해서이다. 만약 쓰기가 가능하다면 실행 코드를 변조하여 악의적인 목적으로 실행할 수 있기 때문이다.

❷ **Data 영역:** 전역 및 정적 객체가 저장되는 곳이다. 즉, 전역 변수, 전역 배열, 전역 클래스 인스턴스와 함께 static이 지정된 정적 변수, 정적 배열, 정적 클래스 인스턴스 등이 저장된다.

❸ **Heap & Stack 영역:** 그림에서는 뭉뚱그려 놓았는데 절대적인 위치가 두 개로 나누어진 것이 아니기 때문이다. 논리적으로 힙Heap과 스택Stack은 완전히 별개의 영역이다. 힙과 스택은 단 하나만 존재하는 것도 아니다. 힙 영역도 복수 개로 존재할 수 있으며, 스택 또한 스레드마다 하나씩 부여받는다. 즉, 복수 개의 힙과 스택이 메모리 공간에 배치된다. 단지 힙은 힙끼리, 스택은 스택끼리 모여 있는 구조가 아니라는 의미이다. 힙과 스택은 워낙 중요하기 때문에 각각에 대해서 자세히 살펴보자.

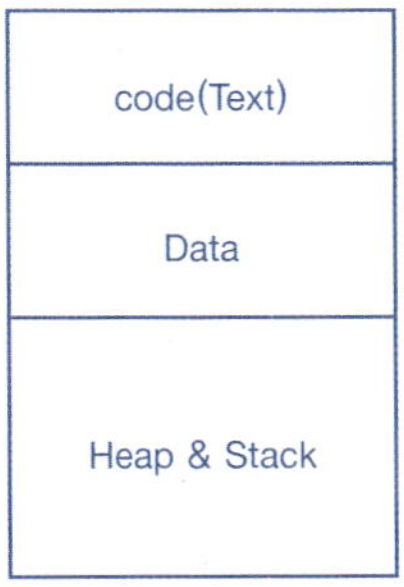

[그림 14-1] 프로세스 가상 메모리 구조

1.4 힙

힙Heap은 동적으로 메모리를 할당할 때 사용되는 영역이다. 보통 malloc, new 등을 사용하여 메모리 할당을 요청할 경우 힙 영역 중 일부를 할당해준다. 따라서 malloc, new로 할당받은 메모리 영역은 모두 힙 영역에 포함되어 있다.

C/C++ 프로그램은 기본적으로 CRT C Runtime Library를 사용한다. CRT는 프로세스 시작 시 기본 힙을 생성하고 프로그램 명령문에 malloc, new가 있을 경우 기본 힙에서 메모리 영역을 할당해주는 역할을 한다.

일반적으로 CRT가 생성한 기본 힙을 주로 사용하지만 필요에 따라서 운영체제가 제공하는 API를 사용하여 사용자 전용 힙을 따로 생성할 수도 있다.

힙은 힙 관리자에 의해서 관리된다. 힙 관리자는 최초에 가상 메모리로부터 힙 영역을 할당받은 후 malloc, new를 통한 요청이 있을 경우 적절히 힙 영역을 분할하여 할당해주는 역할을 한다. 할당할 힙 영역이 부족할 경우 힙의 크기를 늘리는 역할도 하며, free나 delete를 통한 메모리 해제 요청이 있을 경우에는 이미 할당해준 영역을 돌려받아서 관리하기도 한다.

역시 다행스럽게도 C++ 프로그래밍에서 중급 이하의 사용자는 힙 관리자를 자세히 알 필요는 없다. 기본적으로 CRT는 범용적인 사용성에 기반한 힙 관리자를 제공하고 있으며, 보이지 않게 자동으로 잘 동작하고 있기 때문이다. 물론 특별한 용도의 고성능의 프로그램을 개발하기 위하여 사용자 전용 힙을 사용하는 경우도 있다. 이런 경우 자체의 힙 관리자를 설계하고 구현해야 한다. 비유를 하자면 우리나라처럼 사계절이 뚜렷한 경우 자동차 타이어로 사계절용 타이어를 장착하지만, 전용 트랙을 달리는 경기용으로는 홈이 없는 경기용 타이어를 장착하는 것과 같다고 할 수 있다.

1.5 스택

스택Stack은 스레드당 하나씩 생성된다. 컴파일러의 설정에 따라 다를 수 있지만 보통 기본적으로 스레드당 1~4MB 정도의 메모리 영역이 스레드당 스택으로 할당된다. 스레드가 생성되는 순간 OS는 가상 메모리의 남은 영역 중에서 적당한 곳을 골라서 스레드 스택으로 할당해준다. 스택에는 스레드가 실행하고 있는 함수의 매개 변수와 지역 객체(변수, 배열, 인스턴스) 등이 저장된다. 스택은 함수가 호출되면서 크기가 자라나는데 함수가 반환되면서 다시 크기가 원래대로 줄어든다.

지금까지 살펴본 예제들의 대부분은 스택을 사용했다. 함수로 전달되는 인자와 함수 안에서 정의되는 지역 객체 모두가 스택에 저장되기 때문이다. 물론 함수 안에서 static이 지정된 정적 객체나 전역 객체의 경우 스택이 아닌 Data 영역에 저장된다.

2. 동적 메모리 할당과 해제

힙 영역을 이용하는 동적 메모리 할당과 해제를 배우기 전에 왜 동적 메모리 할당과 해제를 알아야 하는지 생각해보자. 지금까지 Data 영역과 스택 영역만으로도 프로그래밍을 잘 해온 것 같은데, 왜 힙 영역이 필요한지 궁금하지 않은가? 질문을 바꿔보면 지금까지 사용한 전역, 정적 객체와 함수에서 사용하는 지역 객체 이외에 또 다른 무엇인가가 필요한 이유를 물어보는 것과 같다.

여론 조사 프로그램을 개발한다고 가정해보자. 조사에 응한 사람들이 기록한 자료를 파일이나 DB로 만들어놓으면 프로그램은 각 사람별 자료를 읽은 후 클래스 인스턴스로 만들어서 통계 처리를 한다. 문제는 조사 대상의 사람 수가 가변적이라는 데 있다. 사람의 수가 특정한 수 이하라고 한다면 함수 안에서 배열을 정의해서 처리해도 될 것 같지만 스택 크기의 한계가 있으므로, 가변적으로 너무 많은 사람을 처리할 수 없다. 따라서 배열을 전역으로 정의해야 한다. 문제는 배열 요소의 수를 어떻게 잡아야 할지 여전히 결정할 수 없다는 데 있다. 가령 사람 수를 1만 명으로 정한다고 해보자. 1만 명이 넘어갈 경우 어떻게 할 것인가? 아예 대한민국 국민 수를 충분히 넘도록 1억 명 정도로 해보자. 인스턴스 하나당 최소 4바이트씩만 계산해도 프로그램 용량은 최소 4억 바이트가 된다. 대략 381MB에 해당한다.

동적 메모리 할당과 해제를 이용할 경우 위의 문제를 말끔히 해결할 수 있다. 프로그램 실행 중에 필요한 만큼 메모리를 할당해서 사용하고 더 이상 필요가 없을 경우 해제하면 그만이다. 동적 메모리 할당과 해제는 그리 어렵지 않다. C/C++에서 제공하는 동적 메모리 관련 함수와 연산자를 사용하면 된다. 바로 malloc, free, new, delete, new [ ], delete [ ]이다.

2.1 malloc & free

```
void* malloc(size_t size);
void free(void* memblock);
```

malloc은 매개 변수로 size를 받아서 size 바이트만큼 메모리 영역을 할당한 후 해당 영역을 가리키는 포인터를 반환하는 함수이다. 할당할 수 있는 메모리가 충분하지 않을 경우에는 NULL을 반환한다. 할당된 메모리 영역은 프로세스가 종료되거나 직접 해제되기 전까지는 항상 유효하다.

참고로 malloc의 인자 타입인 size_t는 typedef로 새롭게 정의된 타입이며 다음과 같다. 아마도 독자들은 대부분 64비트 Windows를 사용하기 때문에 size_t는 __int64와 같을 것이다.

```
#ifdef _WIN64
typedef unsigned __int64 size_t;
#else
typedef unsigned int     size_t;
#endif
```

힙 관리자는 힙 영역을 할당 영역과 미할당 영역으로 구분하면서 관리한다. malloc 호출 시 미할당 영역에서 요청된 크기만큼 연속적인 메모리 영역을 찾은 후 할당 영역으로 변경하고 반환한다. 따라서 한번 할당된 영역은 malloc에 의해 다시 할당되지는 않는다. 즉, 같은 영역이 중복으로 할당되어서 충돌이 발생하지 않는다. malloc 요청이 많아질 경우 할당 영역은 늘어나고 미할당 영역은 줄어든다. 만약 malloc 요청에 대해서 적절한 미할당 영역을 찾기 어려울 때는 힙 영역 자체를 늘리면서 미할당 영역을 늘리기도 한다. 물론 가상 메모리의 한계로 인하여 힙 영역 자체를 늘리지 못할 경우 최후에는 NULL을 반환한다.

free는 malloc을 통해서 할당된 메모리를 해제하는 함수이다. 인자는 malloc을 통해서 반환된 포인터이다. 힙 관리자는 free가 호출될 경우 인자 memblock이 가리키는 힙의 할당 영역을 찾아낸 뒤 다시 미할당 영역으로 되돌려놓는다. 미할당 영역이 인접할 경우에는 하나로 합친다. malloc은 인자로 할당을 원하는 메모리 크기를 받지만 free는 해제할 메모리 크기를 인자로 받지 않는다. 그 이유는 힙 관리자가 할당 내역을 관리하고 있기 때문이다. 할당 내역은 할당된 영역의 시작 주소와 크기를 가진다.

[그림 14-2]처럼 힙 관리자는 메모리 영역을 할당할 때마다 할당 내역을 내부 자료구조에 저장한다. 그림에서는 할당 내역이 테이블로 이루어져 있지만 실제 구현은 컴파일러가 제공한 CRT에 따라 달라질 수 있다. p1~p4까지 네 번의 malloc이 호출될 경우 테이블에는 할당 내역이 네 건 추가된다. 여기서 free를 호출할 경우 힙 관리자는 인자로 넘어온 포인터를 할당 내역에서 검색하고, 발견될 경우 해당 메모리 영역을 미할당 영역으로 변경한 뒤 할당 내역에서도 삭제한다.

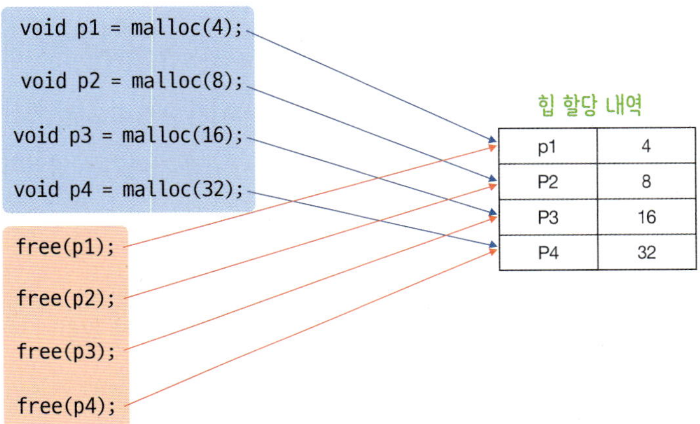

[그림 14-2] 힙 할당 내역

malloc에 의해 할당된 메모리 영역의 포인터는 특별한 타입으로 정해진 것이 아니기에 void*이다. 따라서 해당 영역을 사용하기 위해서는 적절한 타입 변환 연산자를 사용해야 한다.

[예제 14-1] malloc, free 사용

```
#include <iostream>
using namespace std;

#include <stdlib.h>

void main()
{
    int a = 1;
    int* p = (int*)malloc(sizeof(int));
    *p = 2;

```

```
12      cout << a << endl;    // 1
13      cout << *p << endl;    // 2
14
15      free(p);
16  }
```

```
1
2
```

[예제 14-1]은 malloc과 free의 기본적인 사용법을 보여준다. malloc과 free를 사용하기 위해서는 4행처럼 stdlib.h를 포함해야 한다. 9행에서 malloc을 사용하는데 인자로 sizeof(int)를 넘긴다. 즉, int 타입 크기인 4바이트만큼 메모리 영역을 힙에서 할당한다. 반환받은 포인터는 적절히 int*로 타입 변환 후 사용한다. 10행, 13행에서는 반환받은 포인터 p에 간접(*) 연산자를 적용하여 int 객체처럼 사용한다. 8행의 int 변수 a와 9행의 포인터 p가 가리키는 영역의 성격은 완전히 다르다. 변수 a가 차지하는 메모리 영역은 스택에 있지만 p가 가리키는 영역은 힙에 있다. 둘의 차이는 main 함수가 반환될 때 두드러지게 나타나는데, 변수 a의 경우 함수가 반환될 때 스택의 영역이 줄어들면서 자동으로 해제되는데 비하여, 힙은 스택과 전혀 관련이 없으므로 p가 가리키는 영역은 계속해서 유효하게 남아 있다. 따라서 malloc으로 할당된 메모리는 직접 free를 통해서 해제해야만 한다. 해제하지 않을 경우 프로세스가 종료되는 시점까지 메모리가 남아 있으므로 불필요한 메모리를 낭비할 수도 있으며, 불필요한 메모리가 지나치게 커질 경우 성능 저하나 오류의 원인이 될 수 있다. 따라서 동적으로 할당된 메모리를 더 이상 사용하지 않을 때는 14행처럼 free를 반드시 명시적으로 호출해야 한다.

2.2 calloc

```
void* calloc(size_t num, size_t size);
```

calloc도 malloc처럼 힙에서 메모리 영역을 할당해주는 함수이다. 다른 점이 있다면 malloc에 비해서 인자가 하나 더 있는데 요청 메모리 크기가 num * size라는 점이다. 즉, calloc(num, size)은 malloc(num * size)과 같다.

인자 타입열도 다르지만 반환 결과도 약간 차이가 있다. calloc이 할당한 메모리 영역은 모두 0으로 채워져 있다. 반면 malloc이 할당한 메모리 영역은 기존 메모리 영역에 남아 있는 값들이 그대로 채워진 채 반환된다.

[예제 14-2] calloc

```
1  #include <iostream>
2  using namespace std;
3
4  void main()
5  {
6      int* p1 = (int*)malloc(sizeof(int));
7      int* p2 = (int*)calloc(1, sizeof(int));
8
9      cout << *p1 << endl;
10     cout << *p2 << endl;
11
12     free(p1);
13     free(p2);
14 }
```

```
4390988
0
```

[예제 14-2]는 calloc과 malloc의 차이를 보여준다. 둘 다 4바이트 메모리 영역을 할당받은 후 바로 해당 영역의 값을 출력했다. 출력 결과에서 알 수 있듯이 malloc으로 할당받은 메모리 영역에는 미정의 값이 있지만 calloc으로 할당받은 메모리 영역은 항상 0으로 채워진다. 참고로 12행, 13행처럼 malloc이나 calloc으로 할당받은 메모리는 공통적으로 free를 통해서 해제해야 한다. 즉, 동적 할당받는 함수는 여러 개가 될 수 있지만 해제하는 함수는 free 하나뿐이다.

2.3 realloc

```
void* realloc(void* memblock, size_t size);
```

realloc은 이미 할당된 메모리 영역을 재할당하기 위하여 사용된다. 일반적으로 기존 할당된 메모리 영역의 크기를 변경할 경우 사용한다. 첫 번째 인자인 memblock은 이미 malloc 등으로 할당된 메모리 영역 포인터이고, 두 번째 인자인 size는 재할당된 메모리 영역의 크기를 나타낸다.

재할당된 포인터는 기존 memblock이 나타내는 포인터와 같을 수도 있지만 항상 다르다고 가

정해야 한다. 메모리가 충분할 경우 재할당된 포인터가 기존 포인터와 같은 경우가 많이 있지만 항상 그런 것은 아니기 때문이다. 따라서 만약 메모리 영역이 아예 달라질 경우 기존 메모리 영역에 들어 있던 값들을 어떻게 옮겨야 할지 궁금할 수 있다. 그러나 걱정할 필요가 없다. realloc의 중요한 특징은 재할당된 메모리 영역에 기존 메모리 영역의 내용이 복사된다는 점이다.

[예제 14-3] calloc

```
1  #include <iostream>
2  using namespace std;
3
4  void main()
5  {
6     int* p1 = (int*)malloc(sizeof(int));
7     *p1 = 3;
8
9     int* p2 = (int*)realloc(p1, 1024 * sizeof(int));
10
11    cout << p1 << endl;
12    cout << p2 << endl;
13    cout << p2[0] << endl;
14
15    free(p1);     // Error
16    free(p2);     // OK
17 }
```

```
007BB128
007BDD60
3
```

[예제 14-3]은 realloc의 사용법을 보여준다. 출력에서 알 수 있듯이 p1과 p2는 다른 주소를 나타낸다. 그러나 7행, 13행을 통해서 알 수 있듯이 p1이 가리키던 영역에 쓰여진 3이 그대로 p2가 가리키는 영역의 첫 4바이트에 그대로 복사된 것을 알 수 있다.

15행은 주의해서 살펴보자. 실제 예제를 실행할 경우 프로그램이 실행 오류로 멈출 수 있다. realloc은 재할당을 하면서 이전에 할당받은 메모리 영역을 자동으로 해제한다. 따라서 p1은 이미 해제된 메모리를 가리키고 있는데, free를 통해서 다시 해제를 하려고 하니 런타임 오류가 발생할 수 있다. 따라서 16행처럼 realloc으로 재할당을 받은 메모리 영역에 대해서만 free를 통해서 해제해야 한다.

마지막으로 realloc에서 첫 번째 인자인 memblock에 NULL을 줄 경우 malloc으로 동작한다.

2.4 new & delete

new와 delete는 C++에서 새롭게 도입된 동적 메모리 할당과 해제 연산자이다. 중요한 점은 malloc과 free는 함수인데 비해서 new와 delete는 연산자라는 것이다. 따라서 연산자의 특성상 함수와는 조금 다른 형태로 사용된다. new와 delete의 형식은 다음과 같다.

```
TYPE* pT = new TYPE;
delete pT;
```

new와 delete는 연산자이기 때문에 함수와 형태가 다르다. new는 피연산자로 타입명을 취하는데, sizeof(TYPE) 크기의 메모리 영역을 할당한 후 TYPE* 타입으로 반환한다.

delete는 피연산자로 new를 통해서 반환받은 포인터를 취한다. 동적으로 할당된 메모리 영역은 delete를 통해서 해제된다.

[예제 14-4] malloc

```
#include <iostream>
using namespace std;

void main()
{
    int* p1 = (int*)malloc(sizeof(int));
    *p1 = 3;
    cout << *p1 << endl;   // 3
    free(p1);

    int* p2 = new int;
    *p2 = 3;
    cout << *p2 << endl;   // 3
    delete p2;
}
```

```
3
3
```

[예제 14-4]의 6~9행은 malloc, free를 사용하고, 11~14행은 new, delete를 사용한다. 두 코드의 동작은 완전히 일치한다. 오히려 비교를 통하여 알 수 있는 점은 new, delete가 malloc, free보다 더 사용하기 쉽다는 점이다.

먼저 malloc을 살펴보자. 원하는 타입의 크기만큼 메모리를 할당하기 위하여 sizeof를 사용하거나 해당 타입의 크기를 인자로 넘겨야 한다. 그러나 new의 경우 해당 타입만 피연산자로 넘기면 된다. 또 다른 점은 malloc의 경우 반환 포인터의 타입이 void*이므로 원하는 포인터 타입으로 변환을 해야만 한다. 그러나 new의 경우 피연산자로 넘겨진 타입의 포인터를 반환하게 되어 있어서 타입 변환을 할 필요가 없다. 그만큼 코드가 깔끔해지는 장점이 있다.

2.5 new [ ] & delete [ ]

new의 피연산자로 타입을 주는 것은 malloc에 비해서 단점이 하나 있다. malloc은 원하는 크기를 인자로 줄 수 있기 때문에 배열과 같은 연속된 복수의 객체를 위한 메모리 영역을 쉽게 할당할 수 있지만, new는 그렇게 하기 어렵기 때문이다. 그러나 걱정할 필요가 없다. 이미 그런 점을 고려하여 배열 형태의 메모리 영역을 할당해주는 new [ ], delete [ ] 연산자가 제공되기 때문이다. new [ ]와 delete [ ]의 형식은 다음과 같다.

```
TYPE* pT = new TYPE[N];
delete [] pT;
```

new [ ]는 피연산자로 배열 타입명을 취하는데, N * sizeof(TYPE) 크기의 메모리 영역을 할당한 후 TYPE* 타입으로 반환한다. 반환받은 포인터에 첨자([ ]) 연산자를 사용해서 배열 요소에 접근할 수 있다. new [ ]를 이용하여 할당된 메모리 영역은 반드시 짝을 맞추어서 delete [ ]로 해제해야 한다. 왜 짝을 맞춰야 하는지는 잠시 뒤에 살펴보자.

[예제 14-5] new [] & delete []

```
void main()
{
    int* p1 = (int*)malloc(2 * sizeof(int));
    p1[0] = 0;
    p1[1] = 1;
```

```
6       free(p1);
7
8       int* p2 = new int[2];
9       p2[0] = 0;
10      p2[1] = 1;
11      delete [] p2;
12  }
```

[예제 14-5]는 new [ ], delete [ ] 연산자의 사용법을 malloc과 free와 비교하여 보여준다. 역시 malloc, free보다 훨씬 사용하기 쉽다는 것을 알 수 있다. 특히 8행처럼 타입 뒤의 첨자([ ]) 연산자 안에 원하는 개수를 넘길 경우 원하는 타입 크기의 개수만큼 메모리를 할당해준다. 즉, new TYPE[n]은 malloc(sizeof(TYPE) * n)과 같은 동작을 한다.

단, new [ ] 연산자를 사용할 때는 주의할 점이 있다. 바로 delete [ ]를 사용해야 한다는 점이다. 물론 기본 타입의 경우 delete [ ] 대신 delete를 사용해도 문제가 발생하지 않을 수도 있지만 기본 타입이 아닐 경우 큰 문제를 발생시킬 수 있다. 따라서 반드시 짝을 맞추어서 new [ ]에는 delete [ ]를 사용해야 한다.

2.6 malloc과 new의 차이점

예제를 통해서 malloc과 new, new [ ]를 비교해보았다. malloc을 사용하는 것보다 new, new [ ]를 사용하는 것이 훨씬 쉽고 코드도 간결함을 알 수 있다. 실제로 이런 점으로 인해서 C++에서는 new를 상당히 많이 사용한다. 물론 그렇다고 malloc이 전혀 필요 없는 것도 아니다. 타입에 상관없이 특정한 크기의 메모리 영역을 할당받기 위해서는 malloc을 사용해야만 한다.

new, new [ ]가 C++에 도입된 이유가 단순히 사용 편의성을 증진하기 위해서만은 아니다. 근본적인 이유를 찾는다면 new, new [ ]가 malloc이 할 수 없는 기능을 수행하기 때문이다. C++의 본래 이름이 C with Classes일 정도로 C++의 가장 큰 특징은 클래스라고 할 수 있다. 클래스가 C의 구조체와 다른 점은 상당히 많지만 그중에서 빼놓을 수 없는 것이 바로 생성자와 소멸자이다.

함수 안에서 클래스 변수를 정의해보자. 함수가 호출되면서 클래스 인스턴스가 생성되면서 생성자가 호출되고, 함수가 반환되는 시점에 인스턴스가 사라지면서 소멸자가 호출된다. 클래스 인스턴스는 함수 안의 지역 변수처럼 스택에 생성될 수도 있지만, 동적 메모리 할당을 통해서 힙에서도 생성될 수 있어야 한다. 그러나 malloc은 단순히 힙에서 메모리를 할당해줄 뿐이지 생성자를 호출하지는 않는다. 따라서 힙에 클래스 인스턴스를 동적으로 생성하면서 생성자를 호출해줄 수 있는 기능이 필요하고 그것을 만족하기 위하여 new 연산자가 도입된 것이다. 참고로 new [ ]의 경우 배열 인스턴스에 대해서 각각의 요소에 대해서 생성자를 호출해준다.

[예제 14-6] malloc vs new

```
#include <iostream>
using namespace std;

class CTest
{
public:
   CTest()
   {
      cout << "Constructor!" << endl;
   }
};

void main()
{
   cout << "<malloc>" << endl;
   CTest* pT1 = (CTest*)malloc(sizeof(CTest));
   free(pT1);

   cout << "<new>" << endl;
   CTest* pT2 = new CTest;
   delete pT2;
}
```

```
<malloc>
<new>
Constructor!
```

[예제 14-6]의 출력에서 알 수 있듯이 malloc은 절대로 생성자를 호출하지 않는다. 반면 new는 생성자를 호출한다. new의 피연산자로 클래스명(타입명)이 올 경우 컴파일러는 해당 클래스의 생성자를 호출하는 코드를 자동으로 추가한다.

[예제 14-7] malloc vs new []

```
#include <iostream>
using namespace std;

class CTest
{
public:
    CTest()
    {
        cout << "Constructor!" << endl;
    }
};

void main()
{
    cout << "<malloc array>" << endl;
    CTest* pT1 = (CTest*)malloc(2 * sizeof(CTest));
    free(pT1);

    cout << "<new []>" << endl;
    CTest* pT2 = new CTest[2];
    delete [] pT2;
}
```

```
<malloc array>
<new []>
Constructor!
Constructor!
```

[예제 14-7]은 malloc과 new [ ]를 비교한다. 역시 malloc은 생성자를 호출하지 않지만, new [ ]의 경우 배열 요소 개수만큼 생성자를 호출하는 것을 알 수 있다.

new, new [ ]는 동적으로 메모리 영역을 할당하고 할당된 영역에 대해서 생성자를 호출하는 것을 주요 기능으로 한다. 재미있는 사실은 new, new [ ]가 동적으로 메모리를 할당할 때 내부적으로 malloc을 사용한다는 점이다. new [ ]의 경우 첨자의 수만큼 malloc을 호출한다고 생각할 수 있지만 실제로 malloc은 단 한 번 불린다. 배열 크기만큼 한번에 메모리 영역을 할당한 후에 배열 요소 수만큼 생성자를 호출해준다.

여기서 의문을 가질 수 있다. new, new [ ]의 피연산자는 꼭 클래스명뿐 아니라 생성자가 존재할 수 없는 원시 타입(int, char, double)도 될 수 있기 때문이다. 원칙적으로 new, new [ ]의 피연산자는 생성자가 존재하는 클래스명만 되어야 맞을 것 같지만 범용적인 동적 메모리 할당을 위하여 원시 타입뿐 아니라 어떤 타입명도 올 수 있다. 피연산자의 타입이 클래스가 아니기에 생성자가 존재하지 않을 경우 단지 생성자 호출없이 malloc이 호출될 뿐이다. 컴파일러는 피연산자의 타입을 판별하여 생성자 호출 여부를 자동으로 결정한다.

2.7 free와 delete의 차이점

이제 free와 delete의 차이는 쉽게 추측할 수 있다. delete는 내부적으로 소멸자를 호출한 뒤에 free를 통해서 할당된 메모리를 해제한다. delete [ ]는 new [ ]의 동작 방식과 마찬가지로 할당된 배열의 요소들에 대해서 각각 소멸자를 호출하고 마지막에 free를 통해서 전체 할당된 배열의 메모리 영역을 해제한다.

[예제 14-8] free, delete, delete []

```
#include <iostream>
using namespace std;

class CTest
{
public:
   ~CTest()
   {
      cout << "Destructor!" << endl;
   }
};

void main()
```

```
14 {
15     cout << "<free>" << endl;
16     CTest* pT1 = (CTest*)malloc(sizeof(CTest));
17     free(pT1);
18 
19     cout << "<delete>" << endl;
20     CTest* pT2 = new CTest;
21     delete pT2;
22 
23     cout << "<delete []>" << endl;
24     CTest* pT3 = new CTest[2];
25     delete [] pT3;
26 
27     cout << "<delete void*>" << endl;
28     CTest* pT4 = new CTest;
29     delete (void*)pT4;
30 }
```

```
<free>
<delete>
Destructor!
<delete []>
Destructor!
Destructor!
<delete void*>
```

[예제 14-8]에서 볼 수 있듯이 free는 소멸자를 호출하지 않지만 delete와 delete [ ]는 소멸자를 호출한다. delete와 delete [ ]는 피연산자인 포인터의 대상 타입을 통해서 소멸자를 호출할 수 있다. 따라서 29행처럼 delete의 피연산자로 포인터의 타입을 void*로 변환할 경우 정확한 클래스를 판단할 수 없기 때문에 소멸자가 호출되지 않는다.

2.8 delete와 delete [ ]

malloc은 객체 하나만 생성하든 배열처럼 여러 객체를 생성하든 결국 마지막에는 free를 통해서 해제한다. 그에 비해서 new ~ delete, new[ ] ~ delete [ ]는 정확하게 짝을 맞추어서 사용해야 한다. 실제 현업에서는 delete와 delete [ ]를 구분없이 사용하는 실수로 인하여 많은 문제점이 발생하기도 한다. 왜 C++ 설계자들은 delete와 delete [ ] 구분하도록 만들었을까? 그냥 알아서 delete만 사용하면 더 깔끔하고 좋을 것 같은데 말이다.

[예제 14-9] free, delete, delete []

```cpp
#include <iostream>
using namespace std;

class CTest
{
public:
   CTest()
   {
      cout << "Constructor!" << endl;
   }

   ~CTest()
   {
      cout << "Destructor!" << endl;
   }

   int m_Val1;
   int m_Val2;
};

CTest* g_pT = NULL;

void FuncNew()
{
   cout << "<FuncNew>" << endl;
   g_pT = new CTest[2];
}

void FuncDelete()
{
   cout << "<FuncDelete>" << endl;
   delete [] g_pT;
}

```

```
35 void main()
36 {
37     FuncNew();
38     FuncDelete();
39 }
```

```
<FuncNew>
Constructor!
Constructor!
<FuncDelete>
Destructor!
Destructor!
```

[예제 14-9]의 21행은 CTest 전역 포인터 g_pT를 정의한다. 23행의 함수 FuncNew에서 g_pT에 동적 메모리를 할당받고, 29행의 함수 FuncDelete에서 g_pT를 통해서 할당받은 메모리를 해제한다. 26행에서 볼 수 있듯이 new [ ]의 피연산자로 배열 요소의 개수 2가 전달된다. 따라서 컴파일러는 쉽게 생성자를 두 번 호출해야 한다는 사실을 알 수 있다. 그에 비해서 32행의 delete [ ]에는 피연산자로 배열 요소의 개수 2를 전달하지 않는다. 만약 배열 요소의 개수를 전달해야 한다면 아마도 배열 요소의 개수를 전역 변수에 저장한 뒤에 해제할 때 사용하는 불편을 겪게 될 것이다. 그런 식으로 delete [ ]가 설계되면 잘못된 배열 요소 개수가 전달될 경우 심각한 문제가 발생할 수도 있다. 따라서 delete [ ]는 배열 요소 개수 없이도 잘 동작할 수 있도록 구현되었는데, 그것을 위하여 new [ ]~delete [ ]가 new~delete와는 조금 다르게 동작한다.

[그림 14-3]은 new [ ]의 할당 작업이 이루어지는 과정을 순서대로 보여준다. 참고로 위의 그림은 64비트 x64를 기준으로 한다. 먼저 〈과정 1〉과 같이 new CTest[2];의 경우 내부적으로 malloc을 호출한다. 보통의 경우라면 malloc의 인자로 필요한 메모리 영역의 크기가 전달되어야 하므로 2 * sizeof(CTest)가 되어야 한다. 그러나 new CTest[2]의 경우 실제로는 8바이트만큼 더 큰 크기가 요청된다. 왜 8바이트가 추가로 필요한 것일까? 바로 배열 요소의 개수를 저장하기 위해서이다. 〈과정 2〉에서 malloc으로 힙 매니저에 24바이트 메모리 할당을 요청하면 〈과정 3〉처럼 힙 매니저는 힙으로부터 24바이트 영역을 찾은 후 해당 영역을 가리키는 포인터 p를 반환하면서 할당 내역에 기록한다. 〈과정 4〉는 꽤 중요하다. new [ ] 연산자는 내부에서 호출한 malloc의 반환 값인 포인터 p에 8을 더해서 g_pT로 반환한다. 따라서 g_pT는 그림처럼 실제 클래스 인스턴스의 배열이 시작되는 메모리 영역을 가리키게 된다.

delete [ ] g_pT;가 처리되는 과정을 살펴보면, 〈과정 5〉와 같이 delete [ ] 연산자는 피연산자인 g_pT로부터 8을 뺀 값을 먼저 구한다. 이미 알고 있듯이 g_pT - 8은 이전 malloc에서 반환받은 포인터 p이고 p가 가리키는 8바이트 영역에는 new []가 할당받은 배열 요소의 개수가 저장되어 있다. 따라서 delete []는 p를 통해서 배열 요소의 개수를 구할 수 있고 그 수만큼 소멸자를 호출할 수 있다. 소멸자 호출이 완료되면 힙 할당 내역으로부터 p를 검색하여 기존 할당된 메모리 영역의 크기가 24바이트임을 알고 해당 영역을 해제할 수 있다.

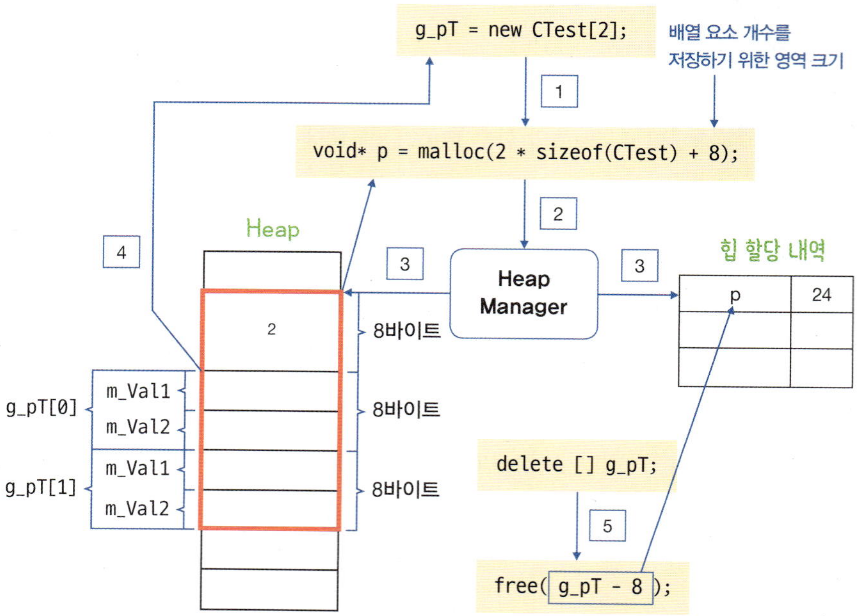

[그림 14-3] new []의 힙 할당 내역

위의 과정은 컴파일러 버전이나 제작사에 따라서 조금씩 다르게 구현될 수 있으나 큰 틀의 흐름은 비슷하다. 또한 new []~delete []의 피연산자 타입이 원시 타입처럼 소멸자가 존재하지 않는 경우에는 그림처럼 배열 요소의 개수를 저장하기 위한 8바이트 영역이 생성되지 않는다. 배열 요소의 개수를 저장하는 목적은 바로 소멸자를 배열 요소의 개수만큼 정확하게 호출하기 위해서이다.

꽤 복잡한 과정을 살펴보았는데 C++ 프로그래밍을 배우는 초·중급 단계에서는 컴파일러의 내부 동작을 꼭 알아야 할 필요는 없다. 그럼에도 이 책에서 소개하는 이유는 new~delete, new []~delete []를 정확하게 알고 사용하길 강조하기 위해서이다. 또한 어떻게 보면 단순히 외우고 넘어갈 수도 있지만 보이지 않는 부분에서 C++ 설계자의 고심과 노력의 흔적을 느끼는 것도 프로그래밍을 배우는 과정 중의 하나이기 때문이다.

3 메모리 할당과 해제 연산자 함수

new, new [ ], delete, delete [ ]의 공통점은 C++의 연산자라는 사실이다. 또한 피연산자의 타입이 클래스(구조체 포함)이고 생성자와 소멸자가 존재할 경우 메모리 할당과 해제 시점에 호출해주는 역할도 한다.

앞에서도 연산자 중복 정의를 통해서 연산자의 동작을 변경할 수 있었다. 마찬가지로 new, new [ ], delete, delete [ ] 역시 연산자와 연결된 연산자 함수를 중복 정의함으로써 메모리 할당 방식을 원하는 대로 만들 수 있다. 단, 주의할 점은 메모리 영역을 할당하고 해제하는 부분은 변경할 수 있으나 생성자와 소멸자를 호출하는 것은 제어할 수 없다는 사실이다.

3.1 operator new

new 연산자는 이미 동작이 정의되어 있다. 먼저 연산자 함수 operator new를 호출하는데 operator new가 명시적으로 정의되어 있지 않을 경우 컴파일러가 기본으로 제공하는 operator new가 호출된다. 기본으로 제공되는 operator new는 앞에서 설명한 것처럼 힙 매니저를 이용하여 힙 메모리를 할당받는 역할을 한다.

[예제 14-10] 기본 operator new

```
1  void* operator new(size_t const size)
2  {
3     if(void* const block = malloc(size))
4     {
5        return block;
6     }
7
8     // 예외 처리
9  }
```

[예제 14-10]은 컴파일러가 제공하는 기본 operator new 함수 본체이다. 역시 컴파일러 제작사나 버전에 따라서 조금씩 다를 수는 있으나 3행처럼 malloc을 통해서 동적 메모리를 할당받은 후 해당 영역을 가리키는 포인터를 반환하는 것이 핵심이다.

new TYPE;은 함수 operator new(sizeof(TYPE))를 호출하여 힙 메모리 영역을 할당받은 후 해당 포인터를 (TYPE*)으로 타입 변환한다. 또한 반환받은 포인터를 기준으로 생성자도 호출한다. 여기서 알 수 있는 것은 operator new는 오직 메모리 영역 할당만을 처리한다는 사실이다. 반환받은 포인터를 타입 변환하고 생성자를 호출하는 것은 new 연산자의 이미 정해진 고유의 기능이다. 따라서 operator new를 중복 정의하는 것은 오직 메모리 할당 동작만 변경하는 것을 의미한다.

[예제 14-11] operator new 중복 정의 1

```
1  #include <iostream>
2  using namespace std;
3  
4  void* operator new(size_t size)
5  {
6     void* p = malloc(size);
7     memset(p, 0xFF, size);
8     return p;
9  }
10 
11 void main()
12 {
13    int* p = new int;
14    cout << *p << endl;     // -1 출력
15    delete p;
16 }
```

```
-1
```

[예제 14-11]은 operator new를 중복 정의한 것이다. 기본 operator new는 힙에서 메모리 영역을 할당하는데 해당 영역은 초기화되지 않은 상태로 주어진다. 4행의 operator new는 할당하는 메모리 영역의 모든 비트를 1로 채우도록 수정하였다. 7행에서 memset을 이용하여 각 바이트를 0xFF로 채우도록 하였다. 이렇게 new의 메모리 할당 동작을 변경한 후에 14행의 출력을 확인하면 −1이 나온다. 2의 보수법에 의해서 모든 비트가 1인 경우 −1이기 때문이다.

엄밀히 말해서 위의 예제는 operator new의 재정의에 가깝다. 컴파일러에 의해서 기본으로

제공되는 operator new를 가리는 역할을 하기 때문이다. 실제로 operator new 함수는 인자를 다르게 하여 중복 정의할 수 있다.

[예제 14-12] operator new 중복 정의 2

```
1  #include <iostream>
2  using namespace std;
3
4  void* operator new(size_t size, int value)
5  {
6     void* p = malloc(size);
7     memset(p, value, size);
8     return p;
9  }
10
11 void main()
12 {
13    int* p1 = new(0) int;
14    cout << *p1 << endl;    // 0 출력
15    delete p1;
16
17    int* p2 = new(-1) int;
18    cout << *p2 << endl;    // -1 출력
19    delete p2;
20 }
```

```
0
-1
```

[예제 14-12]의 operator new는 인자가 두 개이다. 원하는 만큼 인자 타입열을 다르게 중복 정의할 수 있다. 단 첫 번째 인자는 반드시 할당 요청할 메모리의 크기가 되어야 한다. 따라서 두 번째 인자부터 추가하면서 중복 정의를 할 수 있다.

4행의 operator new는 두 번째 인자로 받은 value로 할당된 메모리 영역을 바이트 단위로 초기화한다. 인자 타입열이 다른 operator new는 어떻게 호출할지 궁금할 텐데 13행, 17행을 보면 쉽게 알 수 있다. 두 번째 인자부터 new 바로 뒤 괄호에 넣어주면 된다. 따라서 13행,

17행은 할당된 메모리 영역을 바이트 단위로 각각 0과 −1로 초기화하여 반환하라는 의미이다. 따라서 출력 결과가 0과 −1이 나오는 것을 확인할 수 있다.

지금까지는 힙에서만 메모리를 할당했지만 원한다면 다른 메모리 영역을 할당하도록 operator new를 중복 정의할 수도 있다.

[예제 14-13] operator new 중복 정의 3

```cpp
#include <iostream>
using namespace std;

size_t g_Index = 0;
char g_Data[1024] = {0};

void* operator new(size_t size)
{
    void* p = &g_Data[g_Index];
    g_Index += size;
    return p;
}

void main()
{
    char* p1 = new char;
    char* p2 = new char;
    char* p3 = new char;

    *p1 = 'C';
    *p2 = '+';
    *p3 = '+';

    cout << g_Data << endl;    // C++ 출력
}
```

```
C++
```

[예제 14-13]은 operator new에서 5행의 전역 배열 g_Data를 분할하여 할당한다. 16~18행처럼 new char를 통해서 할당받은 1바이트 영역에 각각 한 글자씩 입력한 후에 24행처럼 출력하면 입력된 문자열을 확인할 수 있다. 이번 예제에서 특이한 점은 delete가 존재하지 않는다는 것이다. 지금 같은 경우에는 delete를 해서는 안된다. p1~p3의 경우 힙 메모리 영역이 아니라 전역 데이터 영역에 있기 때문에 delete의 피연산자가 될 경우 문제를 일으킬 수 있기 때문이다.

지금까지 재정의한 operator new는 전역 연산자 함수이다. 즉, 피연산자로 모든 타입을 받을 수 있는 new 연산자를 위한 것이다. operator new는 전역 함수만 있는 것이 아니다. 특별한 클래스를 위한 멤버 함수도 정의할 수 있다. 형식은 다음과 같다.

```
(static) void* CLASS_NAME::operator new(size_t const size);
```

멤버 operator new는 멤버 함수라는 것 이외에 전역 operator new와 크게 다를 바 없다. 참고로 멤버 operator new는 자동으로 정적 함수가 된다. 여기서 자동이라는 static 지정자가 생략되어도 정적 함수로 취급된다는 의미이다. 멤버 operator new가 정적 함수가 될 수밖에 없는 이유는 this를 사용하지 못하는 데 있다. operator new의 역할이 this가 가리킬 메모리 영역을 할당받는 것이기 때문이다.

[예제 14-14] 멤버 함수 operator new 중복 정의

```
#include <iostream>
using namespace std;

class CTest
{
public:
    static void* operator new(size_t size)
    {
        void* p = malloc(size);
        *(int*)p = 7;
        cout << "CTest::operator new" << endl;
        return p;
    }
```

```
14
15     int m_Value;
16  };
17
18  void main()
19  {
20     CTest* p = new CTest;
21     cout << p->m_Value << endl;    // 7 출력
22     delete p;
23  }
```

```
CTest::operator new
7
```

[예제 14-14]의 7행에서 클래스 CTest의 멤버 operator new를 볼 수 있다. 오직 new의 피연산자가 CTest인 경우에 동작하는 함수이다. 인자로 넘어오는 size는 당연히 클래스 CTest의 크기가 된다. 즉, sizeof(CTest)이다. 10행에서 할당된 메모리 영역에 7을 대입하는데 해당 영역은 CTest의 m_Value이므로 21행에서 m_Value를 출력하면 7이 나온다. 멤버 operator new 역시 전역 operator new처럼 인자를 다르게 하면서 중복 정의할 수 있다. 사용하는 방식은 완전히 일치하므로 예제는 생략한다.

3.2 operator delete

new 연산자를 위하여 operator new 함수가 제공되듯이 delete 연산자에는 operator delete 함수가 제공된다. operator new를 중복 정의함으로써 메모리 할당 동작을 변경하였다면 당연히 operator delete를 통해서 메모리 해제 동작도 변경되어야 하기 때문이다.

[예제 14-15] 기본 operator delete

```
void operator delete(void* const block)
{
   free(block);
}
```

[예제 14-15]는 컴파일러가 제공하는 기본 operator delete 함수를 보여준다. 단지 free를 호출하는 것이 전부이다. delete block;은 먼저 block의 대상 타입을 확인하여 클래스이고

소멸자가 존재할 경우 소멸자를 호출한다. 그 후에 함수 operator delete(block)를 호출하여 할당 받은 힙 메모리 영역을 해제하는 역할을 한다. 소멸자가 호출되는 것은 delete 연산자의 이미 정해진 고유의 기능이다. 따라서 operator delete를 중복 정의하는 것은 오직 할당된 메모리의 해제 동작을 변경하는 것을 의미한다. operator delete를 중복 정의할 만한 간단한 예제를 떠올리는 것이 쉽지 않은 관계로 예제는 생략한다.

3.3 operator new [ ] & delete [ ]

당연히 new [ ]~delete [ ] 연산자를 위한 연산자 함수 operator new [ ]와 operator delete [ ]가 존재한다. 이것까지 알아야 하는지 걱정할 수 있으나 다행히 무척 쉽다.

[예제 14-16] 기본 operator new [] & operator delete []

```
1 void* operator new[](size_t const size)
2 {
3     return operator new(size);
4 }
5
6 void operator delete[](void* block)
7 {
8     operator delete(block);
9 }
```

[예제 14-16]은 컴파일러에 의해서 기본으로 제공되는 operator new [ ]와 operator delete [ ]를 보여준다. 함수 정의를 유심히 살펴보자. 3행, 8행에서 볼 수 있듯이 단지 operator new와 operator delete를 호출할 뿐이다. 어차피 연산자 new TYPE[N];의 경우 배열 요소의 개수 N에 대하여 N * sizeof(TYPE) 크기만큼 메모리 할당 요청을 하면 되기 때문이다. 실제 배열 요소 개수 N번 만큼 생성자를 호출하는 것은 new [ ] 연산자의 고유의 동작이므로 operator new [ ]와는 상관없다. 마찬가지로 delete [ ] block;도 소멸자를 호출하는 횟수를 결정하는 것은 연산자 delete [ ]의 고유 동작이며 operator delete [ ]와는 상관이 없다. 결론은 operator new [ ]는 operator new와 같고, operator delete [ ]는 operator delete와 같다고 할 수 있다.

연습 문제

01 – ____________는 각각의 프로세스에 독립적으로 부여되는 논리적인 메모리를 말한다.

02 – 주소를 나타내는 레지스터의 크기가 32비트일 때, 시스템이 표현할 수 있는 메모리 주소의 최댓값은 ____________이다.

03 – 프로그램의 소스(함수, 상수 등)가 저장되는 Code(Text) 영역은 오직 읽기와 실행만 가능하며 쓰기는 금지된다. 왜 쓰기가 금지되는지 설명하시오.

04 – 스택은 ____________가 생성될 때마다 하나씩 생성된다. ____________가 실행중인 함수의 매개 변수와 지역 객체 등이 저장된다. 괄호에 공통으로 들어가는 용어는 무엇인가?

05 – malloc에 의해서 할당된 메모리 블록을 가리키는 포인터의 타입은 ____________이다.

06 – 다음 프로그램에서 잘못된 부분을 찾고 이유를 설명하시오.

```
#include <stdlib.h>
void main()
{
   int a = 1;
   int* p = malloc(sizeof(int));
   *p = 2;
}
```

07 – 다음 프로그램에서 잘못된 부분을 찾고 이유를 설명하시오.

```
void main()
{
  int* p1 = (int*)malloc(sizeof(int));
  int* p2 = (int*)realloc(p1, 1024 * sizeof(int));

  free(p1);
  free(p2);
}
```

08 – malloc, free는 함수이지만 new와 delete는 ____________이다.

09 – malloc과 비교하여 new를 사용할 때의 편리한 점을 제시하시오.

10 – new는 malloc이 할 수 없는 어떤 기능을 수행한다. 무엇인가?

11 – delete는 free가 할 수 없는 어떤 기능을 수행한다. 무엇인가?

12 – 왜 new [ ]~delete [ ]는 반드시 짝을 맞추어야 하는지 설명하시오.

프로그래밍 문제

{1} - calloc 함수의 특징을 살펴본 후에 calloc과 똑같은 동작을 수행하는 MyCalloc 함수를 구현하시오. (기존 CRT 함수인 malloc, memset 등을 이용한다.)

{2} - 다음 프로그램의 malloc과 free를 new, delete로 교체하는 프로그램을 작성하시오.

```
void main()
{
    int* p = (int*)malloc(sizeof(int));
    *p = 1;
    cout << *p << endl;

    free(p);
}
```

{3} - 다음 프로그램의 malloc과 free를 new [ ], delete [ ]로 교체하는 프로그램을 작성하시오.

```
void main()
{
    int count = 100;
    int* p = (int*)malloc(count * sizeof(int));

    for(int i = 0; i < count; i++)
    {
        p[i] = i;
    }

    free(p);
}
```

{ 4 } - 다음 프로그램의 출력 결과가 0, 100이 나오도록 클래스 CCalc에 new 연산자 함수를 재정의하시오.

```
class CCalc
{
public:
   CCalc()
   {
      cout << m_Min << endl;
      cout << m_Max << endl;
   }

   int m_Min;
   int m_Max;
};

void main()
{
   CCalc* p = new CCalc;
   delete p;
}
```

Chapter 15

기억 부류

사람은 출생부터 사망까지의 생명 주기와 활동 영역을 나타내는 가시 범위를 가진다. 이름을 가진 프로그래밍 객체 또한 생명 주기와 가시 범위를 갖는다. 기억 부류는 생명 주기와 가시 범위를 몇 가지로 나눈 것이다. 이번 장에서는 기억 부류를 정확히 이해함으로써 객체를 효율적으로 제어하는 방법을 배운다.

1 자동 기억 부류

2 전역 기억 부류

3 정적 기억 부류

4 스레드 지역 기억 부류

5 변수의 초기화

++ 연습 문제

++ 프로그래밍 문제

이름을 가진 객체(변수, 배열, 인스턴스)는 모두 생명 주기와 가시 범위를 가진다. 생명 주기는 객체의 생성부터 소멸까지의 기간을 나타내고, 가시 범위는 객체의 이름을 통해서 객체에 접근할 수 있는 범위를 의미한다. 즉, 생명 주기는 시간 개념이고, 가시 범위는 공간의 개념이다. 여기서 객체의 생성과 소멸의 기준을 정할 필요가 있다. 객체를 위한 메모리 영역이 할당되는 시점을 '생성'이라 하고, 객체를 위한 메모리 영역이 해제될 때를 '소멸'이라고 하자. 생성과 소멸의 기준을 명확하게 정하는 이유는 생명 주기를 엄밀하게 파악하기 위함이다.

객체의 종류에 따라서 생명 주기와 가시 범위를 몇 가지로 분류할 수 있는데, 이것을 '기억 부류Storage Class'라고 한다. C++에서 있어서 전통적인 기억 부류에는 자동auto, 레지스터register, 전역extern, 정적static 네 가지가 있으며 최신 C++11에서 새롭게 도입된 스레드 지역thread_local도 있다. 이중에서 레지스터register 기억 부류는 거의 사용되지 않아서 최신 컴파일러에서는 사용할 수 없도록 제한되기도 한다. 이름을 가진 객체는 반드시 특정한 기억 부류에 속하기 때문에 기억 부류의 특징을 제대로 파악해야 한다.

1 자동 기억 부류

함수의 매개 변수나 함수 본체에서 정의되는 일반적인(특별한 기억 부류 지정자로 한정되지 않은) 지역 객체(변수, 배열 등)의 기억 부류Storage Class이다. 자동auto이라는 이름이 붙은 이유는 함수가 호출될 때 객체가 생성되고, 함수가 반환될 때 객체가 소멸되기 때문이다. 따라서 자동 기억 부류의 생명 주기는 함수의 호출부터 반환까지의 기간을 말한다.

함수 호출과 반환은 스택 메모리를 늘리고 줄이는 과정을 동반한다. 함수 호출 전에 스택을 늘려서 매개 변수들을 위한 영역을 할당받고, 함수 호출 직후 함수 본체에 정의된 지역 객체를 위한 영역도 스택에서 할당받는다. 함수가 반환될 때는 스택이 다시 줄어드는데 스택에 자리잡고 있던 객체의 영역도 함께 해제된다.

자동 기억 부류의 가시 범위는 블록 안의 해당 객체가 정의된 곳에서부터 블록의 끝까지이다. 따라서 가시 범위 밖에서 객체의 이름을 통해서 접근하는 시도는 허용되지 않는다.

[예제 15-1] 자동 기억 부류

```
1  void Func(int arg)
2  {    // arg 가시 범위 시작
3     a = 1;     // Error
4
5     int a = 1;     // a 가시 범위 시작
6
7     {
8        int b = 2;    // b 가시 범위 시작
9     }    // b 가시 범위 끝
10
11    b = 2;     // Error
12    arg = 3;     // OK
13 }    // a, arg 가시 범위 끝
14
15 void main()
16 {
17    Func(1);
18    a = 1;     // Error
19    b = 2;     // Error
20    arg = 3;     // Error
21 }
```

[예제 15-1]은 자동 기억 부류에 속한 객체(변수)를 보여준다. 3~13행까지 함수 Func에서 정의된 매개 변수 arg, 지역 변수 a, b는 모두 자동 기억 부류에 속한다. 주석을 통해서 각 객체의 가시 범위를 확인할 수 있다. 가시 범위 밖에서는 이름을 통해서 객체에 접근할 수 없다. 따라서 3행, 11행, 18행, 19행, 20행과 같이 가시 범위 밖에서 해당 객체에 접근하는 경우 모두 컴파일 오류가 발생한다.

[예제 15-2] 가시 범위의 중첩

```
#include <iostream>
using namespace std;

void main()
```

```
5   {
6      int a = 1;     // First a 가시 범위 시작
7
8      {
9         int a = 2;    // Second a 가시 범위 시작
10        cout << a << endl;
11     }     // Second a 가시 범위 끝
12
13     cout << a << endl;
14  }  // First a 가시 범위 끝
```

```
2
1
```

[예제 15-2]를 통해서 가시 범위에 대해서 좀 더 살펴보자. C++는 같은 블록 안에서 서로 다른 지역 객체가 같은 이름으로 중복 정의되는 것을 금지한다. 반대로 블록이 다를 경우 서로 다른 지역 객체가 같은 이름으로 중복 정의되는 것은 허용된다.

6행, 9행에서는 두 개의 지역 변수 a가 정의되어 있는데 두 변수는 모두 이름이 'a'로 동일하지만 서로 다른 변수(서로 다른 메모리 영역을 차지)이다. 이름은 같지만 서로 다른 변수가 공존할 수 있는 이유는 각각 정의된 블록이 다르기 때문이다. 6행의 첫 번째 변수 a는 5~14행 main 함수 블록에 정의되어 있지만, 9행의 두 번째 변수 a는 8~11행 블록에 정의되어 있다.

서로 다른 블록에 서로 다른 객체가 같은 이름으로 정의되면서 객체들의 가시 범위가 중첩되는 경우가 발생할 수 있다. 실제로 10행의 변수 a에 접근하는 코드는 첫 번째 a와 두 번째 a의 가시 범위에 동시에 속하게 된다. 이때 10행의 a는 어떤 객체를 나타낼까? C/C++는 이런 애매함을 없애기 위하여 작은 쪽의 가시 범위에 우선권을 준다. 즉, a 객체의 가시 범위가 중첩될 경우 작은 쪽인 8~11행 가시 범위를 선택하여 'a'라는 이름이 해당 범위에서 정의된 두 번째 변수 a를 나타낸다.

클래스 객체의 경우 생성과 소멸 시 생성자와 소멸자가 호출된다. 보통 객체를 위한 메모리 영역이 할당된 직후 생성자가 호출되고, 소멸자가 호출된 뒤에 메모리 영역이 해제되지만 실제 메모리 영역의 할당과 해제, 생성자와 소멸자의 호출 사이에는 어느 정도 간격이 발생할 수 있다.

[예제 15-3] 생명 주기와 생성자 소멸자 호출

```
#include <iostream>
using namespace std;

class CTest
{
public:
   CTest(char* Name)
   {
      m_Name = Name;
      cout << m_Name << " Constructor!" << endl;
   }

   ~CTest()
   {
      cout << m_Name << " Destructor!" << endl;
   }

   char* m_Name;
};

void main()
{
   cout << "***** Print1 *****" << endl;

   CTest t1("t1");

   cout << "***** Print2 *****" << endl;

   {
      CTest t2("t2");
   }

   cout << "***** Print3 *****" << endl;

```

```
35      CTest t3("t3");
36
37      cout << "***** Print4 *****" << endl;
38  }
```

```
***** Print1 *****
t1 Constructor!
***** Print2 *****
t2 Constructor!
t2 Destructor!
***** Print3 *****
t3 Constructor!
***** Print4 *****
t3 Destructor!
t1 Destructor!
```

[예제 15-3]의 함수 main에서 정의된 클래스 CTest의 객체 t1, t2, t3은 모두 자동 기억 부류에 속한다. 따라서 t1, t2, t3의 생명 주기는 함수의 호출과 반환까지의 기간이다. 즉, 함수가 호출될 때 메모리 영역이 마련되고, 반환될 때 메모리 영역도 해제된다. 그러나 생성자와 소멸자의 호출 시점은 조금 다르다. 실행 흐름이 25행, 30행, 35행의 객체 정의 코드를 지날 때 비로소 t1, t2, t3의 생성자가 호출된다.

t1, t3의 경우 함수가 반환될 때 소멸자가 호출되는 것을 확인할 수 있다. 특히 유심히 살펴봐야 할 곳은 30행의 t2이다. t2의 소멸자는 31행의 블록이 끝을 지날 때 호출된다.

클래스가 지역 객체일 경우 생성자와 소멸자는 실행 흐름이 객체의 정의와 객체가 정의된 블록의 끝을 지날 때 호출되는 원리는 동기화 자동 객체를 만들 때 이용되기도 한다.

2 전역 기억 부류

함수 외부에서 정의되는 일반적인(특별한 기억 부류 지정자로 한정되지 않은) 전역extern 객체(변수, 배열 등)의 기억 부류이다. 전역 객체는 프로세스가 시작하면서 생성되고, 프로세스가 종료되면서 소멸하므로 전역 기억 부류의 생명 주기는 프로세스의 시작부터 끝이라고 할 수 있다. 즉, 전역 기억 부류에 속한 객체는 프로그램이 살아 있는 동안 항상 존재한다.

전역 기억 부류의 가시 범위는 각각의 소스 파일에서 객체가 정의 혹은 선언된 이후부터 파일의 끝까지가 된다. 즉, 객체가 선언만 되어 있다면 어디서나 이름을 통해서 객체에 접근할 수 있음을 의미한다.

[예제 15-4] 전역 기억 부류

```
1  #include <iostream>
2  using namespace std;
3
4  int g;    // g 가시 범위 시작
5
6  void Func()
7  {
8     g = 1;
9  }
10
11 void main()
12 {
13    cout << g << endl;   // 0 출력
14    Func();
15    cout << g << endl;   // 1 출력
16 }   // g 가시 범위 끝
```

```
0
1
```

[예제 15-4]의 4행 전역 변수 g가 바로 전역 기억 부류에 속한다. 따라서 변수 g는 전역 객체이므로 프로그램 시작부터 끝까지 생명 주기를 갖는다. 4행에서 변수 g가 정의된 이후의 해당 소스 파일의 끝까지 가시 범위이므로 8행, 13행, 15행처럼 함수 Func, main에서 이름 'g'를 통해 객체에 접근할 수 있다.

2.1 가시 범위

전역 객체의 가시 범위에 대해서 좀 더 살펴보자. 전역 객체의 가시 범위는 각각의 소스 파일에서 객체가 정의 혹은 선언된 이후부터 파일의 끝까지라고 하였다. 이는 반대로 말하면 객체가

선언되어 있지 않아서 식별할 수 없는 곳은 가시 범위 밖임을 의미한다. [예제 15-5]를 살펴보자.

[예제 15-5] 전역 변수의 가시 범위

```
1  #include <iostream>
2  using namespace std;
3
4  void main()
5  {
6     cout << g << endl;    // Error
7  }
8
9  int g = 1;   // g 가시 범위 시작 ~ 가시 범위 끝
```

[예제 15-5]는 6행에서 오류가 발생한다. 왜 오류가 발생할까? 6행은 전역 변수 g의 가시 범위가 아니기에 이름을 통해서 접근할 수 없기 때문이다. 6행이 g의 가시 범위에 속하려면 먼저 변수 g가 선언되어야 하는데 g의 정의 및 선언은 9행에 되어 있기 때문이다. 이 문제를 해결하는 방법은 무척 간단하다. 9행의 변수 g 정의를 함수 main 이전으로 이동시키면 된다. 이번 예제는 무척 쉽게 문제를 해결할 수 있었지만 항상 이런 식으로 해결되는 것은 아니다. 경우에 따라서는 해결이 불가능한 경우도 있다.

[예제 15-6] 서로 다른 소스 파일의 전역 변수 가시 범위

```
<Sub.cpp>
#include <iostream>
using namespace std;

int g;
```

```
<Main.cpp>
#include <iostream>
using namespace std;

void main()
```

```
5 {
6     cout << g << endl;    // Error
7 }
```

[예제 15-6]은 개별적인 두 개의 소스 파일을 사용한다. 하나는 Main.cpp이고 다른 하나는 Sub.cpp이다. 전역 변수 g는 Sub.cpp 파일에 정의되고, main 함수는 Main.cpp 파일에 정의된다. 이때 Main.cpp의 6행에서 오류가 발생하는데 g의 가시 범위가 아니기 때문이다. Main.cpp의 6행이 변수 g의 가시 범위에 속하려면 6행 이전에 변수 g의 정의나 선언이 되어 있어야 한다.

C++는 같은 이름의 서로 다른 전역 변수가 중복 정의되는 것을 허용하지 않는다. 즉, Sub.cpp에서 정의된 전역 변수 g를 다시 Main.cpp에서 중복으로 정의하는 것은 불가능한 일이다. 그렇다면 어떻게 컴파일 오류를 해결할 수 있을까? 이런 문제를 해결하기 위하여 C++는 순수하게 전역 객체의 선언만 할 수 있는 문법을 제공한다. 바로 extern 지정자를 사용하는 것이다.

[예제 15-7] extern을 이용한 전역 객체의 선언

```
<Sub.cpp>
#include <iostream>
using namespace std;

int g;
```

```
<Main.cpp>
#include <iostream>
using namespace std;

extern int g;    // g 가시 범위 시작

void main()
{
    cout << g << endl;    // OK
}    // g 가시 범위 끝
```

```
0
```

[예제 15-7]은 전역 변수 g의 순수 선언 방법을 보여준다. Sub.cpp의 4행에서 전역 변수 g가 정의되어 있고, Main.cpp의 4행에서는 extern 지정자를 통해서 전역 변수 g를 순수하게 선언만 하고 있다. 즉, Sub.cpp와 Main.cpp의 변수 g는 같은 전역 객체를 나타낸다. Main.cpp의 4행에서 전역 변수 g가 선언되었으므로 Main.cpp의 4행 이후부터 파일 끝까지 변수 g의 가시 범위이다. 따라서 8행에서 더 이상 오류가 발생하지 않는다.

extern 지정자를 이용하여 전역 변수를 순수하게 선언만 할 때 주의할 점이 있다. 바로 전역 변수의 선언과 함께 초기화를 해서는 안 된다는 것이다. 만약 초기화가 이루어진다면 extern 지정자가 있음에도 전역 변수의 정의로 인식된다. 즉, 순수 선언만 할 수 없다는 것이다.

```
extern int g = 1;    // 전역 변수 g의 정의(순수 선언이 아님)
```

2.2 namespace

지금까지 살펴본 예제들은 모두 코드 첫 부분에 using namespace std;를 사용했다. 왜 이런 구문을 사용하는지, 그리고 namespace는 무엇인지 알아보기로 한다.

C++는 같은 이름의 서로 다른 전역 객체(변수)의 중복 정의를 허용하지 않는다. 즉, 전역 기억 부류에 속하는 객체들은 각각 유일한 이름을 가져야만 한다. 프로그램을 혼자 만들면 모르겠지만 대부분의 프로그램들은 많은 사람들의 협업을 통해 제작된다. 따라서 전역 객체의 이름은 항상 중복될 소지를 가지고 있다. 전역 객체의 이름이 중복되어서 빌드가 제대로 안 될 경우 같은 회사 동료라면 서로 협의를 통해서 객체의 이름을 변경할 수 있지만, 이미 만들어진 모듈을 사용하는 경우는 이름 변경이 불가능하다. 따라서 이름 중복 문제를 해결하기 위하여 C++는 namespace라는 문법을 도입했다.

```
<namespace 정의>
namespace NAME
{
   전역 객체, 클래스, 전역 함수 선언 및 정의
}
```

namespace 뒤에 원하는 이름을 정한 후 블록 안에 전역 객체, 클래스, 전역 함수의 선언과 정의를 한다. 블록 안에 선언 및 정의된 객체들의 소속 이름이 정해진다.

소속 이름이 정해진 객체들을 사용할 경우에는 범위(::) 연산자를 이용하거나 using namespace를 이용할 수 있다. 예제를 통해서 namespace 사용법을 살펴보자.

[예제 15-8] namespace

```
#include <iostream>
using namespace std;

namespace A
{
    int g = 1;
}

namespace B
{
    int g = 2;
}

void FuncA()
{
    using namespace A;
    cout << g << endl;    // 1
}

void FuncB()
{
    using namespace B;
    cout << g << endl;    // 2
}

void main()
{
    cout << A::g << endl;   // 1
    cout << B::g << endl;   // 2

    FuncA();
```

```
32      FuncB();
33  }
```

```
1
2
1
2
```

[예제 15-8]은 namespace의 정의 및 사용법을 보여준다. 4~7행은 namespace A의 정의이고, 9~12행은 namespace B를 정의한다. 6행, 11행의 전역 변수 g는 이름이 같지만 소속 이름이 다르기 때문에 정의할 수 있다. (전역 변수의 이름을 g라고 생각하기보다는 A::g, B::g처럼 서로 다른 이름을 가진 것으로 생각하는 것이 이해하기에 훨씬 편하다.)

이제 서로 다른 소속의 전역 변수 g를 구분하여 사용하는 방법을 살펴보기로 한다. namespace에 속한 전역 변수를 사용하는 방식은 크게 두 가지가 있다. 28행, 29행처럼 범위(::) 연산자를 이용해서 소속 이름을 밝히는 방법과 16행, 22행처럼 using namespace를 사용하여 소속 이름을 먼저 알리는 방식이다. 17행, 23행의 변수 g는 자동으로 A::g, B::g로 추론될 수 있다. 추론이 불가능한 경우는 오류가 발생하는데 다음 [예제 15-9]와 같은 경우이다.

[예제 15-9] namespace Error

```
#include <iostream>
using namespace std;

int g = 0;

namespace A
{
    int g = 1;
}

void main()
{
    using namespace A;

    cout << g << endl;    // Error
}
```

[예제 15-9]에는 전역 변수 g가 두 개 있다. 4행의 g는 특별히 namespace가 없는데 이런 경우를 전역 이름 공간에 속한다고 말한다. 반면 8행의 g는 소속 이름이 A가 된다. 이제 15행을 살펴보자. 13행에서는 소속 이름 A를 사용할 것을 선언했으므로 15행의 g는 전역 이름 공간에 속하는 g가 될 수도 있으며, A::g가 될 수도 있다. 즉, 컴파일러가 명확하게 선택할 수 없으므로 오류를 발생시킨다. 따라서 이런 경우 오류를 없애는 가장 확실한 방법은 범위(::) 연산자를 사용하여 명시적으로 소속 이름을 밝혀주는 것이다.

[예제 15-10] namespace 특성

```
#include <iostream>
using namespace std;

namespace A
{
    int g;
    void Func();
}

void main()
{
    using namespace A;
    Func();
    cout << g << endl;
}

namespace A
{
    void Func()
    {
        g = 1;
    }
}
```

```
1
```

[예제 15-10]은 namespace의 특성을 보여준다. 먼저 namespace는 분할하여 정의할 수 있다. 4~8행, 17~23행은 모두 namespace A를 분할하여 정의한 것이다. 함수 Func의 경우 선언과 정의가 각각 분할된 namespace A에 있다. 21행에서 알 수 있듯이 namespace에 속한 함수에서는 기본으로 해당 소속 이름이 사용된다. 즉, 이미 소속 이름이 A인 함수 안에서는 A::g나 using namespace A;를 명시할 필요가 없다. 마지막으로 using namespace는 블록 단위로 효력이 발생하며 블록 밖에서 사용할 경우 사용 이후부터 해당 파일 끝까지 효력이 발생한다. 따라서 12행의 using namespace는 main 함수 안에서만 효력이 발생한다.

[예제 15-11] namespace 중첩

```
1  #include <iostream>
2  using namespace std;
3  
4  int g = 0;
5  
6  namespace A
7  {
8     int g = 1;
9  
10    namespace B
11    {
12       int g = 2;
13    }
14 }
15 
16 void main()
17 {
18    cout << ::g << endl;
19    cout << A::g << endl;
20    cout << A::B::g << endl;
21 }
```

[예제 15-11]은 namespace의 중첩을 보여준다. namespace 안에 namespace가 포함될 수 있다. 사용법은 간단하다. 20행처럼 범위(::) 연산자를 중첩해서 사용하면 된다. 18행은 조

금 특이하다. g라고 써도 될 것을 ::g로 표기하였다. 개념적으로 따지면 기존의 전역 객체들은 소속 이름이 없는 전역 이름 공간에 속한다고 볼 수 있다. 이런 관점에서 전역 이름 공간의 객체를 범위(::) 연산자로 표시할 경우 ::g처럼 사용할 수 있다.

using namespace std;를 이제는 이해할 수 있다. std라는 소속 이름을 사용하겠다는 의미이다. std는 Standard C++ Library의 소속 이름을 의미하며 표준 C++ 라이브러리를 사용하겠다는 것을 의미한다. 주로 콘솔 출력을 위하여 사용된 cout, endl 등이 std 소속이다.

3 정적 기억 부류

지금까지 살펴본 자동 기억 부류와 전역 기억 부류 내용을 정리하면 지역Local과 전역Global 두 단어로 요약할 수 있다. 지역은 함수 기반으로 가상 메모리의 스택을 이용하고, 전역은 전체 코드 기반으로 가상 메모리의 [코드&데이터] 영역을 이용한다. 두 기억 부류는 서로 정반대의 생명 주기와 가시 범위를 가지므로 쉽게 이해할 수 있다.

기억 부류는 여기서 끝나면 좋겠지만 아쉽게도 중간적인 특징을 가지는 정적static 기억 부류가 남아 있다. 정적 기억 부류의 생명 주기는 전역 기억 부류와 같고, 가시 범위는 자동 기억 부류와 비슷한 특징을 가지고 있다.

일반적인(특별한 기억 부류 지정자로 한정되지 않은) 전역 객체와 지역 객체는 각각 전역 기억 부류와 자동 기억 부류에 속한다. 그렇다면 어떤 객체가 정적 기억 부류에 속하게 될까? 이미 위의 문장에 힌트가 있는데, 전역 객체와 지역 객체에 특별한 기억 부류 지정자를 한정함으로써 정적 기억 부류에 속하게 만들 수 있고, 정적 기억 부류에 속한 객체를 '정적 객체'라고 부른다. 여기서 말하는 특별한 기억 부류 지정자란 바로 static 키워드이다.

3.1 정적 객체

전역 객체와 지역 객체에 static 지정자를 줄 경우 정적 객체(변수, 배열 등)가 된다. 정적 객체가 어떤 객체로부터 파생된 것인지에 따라서 정적 객체의 특성이 달라지는데, 이것을 분명히 하기 위하여 정적 객체를 분류한다.

분류의 편의상 전역 객체로부터 파생된 정적 객체를 '정적 전역 객체'라 하고, 지역 객체로부터 파생된 정적 객체는 '정적 지역 객체'라 하자. 또 하나 분명히 해야 할 것이 있는데, 클래스 멤버 데이터에도 static을 한정할 수 있다. 이때 멤버 데이터는 '정적 멤버 객체'라 하겠다. 결국 전역, 지역, 멤버에 각각 '정적'이란 단어만 붙여서 구분을 하였는데, 이렇게 구분을 한 이유는 세 가지 분류가 각각 가시 범위에서 차이를 나타내기 때문이다.

정적 전역 객체, 정적 지역 객체, 정적 멤버 객체 모두 공통점이 하나 있다. 바로 객체가 저장되는 곳이 가상 메모리의 [코드&데이터] 영역이라는 점이다. 즉, 정적 객체는 전역 객체와 같은 메모리 영역을 이용한다. 따라서 정적 객체와 전역 객체의 생명 주기는 프로세스의 시작부터 끝까지의 기간이 된다.

3.2 정적 전역 객체

정적 전역 객체는 전역 객체를 정의할 때 static으로 한정한 것이다. 전역 객체에 static이 한정되면 생명 주기에는 변함이 없으나 가시 범위가 해당 소스 파일로 한정되는 제약이 생긴다. 즉, extern 키워드를 통해서 다른 소스 파일로 가시 범위를 확장할 수 없게 된다.

[예제 15-12] 정적 전역 변수

<Sub.cpp>

```
#include <iostream>
using namespace std;

static int s_g;

void Func()
{
   s_g = 1;
   cout << s_g << endl;
}
```

<Main.cpp>

```
#include <iostream>
using namespace std;
```

```
3
4  static int s_g;
5
6  void Func();
7
8  void main()
9  {
10     s_g = 2;
11     Func();
12
13     cout << s_g << endl;    // 2 출력
14 }
```

```
1
2
```

[예제 15-12]의 Sub.cpp와 Main.cpp의 4행을 살펴보자. 각각 static이 한정된 정적 전역 변수 s_g가 정의되어 있다. 이 상황을 이해하기 위해서 먼저 C++의 중복 정의 규칙을 간단히 정리하면 다음과 같다.

❶ 같은 블록 안에서 서로 다른 객체가 같은 이름으로 중복 정의되는 것은 금지된다. 반대로 블록이 다를 경우 서로 다른 객체가 같은 이름으로 중복 정의되는 것은 허용된다.

❷ 서로 다른 전역 객체가 같은 이름으로 중복 정의되는 것은 금지된다.

❸ 같은 소스 파일에서 서로 다른 정적 전역 객체가 같은 이름으로 중복 정의되는 것은 금지한다. 반대로 소스 파일이 다를 경우 서로 다른 정적 전역 객체가 같은 이름으로 정의될 수 있다(정적 전역 객체는 오직 소스 파일 기준으로 정의되므로 중복 정의라고 할 수 없다).

다시 [예제 15-12]로 돌아가보자. 변수 s_g가 전역 객체라면 ❷번 규칙에 의해서 컴파일 오류가 발생해야 한다. 그러나 정적 전역 객체 s_g는 ❸번 규칙에 의해서 각각의 소스 파일 Sub.cpp와 Main.cpp에서 개별적으로 정의될 수 있다. 즉, 이름만 같고 서로 별개의 객체를 나타낸다. 정적 전역 객체는 소스 파일에서 개별적으로 정의되므로 가시 범위는 오직 해당 소스 파일로 한정된다. 즉, 다른 소스 파일에서는 접근할 수 없으며 extern을 이용할 경우 오류가 발생한다. 서로 다른 객체이기 때문에 Main.cpp의 11행에서 Func를 호출할 경우 영향을 받는 변수는 Sub.cpp에 정의된 s_g이다. 출력 결과를 통해서 s_g가 개별 객체임을 확인할 수 있다.

3.3 정적 지역 객체

정적 지역 객체는 지역 객체를 정의할 때 static으로 한정한 것이다. 지역 객체를 static으로 한정할 경우 가시 범위에는 영향이 없으나, 생명 주기에 변화가 생기는데 객체의 생성과 소멸이 함수의 호출과 반환이 아니라 프로세스의 시작과 종료로 확장된다. 즉, 정적 지역 객체는 프로그램 실행 내내 존재한다. 반드시 알아야 할 것은 정적 지역 객체의 메모리 영역이 프로세스의 시작과 종료 시 할당 및 해제되는 것이고, 메모리 영역이 생성자 호출 등으로 초기화되는 시점은 정적 지역 개체가 정의된 함수가 최초로 호출될 때라는 점이다. 이해하기 어려울 수 있으니 예제를 통해서 확인해보자.

먼저 간단히 정리하면, 전역 객체에 static을 한정할 때는 가시 범위가 변경되고, 지역 객체에 static을 한정할 때는 생명 주기가 변경된다.

[예제 15-13] 정적 지역 변수

```
1  #include <iostream>
2  using namespace std;
3
4  void Func()
5  {
6      static int s = 0;
7      s++;
8      cout << s << endl;
9  }
10
11 void main()
12 {
13     Func();    // 1 출력
14     Func();    // 2 출력
15 }
```

```
1
2
```

[예제 15-13]의 6행에서 정적 지역 변수 s가 정의되고 0으로 초기화된다. 7행, 8행에서 s를 1 증가시키고 출력한다. 13행, 14행처럼 main에서 함수 Func를 호출할 때 결과를 생각해보자. s가 일반 지역 변수라면 [1, 1]이 출력될 것이다. 그러나 실제 결과는 [1, 2]가 출력된다.

정적 지역 변수 s는 main이 호출되기 전에 이미 생성되어 있으며, 13행의 Func 함수가 최초 호출되어 실행 흐름이 6행을 지날 때 오직 단 한 번 초기화된다. 반면 14행의 Func 함수가 두 번째 호출될 때부터는 실행 흐름이 6행을 지나지 않는다. 정확히 이야기하면 실행 흐름은 6행을 무시하고 7행부터 이어진다. 즉, 두 번째 이후부터 Func 함수의 호출 시 s의 초기화는 이루어지지 않는다.

정적 지역 객체는 생명 주기가 바뀌었으나 가시 범위는 지역 객체와 동일하다. 즉, 6행의 변수 정의부터 9행 블록의 끝까지가 가시 범위가 된다.

[예제 15-14] 정적 클래스 지역 변수

```
1  #include <iostream>
2  using namespace std;
3  
4  class CTest
5  {
6  public:
7     CTest()
8     {
9        cout << "Constructor!" << endl;
10    }
11 
12    ~CTest()
13    {
14       cout << "Destructor!" << endl;
15    }
16 };
17 
18 void Func()
19 {
20    static CTest s_T;
21 }
22 
23 void main()
24 {
```

```
25     cout << "<main start>" << endl;
26     Func();
27     cout << "<main medium>" << endl;
28     Func();
29     cout << "<main end>" << endl;
30 }
```

```
<main start>
Constructor!
<main medium>
<main end>
Destructor!
```

[예제 15-14]는 정적 지역 객체가 클래스 인스턴스일 때 생성자와 소멸자의 호출 시점을 보여준다. 26행, 28행에서 Func 함수를 각각 호출함에도 CTest 생성자는 오직 단 한 번만 호출된다. 눈여겨봐야 할 곳은 29행이다. main 함수가 반환된 직후에 CTest의 소멸자가 호출된다. 정리하면 정적 지역 클래스 객체의 경우 프로세스 시작 시 이미 메모리 영역은 할당되어 있으나 객체가 정의된 함수가 최초 실행될 때만 생성자가 호출된다. 또한 프로세스 종료 시 소멸자가 호출된다.

3.4 정적 멤버 객체

이미 클래스 장에서 정적 멤버 객체를 살펴보았다. 여기서는 간단히 생명 주기와 가시 범위에 대해서만 설명한다. 정적 멤버 객체도 정적 객체이므로 생명 주기는 프로세스 시작과 종료까지의 기간이다. 반면 가시 범위는 일반 클래스 멤버처럼 클래스 안에서만 접근할 수 있다.

[예제 15-15] 정적 멤버 변수

```
#include <iostream>
using namespace std;

class CTest
{
public:
   int m_Value;
   static int s_Value;
};

int CTest::s_Value = 1;
```

```
12
13 void main()
14 {
15     cout << CTest::s_Value << endl;     // 1 출력
16
17     CTest t1;
18     t1.m_Value = 1;
19     t1.s_Value = 2;
20
21     CTest t2;
22     t2.m_Value = 3;
23     t2.s_Value = 4;
24
25     cout << t1.m_Value << t1.s_Value << endl;   // 14 출력
26     cout << t2.m_Value << t2.s_Value << endl;   // 34 출력
27 }
```

```
1
14
34
```

[예제 15-15]에서 주의할 점은 정적 멤버 변수의 클래스 내부 정의와 클래스 외부 정의의 구분이다. 8행에서는 정적 멤버 변수 s_Value를 정의하는데 여기서 정의의 의미는 메모리 영역을 할당받고 이름을 묶는 것이 아니라 클래스의 설계도를 정의하는 것이다. 반면 11행에서는 실제 정적 멤버 변수 s_Value를 정의하는데, 이것은 전역 변수를 정의하는 것처럼 프로세스가 시작될 때 메모리 영역을 할당하도록 만든다. 즉, 정적 멤버 객체를 정의하려면 클래스 내부 정의와 외부 정의 둘 다 필요하다는 것을 잊지 말아야 한다.

정적 멤버 객체는 클래스 인스턴스와는 전혀 상관없다. 단지 가시 범위가 클래스 범위라는 사실을 제외하면 전역 객체와 완전히 일치한다. 따라서 15행처럼 CTest 객체가 존재하지 않아도 범위(::) 연산자를 통해서 s_Value에 접근할 수 있다. 19행, 23행도 주의 깊게 살펴보자. CTest 객체 t1, t2를 기준으로 s_Value에 접근하고 있지만 여기서 s_Value는 t1, t2와는 상관없으며 공용으로 이용하는 멤버이므로 23행에서 최종적으로 4가 대입된다. 따라서 25행, 26행의 s_Value는 모두 4가 출력된다.

4. 스레드 지역 기억 부류

4.1 스레드

스레드 지역thread_local 기억 부류를 배우기 전에 먼저 스레드가 무엇인지 알아야 한다. 스레드Thread는 단어 뜻이 '실'을 의미하는데 프로그래밍에서는 실행 흐름을 의미한다. 실행 흐름도 잘 이해되지 않을 수 있지만, 스레드는 어떤 일을 수행하는 작업자로 생각하면 된다.

가령 여섯 개 학급의 시험지를 채점한다고 가정하면 한 사람이 채점을 할 경우 1반부터 6반까지 차례대로 진행해야 한다. 한 반을 채점하는 데 한 시간이 걸린다면 전체를 채점하려면 대략 여섯 시간이 걸린다.

채점하는 사람을 세 사람으로 늘릴 경우 각 사람이 두 반 정도를 채점하면 되므로 전체 채점 시간은 두 시간으로 줄게 된다. 이것을 그대로 프로그램과 비교하면 한 사람이 작업하는 것은 스레드 하나이고, 세 사람이 작업하는 것은 스레드 세 개가 되는 것과 같다. 즉, 스레드가 N개라는 것은 동시에 작업을 수행하는 실행 흐름이 N개라는 의미이다. 그만큼 프로그램 성능이 높아지게 된다.

초창기 프로그램들은 스레드가 하나였다. 스레드가 하나였을 때는 굳이 '스레드'라는 용어를 사용할 필요가 없었다. 프로그래밍 언어들 역시 스레드라는 개념을 특별히 고려하여 설계되지 않았다. 다중Multi 스레드는 CPU와 운영체제에서 지원하는 것으로 프로그래밍에서 다중 스레드를 사용하려면 운영체제가 제공하는 API를 사용하는 것이 일반적이기 때문이다. 즉, 같은 C++ 프로그래밍을 하더라도 윈도우즈와 Linux에서 호출하는 API가 달라지는데, 새로운 스레드를 생성하기 위하여 윈도우즈의 경우 CreateThread를 호출하지만 리눅스에서는 pthread_create를 호출하는 식이다. 그러나 C++를 비롯하여 프로그래밍 언어들이 발전함에 따라서 언어 차원에서 다중 스레드를 지원하기 시작했다. C++의 문법을 사용하면 운영체제가 제공하는 API가 호출되는 방식을 제공하기 시작한 것이다. 물론 성능 향상과 세밀한 제어를 하기 위하여 운영체제가 제공하는 API를 직접 호출하는 방식은 여전히 많이 사용된다.

[예제 15-16] 단일 스레드 프로그래밍

```
1  #include <iostream>
2  using namespace std;
3
4  #include <Windows.h>   // For Sleep
5
6  int g_Value = 0;
7
8  void Func()
9  {
10     cout << g_Value << endl;
11     Sleep(200);    // 0.2초 멈춤
12     g_Value++;
13 }
14
15 void main()
16 {
17     Func();    // 0 출력
18     Func();    // 1 출력
19     Func();    // 2 출력
20 }
```

[예제 15-16]은 지금까지 작성한 예제처럼 단일 스레드를 사용한다. 그동안 제시된 모든 예제는 다중 스레드를 사용한 적이 없다. 프로세스가 시작되면 단 하나의 스레드가 생성되는데, 이것을 '주 스레드'라고 부르며 주 스레드는 main 함수를 호출하면서 흐름을 이어간다. 따라서 17~19행의 함수 Func가 차례대로 호출된다. 11행에는 Sleep 함수가 호출되는데, Sleep은 인자로 주어진 밀리 세컨드만큼 실행 흐름을 멈추는 Windows API이다. 이 API를 사용하기 위해서는 4행처럼 Windows.h를 포함하여야 한다. 예제를 실행하면 0.2초 간격으로 차례대로 0, 1, 2가 출력되는 것을 확인할 수 있다.

이번에는 실제로 다중 스레드를 사용하여 프로그램을 변경해보자. C++ 표준 라이브러리가 제공하는 스레드 클래스를 이용할 것이다.

[예제 15-17] 다중 스레드 프로그래밍

```
1  #include <iostream>
2  using namespace std;
3
4  #include <Windows.h>   // For Sleep
5  #include <thread>    // For std::thread
6
7  int g_Value = 0;
8
9  void Func()
10 {
11    cout << g_Value << endl;
12    Sleep(200);    // 0.2초 멈춤
13    g_Value++;
14 }
15
16 void main()
17 {
18    std::thread T1(Func);   // 0 출력
19    std::thread T2(Func);   // 0 출력
20    std::thread T3(Func);   // 0 출력
21
22    T1.join();
23    T2.join();
24    T3.join();
25 }
```

```
0
0
0
```

[예제 15-17]은 바로 전 예제를 다중 스레드를 이용하도록 변경한 것이다. 18~20행을 살펴보자. 기존에는 함수 Func를 직접 호출하였으나 std::thread 객체 T1~T3의 인자로 함수 Func를 넘기고 있다. std::thread는 2011년 발표된 C++11에 도입된 표준 C++ 라이브러리의 스레드 클래스이며 객체 생성자 인자로 함수를 넘길 경우 함수를 호출하는 새로운 스레드를 생성한다. 즉, 기존 단일 스레드는 일꾼 한 명이 main을 호출하면서 순차적으로 작업을 진행하는데 반해서 다중 스레드는 새로운 일꾼을 추가하고 추가된 일꾼이 주어진 함수부터 호출을 수

행하는 구조라고 할 수 있다. 참고로 std::thread를 이용하려면 5행처럼 thread를 포함하여야 한다.

22~24행은 생성된 스레드 객체에 대해서 std::thread의 멤버 함수 join을 호출하는데 여기서 join은 해당 스레드의 실행 흐름이 종료될 때까지 기다리는 역할을 한다. 생성된 스레드 세 개가 함수 Func를 호출하면서 시작되는데 Func가 반환하면서 스레드는 종료된다. 즉, 주 스레드가 25행에 이르렀을 때는 생성된 세 개의 스레드가 모두 종료된 상태를 나타낸다. 일반적으로 main이 반환될 때는 프로세스가 종료되는데 이때 작업중인 다른 스레드가 남아 있을 경우 작업을 완료하지 못하여 문제가 발생할 가능성이 크다. 따라서 보통 main을 호출한 주 스레드는 남은 스레드가 작업을 완료할 때까지 기다려야 하는데 이때 사용하는 것이 멤버 함수 join이다. 멤버 함수 join을 사용하지 않은 채 프로세스가 종료되었다면 오류가 발생한다.

예제를 실행하면 이전 예제와는 다르게 즉각 0, 0, 0이 출력되는 것을 확인할 수 있다. 주 스레드가 18행을 실행하면 새로운 스레드를 하나 생성한 후에 바로 다음 19행을 실행한다. 반드시 기억해야 할 것은 주 스레드는 18행에서 새로운 스레드를 생성한 후에 바로 19행을 실행하는 것이지, 생성된 스레드가 작업을 완료할 때까지 기다리는 것은 아니라는 점이다. 따라서 18~20행의 스레드 세 개는 거의 동시에 실행되며 11행의 g_Value는 0으로 초기화되어 있으므로 모두 0이 출력된다.

두 예제 프로그램의 차이를 정확하게 이해했다면 다중 스레드 프로그래밍의 절반은 끝낸 것이나 다름없다. 물론 다중 스레드 프로그래밍을 제대로 하기 위해서는 동기화를 비롯하여 더 알아야 할 것과 고려해야 할 것도 많아서 무척 어려운 것도 사실이지만 누구나 경험하는 것이니 크게 걱정할 필요는 없다. 가능하면 많은 경험을 쌓는 것이 좋다.

4.2 thread_local

이제 본격적으로 스레드 지역 기억 부류를 알아보자. 전역 기억 부류나 정적 기억 부류에 속한 객체만이 오직 스레드 지역 기억 부류에 속할 수 있으며 이때 사용하는 기억 부류 지정자가 바로 thread_local이다.

전역 기억 부류, 정적 기억 부류에 속한 객체(전역 객체, 정적 객체)의 생명 주기는 프로세스 시작부터 종료까지 기간이었다. 여기에 thread_local이 한정되면 생명 주기는 프로세스가 아닌 스레드의 시작부터 종료까지의 기간이다. 그 외 가시 범위는 기존 전역 기억 부류나 정적 기억 부류와 동일한데 해당 가시 범위가 유효한 대상은 오직 해당 스레드라는 사실은 유념해야 한다(즉, 해당 스레드만이 해당 객체에 접근할 수 있다).

간단하게 요약한다면 스레드 지역 기억 부류에 속한 객체는 스레드가 시작될 때 함께 생성되고 스레드가 종료될 때 함께 소멸한다.

[예제 15-18] thread_local

```
#include <iostream>
using namespace std;

#include <Windows.h>   // For Sleep
#include <thread>     // For std::thread

int g_Value = 0;
thread_local int tls_Value = 0;

void Func(DWORD millisec)
{
   Sleep(millisec);
   cout << g_Value << ", " << tls_Value << endl;
   g_Value++;
   tls_Value++;
}

void main()
{
   std::thread T1(Func, 0);    // 0, 0 출력
   std::thread T2(Func, 200);   // 1, 0 출력
   std::thread T3(Func, 400);   // 2, 0 출력

   T1.join();
   T2.join();
   T3.join();
}
```

```
0, 0
1, 0
2, 0
```

[예제 15-18]은 전역 변수와 스레드 지역 변수를 비교하여 보여준다. 7행의 g_Value는 전역 변수이고, 8행의 tls_Value가 바로 스레드 지역 기억 부류에 속하는 변수이다. 10행의 함수 Func는 인자를 받도록 수정하였는데, 인자는 밀리 세컨드이고 인자로 주어진 시간만큼 실행 흐름을 멈춘 후에 각각 g_Value와 tls_Value를 출력하고 두 변수를 각각 1씩 증가시킨다.

20~22행의 std::thread 객체 T1~T3의 생성자 인자도 조금 수정되었다. 첫 번째 인자는 새로 생성된 스레드가 호출할 함수이고, 두 번째 인자는 스레드가 호출할 함수에 전달될 인자이다. 따라서 T1~T3가 생성한 스레드는 각각 함수 Func를 호출하는데, 각 Func는 0ms, 200ms, 400ms를 멈춘 후에 두 변수를 출력한다.

출력 결과를 보면 시간차에 의해서 g_Value는 계속 1씩 증가하므로 0, 1, 2가 출력되지만 tls_Value는 모두 0이 출력된다. 왜 그런 것일까? tls_Value는 스레드마다 각각 존재하기 때문이다. 스레드가 생성되면 각 스레드는 개별적으로 8행을 참고하여 tls_Value를 생성하고 0으로 초기화한다. 즉, 각 스레드마다 존재하는 tls_Value는 고유한 메모리 영역을 차지하는 개별적인 객체이다.

[예제 15-19] thread_local 한정 가능 객체

```
#include <iostream>
using namespace std;

class CTest
{
public:
   thread_local static int s_tli;    // OK
};

thread_local int CTest::s_tli = 7;

void Func()
{
   thread_local int tli = 0;    // OK
   cout << tli << endl;
   tli++;
```

```
17 }
18
19 void main()
20 {
21     Func(); // 0 출력
22     Func(); // 1 출력
23     cout << CTest::s_tli << endl;    // 7출력
24 }
```

```
0
1
7
```

[예제 15-19]는 thread_local 한정이 가능한 객체를 보여준다. thread_local은 오직 전역, 정적 객체에만 사용할 수 있다. 따라서 7행처럼 클래스의 멤버 중에서는 오직 정적 멤버 데이터에만 한정할 수 있다. 주의할 점은 해당 객체를 클래스 외부에 정의할 때는 10행처럼 thread_local을 반드시 포함해야 한다는 사실이다.

14행도 주의해야 한다. 마치 지역 변수 tli에 thread_local이 한정된 것처럼 보이지만 단지 편의상 static이 생략된 것뿐이다. 함수 안에서 thread_local이 한정된 지역 객체에는 자동으로 static도 한정된다. 따라서 21행, 22행이 실행되면 0, 1이 출력된다.

5 변수의 초기화

객체(변수나 배열)가 생성되면 특정 메모리 영역을 차지한다. 이때 객체가 속한 기억 부류에 따라 해당 메모리 영역은 0이나 특정 값으로 초기화될 수도 있고, 명시적으로 초기화를 하지 않아서 원래 메모리 영역에 남아 있던 미정의 값을 그대로 갖고 있을 수도 있다.

일반적으로 전역, 정적 객체의 경우 0을 포함하여 특정 값 초기화가 이루어지고, 지역 객체는 초기화가 이루어지지 않는다. 기억 부류에 속하지 않지만 동적 메모리 할당으로 구해진 메모리 영역 역시 초기화가 이루어지지 않는다.

5.1 전역 변수의 초기화

전역 변수는 프로세스가 시작될 때 명시적으로 초기화를 하지 않을 경우 자동으로 0으로 초기화된다.

[예제 15-20] 전역 변수의 초기화

```
1  #include <iostream>
2  using namespace std;
3
4  int g1;     // 0 초기화
5  int g2 = 1;     // 1 초기화
6
7  void main()
8  {
9     cout << g1 << endl;   // 0 출력
10    cout << g2 << endl;   // 1 출력
11 }
```

```
0
1
```

[예제 15-20]에서 4행의 전역 변수 g1은 명시적인 초기화가 없지만 변수가 생성되는 시점부터 자동으로 0으로 초기화된다. 반면 5행의 전역 변수 g2는 명시적으로 1로 초기화하는데 이렇게 명시적으로 초기화를 상수로 할 경우 변수가 생성되는 시점에 상수로 초기화된다.

[예제 15-21] 전역 변수의 비상수 초기화

```
#include <iostream>
using namespace std;

int Get()
{
   cout << "Get" << endl;
   return 1;
}

int g1;
```

```
11 int g2 = 1;
12 int g3 = g2;
13 int g4 = Get();
14
15 void main()
16 {
17    cout << "main" << endl;
18 }
```

```
Get
Main
```

[예제 15-21]은 전역 변수의 다양한 초기화 방법을 보여준다. 12행, 13행의 전역 변수 g3, g4는 상수가 아니라 다른 변수 g2와 함수 Get의 반환 값으로 초기화된다. 이렇게 상수가 아닌 것에 의해서 초기화될 경우 g3, g4는 변수가 생성될 때 먼저 0으로 초기화된 다음, 주 스레드가 main을 호출하기 전에 12행, 13행을 실행하면서 초기화를 수행한다. 즉, 두 번에 걸쳐서 초기화가 이루어지지만 main 함수 호출 전이므로 사실상 프로그램 시작 전 초기화가 완료된 것으로 볼 수 있다. 일반적으로 주 스레드는 main 호출 전에 전역, 정적 변수를 초기화하는 전용 함수를 먼저 호출한다.

5.2 정적 변수의 초기화

정적 변수 역시 전역 변수처럼 프로세스가 시작될 때 명시적 초기화를 하지 않을 경우 0으로 자동 초기화된다. 그러나 정적 전역 변수와 정적 지역 변수의 명시적인 초기화는 조금 다르게 동작한다. 먼저 정적 전역 변수부터 살펴보자.

[예제 15-22] 정적 전역 변수의 비상수 초기화

```
#include <iostream>
using namespace std;

int Get()
{
   cout << "Get" << endl;
   return 1;
}
```

```
static int g1;
static int g2 = 1;
static int g3 = g2;
static int g4 = Get();

void main()
{
    cout << "main" << endl;
}
```

```
Get
Main
```

[예제 15-22]는 정적 전역 변수의 다양한 초기화 방법을 보여준다. 전역 변수 초기화와 완전히 일치한다. 이번에는 정적 지역 변수의 초기화를 살펴보자.

[예제 15-23] 정적 지역 변수의 비상수 초기화

```
#include <iostream>
using namespace std;

int Get()
{
    cout << "Get" << endl;
    return 1;
}

void Func()
{
    static int s1;
    static int s2 = 1;
    static int s3 = s2;
    static int s4 = Get();
}

void main()
{
```

```cpp
20     cout << "main" << endl;
21     cout << "Before first" << endl;
22     Func();
23     cout << "Before Second" << endl;
24     Func();
25 }
```

```
main
Before first
Get
Before Second
```

[예제 15-23]의 함수 Func 안에 정의된 정적 지역 변수 s1~s4는 모두 프로세스 시작 시 생성된다. 명시적으로 상수 초기화를 하는 s2는 1로 초기화되고, 나머지는 모두 0으로 초기화된다. 단, 비상수 초기화를 수행하는 s3, s4의 경우 Func 함수가 최초로 호출될 때만 비로소 s2와 Get에 의해서 다시 한번 초기화된다. 출력 결과에서 확인할 수 있듯이 22행, 24행에서 Func를 두 번이나 호출했음에도 main 함수 호출 뒤에 최초 호출된 Func에서 Get이 단 한 번 호출되는 것을 알 수 있다.

5.3 지역 변수의 초기화

지역 변수는 명시적인 초기화를 하지 않을 경우 자동 초기화되지 않는다. 즉, 할당된 메모리 영역의 원래 있던 미정의 값이 그대로 남게 된다.

[예제 15-24] 지역 변수의 초기화

```cpp
#include <iostream>
using namespace std;

void StackOverwrite()
{
    int a = 3;
    int b = 3;
}

void Func()
{
    int i;
    cout << i << endl;    // 3 출력
```

```
14 }
15
16 void main()
17 {
18     StackOverwrite();
19     Func();
20 }
```

[예제 15-24]의 13행은 명시적인 초기화를 하지 않은 지역 변수 i를 출력한다. 그때그때 달라지는 값이 나올 수 있으므로 실제 이전 값이 나오는 것을 확인하기 위하여 스택에서 지역 변수 i가 사용할 메모리 영역을 미리 특정 값으로 채우는 StackOverwrite라는 함수를 만들었다. x64 Release 환경을 필자의 PC에서 실행하였을 경우 i가 3으로 출력되는 것을 확인했지만 독자 PC의 컴파일러에 최적화 및 보안 설정에 따라 실제로 3이 나오지 않을 수도 있다. 중요한 것은 명시적인 초기화를 하지 않은 지역 변수는 미정의 값을 가진다는 사실이다. 의외로 많은 사람들이 초기화되지 않은 지역 변수의 값이 0이라고 잘못 알고 있는 경우가 있는데, 미정의 값을 가진 변수는 굉장히 많은 문제를 일으킬 수 있으므로 가능하다면 항상 초기화하는 습관을 들이는 것도 나쁘지 않다.

여기서 의문이 들 수 있다. 왜 지역 변수는 전역, 정적 변수와는 다르게 자동 초기화를 수행하지 않을까? 가장 큰 이유는 성능 때문이다. 전역, 정적 변수의 경우 프로세스가 시작될 때만 단 한 번 자동 초기화가 이루어지고 의외로 전역, 정적 변수는 그렇게 많은 것도 아니다. 따라서 전체 자동 초기화 횟수 자체가 많지 않다. 그러나 지역 변수는 상황이 다르다. 보통 프로그램은 수없이 많은 함수들이 호출되면서 실행이 진행되는데 함수가 호출될 때마다 해당 함수의 지역 변수를 모두 자동 초기화하려면 그만큼 성능이 떨어질 수 있다. 물론 요즘 컴퓨터의 성능이 무척 좋아서 체감하기 어려울 수는 있으나 전국민을 대상으로 하는 대규모 시스템 및 서버에서 실행되는 프로그램이라면 성능 개선에서 간과할 수 없는 요소가 될 수도 있다.

5.4 동적 메모리 할당 객체의 초기화

malloc, new, new [ ]는 힙으로부터 동적으로 메모리 영역을 할당해준다. 분명한 것은 이름이 있는 객체가 아니고 메모리 영역이므로 특정한 기억 부류에 속하는 것은 아니다. 그러나 중요하게 알아야 할 점이 있다면 malloc에 의한 동적 메모리 할당에 의한 영역은 지역 변수처럼 자동으로 초기화되지 않는다는 점이다. new와 new [ ]는 내부적으로 malloc을 호출하므로 역시 자동으로 초기화되지 않는다.

[예제 15-25] 동적 메모리 할당 객체의 초기화

```
1  #include <iostream>
2  using namespace std;
3
4  void main()
5  {
6     int* p1 = (int*)malloc(sizeof(int));
7     int* p2 = new int;
8
9     cout << *p1 << ", " << *p2 << endl;
10
11    free(p1);
12    delete p2;
13 }
```

[예제 15-25]의 6행, 7행에서는 malloc과 new를 이용하여 int 객체를 위한 4바이트 메모리 영역을 할당받는다. 9행에서는 각각의 메모리 영역을 가리키는 포인터 p1, p2에 대하여 간접(*) 연산자를 사용하여 해당 영역의 값을 출력한다. 아마도 실행할 때마다 출력 값이 계속해서 변하는 것을 볼 수 있을 것이다.

다시 한번 강조하지만 malloc을 사용하여 동적 메모리 할당을 하는 경우는 자동으로 초기화되지 않는다. malloc과 유사한 calloc의 경우 동적 메모리 할당을 하는 동시에 할당된 메모리 영역을 모두 0으로 채우기도 한다. 즉, 초기화 여부는 malloc의 특성이라고 할 수 있다.

01 – ____________는 객체의 생성부터 소멸까지의 기간을 나타내고, ____________는 객체의 이름을 통해서 객체에 접근할 수 있는 범위를 의미한다.

02 – 지역 클래스 객체의 소멸자는 정확히 어느 시점에 호출되는가?

03 – 순수하게 객체의 선언만 하기 위하여 ____________ 지정자를 사용한다.

04 – 다음 프로그램에서 잘못된 부분을 찾고 이유를 설명하시오.

```
int g = 0;

namespace A
{
   int g = 1;
}

void main()
{
   using namespace A;
   cout << g << endl;
}
```

05 – 다음 프로그램에서 세 전역 변수를 모두 출력하도록 괄호를 채우시오.

```
int g = 0;
namespace A
{
   int g = 1;
   namespace B
   {
      int g = 2;
   }
```

```
}

void main()
{
    cout << (      ) << endl;
    cout << (      ) << endl;
    cout << (      ) << endl;
}
```

06 – 지역 및 전역 객체를 정적 기억 부류에 속하도록 만들 때 사용하는 지정자는 __________ 이다.

07 – 정적 객체의 생명 주기를 설명하시오.

08 – 전역 객체에 static을 한정할 경우 가시 범위는 어떻게 바뀌는가?

09 – 다음 프로그램은 A.cpp, B.cpp에 나누어서 작성되어 있다. 프로그램 출력 결과는 무엇이고 이유를 설명하시오.

```
// A.cpp
static int s_g;
void Func()
{
    s_g = 1;
    cout << s_g << endl;
}

// B.cpp
static int s_g;
void Func();
void main()
{
```

```
    s_g = 0;
    Func();
    cout << s_g << endl;
}
```

10 – 지역 객체에 static을 한정할 경우 생명 주기와 가시 범위는 어떻게 바뀌는가?

11 – 다음 프로그램의 출력 결과와 이유를 설명하시오.

```
class CTest
{
public:
    static int s_Value;
};

int CTest::s_Value;

void main()
{
    CTest t1;
    t1.s_Value = 1;

    CTest t2;
    t2.s_Value = 2;

    cout << t1.s_Value << endl;
    cout << t2.s_Value << endl;
}
```

12 – 프로세스가 시작되면 하나의 ____________가 생성되는데, 이것을 ____________라고 부르며 ____________ 함수를 호출하면서 흐름을 이어간다.

13 – 전역 변수와 정적 변수는 프로세스가 시작될 때 명시적으로 초기화를 하지 않을 경우 자동으로 ____________으로 초기화된다.

14 – 지역 변수는 자동으로 초기화되지 않는다. 그 이유를 설명하시오.

{1}- 다음 프로그램의 클래스 CTest의 정적 멤버 데이터인 s_Count는 프로그램 실행 중 현재 살아 있는 CTest 객체의 수를 나타낸다. 다음 출력 결과가 나오도록 클래스 CTest를 완성하시오.

```
void main()
{
    CTest t1;
    CTest t2 = t1;
    CTest* p = new CTest;
    cout << CTest::s_Count << endl;
    delete p;
    cout << CTest::s_Count << endl;
}
```

```
3
2
```

{2}- 다음 프로그램은 두 개의 스레드를 생성하여 각각 1~50, 51~100까지의 합을 구하고 최종 결과를 출력하는 프로그램이다. 스레드가 호출할 함수와 인자로 넘길 클래스를 완성하시오.

```
#include <thread>
void main()
{
    CThreadArg arg1(1, 50);
    CThreadArg arg2(51, 100);

    std::thread T1(Sum, &arg1);
    std::thread T2(Sum, &arg2);

    T1.join();
    T2.join();

    cout << arg1.m_Sum + arg2.m_Sum << endl;
}
```

Chapter 16

가상 함수와 추상 클래스

사람은 새로운 것을 익숙한 방식으로 다루는 것을 좋아한다.
새로운 클래스를 기존의 익숙한 인터페이스를 통해서
제어하는 수단으로 가상 함수와 추상 클래스가 제공된다.
이번 장에서는 가상 함수와 추상 클래스를 이해하면서
프로그래밍에 다형성을 제공하는 방법을 살펴본다.

1 다형성

2 함수 호출 바인딩

3 가상 함수와 동적 바인딩

4 가상 함수 테이블

5 가상 함수 호출 방식

6 생성자와 소멸자

7 순수 가상 함수

++ 연습 문제

++ 프로그래밍 문제

1 다형성

객체 지향 프로그래밍의 핵심 개념인 '다형성'에 대해서 다시 한번 살펴보면 앞에서도 이미 설명했지만 다형성이란 똑같은 인터페이스에 대해서 객체에 따라 다른 동작을 하는 것을 의미한다.

예를 들어서 자동차와 모터보트에는 방향 전환을 위한 인터페이스로 핸들(우리식 표현이고 정확한 용어로는 Steering Wheel)이 존재한다. 핸들은 누구나 알고 있듯이 원형으로 되어 있으며 돌리는 방향으로 자동차나 모터보트의 진행 방향이 바뀌게 된다.

운전자 입장에서는 단지 핸들을 좌우로 돌리면 되지만 자동차와 모터보트의 경우 실제 방향 전환을 하는 메커니즘은 완전히 다르다. 자동차는 익히 알다시피 실제 바퀴의 방향을 바꾸지만 모터보트의 경우 선미의 방향타를 조정한다.

다형성이 중요한 이유는 익숙한 인터페이스를 가진 다양한 사물을 쉽게 다룰 수 있기 때문이다. 자동차 운전을 배운 사람들은 새로 출시된 자동차도 쉽게 운전할 수 있는데 그 이유는 자동차의 인터페이스가 거의 비슷하기 때문이다. 반대로 말하면 자동차 운전을 배웠다는 것은 실제 자동차의 동작 원리를 배운 것보다는 자동차 인터페이스에 익숙해진 것이라고 할 수 있다.

필자는 제주도에서 렌터카를 빌렸는데, 필자가 몰던 차와 비교해서 변속기와 사이드브레이크의 인터페이스가 달라서 약간 고생을 한 적이 있다. 약간 고생만 해서 다행이지 사실 익숙하지 못한 인터페이스는 사고를 일으킬 수도 있어서 무척 위험할 수 있다.

프로그래밍도 현실 세계와 무척 비슷하다. 프로그래밍을 하는 주체는 사람이며 사람은 익숙한 인터페이스를 선호하는 경향이 있다. 낯설고 익숙하지 않은 인터페이스는 학습 부담뿐만 아니라 두려움을 줄 수도 있기 때문이다.

가령 두 개의 문자열을 받아서 하나의 연결된 문자열을 만드는 인터페이스를 생각해보자.

❶ "Hello" + " C++"

❷ catenate("Hello", " C++")

두 개의 방식 중 어떤 것이 더 익숙하고 편안한가? 물론 ❷의 방식이 더 좋다고 할 수도 있으나 다수의 경우 ❶을 더 선호할 것이다. 이미 익숙한 덧셈(+) 연산자만 사용하면 되기 때문이다.

실제로 C 언어의 경우 ❷ 형식을 사용하지만 C++의 경우 연산자 재정의를 통하여 ❶ 형식을 사용할 수 있다.

C++에서 다형성은 보통 함수의 중복 정의와 재정의를 통해서 구현된다. 먼저 중복 정의를 간단히 살펴보자.

1.1 함수 중복 정의를 이용한 다형성

함수 중복 정의란 인자 타입열이 다르지만 같은 이름의 함수를 정의할 수 있는 것을 말한다.

[예제 16-1] C .vs. C++ 덧셈 함수

```
#include <iostream>
using namespace std;

// C 언어
int add_int(int a, int b)
{
    return a + b;
}

double add_double(double a, double b)
{
    return a + b;
}

void main()
{
    printf("1 + 2 = %d\r\n", add_int(1, 2));
    printf("1.2 + 2.4 = %f\r\n", add_double(1.2, 2.4));
}

// -------------------------------------------------
// C++
int add(int a, int b)
```

```
24 {
25    return a + b;
26 }
27
28 double add(double a, double b)
29 {
30    return a + b;
31 }
32
33 void main()
34 {
35    cout << "1 + 2 = " << add(1, 2) << endl;
36    cout << "1.2 + 2.4 = " << add(1.2, 2.4) << endl;
37 }
```

[예제 16-1]은 덧셈 함수를 C 언어와 C++로 구현해본 것이다. 덧셈 함수의 매개 변수는 두 개인데 타입이 int와 double인 경우를 각각 함수로 만든 것이다. C 언어는 함수 중복 정의를 지원하지 않기 때문에 5행, 10행처럼 함수 이름을 서로 다르게 지어야만 한다. 즉, 사용자는 덧셈 함수를 사용하려면 add_int, add_double이라는 함수명까지 알고 있어야만 하는 것이다.

반면 C++는 함수 중복 정의를 지원한다. 따라서 23행, 28행처럼 이름은 add로 동일하지만 매개 변수의 타입만 다른 함수를 중복으로 정의할 수 있다. 사용자는 오직 add라는 함수만 알고 있으면 된다. 더 큰 장점도 있다. 매개 변수의 타입이 늘어나도 계속 add를 사용할 수 있다는 점이다. 복소수 타입의 수를 더하는 함수가 필요할 경우라면 C 언어에서는 새로운 함수명이 필요하지만, C++는 여전히 함수 이름으로 add를 사용할 것이기 때문이다.

1.2 함수 재정의를 이용한 다형성

'함수 재정의'란 클래스 상속 관계에서 부모 클래스의 멤버 함수를 자식 클래스에서 새롭게 재정의하는 것을 말한다. 재정의된 함수는 부모 클래스의 멤버 함수와 이름, 인자 타입열까지 똑같은 것을 말한다.

함수 재정의가 어떻게 다형성을 구현하는 수단이 될까? 가상의 경우를 생각해보자. 현대자동차는 차세대 기술인 수소연료전지를 탑재한 소나타를 개발하기로 하였다. 기존의 소나타 모델과 똑같은 외형과 인터페이스를 유지한 채 내부 엔진과 주유탱크를 모터와 수소연료전지로 바꾸기로 하였다. 따라서 시동을 걸고 끌 때와 액셀러레이터를 밟을 경우 엔진을 제어하던 부분을 모터를 제어하도록 수정해야 한다. 그 외 나머지는 크게 바꿀 필요가 없었다.

이것을 클래스로 나타내면 어떻게 될까? 소나타를 나타내는 클래스는 CSonata이고, 차세대 소나타를 Sonata New Technology라 부르기로 해서 클래스 이름은 CSonataNT이다. 이미 CSonata는 정의가 된 상태이고 공장에서는 CSonata의 인스턴스를 만들어서 판매 중이다. 현대차 기술진은 새로운 클래스 CSonataNT를 정의해야 한다. 가장 좋은 방법은 무엇일까? 객체지향 프로그래밍 개념을 충분히 익혔다면 답은 정해져 있다. 바로 상속을 이용하는 것이다.

[예제 16-2] Sonata와 SonataNT

```
#include <iostream>
using namespace std;

class CSonata
{
public:
    void Start()    // 엔진 제어
    {
        cout << "Start Engine" << endl;
    }

    void TurnOff()   // 엔진 제어
    {
        cout << "TurnOff Engine" << endl;
    }

    void Steer(int Angle)
    {
    // 조향 장치 제어
    }
```

```
    void Accelerate(int Degree)   // 엔진 제어
    {
        cout << "Accelerate Engine" << endl;
    }

    void Brake(int Degree)
    {
    // 브레이크 가동
    }
};

class CSonataNT : public CSonata
{
public:
    void Start()    // 모터 제어
    {
        cout << "Start Motor" << endl;
    }

    void TurnOff()    // 모터 제어
    {
        cout << "TurnOff Motor" << endl;
    }

    void Accelerate(int Degree)   // 모터 제어
    {
        cout << "Accelerate Motor" << endl;
    }
};
```

[예제 16-2]를 살펴보면 클래스 CSonataNT는 CSonata를 상속한다. 따라서 CSonata의 멤버들을 그대로 물려받는다. 차세대 소나타는 엔진 대신 모터를 이용하므로 엔진 제어를 하던 시동 장치와 액셀러레이터만 모터를 제어하도록 변경하면 된다. 따라서 인터페이스를 나타내는

멤버 함수인 Start, TurnOff, Accelerate만 CSonataNT에서 재정의를 하였다. 조향과 브레이크를 담당하는 인터페이스는 부모 클래스 CSonata의 멤버 함수 Steer와 Brake를 그대로 물려받기로 하였다.

이런 식으로 CSonataNT를 정의할 경우 개발사는 상속이라는 재탄생을 통해서 쉽게 신차를 개발할 수 있으며, 고객 입장에서는 이미 익숙한 인터페이스를 통해서 학습 부담이나 두려움 없이 신차를 기존과 똑같이 운전할 수 있는 장점을 갖게 된다.

2 함수 호출 바인딩

현대차는 성공적으로 차세대 수소연료전지 소나타를 개발 완료하고 출시하였다. 이제 차세대 소나타를 어떻게 운전할 것인지는 고객의 몫이다. 고객이 차세대 소나타를 운전하는 모습을 코드로 표현하면 [예제 16-3]과 같을 것이다.

[예제 16-3] SonataNT Driving

```
void main()
{
   CSonataNT car;
   car.Start();
   car.Steer(30);
   car.Accelerate(80);
   car.Brake(100);
   car.TurnOff();
}
```

[예제 16-3]은 일반적인 차세대 소나타의 운전 방식을 코드로 보여준다. 특별한 문제는 없다. 그러나 소나타 매니아인 어떤 고객은 일반 소나타와 차세대 소나타 두 대를 가지고 있는데 그날 그날 기분에 따라서 차를 선택하여 운전한다.

[예제 16-4] Sonata & SonataNT Driving

```
#include <iostream>
using namespace std;

CSonata g_Car;     // Sonata
CSonataNT g_CarNT;     // SonataNT

CSonata* Select(int NT)
{
   if(NT)
   {
      return &g_CarNT;
   }

   return &g_Car;
}

void Drive(CSonata* pCar)
{
   pCar->Start();
   pCar->Steer(30);
   pCar->Accelerate(80);
   pCar->Brake(100);
   pCar->TurnOff();
   cout << "--------------------" << endl;
}

void main()
{
   Drive(Select(0));
   Drive(Select(1));
}
```

```
Start Engine
Accelerate Engine
TurnOff Engine
--------------------
Start Engine
Accelerate Engine
TurnOff Engine
--------------------
```

[예제 16-4]는 일반 소나타와 차세대 소나타 중에 기분에 따라서 선택하여 운전할 수 있도록 만든 코드이다. 7행의 함수 Select는 매개 변수 NT가 0이면 일반 소나타의 포인터를 반환하고, 0이 아니면 차세대 소나타의 포인터를 반환한다. 17행의 함수 Drive는 매개 변수로 CSonata의 포인터를 받아서 포인터 연산자를 이용하여 멤버 함수를 호출한다.

29행은 일반 소나타를 선택하여 운전하는 것이고, 30행은 차세대 소나타를 선택하여 운전하는 코드이다(부모 클래스 포인터 타입으로 변환하여 객체의 멤버에 접근하는 것은 이미 13장 '타입 변환'에서 살펴보았다. 관련 내용이 잘 이해되지 않는다면 해당 부분을 다시 살펴보자). 이제 출력 결과를 유심히 살펴보자. 뭔가 이상하지 않은가? 분명히 30행에서 차세대 소나타를 선택했음에도 불구하고 일반 소나타의 멤버 함수가 호출되었다. 의도하지 않은 결과를 이해하기 위해서는 바인딩에 대해서 알아야 한다.

2.1 바인딩

바인딩Binding은 '결합', '묶음'의 뜻을 가지는데, 프로그래밍에서도 서로 다른 대상들을 대응시키거나 묶는 것을 말한다. 간단히 생각해서 짝 맞추기라고 할 수 있다. 예를 들면 피자와 콜라, 케익과 커피, 비빔밥과 숭늉처럼 어울리는 짝을 맞추는 것과 같다. 그렇다면 함수 호출과 바인딩은 무슨 관계일까? C++는 같은 함수 이름으로 함수 중복 정의와 함수 재정의까지 할 수 있다. 따라서 함수 호출 구문을 실행할 경우 해당 구문이 정확히 어떤 함수를 호출해야 하는지 결정하는 과정이 필요하다. 이때 함수 호출 구문과 실제 호출할 함수를 짝짓는 것을 바인딩이라고 한다.

[예제 16-5] 함수 중복 정의 바인딩

```
#include <iostream>
using namespace std;

void Func()
{
   cout << "Empty Func" << endl;
}

void Func(int arg)
```

```
10 {
11     cout << "arg Func" << endl;
12 }
13 
14 void main()
15 {
16     Func();    // 4행 Func
17     Func(1);   // 9행 Func
18 }
```

```
Empty Func
arg Func
```

[예제 16-5]에서는 Func 함수 두 개가 중복 정의되어 있다. 이미 쉽게 알 수 있듯이 16행의 Func는 4행의 Func를 호출할 것이고, 17행의 Func는 9행의 Func를 호출할 것이다. 이렇게 호출될 함수가 결정되어 있는 이유는 컴파일러가 함수에 전달되는 인자열을 보고 호출할 함수를 미리 바인딩했기 때문이다. 즉, 함수 호출 구문은 바인딩되어 있는 실제 함수를 호출하게 되어 있다.

2.2 정적 바인딩과 동적 바인딩

바인딩에서 중요한 요소가 있는데 바로 바인딩 시점이다. 함수가 호출되려면 그 전에 반드시 바인딩되어 있어야 한다. 일반적으로 바인딩은 두 시점에서 이루어지는데, 첫 번째가 컴파일 시점이고, 두 번째가 실행 시점이다. 컴파일 시점 바인딩은 말 그대로 컴파일이 일어날 때 실제 호출될 함수가 결정되는 것을 의미한다. 따라서 '정적 바인딩Static Binding' 혹은 '이른 바인딩Early Binding'이라고 부른다. 반면 실행 시점 바인딩은 함수 호출 구문이 실행되는 순간에 실제 호출될 함수를 환경과 조건에 따라서 결정하는 것을 의미한다. 따라서 '동적 바인딩Dynamic Binding' 혹은 '늦은 바인딩Late Binding'이라고 부른다.

이제 바인딩이 무엇인지 알았으니 다시 [예제 16-4]의 Drive 함수를 살펴보자. Drive 함수 안에서는 인자로 전달된 CSonata 포인터 pCar를 기준으로 멤버 함수 Start, Steer, Accelerate, Brake, TurnOff를 호출한다. C++는 기본적으로 정적 바인딩을 사용하는데 함수 호출 기준 객체의 타입을 바인딩의 기준으로 삼는다. 즉, 포인터 pCar의 대상 타입인

CSonata의 멤버 함수를 바인딩한다. 따라서 Drive에서 pCar를 기준으로 호출하는 멤버 함수들은 pCar가 가리키는 실제 객체의 타입CSonata or CSonataNT에 상관없이 항상 CSonata의 멤버 함수만을 호출한다.

왜 C++는 정적 바인딩을 할 경우 pCar가 가리키는 실제 객체의 타입을 기준으로 삼지 못할까? Drive 함수에서 알 수 있는 정보는 인자 pCar의 대상 타입이 CSonata라는 것뿐이다. Drive 함수가 호출될 때 전달되는 인자인 pCar는 CSonata의 객체를 비롯하여 CSonata를 상속하는 CSonataNT의 객체도 가리킬 수 있다. 그러나 실제 객체의 타입이 구분되는 시점은 실행 시점이므로 컴파일 시점에서는 pCar가 가리키는 실제 객체의 타입을 알 수 없다. 따라서 오직 pCar의 대상 타입인 CSonata를 기준으로 삼을 수밖에 없다.

지금까지 바인딩 개념과 정적 바인딩에 대해서 알아본 것은 Drive 함수에서 인자인 pCar가 가리키는 실제 객체의 타입이 CSonataNT임에도 CSonata의 멤버 함수가 호출되는 이유를 알기 위해서이다. 이제 이유는 알게 되었지만 아직 원하는 답을 찾은 것은 아니다. 원하는 답은 30행에서 pCar가 가리키는 실제 객체의 타입에 맞게 CSonataNT의 멤버 함수가 호출되는 것이다. 이미 답은 나왔다. 바로 동적 바인딩을 사용하는 것이다.

3 가상 함수와 동적 바인딩

3.1 virtual

C++는 기본적으로 멤버 함수 호출 시 일반 함수의 경우 정적 바인딩을 하지만 가상 함수에 한해서는 동적 바인딩을 하도록 설계되었다. 여기서 '가상 함수'란 무엇일까? 바로 함수 선언에 virtual 키워드가 지정된 함수이다. 즉, 멤버 함수 선언에 virtual이 지정될 경우 해당 함수는 가상 함수가 되며, 가상 함수는 동적 바인딩을 한다.

[예제 16-6] Sonata & SonataNT Driving

```
#include <iostream>
using namespace std;

```

```
class CParent
{
public:
    void Func()
    {
        cout << "CParent::Func" << endl;
    }

    virtual void VFunc()
    {
        cout << "CParent::VFunc" << endl;
    }
};

class CTest : public CParent
{
public:
    void Func()
    {
        cout << "CTest::Func" << endl;
    }

    void VFunc()
    {
        cout << "CTest::VFunc" << endl;
    }
};

void main()
{
    CTest t;
    CParent* pP = &t;

    pP->Func();
```

```
38     pP->VFunc();
39 }
```

```
CParent::Func
CTest::VFunc
```

[예제 16-6]은 가상 함수와 비가상 함수의 바인딩 차이를 보여준다. 클래스 CParent에는 멤버 함수 두 개가 정의되어 있다. 7행의 일반 멤버 함수(비가상 함수)인 Func와 12행의 가상 함수인 VFunc이다. VFunc가 가상 함수인 이유는 선언 앞에 virtual 키워드가 지정되어 있기 때문이다. 이번에는 CParent를 상속하는 자식 클래스 CTest를 살펴보자. CTest는 물려받은 멤버 함수 Func와 VFunc에 대해서 각각 재정의를 한다. 26행에서 주의할 점이 있는데 VFunc 선언 앞에 virtual 키워드가 보이지 않는다는 점이다. 반드시 기억해야 할 점은 가상 함수는 재정의될 경우 virtual 키워드의 유무에 상관없이 항상 가상 함수라는 사실이다. 즉, 26행의 VFunc 역시 virtual 키워드가 생략되어 있을 뿐 역시 가상 함수이다.

이제 37행, 38행의 CParent 포인터 pP를 기준으로 Func와 VFunc를 호출한 결과를 살펴보자. 35행에서 알 수 있듯이 pP가 가리키는 객체의 실제 타입은 CTest이다. Func의 경우 일반 멤버 함수(비가상 함수)이므로 정적 바인딩을 하고, VFunc의 경우 가상 함수이므로 동적 바인딩을 한다. 그 결과 정적 바인딩을 한 Func의 경우 pP의 대상 타입인 CParent의 멤버 함수인 CParent::Func가 호출되고, 동적 바인딩을 한 VFunc의 경우 pP가 가리키는 객체의 실제 타입인 CTest의 멤버 함수인 CTest::VFunc가 호출된다.

3.2 가상 함수 적용

이제 가상 함수를 이용하여 원래의 목적대로 원하는 소나타를 선택하여 운전할 수 있도록 프로그램을 다음 [예제 16-7]과 같이 수정해보자.

[예제 16-7] 가상 함수 적용

```
#include <iostream>
using namespace std;

class CSonata
{
```

```
public:
   virtual void Start()  // 엔진 제어
   {
      cout << "Start Engine" << endl;
   }

   virtual void TurnOff()  // 엔진 제어
   {
      cout << "TurnOff Engine" << endl;
   }

   void Steer(int Angle)
   {
   // 조향 장치 제어
   }

   virtual void Accelerate(int Degree)   // 엔진 제어
   {
      cout << "Accelerate Engine" << endl;
   }

   void Brake(int Degree)
   {
   // 브레이크 가동
   }
};

class CSonataNT : public CSonata
{
public:
   void Start()  // 모터 제어
   {
      cout << "Start Motor" << endl;
   }

```

```
    void TurnOff()  // 모터 제어
    {
        cout << "TurnOff Motor" << endl;
    }

    void Accelerate(int Degree)  // 모터 제어
    {
        cout << "Accelerate Motor" << endl;
    }
};

CSonata g_Car;      // Sonata
CSonataNT g_CarNT;  // SonataNT

CSonata* Select(int NT)
{
    if (NT)
    {
        return &g_CarNT;
    }

    return &g_Car;
}

void Drive(CSonata* pCar)
{
    pCar->Start();
    pCar->Steer(30);
    pCar->Accelerate(80);
    pCar->Brake(100);
    pCar->TurnOff();
    cout << "--------------------" << endl;
}

void main()
```

```
76 {
77     Drive(Select(0));
78     Drive(Select(1));
79 }
```

```
Start Engine
Accelerate Engine
TurnOff Engine
--------------------
Start Motor
Accelerate Motor
TurnOff Motor
--------------------
```

[예제 16-7]에서 변화된 부분은 얼마 되지 않는다. 7행, 12행, 22행의 CSonata 멤버 함수 Start, TurnOff, Accelerate에 virtual을 지정하여 가상 함수로 변경시킨 것이 전부이다. 핵심은 CSonata를 상속하는 CSonataNT에서 재정의되는 함수들을 가상 함수로 변경하는 것인데, 가상 함수로 변경되어야 객체의 실제 타입(클래스)에서 재정의된 함수가 호출될 수 있기 때문이다. 이제 가상 함수가 적용되어서 나타나는 변화를 살펴보자.

78행에서 Select(1)에 의해서 Drive의 인자로 차세대 소나타 객체인 g_CarNT의 주소가 pCar로 전달된다. 여기서 pCar의 타입은 CSonata*이므로 대상 타입은 CSonata이다. 그러나 실제 pCar는 g_CarNT를 가리키고 있으므로 pCar가 가리키는 객체의 실제 타입은 CSonataNT이다. Drive 함수에서 pCar를 기준으로 Start, Accelerate, TurnOff를 호출하는데 이 함수들은 가상 함수이므로 동적 바인딩에 의하여 CSonataNT의 멤버 함수들이 호출되다. 따라서 의도했던 결과를 확인할 수 있다.

4. 가상 함수 테이블

4.1 가상 함수 테이블 포인터

가상 함수가 동적 바인딩에 의해서 동작하는 것을 알게 되었다. 사실 C++ 초급 과정에서는 이 정도만 알아도 충분하다. 그러나 초급을 넘어서서 수준 있는 C++ 개발자가 되기 위해서는 가상 함수의 동작 구조와 원리까지도 알 필요가 있다. 내부에서는 대단히 복잡한 마법 같은 일이 벌어질 것이라고 생각할 수 있지만 실제 구조와 원리를 살펴보면 꼭 그런 것도 아니다.

쉬운 설명을 위하여 다시 소나타 모델을 예로 들어보자. 소나타 한대가 있다. 외형과 내부 인터페이스만 봐서는 도저히 구분할 수가 없다. 대신 소나타 앞좌석에 공통으로 푯말을 하나 붙여놓는데, 해당 푯말에는 '일반 소나타' 혹은 '차세대 소나타'라고 쓰여 있다. 이제 누구나 쉽게 해당 소나타가 어떤 소나타인지 구분할 수 있게 되었다.

가상 함수도 위와 같은 방식을 사용한다. 조금 차이가 있다면 동적 바인딩을 위하여 푯말에 가상 함수 정보를 기록한다는 점이다.

[예제 16-8] 가상 함수가 선언된 클래스

```
#include <iostream>
using namespace std;

class CParent
{
public:
    void Func()
    {
        cout << "CParent::Func" << endl;
    }

    virtual void VFunc1()
    {
        cout << "CParent::VFunc1" << endl;
    }

    virtual void VFunc2()
    {
        cout << "CParent::VFunc2" << endl;
    }

    int m_PValue = 0;
};

```

```
25 void main()
26 {
27     CParent p;
28     CParent* pP = &p;
29 
30     pP->Func();     // Static Binding
31     pP->VFunc1();    // Dynamic Binding
32     pP->VFunc2();    // Dynamic Binding
33 }
```

```
CParent::Func
CParent::VFunc1
CParent::Vfunc2
```

[예제 16-8]의 클래스 CParent에는 멤버 함수 세 개가 있는데 7행의 Func는 일반 함수(비가상 함수)이고, 12행, 17행의 VFunc1, VFunc2는 가상 함수이다. 만약 CParent에 가상 함수가 단 하나도 선언되지 않았다면 클래스 구조는 [그림 16-1]의 (a)가 된다. 그러나 CParent에는 가상 함수가 하나 이상 선언되었기 때문에 실제 클래스 구조는 (b)가 된다.

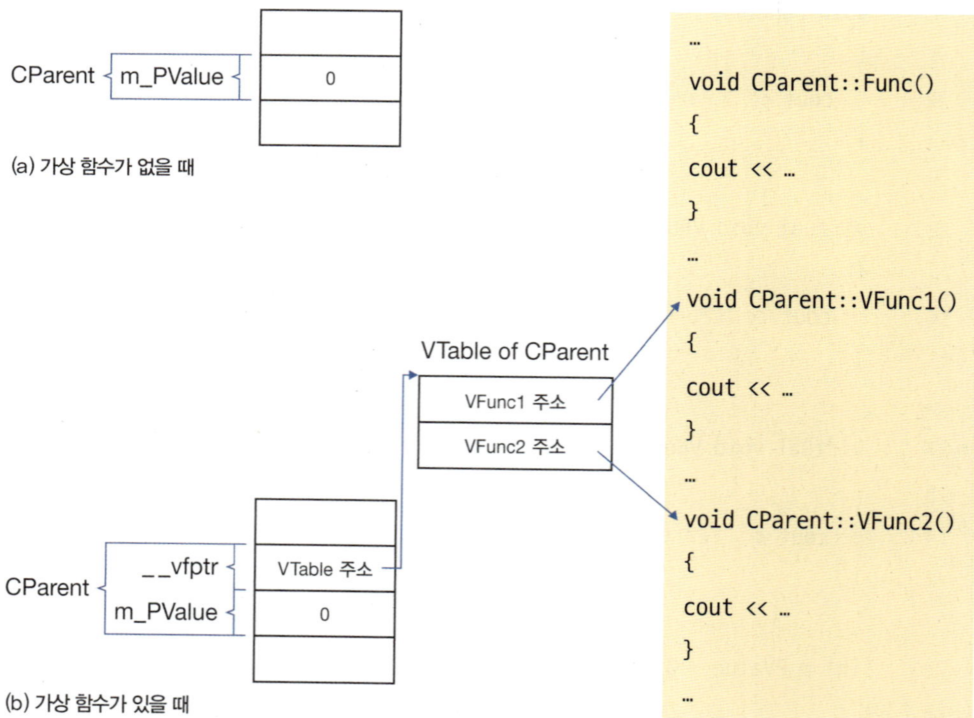

[그림 16-1] 가상 함수가 선언된 클래스 구조

[그림 16-1] (a)와 (b)의 차이를 보면, (b)의 경우 클래스 시작 위치(오프셋 0)에 __vfptr이 있다. __vfptr은 무엇일까? __vfptr은 컴파일러가 내부적으로 사용하는 은닉 멤버 데이터로서 가상 함수가 기록된 테이블을 가리키는 포인터이다. __vfptr이 가리키는 화살표를 따라가보면 가상 함수 테이블이 나타나며 테이블에는 CParent의 가상 함수 VFunc1과 VFunc2의 실제 주소가 기록되어 있다. 바로 __vfptr이 동적 바인딩을 위하여 사용되는 푯말 역할을 하는 것이다(__vfptr은 Visual C++에서 사용하는 은닉 멤버 데이터의 이름이다. 컴파일러마다 이름은 다를 수 있는데 대표적인 이름으로 vptr을 사용한다).

클래스에 가상 함수가 단 하나라도 존재할 경우 컴파일러는 해당 클래스 전용의 가상 함수 테이블과 해당 테이블을 가리키는 가상 함수 테이블 포인터를 구성한다. 여기서 가상 함수 테이블은 전역적이다. 즉, 클래스 객체에 상관없이 단 하나만 존재한다. 반면 가상 함수 테이블을 가리키는 포인터는 은닉 멤버 데이터로서 객체마다 존재한다.

이번에는 가상 함수 호출 시 __vfptr이 어떻게 사용되는지 살펴보자. 30행처럼 비가상 함수인 Func를 호출할 경우 정적 바인딩에 의해서 이미 Func 함수 호출이 결정되어 있는데, 31행, 32행처럼 가상 함수를 호출할 경우 동적 바인딩에 의해서 __vfptr을 참조하도록 되어 있다. 기준 객체의 시작 위치에서 __vfptr을 확인하여 가상 함수 테이블을 확인하고, 테이블에서 일치하는 함수의 주소를 찾아서 호출하는 방식이다.

4.2 상속 구조의 가상 함수 테이블

이번에는 실제 클래스 상속 관계에서 가상 함수 테이블이 어떻게 구성되는지 살펴보자.

[예제 16-9] 상속 관계의 가상 함수 테이블

```
#include <iostream>
using namespace std;

class CParent
{
public:
    void Func()
    {
        cout << "CParent::Func" << endl;
```

```
    }

    virtual void VFunc1()
    {
        cout << "CParent::VFunc1" << endl;
    }

    virtual void VFunc2()
    {
        cout << "CParent::VFunc2" << endl;
    }

    int m_PValue = 0;
};

class CTest : public CParent
{
public:
    void VFunc1()    // VFunc1만 재정의
    {
        cout << "CTest::VFunc1" << endl;
    }

        int m_TValue = 1;
};

void main()
{
    CTest t;
    CParent* pP = &t;

    pP->Func();    // Static Binding
    pP->VFunc1();    // Dynamic Binding
    pP->VFunc2();    // Dynamic Binding
}
```

```
CParent::Func
CTest::VFunc1
CParent::VFunc2
```

[예제 16-9]에서 눈여겨볼 곳은 클래스 CTest이다. CTest는 부모 클래스 CParent를 상속받는데 28행처럼 가상 함수 VFunc1만 재정의를 한다. 주의할 점은 CTest의 가상 함수는 여전히 두 개라는 점이다. 이미 부모 클래스 CParent에서 두 개의 가상 함수를 물려받았기 때문이다. 단지 CTest에서 VFunc1을 재정의했을 뿐이다.

클래스 CTest에 가상 함수가 하나 이상 있으므로 컴파일러는 CTest를 위한 가상 함수 테이블을 구성한다. 이때 테이블을 구성하는 방법이 있는데 먼저 부모 클래스의 가상 함수 테이블을 그대로 복사한다는 점이다. 그 후에 CTest에서 재정의된 가상 함수 VFunc1에 대하여 테이블 안의 VFunc1의 주소를 CParent::VFunc1에서 CTest::VFunc1으로 변경한다. 그림에서 음영이 칠해진 부분이 바로 변경된 곳이다.

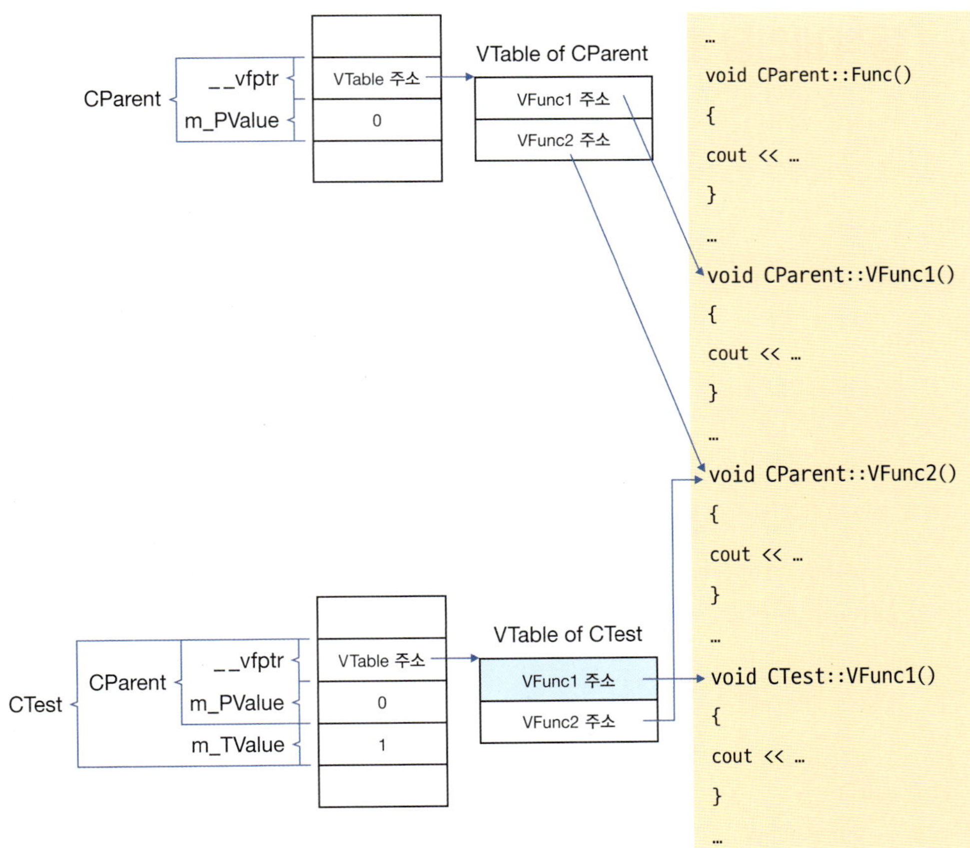

[그림 16-2] 가상 함수 테이블의 갱신

38행, 39행을 살펴보자. pP는 CTest의 객체 t를 가리키도록 설정되었다. 따라서 pP의 대상 타입은 CParent이지만 실제 객체의 타입은 CTest가 된다. 41행처럼 비가상 함수인 Func를 호출할 경우 역시 정적 바인딩에 의해서 CParent의 Func가 호출된다. 42행, 43행에서는 가상 함수가 호출되므로 __vfptr을 참조하는데, 둘 다 __vfptr이 가리키는 테이블을 따라가서 VFunc1과 VFunc2의 주소를 확인하여 호출한다. 따라서 VFunc1의 경우 CTest의 VFunc1이 호출되고, VFunc2의 경우 CParent의 VFunc2가 호출된다.

5 가상 함수 호출 방식

5.1 동적 바인딩 호출

동적 바인딩을 위하여 가상 함수가 필요하고, 가상 함수 선언 시 클래스는 가상 함수 테이블을 구성하고 각 객체의 메모리 시작 위치에는 가상 함수 테이블을 가리킬 수 있는 포인터를 은닉 멤버 데이터로 추가한다. 가상 함수를 호출하는 구문은 은닉 멤버 데이터를 참조하여 가상 함수 테이블에 기록된 함수의 주소를 호출하도록 해석된다. 위의 과정을 한 문장으로 요약하면 다음과 같다.

> 가상 함수는 객체의 실제 타입을 기준으로 호출된다.

[예제 16-10] 가상 함수 호출 방식

```
#include <iostream>
using namespace std;

class CParent
{
public:
   void Func()
   {
      VFunc();
   }

```

```cpp
12     virtual void VFunc()
13     {
14         cout << "CParent::VFunc" << endl;
15     }
16 };
17 
18 class CTest : public CParent
19 {
20 public:
21     virtual void VFunc()
22     {
23         cout << "CTest::VFunc" << endl;
24     }
25 };
26 
27 void main()
28 {
29     CTest t;
30     t.Func();
31 }
```

```
CTest::VFunc
```

[예제 16-10]은 생소한 방식으로 가상 함수를 호출한다. 30행에서 CTest 객체 t를 기준으로 비가상 함수인 Func를 호출한다. 주의해서 볼 점은 Func는 가상 함수 VFunc를 호출한다는 점이다. 가상 함수 VFunc는 12행의 CParent::VFunc도 있으며, 21행의 CTest::VFunc도 있다. 과연 어떤 함수가 호출될까? 같은 클래스의 멤버 함수라고 생각해서 12행의 CParent::VFunc를 생각할 수 있지만 실제로는 21행의 CTest::VFunc가 호출된다. 다시 한 번 강조하지만 VFunc는 가상 함수이며 가상 함수는 객체의 실제 타입CTest을 기준으로 호출되기 때문이다.

5.2 정적 바인딩 호출

가상 함수의 호출 방식을 고려하면 하나의 사실을 알 수 있다. 클래스의 멤버 함수 안에서는 자식 클래스에 의해서 재정의된 자기 자신의 가상 함수가 호출되지 않을 수도 있다는 것이다. [예제 16-10]의 9행을 다시 한번 살펴보자. 개발자가 의도한 것이 12행의 CParent::VFunc를 호출하는 것이었다면 어떻게 해야 할까? 이런 경우를 위하여 가상 함수도 동적 바인딩이 아닌 정적 바인딩으로 호출할 수 있는 방법이 제공된다. 바로 범위(::) 연산자를 통한 함수 직접 호출이다.

[예제 16-11] 범위(::) 연산자를 이용한 가상 함수 호출

```
#include <iostream>
using namespace std;

class CParent
{
public:
   void Func()
   {
      CParent::VFunc();
   }

   virtual void VFunc()
   {
      cout << "CParent::VFunc" << endl;
   }
};

class CTest : public CParent
{
public:
   virtual void VFunc()
   {
      cout << "CTest::VFunc" << endl;
   }
};

void main()
{
   CTest t;
```

```
30      t.Func();
31      t.Func();   t.CParent::VFunc();
32  }
```

```
CParent::VFunc
CParent::VFunc
```

[예제 16-11]은 이전 소스에 비해서 두 곳이 변경되었다. 9행에서 CParent::VFunc를 직접 호출한다. 31행 역시 CParent::VFunc를 직접 호출하는데, t의 타입이 CTest여도 부모 클래스 CParent의 함수를 호출한다. 범위(::) 연산자를 사용하여 직접 호출할 함수를 명시할 경우 가상 함수 여부에 상관없이 정적 바인딩을 하게 된다.

가상 함수의 호출 방식에 대해서 정리를 한다면 가상 함수는 동적 바인딩만을 위한 함수라고 생각할 수도 있지만 정적 바인딩과 더불어 동적 바인딩도 할 수 있는 확장된 호출이 가능한 함수라고 이해하는 편이 좋다. 기본은 동적 바인딩을 하지만 필요한 경우 범위 연산자를 이용하여 정적 바인딩도 할 수 있음을 꼭 기억하기 바란다.

6 생성자와 소멸자

가상 함수를 사용할 때 주의할 점이 있다. 생성자와 소멸자와의 관계이다. 생성자와 소멸자에서 가상 함수를 호출하는 것은 위험하다고 알려져 있는데 정확한 이유를 알아보자. 그 외에도 소멸자는 엄밀하게 말해서 함수는 아니지만 가상 소멸자로 만들 수 있다. 가상 소멸자는 어떤 특징이 있는지도 살펴보기로 한다.

6.1 가상 소멸자

가상 소멸자Virtual Destructor를 설명하기 전에 일반적인 객체의 생성자와 소멸자의 호출 순서를 살펴보자.

[예제 16-12] 생성자와 소멸자 호출 순서

```
#include <iostream>
using namespace std;

```

```
class CParent
{
public:
   CParent()
   {
      cout << "CParent" << endl;
   }

   ~CParent()
   {
      cout << "~CParent" << endl;
   }
};

class CTest : public CParent
{
public:
   CTest()
   {
      cout << "CTest" << endl;
   }

   ~CTest()
   {
      cout << "~CTest" << endl;
   }
};

void main()
{
   CTest* pT = new CTest;
   delete pT;
}
```

```
CParent
CTest
~CTest
~CParent
```

[예제 16-12]의 출력 결과에서 알 수 있듯이 자식 클래스 객체가 생성될 때는 먼저 부모 클래스의 생성자가 호출된 뒤에 자식 클래스의 생성자가 호출된다. 반대로 자식 클래스 객체가 소멸될 때는 먼저 자식 클래스 소멸자가 호출된 뒤에 부모 클래스의 소멸자가 호출된다. 이 부분은 이미 자세하게 설명한 바 있다. 위와 같은 순서로 생성자와 소멸자가 호출되어야 객체가 차지하는 메모리 영역에 대한 초기화 및 정리를 문제없이 할 수 있다.

이번에는 예제 소스의 main 함수를 조금 수정하여 결과를 확인해보자.

[예제 16-13] 잘못된 생성자와 소멸자 호출 순서

```
1  #include <iostream>
2  using namespace std;
3
4  void main()
5  {
6      CParent* pP = new CTest;
7      delete pP;
8  }
```

```
CParent
CTest
~CParent
```

[예제 16-13]은 이전 예제 소스의 main만 변경하였다. 6행의 포인터 pP의 대상 타입은 CTest가 아니라 부모 클래스인 CParent이다. 7행에서는 pP에 대해서 delete 연산을 수행한다. 이때 결과를 확인해보자. CTest의 소멸자가 호출되지 않았다. 왜 그런 것일까? 소멸자 역시 정적 바인딩을 하기 때문이다. 정적 바인딩을 하게 되면 pP가 가리키는 객체의 실제 타입이 아니라 pP의 대상 타입을 기준으로 함수를 호출한다. pP의 대상 타입은 CParent이기 때문에 CParent의 소멸자가 호출되는 것이다. 위의 결과가 문제가 될 수 있는 이유는 CTest의 소멸자에서 처리해야 할 작업이 이루어지지 않는다는 데 있다. 즉, 반드시 되어야 할 일이 되지 않는 버그인 셈이다. 이 문제는 어떻게 해결해야 할까? 눈치챘겠지만 소멸자에도 virtual을 지정하여 가상 소멸자로 만드는 것이다.

[예제 16-14] 가상 소멸자를 이용한 생성자와 소멸자 호출 순서

```
#include <iostream>
using namespace std;

```

```cpp
class CParent
{
public:
    CParent()
    {
        cout << "CParent" << endl;
    }

    virtual ~CParent()
    {
        cout << "~CParent" << endl;
    }
};

class CTest : public CParent
{
public:
    CTest()
    {
        cout << "CTest" << endl;
    }

    ~CTest()
    {
        cout << "~CTest" << endl;
    }
};

void main()
{
    CParent* pP = new CTest;
    delete pP;
}
```

```
CParent
CTest
~CTest
~CParent
```

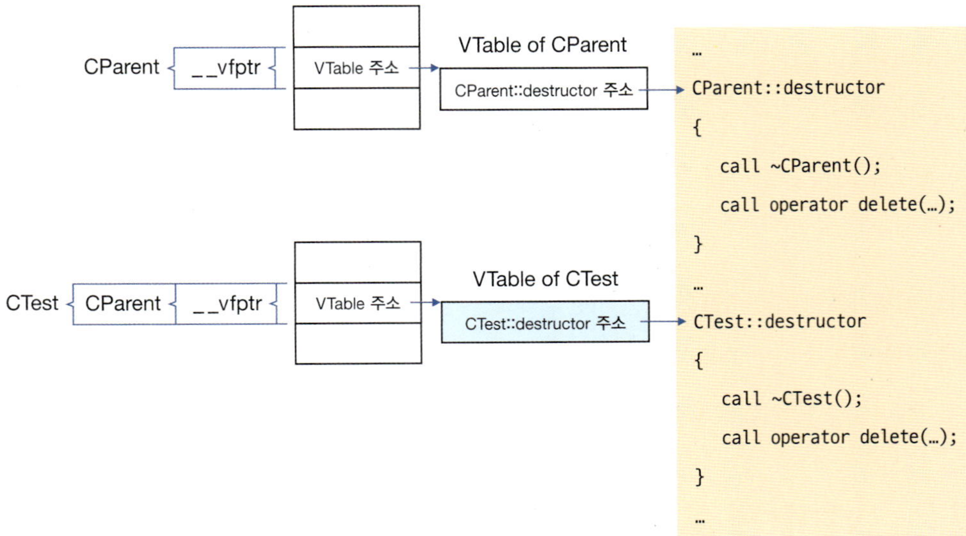

[그림 16-3] 가상 함수 테이블의 가상 소멸자

[예제 16-14]는 CParent의 소멸자를 가상 소멸자로 변경하였다. 가상 함수는 상속된 후에 재정의되어도 계속해서 가상 함수이듯이 가상 소멸자 역시 재정의되어도 가상 소멸자이다. 즉, ~CTest 앞에는 virtual이 생략되어 있는 것이다.

[그림 16-3]은 가상 소멸자의 구조를 보여준다. 이 그림을 이해하기 위해서는 먼저 destructor라는 은닉 멤버 함수와 delete 연산자의 관계를 알아야 한다. 컴파일러는 클래스가 정의될 때 은닉 멤버 함수인 destructor를 정의하는데 이 함수의 역할은 해당 클래스의 소멸자를 호출한 뒤에 연산자 함수인 operator delete를 호출한다. 그렇다면 destructor 함수는 언제 호출될까? 바로 delete 연산자에 의해서 호출된다. C++에서 delete는 연산자라고 했는데 피연산자의 타입이 클래스일 경우 은닉 멤버 함수인 destructor를 호출하도록 정해진 것이다.

클래스의 소멸자가 가상으로 선언될 경우 내부에서는 소멸자를 호출하는 은닉 멤버 함수 destructor을 가상 함수로 지정한다. 이럴 경우 일반 가상 함수가 선언된 것처럼 컴파일러는 가상 함수 테이블과 __vfptr을 구성한다. 그리고 가상 함수 테이블의 항목으로 은닉 멤버 함수인 destructor의 주소가 입력된다.

CTest의 destructor는 CParent의 destructor를 재정의한 것과 같기 때문에 CTest의 가상 함수 테이블이 구성되는 과정은 먼저 CParent의 가상 함수 테이블을 복사한 뒤에 음영 처리된 destructor 항목만 갱신하는 것이다.

이제 35행을 분석해보면, delete 연산자는 은닉 멤버 함수 destructor을 호출하는데, 이 함수가 가상 함수이므로 실제 객체 타입인 CTest::destructor가 호출된다. destructor 안에서는 CTest의 소멸자를 호출한 뒤에 operator delete 연산자 함수를 호출하여 할당된 메모리를 해제하게 된다(CTest의 소멸자의 후처리 영역에서는 부모 클래스 CParent의 소멸자를 호출한다).

가상 소멸자에서 가장 중요한 점은 어떤 클래스를 정의할 때 클래스가 다른 클래스에 의해서 상속될 가능성이 있다면 소멸자를 가상으로 만들어야 한다는 것이다. 클래스가 언제 자식 클래스에 의해서 상속될지 알 수 없으므로 소멸자는 항상 가상으로 만들어야 한다고 권고되기도 한다.

6.2 __vfptr의 설정

생성자와 소멸자 안에서 가상 함수를 호출할 경우 주의가 필요하다.

[예제 16-15] 생성자와 소멸자의 가상 함수 호출

```
#include <iostream>
using namespace std;

class CParent
{
public:
   CParent()
   {
      VFunc();
   }

   ~CParent()
   {
      VFunc();
   }

   virtual void VFunc()
   {
      cout << "CParent::VFunc" << endl;
```

```
20    }
21  };
22
23  class CTest : public CParent
24  {
25  public:
26     virtual void VFunc()
27     {
28        cout << "CTest::VFunc" << endl;
29     }
30  };
31
32  void main()
33  {
34     CTest t;
35  }
```

```
CParent::VFunc
CParent::VFunc
```

[예제 16-15]의 34행 CTest 객체 t는 main이 호출된 후에 스택에 생성된 후에 main이 반환되기 직전에 소멸한다. 따라서 생성자와 소멸자가 순서대로 호출된다. CTest는 CParent를 상속했으므로 부모 클래스의 생성자와 소멸자도 호출된다. 이때 CParent의 생성자와 소멸자 안에서는 가상 함수인 VFunc를 호출하도록 되어 있다.

지금까지 배운 내용으로 따진다면 가상 함수는 실제 객체의 타입을 기준으로 호출되기 때문에 VFunc는 26행의 CTest::VFunc가 호출되어야 한다. 그러나 실제 출력 결과에서는 17행의 CParent::VFunc가 호출된다. 이 현상을 이해하기 위해서는 가상 함수 테이블 포인터인 __vfptr이 설정되는 과정을 알아야 한다.

클래스 객체가 생성될 때 은닉 멤버 함수인 __vfptr은 해당 클래스의 가상 함수 테이블을 가리키도록 설정한다. 설정되는 시점이 중요한데 바로 클래스 생성자의 선처리 영역이다. 마찬가지로 클래스 객체가 소멸할 때도 __vfptr이 해당 클래스의 가상 함수 테이블을 가리키도록 설정된다. 단, 그 시점은 소멸자의 블록이다. 여기서 중요한 점은 자식 클래스 객체의 생성과 소멸이다. 자식 클래스의 생성자와 소멸자는 부모 클래스의 생성자와 소멸자를 호출하므로 __vfptr이 이중으로 설정되는 과정을 거치게 된다. __vfptr의 설정 과정을 나타내면 다음과 같다.

```
CTest()
[   // CTest 선처리 영역 시작
   CParent()
   [   // CParent의 선처리 영역 시작
      __vfptr = VTable address of CParent
   ]   // CParent의 선처리 영역 끝
   {   // 생성자 블록 시작
      VFunc();
   }   // 생성자 블록 끝

   __vfptr = VTable address of CTest
]   // CTest의 선처리 영역 끝
{   // 생성자 블록 시작
}   // 생성자 블록 끝
```

CTest 생성자가 호출되면 CTest 생성자의 선처리 영역에서 부모 클래스인 CParent의 생성자를 호출한다. CParent의 생성자가 호출되면 먼저 CParent 생성자의 선처리 영역이 실행된다. 여기서 먼저 __vfptr이 CParent의 가상 함수 테이블을 가리키도록 설정된다. CParent 생성자의 선처리 영역이 끝나면 CParent의 생성자 블록이 실행된다. 이때 가상 함수 VFunc를 호출하는데, 이때 가상 함수 테이블에 등록된 함수는 CParent::VFunc가 된다. CParent 생성자 호출까지 완료된 이후 비로소 자식 클래스 CTest 생성자의 선처리 영역 다음 과정이 실행되는데 여기서 바로 __vfptr이 또 한 번 설정된다. 이때 __vfptr은 CTest의 가상 함수 테이블을 가리키도록 설정된다. 마지막으로 CTest의 생성자 블록이 실행되는데 명시적으로 정의된 적이 없기 때문에 아무 일도 하지 않는다. 결국 __vfptr이 설정되는 시점과 가상 함수 VFunc가 호출되는 시점에 차이가 생겨서 생성자에서는 객체의 실제 타입에 맞는 가상 함수가 호출되지 못한다.

```
<소멸자 호출 시 __vfptr 설정 과정>

~CTest()
{   // 소멸자 블록 시작
   __vfptr = VTable address of CTest
}   // 소멸자 블록 끝
```

```
[   // CTest 후처리 영역 시작
    ~CParent()
    {  // 소멸자 블록 시작
       __vfptr = VTable address of CParent
       VFunc();
    }   // 소멸자 블록 끝
]   // CTest 후처리 영역 끝
```

CTest 소멸자가 호출되면 소멸자 블록에서 __vfptr이 CTest의 가상 함수 테이블을 가리키도록 설정된다. 소멸자 블록이 끝나면 CTest 소멸자 후처리 영역이 실행된다. 후처리 영역에서는 부모 클래스 CParent의 소멸자가 호출되는데 역시 소멸자 블록에서 __vfptr은 CParent의 가상 함수 테이블을 가리키도록 설정된다. 그리고 바로 이어서 가상 함수 VFunc가 호출되므로 CParent::VFunc가 호출된다. 결국 생성자와 마찬가지로 소멸자에서도 객체의 실제 타입에 맞는 가상 함수가 호출되지 못한다.

꽤 복잡한 과정을 거쳐서 __vfptr이 설정되는 과정을 살펴보았는데 간단하게 정리하면 가상 함수는 생성자와 소멸자에서는 마치 비가상 함수처럼 호출된다는 것이다. 즉, 혹시라도 생성자와 소멸자에서 가상 함수를 호출할 경우 이런 사실을 정확히 알고 있어야 한다. 생성자와 소멸자에서 가상 함수를 호출하고 싶다면 의도가 명확하게 드러날 수 있도록 범위(::) 연산자를 이용하는 편이 낫다.

7. 순수 가상 함수

7.1 순수 가상 함수의 필요성

다형성의 관점에서 자동차 개발을 생각해보자. 독자가 자동차 회사 사장이라고 가정하고, 어떤 자동차 디자이너가 스스로 혁신을 강조하면서 기존 인터페이스를 완전히 무시한 새로운 인터페이스를 가진 자동차 디자인을 가져온다면 허용할 수 있을까? 가령 핸들이 아닌 조이스틱으로 방향 전환을 하고, 페달이 아닌 버튼으로 속도를 조절한다면 고객들의 반응은 어떨까?

물론 새로운 인터페이스가 더 뛰어날 수도 있다. 즉, 더 안전하거나 연비가 더 훌륭하거나 장점이 꽤 많을 수도 있지만 그럼에도 새로운 인터페이스를 가진 자동차가 시장에서 성공하기는 무척 어려울 것이다. 왜냐하면 앞에서도 말했듯이 사람들은 익숙한 인터페이스를 강력하게 선호하기 때문이다. 때때로 새로운 인터페이스가 기존의 것을 뒤바꾸는 경우도 가끔 존재하긴 하지만 정말 역사적으로 드문 일에 속한다. 그래서 혁신이 어려운 것이다.

새로운 디자이너가 입사할 때마다 기존 인터페이스를 따라야 한다고 강조하는 것도 무척 지치는 일이다. 특히 고집 센 디자이너라면 더 그럴 것이다. 그래서 아예 법과 같이 강제적으로 무조건 기존 인터페이스를 따라야한다고 못박을 수도 있다. 법을 따르지 않을 거면 아예 자동차 디자인을 할 수 없도록 말이다.

프로그래밍도 마찬가지로 구현은 각각 다르지만 기존 인터페이스는 유지하도록 하고 싶은 경우가 있다. 다음 [예제 16-16]의 자동차 클래스를 살펴보자.

[예제 16-16] 자동차 기본 클래스

```
class CCar
{
public:
    void Start();
    void TurnOff();
    void Steer(int Angle);
    void Accelerate(int Degree);
    void Brake(int Degree);
};
```

[예제 16-16]의 자동차 클래스 CCar는 자동차라면 반드시 제공해야 할 인터페이스를 멤버 함수로 정의한 클래스이다. 어떤 자동차 클래스를 정의하던지 반드시 CCar의 멤버 함수를 그대로 제공하길 바란다고 가정하자. 가장 좋은 방법은 새로운 자동차 클래스를 정의할 때 반드시 CCar 클래스를 상속받도록 강제하면 된다. CCar를 상속받은 클래스는 물려받은 멤버 함수를 각 자동차의 세부 사양을 따라서 구현해야 한다.

이제 새로운 신차를 개발한다고 가정해보자. 동시에 두 모델을 개발하는데 각각 CCarX와 CCarY이다.

[예제 16-17] 자동차 X, Y

```
1  class CCarX : public CCar
2  {
3  public:
4     void Start() { /* Implement */ }
5     void TurnOff() { /* Implement */ }
6     void Steer(int Angle) { /* Implement */ }
7     void Accelerate(int Degree) {/ * Implement */ }
8     void Brake(int Degree) { /* Implement */ }
9  };
10 
11 class CCarY : public CCar
12 {
13 public:
14    void Start() { /* Implement */ }
15    void TurnOff() { /* Implement */ }
16    void Steer(int Angle) { /* Implement */ }
17    void Accelerate(int Degree) { /* Implement */ }
18    void Brake(int Degree) { /* Implement */ }
19 };
20 
21 void main()
22 {
23    CCarX x;
24    CCar* pCarX = &x;
25 
26    CCarY y;
27    CCar* pCarY = &y;
28 }
```

[예제 16-17]의 24행, 27행을 살펴보자. 신차가 만들어진 후 사용할 때는 부모 클래스인 CCar의 포인터 타입을 사용할 수도 있다. 따라서 동적 바인딩이 필요하므로 CCar의 멤버 함수는 모두 가상 함수가 되어야 한다. 즉, 기본 인터페이스가 되는 멤버 함수는 가상 함수로 만들어야 한다. 그래서 클래스 CCar를 개선하였다.

[예제 16-18] 가상 함수 인터페이스로 개선된 CCar

```
class CCar
{
public:
    virtual void Start();
    virtual void TurnOff();
    virtual void Steer(int Angle);
    virtual void Accelerate(int Degree);
    virtual void Brake(int Degree);
};

class CCarX : public CCar
{
public:
    void Start() { /* Implement */ }
    void TurnOff() { /* Implement */ }
    void Steer(int Angle) { /* Implement */ }
    void Accelerate(int Degree) { /* Implement */ }
    void Brake(int Degree) { /* Implement */ }
};

class CCarY : public CCar
{
public:
    void Start() { /* Implement */ }
    void TurnOff() { /* Implement */ }
    void Steer(int Angle) { /* Implement */ }
    void Accelerate(int Degree) { /* Implement */ }
    void Brake(int Degree) { /* Implement */ }
};

void main()
{
    CCarX x;    // Link Error
```

```
34      CCarY y;    // Link Error
35  }
```

[예제 16-18]에서 CCar의 멤버 함수는 모두 가상 함수로 지정되었다. 그런데 이 코드에는 문제가 있다. 33행, 34행으로 인해서 링크 오류가 발생한다. 주의할 점은 컴파일 오류가 아니라 링크 오류라는 사실이다.

[그림 16-4]는 링크 오류의 발생 원인을 보여주는데 그 이유는 4~8행처럼 CCar의 가상 함수들이 선언만 되어 있기 때문이다. 앞에서도 설명했듯이 클래스에 가상 함수가 선언되어 있을 경우 컴파일러는 가상 함수 테이블을 구성한다. 이때 가상 함수 테이블 항목에는 실제 구현(정의)된 가상 함수의 주소가 들어가야 한다. 그러나 CCar 클래스에는 가상 함수 선언만 있고 정의가 없기 때문에 링크 오류가 발생하는 것이다. 따라서 위의 문제를 해결하는 가장 간단한 방법은 CCar의 가상 함수들을 구현하는 것이다. 그러나 조금만 생각해보면 CCar의 가상 함수를 구현하는 것이 큰 이점이 없음을 알 수 있다. CCar는 모든 자동차의 표준이 되는 개념적인 모델이다. 자동차가 어떤 장치(엔진, 모터)와 어떤 동력원(가솔린, 전기)을 쓸지 모르는 상황에서는 가상 함수의 구체적 구현을 할 수가 없다. 혹시라도 빈 블록으로 껍데기만 구현을 했을 경우 CCar의 객체를 생성한다면 아무 쓸모도 없다. 동작하지 않는 차가 무슨 의미가 있겠는가!

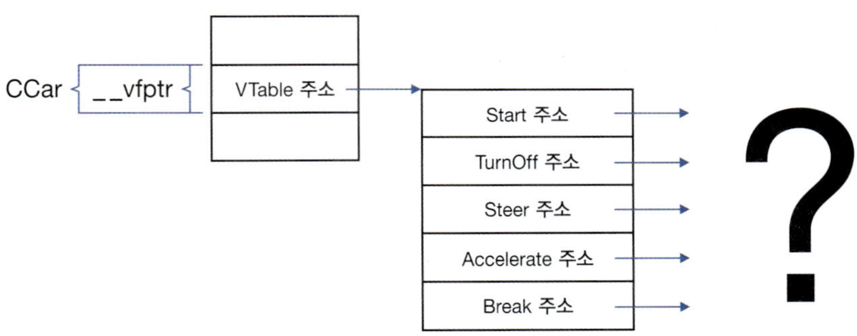

[그림 16-4] 가상 함수 링크 오류

7.2 순수 가상 함수 선언

문제는 늘 해결책을 모색하게 만든다. 순수 가상 함수는 가상 함수에 대해서 불필요한 구현을 하지 않아도 되고, 링크 오류가 나지 않도록 해결책도 제시해준다. 순수 가상 함수는 가상 함수 선언 뒤에 [= 0;]을 붙이는 것으로 지정할 수 있다. 순수 가상 함수는 구현할 필요가 없으며 컴파일러는 클래스의 순수 가상 함수에 대해서 가상 함수 테이블 구성 시 미리 준비된 함수의 주소를 등록해서 링크 오류를 방지한다.

[예제 16-19] 순수 가상 함수 인터페이스로 개선된 CCar

```
class CCar
{
public:
   virtual void Start() = 0;
   virtual void TurnOff() = 0;
   virtual void Steer(int Angle) = 0;
   virtual void Accelerate(int Degree) = 0;
   virtual void Brake(int Degree) = 0;
};

class CCarX : public CCar
{
public:
   void Start() { /* Implement */ }
   void TurnOff() { /* Implement */ }
   void Steer(int Angle) { /* Implement */ }
   void Accelerate(int Degree) { /* Implement */ }
   void Brake(int Degree) { /* Implement */ }
};

class CCarY : public CCar
{
public:
   void Start() { /* Implement */ }
   void TurnOff() { /* Implement */ }
   void Steer(int Angle) { /* Implement */ }
   void Accelerate(int Degree) { /* Implement */ }
   void Brake(int Degree) { /* Implement */ }
};

void main()
```

```
32 {
33     CCarX x;     // OK
34     CCarY y;     // OK
35 }
```

[예제 16-19]는 순수 가상 함수로 개선된 클래스 CCar를 보여준다. 실제 구현신차 모델인 CCarX, CCarY는 CCar를 상속받아서 순수 가상 함수를 모두 구현하였다. 물려받은 순수 가상 함수를 구현할 경우 보통의 가상 함수가 된다. 즉, CCarX, CCarY에는 더 이상 순수 가상 함수가 존재하지 않는다.

CCar의 모든 가상 함수가 순수 가상 함수이므로 33행, 34행에서 더 이상 링크 오류도 발생하지 않는다.

7.3 추상 클래스

클래스 CCar를 만든 목적은 CCar를 상속받은 자식 클래스들이 반드시 CCar의 인터페이스를 구현하도록 강제하기 위해서이다. 가령 어떤 자동차 디자이너는 Brake 함수 대신 Stop 함수를 사용하길 고집한다. 따라서 Brake 함수는 전혀 구현하지 않은 채 Stop만을 구현했다. 만약 새로운 클래스의 객체가 생성된다면 Brake가 동작하지 않는 차가 만들어지는 것과 같다. 이것은 CCar를 만든 목적에 부합하지 않는다. 따라서 CCar를 상속받은 자식 클래스 중에서 인터페이스를 모두 구현하지 않았을 경우 생성을 할 수 없도록 강제할 필요성이 있다. 그런 역할을 해주는 것이 바로 추상 클래스이다.

하나 이상 순수 가상 함수를 포함한 클래스를 '추상 클래스'라고 한다. 컴파일러는 모든 인터페이스가 구현되도록 하기 위하여 추상 클래스에 대해서는 객체 생성을 허용하지 않는다. 즉, 객체를 생성하기 위해서는 반드시 모든 가상 함수를 구현하여 순수 가상 함수가 남아 있지 않아야 한다.

[예제 16-20] 추상 클래스

```
class CCarZ : public CCar
{
public:
```

```
4       void Start() { /* Implement */ }
5       void TurnOff() { /* Implement */ }
6       void Steer(int Angle) { /* Implement */ }
7       void Accelerate(int Degree) { /* Implement */ }
8   };
9
10  void main()
11  {
12      CCar c;     // Error
13      CCarZ z;     // Error
14  }
```

[예제 16-20]은 추상 클래스 CCar와 CCarZ를 보여준다. CCar는 멤버 함수가 모두 순수 가상 함수이므로 당연히 추상 클래스이다. CCarZ는 CCar를 상속하는 자식 클래스이다. CCar의 순수 가상 함수를 물려받아서 4~7행처럼 대부분을 구현하였으나 오직 Brake 함수만은 구현하지 않았다. 따라서 Brake 함수는 여전히 CCarZ에서 순수 가상 함수로 남고 CCarZ 역시 추상 클래스가 된다. 그래서 12행, 13행에서 CCar, CCarZ의 객체를 생성하는 것은 허용되지 않는다.

7.4 순수 가상 함수 호출

순수 가상 함수는 정의가 없으니 호출될 수도 없고 호출되어서도 안 된다. 목적 자체도 인터페이스 구현을 강제하기 위해서 제공되는 것뿐이다. 그럼에도 코드 구조상 순수 가상 함수가 호출되는 경우도 존재한다. 그리고 이런 경우 컴파일러는 런타임 오류를 발생시킨다.

[예제 16-21] 순수 가상 함수 호출 런타임 오류

```
class CParent
{
public:
    CParent()
    {
        Func();
    }
```

```

    void Func()
    {
        VFunc();
    }

    virtual void VFunc() = 0;
};

class CTest : public CParent
{
public:
    void VFunc() {}
};

void main()
{
    CTest t;
}
```

[예제 16-21]과 [그림 16-5]는 순수 가상 함수가 가상 함수 테이블에 어떻게 존재하며, 어떻게 호출될 수 있는지를 보여준다.

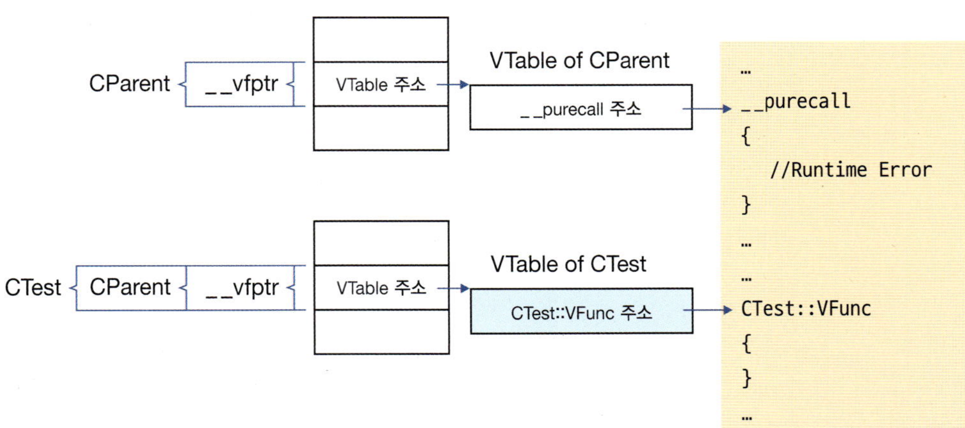

[그림 16-5] __purecall 호출

먼저 클래스 CParent에는 순수 가상 함수 VFunc가 선언되어 있다. 따라서 컴파일러는 그림처럼 가상 함수 테이블을 구성한다. 이때 VFunc가 가상 함수이므로 테이블 항목에 컴파일러가 미리 준비한 __purecall 함수의 주소를 넣는다.

자식 클래스 CTest는 CParent로부터 순수 가상 함수 VFunc를 물려받는다. 그러나 CTest에서 VFunc를 빈 블록으로 구현하였으므로 VFunc는 보통의 가상 함수가 된다. 역시 컴파일러는 CTest를 위한 가상 함수 테이블을 구성하게 되는데 이때 테이블 항목으로는 CTest::VFunc의 주소가 들어가게 된다.

이번에는 순수 가상 함수가 호출되는 경우를 살펴보자. 앞에서도 살펴보았듯이 클래스 생성자에서는 __vfptr이 설정되는 시점이 늦어져서 가상 함수가 마치 정적 바인딩처럼 호출되는 것을 알고 있다. 즉, 4행 CParent 생성자에서 9행 Func를 거쳐서 11행 VFunc를 호출하게 될 경우 기준 객체의 실제 타입이 CTest임에도 현재 설정된 __vfptr이 CTest의 가상 함수 테이블이 아닌 CParent의 가상 함수 테이블을 가리키고 있으므로 __purecall이 호출된다. __purecall은 컴파일러가 제공하는 함수로서 런타임 오류를 발생시킨다.

01 – 동적 바인딩과 의미가 같은 것을 모두 고르시오.

① Compile Time Binding ② Runtime Binding

③ Early Binding ④ Late Binding

⑤ Static Binding

02 – C++의 함수 호출 시 기본으로 사용하는 바인딩은 무엇인가?

03 – 다음 프로그램의 출력 결과와 이유를 설명하시오.

```
class CParent
{
public:
    void Func()
    {
        cout << "CParent" << endl;
    }
};

class CTest : public CParent
{
public:
    void Func()
    {
        cout << "CTest" << endl;
    }
};

void main()
{
    CTest t;
    CParent* p = &t;
    p->Func();
}
```

04 – 클래스 멤버 함수를 가상 함수로 지정하는 키워드는 무엇인가?

05 – 다음 프로그램의 출력 결과와 이유를 설명하시오.

```
class CParent
{
public:
   virtual void Func()
   {
      cout << "CParent" << endl;
   }
};

class CTest : public CParent
{
public:
   void Func()
   {
      cout << "CTest" << endl;
   }
};

void main()
{
   CTest t;
   CParent* p = &t;
   p->Func();
}
```

06 – 다음 프로그램의 출력 결과와 이유를 설명하시오.

```
class CParent
{
public:
   void Func()
   {
      VFunc();
   }

   virtual void VFunc()
   {
      cout << "CParent::VFunc" << endl;
   }
};

class CTest : public CParent
{
public:
   virtual void VFunc()
   {
      cout << "CTest::VFunc" << endl;
   }
};

void main()
{
   CTest t;
   t.Func();
}
```

07 – 위의 프로그램에서 함수 Func가 항상 함수 CParent::VFunc를 호출하도록 변경하려면 어떻게 코드를 고쳐야 하는가?

08 – 다음 프로그램의 출력 결과의 문제점은 무엇이고 어떻게 고쳐야 하는가?

```
class CParent
{
public:
   CParent()
   {
      cout << "CParent" << endl;
   }

   ~CParent()
   {
      cout << "~CParent" << endl;
   }
};

class CTest : public CParent
{
public:
   CTest()
   {
      cout << "CTest" << endl;
   }

   ~CTest()
   {
      cout << "~CTest" << endl;
   }
};

void main()
{
   CParent* pP = new CTest;
   delete pP;
}
```

09 – 순수 가상 함수는 어떻게 만들며, 순수 가상 함수가 필요한 이유를 설명하시오.

10 – 추상 클래스의 정의는 무엇이며, 추상 클래스가 필요한 이유를 설명하시오.

11 – 다음 프로그램의 클래스 CFixRadio는 채널을 변경할 수 없는 고정 채널 라디오이다. 잘못된 부분을 찾아 수정하시오.

```
class CRadio
{
public:
   virtual void TurnOn() = 0;
   virtual void VolumeUp() = 0;
   virtual void ChangeChannel() = 0;
};

class CFixRadio : public CRadio
{
public:
   void TurnOn()
   {
      // 전원 켜기
   }

   void VolumeUp()
   {
      // 음량 조정
   }
};

void main()
{
   CFixRadio sr;
}
```

프로그래밍 문제

{1}- 다음 프로그램의 출력 결과가 나오도록 클래스 CPig, CDog 및 함수 PrintSound 함수를 완성하시오.

```
class CAnimal
{
public:
   virtual char* GetSound() = 0;
};

void main()
{
   CPig* p1 = new CPig;
   PrintSound(p1);

   CDog* p2 = new CDog;
   PrintSound(p2);
}
```

```
꿀꿀
멍멍
```

{2}- 다음 프로그램에서 main을 제외하고 가상 함수 및 추상 클래스를 사용하여 최대한 간소화하시오.

```
enum CALC_MODE
{
   NONE,
   ADD,
   MULTIPLY
};

class CCalc
{
public:
   double GetResult()
   {
      if(m_Mode == ADD)
```

```
        {
            return m_Op1 + m_Op2;
        }
        else if (m_Mode == MULTIPLY)
        {
            return m_Op1 * m_Op2;
        }

        return 0.0;
    }

    CALC_MODE m_Mode = NONE;
    int m_Op1 = 0;
    int m_Op2 = 0;
};

class CAdd : public CCalc
{
public:
    CAdd(int Op1, int Op2)
    {
        m_Op1 = Op1;
        m_Op2 = Op2;
        m_Mode = ADD;
    }
};

class CMultiply : public CCalc
{
public:
    CMultiply(int Op1, int Op2)
    {
        m_Op1 = Op1;
        m_Op2 = Op2;
```

```
        m_Mode = MULTIPLY;
    }
};

void main()
{
    CCalc* p1 = new CAdd(1, 2);
    cout << p1->GetResult() << endl;

    CCalc* p2= new CMultiply(3, 4);
    cout << p2->GetResult() << endl;
}
```

{3} - 다음 프로그램의 출력 결과가 다음과 같이 나오도록 클래스 CFighter를 최대한 간소화하여 작성하시오.

```
class CF22 : public CFighter
{
public:
    void ShowName()
    {
        cout << "F22 Raptor" << endl;
    }
};

class CF35 : public CFighter
{
public:
    void ShowName()
    {
        cout << "F35 Lightning II" << endl;
    }
};
```

```cpp
void main()
{
    CFighter* pF22 = new CF22;
    CFighter* pF35 = new CF35;

    pF22->ShowName();
    pF35->ShowName();

    delete pF22;
    delete pF35;
}
```

```
F22 Raptor
F35 Lightning II
```

참고 문헌과 참고 사이트

01 『Fundamental C++ 프로그래밍 원리』, 김화수 저, 혜지원, 2015.

02 『Effective C++』, 곽용재 역, PTG, 2006.

03 『More Effective C++』, 곽용재 역, 정보문화사, 2007.

04 『Effective Modern C++』, 류광 역, 2015.

05 『ExceptionalC++Style』, 류광 역, 2005.

06 https://msdn.microsoft.com

07 http://en.cppreference.com/w/

08 http://www.cplusplus.com/

09 https://www.codeguru.com/

10 https://www.codeproject.com/

11 https://stackoverflow.com/

ㄱ

가변 인자 매크로 274
가변 인자 함수 269
가변 인자 함수 정의 271
가상 기저 클래스 441, 443
가상 메모리 494
가상 메모리 구조 497
가상 메모리 동작 원리 495
가상 메모리 크기 495
가상 상속 441
가상 소멸자 591
가상함수(다형성) 304
가상 함수 적용 579
가상 함수 테이블 582
가시 범위 533
간접 멤버(->) 연산자 179, 235, 405
간접(*) 연산자 179
값 전달 262
값 타입 변환 454
객체 298
객체와 임시 객체 455
객체의 비트열 454
고정소수점 58
공용체 246
구문 분석 32
구조적 프로그래밍 296
구조체 228
구조체 변수 정의 229
구조체 연산자 232
구조체의 크기 237
구조체 인자 243
기계어 19
기본(Default) 인자 267
기본 접근 지정자 306
기본 타입 53
기억 부류 528
기준 인자 272
끼워넣기(<<) 연산자 39

ㄴ ㄷ

나머지 연산자 111
논리 연산자 115
늦은 바인딩 576
다중 반복 152
다중 상속 438
다중 상속 - 다이아몬드 구조 440
다차원 배열 205
다형성 300, 568
대입 연산자 111, 232
대입 연산자 함수 436
동적 메모리 할당 객체의 초기화 559
동적 바인딩 576
동적 바인딩 호출 588

ㄹ ㅁ

레이블 156
링커 22
매개 변수 262
멤버 228
멤버 데이터 초기화 310, 368
멤버 연산자 함수 정의 392
멤버 오프셋 238
멤버의 상속 423
멤버 접근 지정자 426
멤버 함수(캡슐화) 303
명시적 타입 변환 362, 462
문 35
문자열 34, 72
문자열 초기화 205
문자 타입 67
문장 부호 34
미리 정의된 매크로 44
미사용 변수 정의 229

ㅂ

바인딩 575
반복문 147
반전 연산자(~) 117
반환 36
반환 타입 279
배열 76, 198
배열과 포인터의 차이점 209

배열명 200
배열 요소 198
배열의 크기 220
배열 인자 215
배열 초기화 204
배열 타입 매개 변수 215
배열 타입 파생 81
배열 타입 포인터 169
범용 포인터 182
범위 연산자 126
변수를 이용한 메모리 영역 접근 166
변수명 200
변수 상수화 92
복사 대입 연산자 408
복사 생성 351
복사 생성자 352
복합 할당 연산자 123
부동소수점 58
부호가 있는 타입 57
부호 없는 정수 54
불안전한 타입 변환 459
비교 연산자 114
비구조적 프로그래밍 296
비주얼 스튜디오 2017 23
비트 곱(&), 합(|), 차(^) 연산자 118
비트 연산자 117
비트열 52
비트 이동 연산자 120

ㅅ

사용 불가 연산자 236
산술(+, −) 연산자 175
삼항 연산자 124
상속 관계 클래스의 값 타입 변환 467
상속 관계 클래스의 참조 타입 변환 470
상속 구조의 가상 함수 테이블 585
상속성 304, 422
상속 접근 지정자 429
상속 클래스의 메모리 구조 329
상속화 299
상수 34
상위 타입 변환 459
생성자 342, 435
생성자의 선처리 영역 349
소멸자 342, 435
소멸자의 후처리 영역 349
소스 파일 29
속성 해제 연산자 400
순수 가상 함수 599
순수 가상 함수 선언 603
순수 가상 함수 호출 606
스레드 548
스레드 지역 548
스택 498
식 35
식별자 33
실인자 262
실행문 121

ㅇ

아스키 67
아스키(ASCII) 코드 표 68
안전한 타입 변환 459
암시적 복사 대입 연산자 410
암시적 복사 생성자 354
암시적 생성자 344
암시적 소멸자 344
암시적 타입 변환 363, 461
어셈블리어 20
연관 없는 클래스의 값 타입 변환 463
연관 없는 클래스의 참조 타입 변환 466
연산자 34, 110
연산자와 함수의 차이 390
연산자 우선순위 129
연산자의 기본 기능 391
연산자 함수 392
연상 기호 20
원시 타입 포인터 168
유니코드 69
유니코드 문자열 74
유닉스 20
유효 범위 89
이른 바인딩 576
이중 포인터 184

인덱스 199
인터페이스(추상화) 304

ㅈ

자동 기억 부류 528
자식(파생) 클래스 422
저장소 연산자 123
전역 기억 부류 532
전역 변수의 초기화 555
전역 연산자 함수 불가 연산자 404
전역 연산자 함수 정의 395
전처리기 40
전처리 지시문 41
절차적 프로그래밍 296
접근 지정자 425
접근 지정자(정보 은닉) 304
정보 은닉 299
정적 객체 541
정적 기억 부류 541
정적 멤버 객체 546
정적 멤버 데이터 307
정적 멤버 함수 316
정적 바인딩 576
정적 바인딩 호출 589
정적 변수의 초기화 556
정적 전역 객체 542
정적 지역 객체 544
조건문 138
종료 문자열 72
주석 37
주소(&) 연산자 174
주소 전달 245, 263
줄임표(...) 271
중복 정의 279
중복 정의 불가 연산자 400
증감 연산자 111, 403
증감(++, --) 연산자 177
지역 변수의 초기화 558
직접 멤버(.) 연산자 234

ㅊ ㅋ

참조 전달 264
참조 타입 187, 189
참조 타입 변환 456
첨자([ ]) 연산자 181
초기화 리스트 369
추론 가능 타입 99
추상 클래스 605
추상화 299
캡슐화 299
컴파일러 22
코드 편집기 22
클래스 78, 298
클래스 객체의 연산 388
클래스의 정의 300
클래스 크기 332
클래스 포인터 타입 변환 473
키워드 33

ㅌ

타입 53
타입 객체 정의 85
타입 변환 454
타입 변환 생성자 361
타입 변환 연산자 126, 476
타입 파생 81
타입 표기 80
태그 229
태그, typedef 미사용 변수 정의 229
태그명 305
태그 사용 변수 정의 230
토큰 33
통합 개발 환경 23

ㅍ

파생 타입 76
파이썬 21
패딩 237
포인터 77, 168
포인터로서의 배열명 201

포인터를 이용한 메모리 영역 접근 167
포인터 연산자 174
포인터와 클래스 멤버 연산자 123
포인터 정의 170
포인터 타입 파생 83
프로그래밍 18
프로그래밍 언어 19
프로세스 가상 메모리 구조 497

ㅎ

하위 타입 변환 459
한글 문자열 75
한정 규칙 93
함수 36, 254
함수 선언 257
함수의 정의 255
함수 인자 262
함수 재정의 570
함수 중복 정의 277
함수 중복 정의를 이용한 다형성 569
함수 타입 파생 84
함수 호출 규약 272
함수 호출 바인딩 573
함수 호출(()) 연산자 406
합계 함수 275
헤더 파일 29, 31
힙 497
힙 할당 내역 501

A B

AND(&&) 116
arg 255
ARG_LIST 255
ARG_TYPE 255, 271
Argument 262
arr 198
Array 76
ASCII 67
assembly language 20
auto 97, 99
auto 추론 가능 타입 99
Binding 575

C

C 20
C# 21
C++ 21
C++0x auto 97
Calling Convention 272
calloc 502
char 67
cin 40
Class 78, 298
CodeText 영역 497
comments 37
compiler 22
const 90, 93, 189
constant 34
const_cast 481
const 멤버 데이터 309
const 멤버 함수 320
const 참조 타입 189
const 한정 규칙 93
continue 154
cout 39
CPU 52
C++ 구조체 305

D E

Data 영역 497
delete 505, 511
delete [] 506, 511
Derived Data Types 76
do~while 문 152
Down Casting 459
Dynamic Binding 576
dynamic_cast 478
Early Binding 576
Escape Sequence 71
explicit 366
expression 35

FGHI

for 문 147
free 500
friend 432
FUNC_NAME 255
function 36
goto 156
header file 29
Heap 497
Heap & Stack 영역 497
IDE 23
identifier 33
if ~ else 문 143
if 문 138
Increment 268
Integrated Development Environment 23

JKL

Java 21
keyword 33
Label 156
Late Binding 576
linker 22
l–value 456

MN

machine language 19
main 함수 36
malloc 500
malloc & free 500
member 228
MEMBER_LIST 301
mnemonic 20
multidimensional array 205
Multiple Inheritance 438
Multiply 257
namespace 536
new 505
new [ ] 506
new [ ] & delete [ ] 506
new & delete 505
NOT(!) 115
NULL 72
n차원 배열 타입 매개 변수 219

OP

Object | Instance 298
Operator 34
operator delete 520
Operator Function 392
operator new 515
operator new [ ] & delete [ ] 521
OR(| |) 117
Overloading 277
Padding 237
Parameter 262
parsing 32
Pointer 77
Preprocessor 40
primitive type 53
printf 269
private 426
protected 426
public 426
punctuator 34

RS

realloc 503
reinterpret_cast 482
RET_TYPE 255
return 36
r–value 456
singed type 57
sizeof 125, 220
sizeof(타입 이름) 125
source file 29
Stack 498
standard 271
statement 35
Static Binding 576
static_cast 478

Storage Class 528
string-literal 34
switch 143

T U

this 312
Thread 548
thread_local 548, 551
token 33
Type 53
typedef 87, 229
Unicode 69
Union 246
Unix 20
unsigned type 54
Up Casting 459
UTF-N 70

V W

VFFunc 271
VFSum 276
virtual 577
Virtual Base Class 441
Virtual Destructo 591
Virtual Inheritance 441
Visual Studio 2017 23
void 포인터 182
wchar_t 70
while 문 150

Y

ypedef 사용 변수 정의 231

숫자

1차원 배열과 포인터 210
2's complement 55
2의 보수 55
2차원 배열 206
2차원 배열과 포인터 211
2차원 배열 타입 매개 변수 218
3차원 배열 207

기호

〉〉 40
#define 41
#ifdef ~ #else ~ #endif 43
#include 41
__purecall 호출 607
__vfptr 596
&배열명 201